Vida de los doce Césares

Vida de los doce Césares

SUETONIO

Grupo Editorial Tomo, S. A. de C. V.
Nicolás San Juan 1043
03100 México, D. F.

1a. edición, julio 2015.

De vita Caesarum
Suetonio

Nicolás San Juan 1043, Col. Del Valle
03100 México, D. F.
Tels. 5575-6615, 5575-8701 y 5575-0186
Fax. 5575-6695
www.grupotomo.com.mx
ISBN-13: 978-607-415-729-1
Miembro de la Cámara Nacional
de la Industria Editorial No. 2961

Traducción: Roberto Mares Ochoa
Formación y diseño tipográfico: Francisco Miguel M.
Diseño de portada: Karla Silva
Supervisor de producción: Leonardo Figueroa

Impreso en México - *Printed in Mexico*

CONTENIDO

PRÓLOGO

Poco se sabe del historiador y biógrafo romano Cayo Suetonio Tranquilo. Nació en la ciudad de Hipona, en la región de Numidia (actual Annaba, en Argelia), cerca del año setenta de nuestra era, y murió entre el 126 y 140. En tiempos de Domiciano (81-96) fue enviado a Roma, donde estudió gramática y retórica, lo que más tarde le permitió ejercer como profesor y abogado. Su vida productiva se desarrolló bajo los mandatos de los emperadores Trajano y Adriano, como allegado del influyente filósofo naturalista Plinio el Joven, a través del cual obtuvo puestos de importancia, aunque ligados a la historia y la cultura, como Superintendente de bibliotecas públicas y archivos, y encargado de la correspondencia oficial durante el régimen de Adriano. Este acceso al material de los archivos y su trato con los políticos e intelectuales de la época le permitió realizar la obra que lo haría pasar a la historia: la *Vida de los doce Césares*; una serie de biografías cortas de los doce personajes que estuvieron a la cabeza del extraordinario auge del Imperio Romano, desde Julio César hasta Domiciano.

Esta obra ha llegado hasta nuestros días como el principal referente del estilo de vida y gobierno de la Roma imperial, sobre todo porque se trata de un trabajo más periodístico que histórico, ameno y lleno de anécdotas que pudieran parecer triviales y hasta escandalosas, pero que pintan de cuerpo entero a esos personajes que vivieron con gran intensidad en el marco de un modelo político que los formó y los trascendió, y cuyos rasgos fundamentales siguen vigentes en el mundo occidental.

Este es un libro de grata y obligada lectura para aquellos que, más que saber de Historia, quieren entender la Historia.

Roberto Mares

CAYO JULIO CÉSAR

I. Cayo Julio César tenía dieciséis años de edad cuando murió su padre. Al siguiente año, nombrado *flamen dial* (sacerdote de Júpiter), repudió a Cossutia, perteneciente a una familia rica, pero sin linaje, con la cual estaba casado desde que era niño, y tomó por esposa a Cornelia, hija de Cina, que había sido cónsul cuatro veces; poco tiempo después, de esta unión nació Julia. Sila, el dictador, intentó que repudiase a su mujer, pero como no lo logró lo destituyó del sacerdocio, de los bienes de su esposa y de las herencias de su casa, y de ahí en adelante lo acosó de tal manera que tuvo que huir y permanecer oculto; aunque enfermo de fiebre cuartana, se veía obligado a cambiar de hospedaje casi todas las noches y a rescatarse a precio de oro de las manos de sus perseguidores; finalmente consiguió ser perdonado, por mediación de las Vírgenes Vestales, de Mamerco Emilio y de Aurelio Cotta, parientes y allegados suyos. Es cosa cierta que Sila denegó el perdón durante mucho tiempo, incluso ante las súplicas de sus mejores amigos y de los personajes más importantes, y que al fin, vencido por la perseverancia de estos, como impulsado por inspiración o presentimiento secreto, dijo: *Triunfaron, y con ellos lo llevan. Ahora pueden estar contentos; mas sepan que llegará un día en que ese, que les es tan querido, destruirá el partido de los nobles, que todos juntos hemos protegido; porque en César hay muchos Marios.*

II. Hizo sus primeras armas en Asia con el pretor M. Termo. Mandado por este a Bitinia en busca de una flota, se detuvo en casa de Nicomedes, corriendo el rumor de que se prostituyó a él; rumor que creció por motivo de haber regresado pocas jornadas después a Bitinia, con el pretexto de hacer enviar a un liberto, cliente suyo, cierta cantidad de dinero que le adeudaba. El resto de la campaña favoreció más su renombre, y en la toma de Mitilene recibió una corona cívica de manos del propio Termo.

III. Sirvió también en Cilicia, bajo Servilio Isaurico, aunque por poco tiempo, pues al tener noticia de la muerte de Sila, concibiendo la esperanza de que M. Lépido concitase nuevas turbulencias, se apresuró a viajar a Roma. Sin embargo, aunque Lépido le hizo ofrecimientos ventajosos, se negó a secundar sus planes, pues no confiaba en su carácter ni le parecía que aquella era una circunstancia tan favorable como antes había creído.

IV. Calmada la insurrección civil, acusó de agitación a Cornelio Dolabella, varón consular a quien se habían otorgado los honores del triunfo. Absuelto el acusado, decidió César retirarse a Rodas, tanto para prevenirse de sus enemigos, como para descansar y oír al sabio maestro Apolonio Molón. Durante la travesía, que hizo en invierno, fue atacado por unos piratas cerca de la isla Farmacusa y ellos lo hicieron prisionero, permaneciendo en su poder alrededor de cuarenta días, en los que siempre conservó su entereza, sin otra compañía que su médico y dos cubicularios; porque inmediatamente envió a todos sus compañeros y al resto de los esclavos a que le trajesen el dinero que se pedía por su rescate. Se concertó este en ciento cincuenta talentos, y en cuanto le desembarcaron, persiguió a los piratas al frente de una flota, capturándolos en la retirada y sometiéndolos al suplicio con que muchas veces los había amenazado como en broma. Por aquel entonces Mitrídates devastaba las regiones vecinas, y no queriendo aparecer César como indiferente a las desgracias de los aliados de Rodas, adonde marchó, se trasladó al Asia y allí encontró refuerzos, en los que se apoyó para arrojar de la provincia al prefecto del rey y robustecer la fidelidad de las ciudades que hasta aquel momento se encontraban indecisas.

V. A su regreso a Roma, la primera dignidad con que le invistió el voto del pueblo fue la de tribuno militar, colaborando entonces con todas sus fuerzas con los que intentaban restablecer el poder del triunvirato, profundamente quebrantado por Sila. Hizo aplicar también la proposición Plocia, para la repatriación de L. Cina, hermano de su esposa, y de todos cuantos en las turbulencias civiles se habían adherido a Lépido, recurriendo a Sertorio, tras la muerte de aquel cónsul, llegando incluso a pronunciar un discurso sobre este asunto.

VI. Como era costumbre, siendo cuestor pronunció en la tribuna de las arengas el elogio de su tía Julia y de su esposa Cornelia, que acababa de morir. En el primero estableció de la manera que sigue el doble origen de su tía y de su propio padre: *Por su madre, mi tía Julia descendía de reyes; por su padre, está unida a los dioses inmortales; porque de Anco Marció descendían los reyes Marcios, cuyo nombre llevó mi madre; de Venus procedían los Julios, cuya raza es la nuestra. Así se ven, conjuntas en nuestra familia, la majestad de los reyes, que son los dueños de los hombres, y la santidad de los dioses, que son los dueños de los reyes.* Para reemplazar a Cornelia, se casó con Pompeya Sila, hija de Quinto Rufo Pompeyo y sobrina de Lucio Cornelio Sila; aunque más tarde se divorció de ella, por sospecha de adulterio con P. Clodio, al que se acusaba públicamente de haberse introducido en sus habitaciones disfrazado de mujer durante las ceremonias religiosas, por lo que el senado decretó el cargo de sacrilegio.

VII. Durante su cuestura, logró conquistar la España Ulterior, donde, al recorrer las asambleas de esta provincia, para administrar justicia por delegación del pretor, al llegar a Cádiz, viendo cerca de un templo de Hércules la estatua de Alejandro Magno, suspiró profundamente como lamentando su inacción y censurando no haber realizado todavía nada digno de mención, a la misma edad en que Alejandro ya había conquistado el mundo. Dimitió enseguida su cargo para regresar a Roma y aguardar en ella la oportunidad de grandes acontecimientos. Los augures dieron mayor pábulo a sus esperanzas, interpretando un sueño que tuvo la noche precedente y que perturbaba su espíritu (pues había soñado que violaba a su madre), prometiéndole el imperio del mundo, *porque aquella madre que había visto sometida a él, no era otra que la Tierra, nuestra madre común.*

VIII. Habiendo marchado antes del tiempo previsto, visitó las colonias latinas que aspiraban al derecho de ciudadanía romana, y las hubiera impulsado a intentar alguna audaz empresa, si, temiéndolo así todos los cónsules, no hubiesen retenido cierto tiempo las legiones destinadas a Cilicia; pero no por esto dejó de meditar amplios proyectos que poco después habían de realizarse en la misma Roma.

IX. En efecto, poco antes de tomar posesión de la edilidad, conspiró, según se dice, con M. Craso, varón consular, y con P. Sila y Autronio —condenados estos últimos por cohecho, después de haber sido designados cónsules—, para que al comienzo del año atacasen al Senado, diesen muerte a parte de los senadores y concediesen la dictadura a Craso, que nombraría a César jefe de la caballería. Después de adueñarse por este procedimiento del Gobierno, era su intención devolver a Sila y a Autronio el consulado de que los había desposeído. Tanusio Gémino en su historia, M. Bíbulo en sus edictos y C. Curión, padre, en sus discursos, hablan de esta conjuración. Hasta el mismo Cicerón parece que la cita en una carta a Axius, donde afirma que *César realizó durante su consulado el proyecto que concibió siendo edil.*

Tanusio añade que Craso, sea por miedo, o por arrepentimiento, no compareció el día señalado para la matanza, y que por este motivo César no dio la señal convenida. Esta señal —escribe Curio—, era dejar caer la toga del hombro. El mismo Curio y M. Actorio Nasón le atribuyen otra conspiración con el joven Pisón, y pretenden que por las sospechas que suscitaron los manejos de este en Roma, le otorgaron, por comisión extraordinaria, el Gobierno de España, conviniendo, sin embargo, en suscitar movimientos coincidentes, el uno fuera y el otro en la misma Roma por medio de los ambrones y transpadanos; pero que la muerte de Pisón anuló el proyecto.

X. Siendo edil, no se limitó a adornar el *Comitium,* el Foro y las basílicas, sino que decoró asimismo el Capitolio e hizo construir pórticos para exposiciones temporales, en los que exhibió parte de los objetos que había reunido en sus viajes. Organizó juegos y cacerías de fieras, consiguiendo recabar para sí toda la popularidad por gastos que en realidad se habían hecho en común; por cuyo motivo, su colega M. Bíbulo comentaba, comparándolo con Pólux, *que así como se acostumbraba designar con el solo nombre de Cástor el templo erigido en el Foro a los dos hermanos, las liberalidades de César y Bíbulo ahora se llamaban generosidades de César.*

César agregó a estas liberalidades un combate de gladiadores, en el que figuraron algunas parejas menos de las que deseaba, porque tantos había hecho llegar de todas partes, que alarmados sus adversarios, hicieron limitar, por una ley expresa, el número de contendientes que, en el futuro, podrían entrar en Roma.

XI. Habiéndose captado el favor popular, intentó conseguir por influencia de algunos tribunos que se le diese, mediante plebiscito, el gobierno de Egipto, sirviendo de ocasión para esta inopinada solicitud de un mando extraordinario, que los habitantes de Alejandría habían expulsado a su rey, amigo y aliado del pueblo romano, actitud universalmente reprobada. El partido de los grandes hizo fracasar las pretensiones de César, quien, con el fin de debilitar entonces la autoridad de aquellos por todos los medios posibles, reconstruyó los trofeos de C. Mario sobre Yugurta, los cimbrios y teutones, monumentos que en tiempos anteriores había destruido Sila, y cuando se abrió proceso a los sicarios, hizo figurar entre los asesinos, a pesar de las excepciones de la ley Cornelia, a todos aquellos que, durante la proscripción, recibieron dinero del erario como precio de cabezas de ciudadanos romanos.

XII. También encontró quien acusase de crimen capital a C. Rabirio, que algunos años antes cooperó más que nadie con el Senado para reprimir las sediciones suscitadas por el tribuno L. Saturnino, y designado por la suerte para juez, con tanta pasión condenó, que nada sirvió tanto como esta parcialidad al reo en su apelación al pueblo.

XIII. Desvanecida la esperanza del mando, pretendió el pontificado máximo, y tantas larguezas prodigó, que, asustado por la enormidad de sus deudas, dijo a su madre, besándola antes de acudir a los comicios, que no volvería a verlo sino pontífice. Por estos procedimientos venció a sus dos competidores, aunque muy temibles y superiores a él en su edad y dignidad; consiguiendo además sobre ellos la ventaja de obtener más sufragios en sus propias tribus que los que consiguieron ellos en todas las demás.

XIV. Era pretor César cuando se descubrió la conjuración de Catilina. Habíase acordado por unanimidad en el Senado la muerte de los culpables, y solo él opinó que se los custodiase por separado en las ciudades municipales y se les enajenasen los bienes. Más aún: a los que habían propuesto muy severos castigos, los aterró de tal forma con la reiterada amenaza de los odios populares que algún día se desencadenarían contra ellos, que Décimo Silano, cónsul designado, se atrevió a reinterpretar el voto que previamente había emitido y que no hubiera sido digno modificar, diciendo que lo habían entendido en un sentido mucho más riguroso del que le había dado. César iba a triunfar: muchos senadores se habían agregado a su bando, y con ellos Cicerón, hermano del cónsul; la victoria, pues, era segura, si el discurso de Catón no hubiese infundido energía al vacilante Senado. Pero lejos de flaquear en su oposición, persistió César de tal manera en ella, que el grupo de patricios romanos que guardaba armado el salón del Senado, lo amenazó con darle muerte; con sus espadas desenvainadas se dirigieron contra él, de suerte que los que estaban a su lado se apartaron, y únicamente algunos, acogiéndolo entre sus brazos y cubriéndolo con la toga, con gran trabajo consiguieron salvarle la vida. Influido entonces por el miedo, cedió, y en todo el resto del año se abstuvo de asistir al Senado.

XV. El primer día de su pretura convocó ante el pueblo a Q. Catulo, encargado de la reconstrucción del Capitolio, y propuso se confiriese el cuidado a otro. Mas observando que los patricios, en vez de acudir a saludar al nuevo cónsul, marchaban con apresuramiento a la asamblea para oponerle tenaz resistencia, considerando la lucha desigual, desistió de la empresa.

XVI. Con gran ardor y pasión mantuvo en su cargo a Cecilio Metelo, autor de las leyes más turbulentas, contra el derecho de oposición de sus colegas, hasta que un decreto del Senado suspendió a los dos en sus funciones. César tuvo la audacia de proseguir en posesión de su cargo y de administrar todavía justicia. Pero cuando supo que se disponían a emplear con él la violencia y las armas, despidió a los lictores, se despojó de la toga pretexta y se retiró secretamente a su casa, resignado, de acuerdo con la costumbre de la época, a permanecer tranquilo. Dos días después sosegó a la muchedumbre, que espontáneamente se había congregado ante su puerta ofreciéndole su cooperación para restablecerlo en su dignidad. Atónitos ante aquella moderación, los senadores que la noticia del tumulto había congregado apresuradamente, enviaron a los más ilustres de entre ellos para agradecer su actitud, siendo llamado al Senado, donde se le tributaron grandes elogios, restableciéndolo en su cargo y retirando el primer decreto.

XVII. Muy pronto tuvo ocasión de nuevos disgustos, pues Q. Curio lo denunció como cómplice de Catilina, ante el cuestor Novio Niger, L. Vettio Judex, y ante el Senado. A Curio le fueron concedidas recompensas públicas por haber sido el primero en revelar los proyectos de los conjurados. Curio pretendía saber por el propio Catilina lo que decía, y Vettio se obligaba a presentar la firma de César dada por este a Catilina. No consideró César que debía soportar aquellos ataques, y suplicó el testimonio de Cicerón, para demostrar que le había suministrado espontáneamente algunos detalles acerca de la conjuración, consiguiendo privar a Curio de las recompensas que le habían ofrecido. En cuanto a Vettio, a quien se había solicitado caución de comparecencia, se le despojó de sus bienes, se le maltrató personalmente, estuvo a punto de que le despedazasen en la asamblea al pie de la tribuna rostral, y le hizo encarcelar, consiguiendo lo mismo con relación al cuestor Novio, por haber consentido que se inculpase ante su tribunal a un magistrado superior a él.

XVIII. Al terminar su pretura, la suerte le designó la España Ulterior; pero, retenido por sus acreedores, no se vio libre de ellos hasta que otorgó fianzas; y sin esperar que, según las costumbres y las leyes, hubiese el Senado arreglado todo lo concerniente a las provincias, partió, ya fuera para librarse de una acción judicial que querían abrirle al terminar su encargo, o bien para allegar más pronto socorros a los aliados que imploraban la protección de Roma. Cuando hubo pacificado su provincia, regresó sin aguardar sucesor; con igual premura, pidiendo el triunfo y el consulado juntamente. Mas estando ya fijado el día de los comicios, no podía presentarse su candidatura si no entraba en la ciudad como simple particular, y cuando solicitó que se le exceptuase de la ley, encontró recia oposición, por lo que tuvo que desistir del triunfo para no quedar por ello excluido del consulado.

XIX. De sus dos competidores al consulado, L. Luceyo y Marco Bíbulo, se unió al primero, que gozaba de escasa influencia, pero que poseía considerable fortuna, a condición de que uniría al suyo el nombre de César en sus larguezas a las centurias. Los nobles, enterados de este pacto, cuyas consecuencias temían, y convencidos de que César, investido con la magistratura más alta del Estado y contando con un colega completamente suyo, no pondría límites a su audacia, quisieron que hiciese Bíbulo idénticas promesas a la centuria, y la mayor parte de ellos contribuyeron con dinero para conseguirlo. El propio Catón dijo, con ocasión de esto, que por aquella vez la corrupción sería beneficiosa para la República. César fue nombrado cónsul con Bíbulo, y los grandes no pudieron hacer sino asignar a los futuros cónsules cargos intrascendentes, como la inspección de bosques y caminos. Dolido César por esta injuria, no perdonó medio para atraerse a Cn. Pompeyo, irritado entonces contra los senadores, que vacilaban en aprobar sus victorias sobre el rey Mitrídates reconciliándole también con M. Craso, que continuaba enemistado con él desde las violentas querellas de su consulado, concertando con ellos una alianza por la cual no se haría nada en el Estado que desagradase a cualquiera de los tres.

XX. Lo primero que ordenó al posesionarse de su dignidad, fue que se llevara un Diario de todos los actos populares y del Senado y que se publicase. Restableció, asimismo, la antigua costumbre de hacerse preceder por un ujier y seguir por lictores, durante los meses en que tuviese las fasces el otro cónsul. Promulgó la ley Agraria, y no pudiendo vencer la resistencia de Bíbulo, lo arrojó del foro a mano armada. Al siguiente día expuso este sus quejas ante el Senado, pero no se encontró nadie que osase informar acerca de aquella violencia o a proponer alguna de aquellas decididas soluciones que, con tanta frecuencia, se habían adoptado en peligros mucho menores. Desesperado Bíbulo con ello, se retiró a su casa, donde estuvo oculto todo el transcurso de su consulado, no ejerciendo otra oposición que por medio de edictos. Desde aquel momento dirigió César todos los asuntos del Estado por su única y soberana autoridad, hasta el punto de que algunos, antes de firmar sus cartas, las fechaban por burla, no en el consulado de César y Bíbulo, sino de *Julio* y de *César*, haciendo así dos cónsules de uno solo, separando el nombre y el cognomen. Se hicieron también divulgar estos versos:

Non Bíbulo quidquan nuper, sed
Caesare factum est:
Nam Bíbulo fieri consulte nil memini.•

El territorio de Stella, consagrado por nuestros mayores, y los campos de Campania, destinados a las necesidades de la República, quedaron distribuidos entre veinte mil ciudadanos padres de familia con tres o más hijos. Pidiendo reducción los arrendatarios del Estado, les perdonó un tercio de los arrendamientos, y los exhortó en público a no encarecerlos desmedidamente en la próxima adjudicación de impuestos. Así obraba en todo, concediendo generosamente cuanto se le solicitaba, porque nadie osaba enfrentársele, ya que si alguno se atrevía era víctima al punto de su venganza. Un día lo apostrofó Catón, y ordenó a un lictor que lo arrastrase fuera del Senado y lo llevase a prisión. Habiéndole resistido algunos momentos L. Lúculo, le asustaron en tal grado sus amenazas, que le pidió perdón de rodillas. Por haber lamentado Cicerón en un juicio la situación de los negocios de la República, a las nueve del mismo día hizo pasar al orden plebeyo al patricio P. Clodio, enemigo de Cicerón, a quien en vano había intentado pasar desde mucho antes. Queriendo finalmente acabar con todos sus adversarios, sobornó a Vettio a fuerza de oro, para que declarase que algunos de estos lo habían incitado a matar a Pompeyo y que, conducido al Foro, nombrase algunos de los pretendidos autores de la trama. Pero al ir acusando Vettio sin pruebas tanto a uno como a otro, enseguida se sospechó el fraude, y entonces César desesperado por el posible fracaso de aquella loca empresa, hizo, según se cree, envenenar al denunciador.

XXI. Fue por aquella época cuando se casó con Calpurnia, hija de L. Pisón, que iba a sucederlo en el consulado, y concedió a Cn. Pompeyo en matrimonio su hija Julia, repudiando a su prometido Servilio Cepión, quien poco antes lo había ayudado poderosamente a deshacerse de Bíbulo. Después de esta nueva alianza, comenzó en el Senado a adoptar, en

• Nada es Bíbulo, todo es de César, pues nadie recuerda lo que hizo aquel.

primer lugar, el parecer de Pompeyo, cuando acostumbraba a interrogar ante todo a Craso y era costumbre que el cónsul mantuviese todo el año el orden establecido por él mismo en las calendas de enero para recibir los votos.

XXII. Apoyado por el suegro y el yerno, eligió, pues, entre todas las provincias romanas la de las Galias, que, entre otras ventajas, ofrecía amplio campo de triunfos a su ambición. Recibió, en primer término, la Galia Cisalpina con la Iliria, en virtud de la ley Vatinia; y después el Senado le dio la Cabelluda, convencido de que el pueblo había de otorgársela si los senadores se la denegaban. No pudiendo dominar la alegría que le embargaba, pasados algunos días, se jactó en pleno Senado de haber llegado al máximo de sus deseos, a pesar del odio de sus consternados enemigos, y exclamó que en lo sucesivo marcharía sobre sus cabezas. Habiendo entonces dicho uno para afrentarle: *Eso no será fácil a una mujer,* y él respondió como aludido: *Sin embargo, en Siria, reinó Semíramis y las Amazonas poseyeron gran parte de Asia.*

XXIII. Concluido su consulado, los pretores Memmio y Lucio Domitio solicitaron que se examinasen las actas del año anterior, llevando César el asunto al Senado, que no quiso saber de él. Después de tres días de inútiles discusiones, marchó a su provincia, e inmediatamente, con el afán de perjudicarlo, se procesó a su cuestor por diversos delitos. Poco después le citó a él mismo el tribuno del pueblo L. Antistio, pero merced a la intervención del Colegio de los tribunos, logró no ser acusado mientras permaneciese ausente en servicio de la República. Para ponerse en lo sucesivo al abrigo de aquellos ataques, tuvo gran cuidado de atraerse, por medio de favores, a los magistrados de cada año, propiciando en muchos el compromiso de no ayudar con su influencia, ni permitir que ascendiesen a los honores sino aquellos que se comprometieran a defenderlo durante su ausencia; condición por la que no vaciló en requerir juramento a algunos e incluso promesa escrita.

XXIV. Así, pues, habiéndose vanagloriado en público L. Domitio, quien aspiraba al consulado, de realizar como cónsul lo que no había podido hacer como pretor, y de quitar además a César el ejército que comandaba, llamó a Luca, ciudad de su provincia, a Craso y a Pompeyo, exhortándolos a que solicitasen ellos mismos también el consulado, para separar a Domitio, y obligar enseguida a prorrogar su mando por cinco años, consiguiendo ambas cosas. Tranquilo en este aspecto, agregó otras legiones a las que había recibido de la República, y las mantuvo a su costa; constituyó otra en la Galia Transalpina, a la que dio el nombre galo de Alanda, y la adiestró en la disciplina romana, armándola y equipándola al uso de la República y concediéndole después el derecho de ciudadanía. En lo sucesivo no dejó escapar ninguna oportunidad de hacer la guerra, por injusta y peligrosa que fuese, atacando indistintamente a los pueblos aliados y a las naciones enemigas o salvajes, hasta que el Senado decretó enviar comisarios a las Galias para que le informasen del estado de aquella provincia, llegando algunos incluso a proponer que se la entregase a los enemigos. Sin embargo, el constatar el éxito de todas aquellas empresas les hizo tributar a César más y mayores elogios que los que habían conseguido otros antes que él.

XXV. En los nueve años de su mando realizó las siguientes empresas: Sometió toda la Galia comprendida entre los Pirineos y los Alpes, las Cevennas, el Ródano y el Rin, y la redujo a provincia romana, exceptuando las ciudades aliadas y amigas, obligando al territorio conquistado al pago de un tributo anual de cuarenta millones de sestercios. Fue el primero que, después de tender un puente sobre el Rin, atacó a los germanos al otro lado de este río, y que consiguió señaladas victorias sobre ellos. Atacó también a los bretones, desconocidos hasta entonces, los derrotó y exigió dinero y rehenes. En medio de tantos éxitos, únicamente sufrió tres reveses: uno en Bretaña, donde una tempestad estuvo a punto de aniquilar su flota; otro en la Galia, delante de Gergovia, donde fue derrotada una legión; y el tercero en el territorio de los germanos, donde perecieron en una emboscada sus legados Titurio y Aurunculeyo.

XXVI. En el transcurso de estas expediciones, perdió primero a su madre, a su hija después, y más adelante a su nieto. Entre tanto, la muerte de P. Clodio había ocasionado disturbios en Roma, y el Senado, que pensaba no instituir más que un cónsul, designaba nominalmente a Cn. Pompeyo. Los tribunos del pueblo le designaban por compañero a César, pero no queriendo regresar por esta candidatura antes de concluir la guerra, se entendió con ellos para que el pueblo le concediera permiso de solicitar, ausente, su segundo consulado, cuando estuviese para terminar el periodo de su mandato. Se le concedió este privilegio, y concibiendo desde entonces más vastos proyectos y elevadas esperanzas, nada escatimó para atraerse partidarios, a costa de favores públicos y particulares. Con el dinero extraído a los enemigos, inició la construcción de un Foro, cuyo solo terreno costó más de cien mil sestercios. Prometió al pueblo, en memoria de su hija, espectáculos y un festín, cosa desconocida y sin ejemplo; finalmente, y para satisfacer la impaciencia pública, utilizó a sus esclavos en los preparativos de aquel festín, que había encomendado a contratistas. Tenía en Roma comisionados que se apoderaban por fuerza, para reservárselos, de los gladiadores más famosos, en el momento en que los espectadores iban a pronunciar su sentencia de muerte. Y en cuanto a los gladiadores jóvenes, no los hacía educar en escuelas o por lanistas, sino en casas particulares y por caballeros romanos; lo hizo también por senadores duchos en el manejo de las armas, y que pedían, como vemos en sus cartas, encargarse de la enseñanza de aquellos gladiadores y regir como maestros sus ejercicios. César duplicó a perpetuidad la soldada de las legiones. En los años pródigos, distribuía el trigo sin tasa ni medida, y algunas veces se le vio dar a cada hombre un esclavo tomado del botín.

XXVII. Con el fin de conservar el apoyo de Pompeyo con una nueva alianza, le ofreció a Octavia, sobrina de su hermana, a pesar de estar casada con C. Marcelo, y le pidió la mano de su hija destinada a Fausto Sila. A cuantos rodeaban a Pompeyo y a la mayor parte de los senadores los había hecho deudores suyos, sin exigirles interés o siendo este muy reducido. Hizo asimismo magníficos presentes a los ciudadanos de otras clases, que acudían a él invitados o espontáneamente. Sus liberalidades se extendían hasta los libertos y esclavos, según la influencia que ejercían sobre el ánimo de su señor o patrono. Los acusados, los ciudadanos agobiados de deudas, las juventud pródiga, hallaban en él refugio seguro, a no ser que las acusaciones fuesen graves en exceso, completa la ruina o los desórdenes demasiado grandes para que pudiese remediarlos. A estos les decía, francamente, que necesitaban una guerra civil.

XXVIII. No desplegó menor cuidado en atraerse el favor de los reyes y las provincias en toda la extensión de la tierra, brindando a unos gratuitamente millares de cautivos, mandando a otros tropas auxiliares en el momento y lugar que querían, sin consultar al Senado ni al pueblo. Adornó con magníficos monumentos, no solamente la Italia, las Galias y las Españas, sino también las más importantes ciudades de Grecia y Asia. Todo el mundo comenzaba a presentir con pavor el fin de tantas empresas, cuando el cónsul M. Claudio Marcelo publicó un edicto por el cual, después de anunciar que se trataba de la salvación de la República, proponía al Senado dar sucesor a César antes de que expirase el tiempo de su mandato; y ya que había terminado la guerra y estaba asegurada la paz, que licenciara al ejército victorioso. Así también solicitaron que en los próximos comicios no se tuviese en cuenta la ausencia de César, puesto que el mismo Pompeyo había anulado el plebiscito dado en su favor. En efecto, había ocurrido que en la ley a propósito de los derechos de los magistrados, en el capítulo en que se prohibía a los ausentes la petición de honores, se olvidó exceptuar a César. El error no fue subsanado por Pompeyo hasta que la ley estuvo ya grabada en bronces, y depositada en el tesoro. No contento Marcelo con quitar a César sus provincias y sus privilegios, quiso también, apoyando una moción de Letinio, que se privase a la colonia que había fundado en Novumcomum, el derecho de ciudadanía, ambición que, en contra de las leyes, le había sido por ambos concedida.

XXIX. Alterado, por estos ataques, y persuadido, como se le había oído decir muchas veces, que cuando ocupase el puesto supremo del Estado sería más difícil hacerle descender al segundo rango que desde este al último, resistió con todo su poder a Marcelo, oponiéndole ya los tribunos, ya el otro cónsul, Servio Sulpicio. Al siguiente año, habiendo sucedido en el consulado M. Marcelo a su primo hermano Marco, continuando el mismo empeño, se preparó defensores por medio de considerables prodigalidades. Fueron estos defensores, Emilio Paulo y Cayo Curión, tribunos muy violentos. Pero hallando en todas partes fuerte resistencia, y viendo que los cónsules nombrados eran adversarios también, escribió al Senado, rogándole no le privase el beneficio del pueblo, o al menos diese órdenes para que los demás generales dejasen también sus ejércitos; confiando, según se cree, que reuniría, inmediatamente en el momento que quisiera, a sus veteranos con más facilidad que Pompeyo nuevos soldados. Ofreció, sin embargo, a sus contrarios licenciar ocho legiones, abandonar la Galia Transalpina y conservar la Cisalpina con dos legiones, o la Iliria solamente con una hasta que fuese nombrado cónsul.

XXX. Sin embargo, el Senado rechazó sus peticiones, y sus enemigos rehusaron poner en pacto la salud de la República; César pasó a la Galia Citerior, y celebrados ya los comicios provinciales, se detuvo en Ravena, dispuesto a vengar con la fuerza de las armas a los tribunos partidarios suyos, si el Senado disponía medidas violentas contra ellos. Este fue, efectivamente, el pretexto de la guerra civil, pero se cree que tuvo otros motivos. Cneo Pompeyo Magno decía que, no pudiendo César terminar los trabajos comenzados ni satisfacer con sus recursos personales las esperanzas que el pueblo había puesto en su regreso, quiso trastornar y conmoverlo todo. Aseguran otros que temía que lo obligaran a dar cuenta de lo que había hecho en pugna con las leyes, contra los auspicios e intercesiones durante su primer consulado, porque Marco Porcio Catón declaraba con juramento que le citaría en justicia en cuanto licenciase al ejército. Se decía generalmente que, si regresaba en condición privada, se vería obligado, como Milón, a defenderse ante los jueces rodeados de soldados con armas; dando probabilidades a este criterio lo que Gayo Asinio Polión refiere y es, que en la batalla de Farsalia, contemplando a sus adversarios vencidos y derrotados, pronunció estas palabras:

Ellos lo quisieron; después de realizadas tantas empresas me hubieran condenado a mí, C. César, si no hubiese pedido auxilio al ejército.

Otros opinan, por último, que lo dominaba el hábito del mando, y que habiendo comparado con las suyas las fuerzas de sus enemigos, creyó propicia la oportunidad de adueñarse del poder soberano, que desde su juventud venía codiciando. Según parece, también lo creía Cicerón así. En el libro tercero de *Offitiis* (de los Deberes), dice que César tenía siempre en los labios los versos de Eurípides que tradujo de esta manera

Nam si violandum est jus, regnandi gratia
Violandum est: aliis rebus pietatem colas.•

XXXI. Cuando supo que, rechazada la intercesión de los tribunos, habían tenido estos que salir de Roma, hizo avanzar algunas cohortes en secreto para no suscitar recelos; con objeto de disimular, presidió un espectáculo público, se ocupó en un plan de construcción para un circo de gladiadores, y se entregó, como de costumbre, a los placeres del festín. Pero en cuanto se puso el sol mandó uncir a su carro las mulas de una panadería próxima, y con un pequeño acompañamiento, tomó ocultos caminos. Consumidas las antorchas, se extravió y vagó largo tiempo al azar, hasta que, al amanecer, habiendo encontrado un guía, prosiguió a pie por estrechos senderos hasta el Rubicón, que era el límite de su provincia y donde lo esperaban sus cohortes. Se detuvo breves momentos y, reflexionando en las consecuencias de su empresa, exclamó dirigiéndose a los más próximos:

Todavía podemos retroceder, pero si cruzamos este puentecillo, todo habrán de decidirlo las armas.

XXXII. Cuando permanecía vacilando, un prodigio lo decidió. Un hombre de talla y hermosura notables, apareció sentado de pronto, a corta distancia de él, tocando la flauta. Además de los pastores, soldados de los puestos inmediatos, y entre ellos trompetas, acudieron a escucharlo. Arrebatando entonces a uno la trompeta, el hombre se dirigió hacia el río, y arrancando vibrantes sonidos de aquel instrumento, llegó a la otra orilla. Entonces César dijo:

Marchemos a donde nos llaman los signos de los dioses y la iniquidad de los enemigos. Jacta alea est. (La suerte está echada.)

XXXIII. Cuando el ejército hubo cruzado el río, hizo presentarse a los tribunos del pueblo, que, arrojados de Roma, habían acudido a su campamento; arengó a los soldados y, llorando, invocó su fidelidad, rasgándose las vestiduras sobre el pecho. Se creyó que había prometido a

---

• Si hay que violar el derecho, que sea por amor de reinar; en otros casos guarda la piedad.

cada uno el censo del orden ecuestre, error a que dio lugar el que mostrase varias veces durante la arenga el dedo anular de la mano siniestra, afirmando que estaba dispuesto a darlo todo con gusto, hasta su anillo, por aquellos que defendiesen su dignidad; de suerte que los que se hallaban en las últimas filas, en mejores condiciones para ver que para oír, dieron a aquel movimiento una significación que no tenía. No tardó con ello en divulgarse el rumor de que César había prometido a sus soldados los derechos y rentas de caballeros, es decir, cuatrocientos mil sestercios.

XXXIV. El orden y resumen de lo que hizo después es el siguiente: Ocupó en primer lugar el Piceno, la Umbría y la Etruria. Hizo rendirse a Lucio Domicio Enobarbo, nombrado sucesor suyo durante los disturbios, y que defendía con su guarnición a Corfinio, pero lo dejó en libertad; costeó luego el mar superior (Adriático) y marchó sobre Brindis, en donde se habían refugiado los cónsules de Pompeyo, con propósito de pasar cuanto antes el mar. Después de intentar todo en vano para impedir la realización de este proyecto, se dirigió a Roma, convocó el Senado, y corrió a apoderarse de las mejores tropas de Pompeyo, que estaban en España a las órdenes de los tres legados, Marco Petreyo, Lucio Afranio y Marco Varrón, habiendo dicho a los suyos antes de marchar que *iba a combatir a un ejército sin general para volver a combatir a un general sin ejército.* Y aunque retrasado por el sitio de Marsella, que le había cerrado sus puertas, y por la gran escasez de víveres, logró, sin embargo, muy pronto su propósito.

XXXV. Regresó rápidamente a Roma, pasó a Macedonia, acometió a Pompeyo, y se mantuvo encerrado durante cuatro meses en un inmenso recinto de fortificaciones; finalmente, en Farsalia, logró derrotarlo, y luego lo persiguió en su fuga hasta Alejandría, donde lo encontró asesinado, teniendo que hacer al rey Ptolomeo, que le tendía asechanzas, una guerra muy difícil y peligrosa para él, por las desventajas del tiempo y del lugar, el riguroso invierno, la actividad de su adversario, provisto de todo, en el recinto de su capital, y su escasa preparación para una lucha que estaba muy lejos de prever. Habiendo salido vencedor, concedió el reino de Egipto a Cleopatra y a su hermano menor, no queriendo hacerlo provincia romana, por temor de que algún día pudiera dar ocasión a nuevas discordias al caer en manos de un gobernador turbulento. De Alejandría pasó a Siria, y de allí al punto donde le llamaban urgentes mensajes, porque Farnaces, hijo del gran Mitrídates, aprovechando los disturbios, hacía la guerra, habiendo ya obtenido numerosos triunfos que lo habían llenado de orgullo. Fueron suficientes para César cuatro horas de combate, al quinto día de su arribo, para aniquilar a aquel enemigo, por cuya razón se burlaba con frecuencia de los triunfos de Pompeyo, quien había debido en gran parte su fama militar a la debilidad de tales enemigos. Venció enseguida a Escipión y a Juba, quienes habían recogido en África los restos de su partido, y deshizo a los hijos de Pompeyo en España.

XXXVI. Durante estas guerras civiles no sufrió reveses más que en las personas de sus legados. De estos C. Curio pereció en África; C. Antonio cayó en poder de sus enemigos en Iliria; P. Dolabella perdió su flota en la misma Iliria, y Cn. Domitio Calvino, su ejército en el Ponto. A él mismo, vencedor siempre, le abandonó la fortuna solo en dos ocasiones: en Dirraquio, donde Pompeyo pudo rechazarlo, pero no lo acosó, por lo que dijo que aquel adversario no sabía vencer; y otra en el último combate librado en España, donde vio su causa tan desesperada que pensó incluso en darse muerte.

XXXVII. Concluidas las guerras, disfrutó cinco veces de los honores del triunfo, cuatro en el mismo mes, después de la victoria sobre Escipión y con algunos días de intervalo, y la quinta después de la derrota de los hijos de Pompeyo. Su primero y más esclarecido triunfo fue sobre la Galia, después el de Alejandría, el de Ponto, el de África, y en último lugar, el de España, y siempre con fausto y aparato diferentes. En su triunfo sobre la Galia, cuando pasaba por el Velabro, fue casi despedido del carro a consecuencia de haberse roto el eje; subió luego al Capitolio a la luz de las antorchas, que encerradas en linternas, eran llevadas por cuarenta elefantes alineados a derecha e izquierda. Cuando celebró su victoria sobre el Ponto, se advertía entre los demás ornamentos triunfales un cartel con las palabras: *VENI, VIDI, VICI* (llegué, vi, vencí), que no expresaba como las demás inscripciones los acontecimientos de la guerra, sino su rapidez.

XXXVIII. Además de los dos sestercios dobles que, al comienzo de la guerra civil, había otorgado a cada infante de las legiones de veteranos a título de botín, les dio veinte mil ordinarios, asignándoles también terrenos, aunque no inmediatos para no despojar a los propietarios. Repartió al pueblo diez *modios* de trigo por cabeza y otras tantas libras de aceite, con trescientos sestercios que había ofrecido antes, añadiendo otros cien en compensación de la tardanza. Perdonó los alquileres de un año en Roma hasta la cantidad de dos mil sestercios, y hasta la de quinientos en el resto de Italia. Agregó a todo esto distribución de carnes, y después del triunfo sobre España, dos festines públicos, y no considerando el primero bastante digno de su magnificencia, ofreció cinco días después otro más abundante.

XXXIX. También dio espectáculos de varios géneros: combates de gladiadores, representaciones en todos los barrios de la ciudad, a cargo de actores de todas las naciones y en todos los idiomas; dio, además, juegos en el circo, luchas de atletas y un simulacro de combate naval. En el Foro combatieron entre los gladiadores, Furio Leptino, de familia pretoria, y Q. Calpeno, que había formado parte del Senado y defendido causas delante del pueblo. Los hijos de muchos príncipes de Asia y de Bitinia bailaron la danza pírrica. El caballero romano Décimo Liberio representó en los juegos una mímica de su composición, percibiendo quinientos sestercios y un anillo de oro; pasando después desde la escena, por la orquesta, a acomodarse entre los patricios. En el circo se ensanchó la arena por ambos lados; se abrió en torno un foso (el Euripo), que llenaron de agua, y muy nobles jóvenes corrieron en aquel recinto cuadrigas y bigas, o saltaron en caballos amaestrados al efecto. Niños divididos en dos bandos, según la diferencia de edad, ejecutaron los juegos llamados troyanos. Se dedicaron cinco días a luchas de fieras, y últimamente se dio una batalla entre dos ejércitos, en la que participaron quinientos peones, trescientos jinetes y cuarenta elefantes. Con objeto de dejar a las tropas mayor espacio, habían quitado las barreras del circo, formando a cada extremo un campamento. Los atletas lucharon durante tres días en un estadio construido ex profeso en las inmediaciones del campo de Marte. Se abrió un lago en la Codeta menor, y allí entablaron combate naval birremes, trirremes y cuatrirremes tirias y egipcias abarrotadas de soldados. El anuncio de estos espectáculos había atraído a Roma abundante número de forasteros, la mayor parte de los cuales durmió en tiendas de campaña, en las calles y plazas. Muchas personas, entre ellas dos senadores, fueron aplastadas o asfixiadas por la multitud.

XL. Entonces César se dedicó a la organización de la República; reformó el calendario, tan desordenado por culpa de los pontífices y por el abuso, antiguo ya, de las intercalaciones, que las fiestas de la recolección no coincidían ya en verano, ni las de las vendimias en otoño; distribuyó el año según curso del sol, y lo compuso de trescientos sesenta y cinco días, suprimió el mes intercalario y aumentó un día a cada año cuarto. Para que este nuevo orden de cosas pudiese dar principio en las calendas de enero del año siguiente, agregó dos meses, entre noviembre y diciembre, teniendo, por lo tanto, este año, quince meses, contando el antiguo intercalario que sucedía en él.

XLI. Completó el Senado; designó patricios, aumentó el número de pretores, de ediles, de cuestores y de magistrados subalternos; rehabilitó a los que habían despojado de su dignidad los censores o condenado los tribunales por cohecho. Compartió con el pueblo el derecho de elección en los comicios; de modo que, a excepción de sus competidores al consulado, los demás candidatos los designaban a medias el pueblo y él. Los suyos los designaba en tablillas que enviaban a todas las tribus, conteniendo esta breve inscripción: *César, dictador, a la tribu tal: Les recomiendo a este o aquel para que obtengan su dignidad por sufragio de ustedes.* Admitió a los honores a los hijos de los proscritos. Restringió el poder judicial a dos clases de jueces, a los senadores y a los caballeros, y suprimió los tribunos del Tesoro, que formaban la tercera jurisdicción. Formó el censo del pueblo, no de la manera acostumbrada ni en el lugar ordinario, sino por barrios y según padrones de los propietarios de las casas; redujo el número de los ciudadanos a quienes suministraba trigo el Estado, de trescientos veinte a ciento cincuenta mil, y para que la formación de estas listas no pudiese ser causa en el futuro de nuevos disturbios, decretó que el pretor pudiese reemplazar, por medio de sorteo, con los que no quedaban inscritos a los que fallecieran.

XLII. Se distribuyeron ochenta mil ciudadanos en las colonias de ultramar, y para que no quedase exhausta la población de Roma, decretó que ningún ciudadano menor de veinte años y mayor de cuarenta, a quien no obligase cargo público, permaneciese más de tres años seguidos fuera de Italia; que ningún hijo de senador emprendiese lejanos viajes, si no era en unión o bajo el patronato de algún magistrado; y, en fin, que los que criaban ganado tuviesen entre sus pastores menos de la tercera parte de hombres libres en la pubertad. Concedió el derecho de ciudadanos a cuantos estudiaban y practicaban la medicina en Roma o cultivaban las artes liberales, con la intención de fijarlos de este modo en la ciudad y atraer a los que estaban fuera. En cuanto a las deudas, en vez de conceder la abolición, esperada y reclamada con constante y perseverante afán, decretó que los deudores pagarían según la estimación de sus propietarios y conforme a su importe antes de la guerra civil, y que se deduciría del capital todo lo que se hubiese pagado en dinero o en promesas escritas a título de usura, con cuya disposición se anulaban cerca de la cuarta parte de las deudas. Disolvió todos los gremios, a excepción de aquellos que tenían origen en los primeros tiempos de Roma. Aumentó los castigos en cuanto a los crímenes, y como los ricos los cometían frecuentemente, porque pagaban con el destierro sin que se les mermara su caudal, decretó contra los parricidas, como refiere Cicerón, la absoluta confiscación, y contra los demás criminales, la incautación de la mitad de sus bienes.

XLIII. En la administración de justicia César fue celoso y severo. Privó del orden senatorial a los convictos de concusión; declaró nulo el matrimonio de un antiguo pretor que se había casado con una mujer al segundo día de separada de su marido, aunque no era sospechosa de adulterio. Estableció impuestos sobre las mercancías extranjeras; prohibió el uso de literas, de la púrpura y de las perlas, exceptuando a ciertas personas y edades y en determinados días. Cuidó principalmente de la observación de las leyes suntuarias; mandaba a los mercados guardias que confiscaban los artículos prohibidos y los trasladaban a su casa, y algunas veces, lictores y soldados iban a recoger en los comedores lo que había escapado a la vigilancia de los guardias.

XLIV. Para la policía y ornato de Roma y para el engrandecimiento y seguridad del Imperio, había concebido de día en día cada vez más numerosos y vastos proyectos. Ante todo deseaba erigir un templo de Marte que fuese el mayor del mundo, rellenando hasta el nivel del suelo el lago en que había dado él espectáculos del combate naval, y un teatro grandísimo al pie del monte Tarpeyo. Quería reducir a justa proporción todo el derecho civil y compendiar en poquísimos libros lo mejor y más indispensable del inmenso y difuso número de leyes existentes; se proponía formar bibliotecas públicas griegas y latinas, lo más nutridas posible, y encargar a M. Varrón el cuidado de adquirir y clasificar los libros; se proponía secar las lagunas Pontinas, abrir salidas a las aguas del lago Fucino, construir un camino desde el mar al Tíber a través de los Apeninos, abrir el Istmo (de Corinto), reprimir a los dacios, que se habían desparramado por el Ponto y Tracia; llevar después la guerra a los partos, pasando por la Armenia Menor, no combatiéndolos en batalla campal sino después de haberlos experimentado. En medio de estos proyectos y trabajos lo sorprendió la muerte; pero antes de hablar de ella no será inútil decir con brevedad algo de su figura, aspecto, trajes y costumbres, como también de sus trabajos civiles y militares.

XLV. Se afirma que César era de estatura elevada, blanco de tez, bien conformado de miembros, cara redonda, ojos negros y vivos, temperamento fuerte, aunque en sus últimos tiempos le acometían repentinos desmayos y terrores nocturnos que le turbaban el sueño. Experimentó también dos veces ataques de epilepsia, mientras desempeñaba sus cargos públicos. Concedía mucha importancia al cuidado de su cuerpo, y no contento con que le cortasen el pelo y afeitasen con frecuencia, se hacía arrancar el vello, por lo que fue censurado, y no soportaba con paciencia la calvicie, que le expuso más de una vez a las burlas de sus enemigos. Por este motivo, se atraía sobre la frente el escaso cabello de la parte posterior; y también por lo mismo, de cuantos honores le fueron concedidos por el pueblo y el Senado, ninguno le fue tan grato como el de llevar constantemente una corona de laurel. Era también cuidadoso de su traje; usaba lacticlavia guarnecida de franjas que le llegaban hasta las manos, poniéndose siempre sobre esta prenda un cinturón muy flojo. Esta costumbre hacía exclamar frecuentemente a Sila, dirigiéndose a los nobles: *Desconfíen de ese joven tan mal ceñido.*

XLVI. Habitó al principio una modesta casa en la Subura, pero cuando lo nombraron pontífice máximo, se instaló en un edificio del Estado en la Vía Sacra. Aseguran muchos que tuvo grandísima afición al lujo y magnificencia; había hecho construir en Aricia una casa de campo, en cuyo edificación y ornamento había invertido sumas considerables, y se dice que ordenó demolerla, porque no respondía a lo que esperaba, a pesar de que entonces era corta su fortuna y había adquirido muchas deudas. En sus expediciones llevaba pavimentos de madera y de mosaico para sus tiendas.

XLVII. Se asegura que lo guio a Bretaña la esperanza de encontrar allí perlas, y que se complacía en compararlas en tamaño y sopesarlas en la manos; que buscaba con increíble avidez las piedras preciosas, esculturas, estatuas y cuadros antiguos; que pagaba a precios exorbitantes los esclavos bellos y hábiles, y que prohibía anotar estos gastos. Tanto lo avergonzaban a él mismo.

XLVIII. Mientras gobernó en las provincias mantuvo siempre dos mesas, una para su alta servidumbre y otra para los magistrados romanos y personas más importantes del país. La disciplina doméstica en su casa era severísima, tanto en las cosas pequeñas como en las grandes, y en una ocasión hizo encarcelar a su panadero por haber servido a los convidados pan diferente del que le sirvió a él; a un liberto a quien quería mucho lo castigó con pena capital por haber cometido adulterio con la esposa de un caballero romano, a pesar de que nadie había entablado querella contra él.

XLIX. Su íntimo trato con Nicomedes constituye una mancha en su reputación, que lo cubre de eterno oprobio y por lo cual tuvo que sufrir los ataques de muchos satíricos. Omito los conocidísimos versos de Calvo Lucinio:

Bithinia quidquid et praedicator Caesaris unquam habuit.•

• Todo cuanto Bitinia y el amante de César poseyeron jamás.

Pasó en silencio las acusaciones de Dolabella y Curión, padre; en ellas Dolabella le llama *rival de la reina y plancha interior del lecho real,* y Curión *establo de Nicomedes* y *prostituta bitiniana.* Tampoco me detendré en los edictos de Bíbulo contra su colega, en los que le trata de *reina de Bitinia* y en los que le censura, a la vez, su antigua afición por un rey y por un reino. M. Bruto refiere que por esta época, un tal Octavio, especie de loco que decía cuanto le venía en boca, dio a Pompeyo, delante de numerosa concurrencia, el título de rey y a César, el de reina. C. Memmio lo acusa de haber servido a la mesa de Nicomedes, con los eunucos de este monarca, y de haberle presentado la copa y el vino delante de numerosos convidados, entre los cuales se encontraban muchos comerciantes romanos, cuyos nombres menciona. No satisfecho Cicerón con haber escrito en algunas de sus cartas que César fue llevado a la cámara real por soldados, que se acostó en ella cubierto de púrpura en un lecho de oro, y que en Bitinia aquel descendiente de Venus prostituyó la flor de su edad, le dijo un día en pleno Senado, mientras estaba César defendiendo la causa de Nisa, hija de Nicomedes, y cuando recordaba los favores que debía a este rey: *Omite, te lo suplico, todo eso, porque demasiado sabido es lo que de él recibiste y lo que le has dado.* Y, finalmente, el día de su triunfo sobre las Galias, los soldados, entre los versos con que acostumbran celebrar la marcha del triunfador, cantaron los conocidísimos:

Gallias Ciesar subegit, Nicomedes Caesarem.
Ecce Caesar nunc triumphat, qui subegit Gallias:
Nicomedes non triumphat, qui subegit Caesarem.••

L. Se tiene por cierto que fue muy dado a la incontinencia y que no reparaba en gastos para conseguir toda clase de placeres, habiendo corrompido considerable número de mujeres de familias distinguidas, entre las que se cita a Postumia, esposa de Servio Sulpicio; a Lollia, de Aulo Gabinio; a Tertula, de M. Crasso, como también a Mucia, de Cn. Pom-

•• César sometió las Galias; Nicomedes sometió a César. Y he aquí que ahora triunfa César, que sometió las Galias y no a Nicomedes, que sometió a César.

peyo. Pero lo cierto es que los Curiones, padre e hijo, y muchos otros, censuran a Pompeyo *haber tomado por esposa, movido por la ambición, repudiando otra que le había dado tres hijos, a la hija de aquel a quien en sus amargos recuerdos, acostumbraba a llamar nuevo Egisto.* Pero a ninguna amó tanto como a la madre de Bruto, Servilia, a la que regaló durante su primer consulado una perla que le había costado seis millones de sestercios, y a la cual en la época de las guerras civiles, además de otras ricas donaciones, hizo adjudicar a bajo precio las propiedades más hermosas que se vendieron entonces en subasta. Ante la extrañeza que manifestaban muchos del bajo precio en que se habían pagado, dijo sarcásticamente Cicerón: *Para que comprendan bien la venta, se ha deducido la Tercia,* aludiendo a que se decía que Servilia favorecía el comercio de su hija Tercia con César.

LI. No guardó más respeto en las provincias de su mando al lecho conyugal, a juzgar por los versos que cantaban en coro sus soldados el día de su triunfo sobre las Galias:

Urbani, servate uxores, moechum calvum adducimus.•

LII. Tuvo también amores con reinas, entre otras con Eunoé, esposa de Bagud, rey de Mauritania, y a la que según refiere Nasón, hizo, lo mismo que a su marido, numerosos y ricos presentes. Pero a la que más amó fue a Cleopatra, con la que frecuentemente prolongó festines hasta la nueva aurora, y en nave suntuosamente aparejada se hubiera adentrado con ella desde Egipto a Etiopía si el ejército no se hubiese negado a seguirlo. La hizo venir a Roma, dejándola marchar solamente después de haberla colmado de dones y haber consentido en que llevase su nombre el hijo que tuvo de ella. Dijeron algunos escritores griegos que este hijo se parecía a César en el rostro y la apostura. M. Antonio aseguró en pleno Senado que César lo había reconocido, e invocó el testimonio de C. Mario, C. Oppio y otros amigos de César; pero C. Oppio refutó el aserto

• Ciudadanos, escondan a sus esposas, que traemos aquí al adúltero calvo.

publicando un libro titulado: *No es hijo de César el que Cleopatra dice serlo.* Hervio Cinna, tribuno del pueblo, manifestó a muchas personas que tuvo redactada y dispuesta una ley, que César le mandó proponer en su ausencia, por la que se le permitía casarse con cuantas mujeres quisiese para tener hijos. Tan desarregladas eran, en fin, sus costumbres y tan ostensible la infamia de sus adulterios, que Curión padre le llama en un discurso *marido de todas las mujeres y mujer de todos los maridos.*

LIII. Ni sus propios enemigos niegan que fue hombre sobrio en el uso del vino. Conocida es la frase de Catón: *De cuantos han querido derribar la República, solamente César fue sobrio.* C. Oppio nos dice que era tan indiferente a la calidad de los manjares, que habiéndole servido un día en convite aceite rancio por fresco, César fue el único que no lo rechazó, y hasta repitió de él para no se creyese imputaba al anfitrión descuido o grosería.

LIV. Ni en sus mandos ni en sus magistraturas mostró desinterés. Está probado en escritos de su época, que siendo procónsul en España recibió cantidades de sus aliados, pedidas por él mismo, como ayuda para pagar sus deudas, y que entregó al pillaje muchas ciudades de Lusitania, a pesar de no haberle ofrecido resistencia y haberle abierto las puertas a su llegada. En la Galia saqueó los altares particulares y los templos de los dioses, colmados de ricas ofrendas, y aniquiló algunas ciudades, antes por afán de rapiña que en castigo de delitos que hubiesen cometido. Esta conducta le proporcionó mucho oro, que hizo vender en Italia y en las provincias al precio de tres mil sestercios la libra. Durante su primer consulado robó en el Capitolio tres mil libras de peso de oro y lo sustituyó con igual cantidad de cobre dorado. Vendió alianzas y reinos, consiguiendo así solamente de Ptolomeo, en su nombre y en el de Pompeyo, cerca de seis mil talentos. Más adelante, solo a costa de sacrilegios y evidentísimas rapiñas, pudo subvenir a los enormes gastos de la guerra civil, de sus triunfos y de los espectáculos.

LV. En elocuencia y talento militares igualó César a los más famosos y hasta los superó. Su acusación contra Dolabella hizo que se le considerase unánimemente entre los primeros oradores. Cicerón, en su epístola a Bruto, cuando enumera los oradores, dice *que no ve a quién deba ceder*

César, y agrega, *que tiene en su dicción elegancia y brillantez, magnificencia y grandeza;* y a Cornelio Nepote, hablando de lo mismo, dice: *¿Qué orador te atreverías a anteponerle entre los que han cultivado solo este arte? ¿Quién le supera en la abundancia y vigor de pensamiento? ¿Quién más elegante y distinguido en la expresión?* Parece que desde muy joven adoptó César el género de elocuencia de Estrabón, y en su *Divinación* reprodujo literalmente muchos párrafos del discurso *Pro Sardis* de este orador. También se dice que hablaba con voz sonora, siendo bella, enérgica y entusiasta su acción. Pronunció algunas oraciones, pero se le atribuyen otras falsamente, y no sin razón consideraba Augusto la oración *Pro Q. Metello* más bien copia infiel de los amanuenses, que no podían seguir la rapidez de su dicción, que como obra publicada por él mismo. En muchos ejemplares veo escrito no *Pro Metello,* sino *que escribió Metello,* aunque es César quien habla para vindicarse, al propio tiempo que Metello, de las acusaciones de sus comunes enemigos. Duda también Augusto en atribuirle la arenga a los *soldados de España,* aunque existen dos con este título, una como pronunciada antes del primer combate y la otra antes del último; según Asinio Polión, en la última batalla, el imprevisto ataque de los enemigos no le dio tiempo para la arenga.

LVI. Nos dejó también comentarios sobre sus campañas en las Galias y sobre la guerra civil contra Pompeyo. En cuanto a la historia de las guerras de Alejandría, África y España, se ignora quién sea el autor. Cicerón, en su epístola a Bruto, habla así de los *Comentarios:* • *Sus* Comentarios *son un libro excelente; su estilo es sobrio, puro, elegante, despojado de toda pompa de lenguaje, de una belleza sin ornamentos y al querer suministrar materiales preparados a los futuros historiadores, tal vez ha hecho cosa agradable a los necios que no dejaron de sobrecargar con frívolas galas estas gracias naturales, pero ha anulado en los discretos el deseo de tratar este asunto.* Hirtio dice también, hablando de los mismos *Comentarios: Es su superioridad tan reconocida, que parece ha quitado, más bien que dado, a los historiadores la facultad de escribir después que él.*

• *Comentarios a la guerra de las Galias,* de J. César.

Tenemos más motivos que nadie para admirar este libro; todos saben con cuánto más talento y fuerza está escrito; nosotros sabemos, además, con cuánta facilidad y rapidez lo escribió. Asinio Polión pretende que estos *Comentarios* no son siempre exactos y fieles, por haber concedido César demasiada fe a los relatos de sus legados, y por haber alterado conscientemente, o por falta de memoria, la verdad de sus propios hechos, opinando que deberían examinarse y corregirse. Dejó también un tratado en dos libros sobre la *Analogía;* otro, en igual número de libros, llamado *Anticatón,* y un poema intitulado *El camino.* El primero lo compuso al pasar los Alpes para reunirse con su ejército, después de presidir los comicios de la Galia Citerior; el segundo, en tiempos de la batalla de Munda, y el último en los veinticuatro días que empleó para trasladarse desde Roma a la España Ulterior. Existen también sus cartas al Senado, y fue al parecer el primero en escribir sus comunicaciones en hojas dobladas en forma de oficio, pues hasta entonces las habían escrito los cónsules y generales en toda la extensión de la hoja. Se conservan, por último, sus cartas a Cicerón, así como las que escribió a sus amigos acerca de sus asuntos domésticos. Para los negocios secretos utilizaba una escritura cifrada que hacía el sentido ininteligible, estando ordenadas las letras de manera que no podía formarse ninguna palabra; para descifrarlas, tiene que cambiarse el orden de las letras, tomando la cuarta por la primera, esto es *d* por *a,* y así las demás. También se citan algunos escritos del tiempo de su niñez y de su juventud: las *Alabanzas de Hércules,* una tragedia con el título de *Edipo* y una *Colección de frases selectas.* Augusto prohibió la publicación de estos escritos en una carta, corta y muy sencilla, dirigida a Pompeyo Macer, a quien tenía encargado el cuidado de sus bibliotecas.

LVII. Era César muy diestro en el manejo de las armas y caballos y soportaba la fatiga hasta lo increíble; en las marchas precedía al ejército, algunas veces a caballo, y con más frecuencia a pie, con la cabeza descubierta a pesar del sol y de la lluvia. Salvaba largas distancias con increíble rapidez, sin equipaje, en un carro de alquiler, recorriendo de esta forma hasta cien millas por día. Si le detenían los ríos, los pasaba a nado o sobre odres henchidos, y con frecuencia se anticipaba a sus correos.

LVIII. Se dice fue más cauto que audaz en sus expediciones. Nunca llevó su ejército a terreno propicio a emboscadas sin explorar antes los caminos; no lo hizo cruzar a Bretaña sin asegurarse por sí mismo del estado de los puertos, del modo de navegación, y de los parajes que permitían el desembarco. Enterado un día de que habían asediado su campamento en Germania, se viste un traje galo y, atravesando el ejército de los sitiadores, se reúne a su campamento. De la misma manera pasó en invierno, desde Brindis a Dirrachio, por entre las flotas enemigas; como, pese a sus frecuentes mensajes, no llegaban las tropas que tenían orden de seguirlo, terminó por montar una noche en una barquilla, cubierta la cabeza, sin darse a conocer, ni permitir al piloto ceder a la tempestad hasta que estuvo en peligro de hundirse en las olas.

LIX. Los escrúpulos religiosos jamás le hicieron abandonar ni diferir sus empresas. Aunque la víctima del sacrificio escapase al cuchillo del sacrificador no por eso dejó de marchar contra Escipión y Juba. En otra ocasión, habiendo caído al saltar del barco, tornó en favor suyo el presagio, exclamando: *Ya eres mía, África.* Para eludir los vaticinios que en aquella tierra unían fatalmente las victorias al nombre de los Escipiones, tuvo constantemente en sus campamentos a un oscuro descendiente de la familia Cornelia, hombre abyecto y a quien por sus desarregladas costumbres se había dado el apodo de Salucio.

LX. Por lo que toca a las batallas, no se orientaba únicamente por planes meditados con detención, sino también aprovechando oportunidades. Ocurría muchas veces que atacaba inmediatamente después de una marcha, o con tan pésimo tiempo que nadie podía suponer se hubiese puesto en movimiento, y solo en los últimos años de su vida se mostró más cauto en presentar batalla, convencido de que, habiendo conseguido tantas victorias, no debía tentar a la fortuna, y de que con una victoria ganaría siempre menos que perdería con una derrota. No derrotó nunca a un enemigo sin apoderarse inmediatamente de su campamento; tampoco dejaba reponerse del terror a los vencidos. Cuando la victoria era dudosa, hacía alejar a todos los caballos, comenzando por el suyo, para imponer a los soldados la necesidad de vencer quitándoles todos los medios de huida.

LXI. Montaba un caballo singular, cuyos cascos parecían pies humanos, pues estaban hendidos a manera de dedos. Este caballo había nacido en su casa y los augures habían prometido a su dueño el imperio del mundo; por esta razón lo crio con cuidadoso esmero, encargándose él mismo de domarlo, erigiéndole más tarde una estatua delante del templo de Venus Madre.

LXII. Con frecuencia se le vio restablecer él solo su línea de batalla; cuando vacilaba esta, lanzarse adelante de los fugitivos, detenerlos bruscamente y obligarlos, con la espada a la garganta, a volver al enemigo. Hizo esto a pesar de que algunas veces llegó a dominarlos el terror de tal manera que un portaestandarte detenido lo amenazó con su espada, y otro, cuya águila la había cogido, se la dejó en las manos.

LXIII. En otras ocasiones dio muestras de mayor valor todavía. Después de la batalla de Farsalia, habiendo mandado sus tropas al Asia y pasando él en una barquichuela el Helesponto, halló a C. Casio, uno de sus enemigos, con diez galeras de guerra. Lejos de huir, marchó hacia él, le ordenó la rendición y lo recibió, suplicante, en su nave.

LXIV. En Alejandría atacó un puente, pero una inesperada salida del enemigo lo obligó a saltar a una barca, perseguido por gran número de enemigos. Se lanzó al mar, y recorrió a nado el espacio de doscientos pasos hasta otra nave, sacando la mano derecha fuera del agua para que no se mojasen los escritos que llevaba, y llevando cogido con los dientes su manto de general para no abandonar aquella prenda al enemigo.

LXV. Apreciaba al soldado solo por su valor, no por sus costumbres ni por su fortuna, y lo trataba unas veces con suma severidad y otras con grande indulgencia. No siempre ni en todas partes era rígido, pero siempre se mostraba severo frente al enemigo, manteniendo en tales casos rigurosamente la disciplina. No anunciaba a su ejército los días de marcha ni los de combate, teniéndolo así en continua espera de sus órdenes y siempre dispuesto a partir a la primera señal a donde lo llevase. Muchas veces le ponía en movimiento sin necesidad, sobre todo los días festivos y lluviosos. En ocasiones daba orden de que no lo perdiesen de vista, y se alejaba de pronto, de día o de noche, y forzaba el paso para fatigar a los que le seguían sin alcanzarlo.

LXVI. Cuando el ejército que tenía ante sí venía precedido de temible fama, no tranquilizaba al suyo negando ni despreciando las fuerzas contrarias, antes bien las exageraba hasta la mentira. Así, pues, cuando la proximidad de Juba había infundido miedo en el corazón de todos los soldados, los reunió y les dijo: *Sepan que dentro de pocos días el rey estará delante de ustedes con diez legiones, treinta mil caballos, cien mil hombres de tropas ligeras y trescientos elefantes. Absténganse todos de preguntas y conjeturas y pongan su fe en mí, que conozco lo que ha de hacerse; embarcaré en un barco viejo a los que difundan rumores e irán a parar a donde los lleve el viento.*

LXVII. No siempre castigaba las faltas ni cuidaba de que hubiese relación entre el castigo y el delito; era severísimo con los desertores y sediciosos, y suave con los demás. Algunas veces, tras una gran batalla y una gran victoria, dispensaba a los soldados los deberes ordinarios y les permitía entregarse a todos los excesos de desenfrenada licencia, pues solía decir que *sus soldados, aun perfumados, podían combatir bien.* En las arengas no los llamaba soldados, empleaba la palabra más amable de *compañeros;* le gustaba verlos bien uniformados, y les daba armas con adornos de plata y oro, tanto para gala como para enardecerlos en el día del combate por el temor de perderlas. Era tal su amor hacia ellos, que cuando supo la derrota de Tituria se dejó crecer la barba y el cabello y no se los cortó hasta después de vengarla. Así les inspiró inquebrantable adhesión a su persona y valor invencible.

LXVIII. Al principiar la guerra civil, los centuriones de cada legión se comprometieron a suministrarle cada uno un jinete pagado de su peculio particular, y todos los soldados a servirle gratuitamente, sin ración ni paga, debiendo los más ricos atender a las necesidades de los más pobres. Durante aquella guerra tan larga ninguno le abandonó, y hasta algunos que cayeron prisioneros rehusaron la vida que se les ofrecía a condición de volver las armas contra él. Sitiados y sitiadores soportaban con tanta paciencia el hambre y las demás privaciones, que en el sitio de Dirrachio, vista por Pompeyo la especie de pan de hierbas con que se alimentaban, dijo *que tenía que habérselas con fieras,* haciéndolo desaparecer enseguida por temor de que aquel testimonio de la paciencia y pertinacia de sus enemigos sembrase el desconcierto en su ejército. Una prueba de su indomable valor la tenemos en el hecho de que después del único revés que sufrieron cerca de Dirrachio, pidieron castigo ellos mismos, y el general antes tuvo que consolarlos que castigarlos. En las demás batallas deshicieron fácilmente, a pesar de su inferioridad numérica, las innumerables tropas que se les oponían. Una sola cohorte de la legión decimosexta, encargada de la defensa de un fuertecillo, sostuvo durante varias horas el ataque de cuatro legiones de Pompeyo, sucumbiendo al fin, casi entera, bajo una nube de flechas, de las que se encontraron dentro del fuerte ciento treinta mil. Tanta bravura no causaría asombro si se consideran aisladamente los hechos de algunos de sus soldados. Citaré solo al centurión Casio Sceva y al soldado C. Acilius. Sceva, a pesar de tener vaciado un ojo, y atravesado un muslo y un hombro, y roto el escudo con ciento veinte golpes, permaneció firme en la puerta de un fuerte cuya custodia le había sido confiada. Acilius, en un combate naval cerca de Marsella, imitando el memorable ejemplo que dio Cinegiro entre los griegos, con la mano derecha se asió a un barco enemigo; se la cortaron, pero no por eso dejó de saltar al barco, rechazando con el escudo a cuantos se le oponían.

LXIX. Ninguna sedición se produjo en el ejército durante los diez años de guerra en las Galias; estallaron algunas durante las civiles, pero César las dominó enseguida, con autoridad más bien que con indulgencia. Nunca cedió ante los amotinados, sino que marchó constantemente a su encuentro. En Plasencia licenció toda la legión novena, a pesar de que Pompeyo permanecía aún en armas, y no sin gran trabajo, después de numerosas y apremiantes súplicas y de haber castigado a los culpables, consintió en rehabilitarla.

LXX. Como los soldados de la legión décima pidieran un día en Roma su licencia y sus recompensas, profiriendo terribles amenazas que exponían la ciudad a graves peligros, a pesar de que entonces estaba encendida la guerra en África y aunque sus amigos trataron en vano de retenerlo, César no vaciló en presentarse a los amotinados y licenciarlos. Pero con una sola palabra, llamándoles *ciudadanos* en vez de *soldados,* cambió por completo sus disposiciones. *¡Somos soldados!,* exclamaron enseguida; y lo siguieron a África, a pesar suyo, lo cual no impidió que castigase a los instigadores con la pérdida de la tercera parte del botín y de los terrenos que les estaban destinados.

LXXI. Desde su juventud brilló César por su celo y fidelidad hacia sus clientes. Defendió a Masinisa, joven de familia distinguida, contra el rey Hiempsal, y lo hizo con tanta energía, que en el calor de la discusión cogió por la barba a Juba, hijo de este rey. Fue declarado su cliente tributario del rey, y él, entonces, lo liberó de manos de los que lo llevaban y lo tuvo oculto durante mucho tiempo en su casa, y aun después, cuando partió para España, al cesar en la pretura, lo llevó en su litera, bajo la protección de sus lictores y de numerosos amigos.

LXXII. Trató siempre César a sus amigos con tantas consideraciones y bondad, que habiendo caído repentinamente enfermo C. Oppio, que lo acompañaba por un camino agreste y difícil, le cedió la única cabaña que encontraron y se acostó él en el suelo a la intemperie. Cuando alcanzó el poder soberano, elevó a los primeros honores a algunos hombres de baja estofa, y siendo censurado por ello, contestó: *Si bandidos y asesinos me hubiesen ayudado a defender mis derechos y dignidad, les mostraría igualmente mi agradecimiento.*

LXXIII. Por otra parte, nunca concibió enemistades tan hondas que no las desechase así que se le ofrecía ocasión. C. Memmio le había atacado en sus discursos con extraordinaria vehemencia, y con gran violencia le había contestado César por escrito; y, sin embargo, poco después le ayudó con toda su influencia a conseguir el consulado. Cuando C. Calvo, que le había dirigido epigramas difamatorios, pretendió reconciliarse con él por la mediación de algunos amigos, él mismo se anticipó a escribirle. Confesaba que Valerio Catulo en sus versos sobre Mamurra le había señalado con eterno estigma, y en el mismo día que le dio satisfacción, le admitió a su mesa, sin haber roto nunca sus relaciones de hospitalidad con el padre del poeta.

LXXIV. Era dulce por naturaleza hasta en las venganzas. Cuando se apoderó de los piratas, de los que fue prisionero, y a quienes en aquella situación juró crucificar, no los hizo clavar en este instrumento de suplicio sino después de estrangularlos. Cornelio Fagita le había dispuesto todo género de asechanzas en la época en que, para librarse de Sila, se veía obligado, aunque enfermo, a cambiar todas las noches de asilo, y no había cesado de inquietarle sino mediante espléndida recompensa: sin embargo, nunca quiso tomar venganza de él. A Filemón, esclavo y secretario suyo, que había prometido a sus enemigos envenenarlo, no le impuso otro castigo que la muerte, cuando podía someterlo a espantosos tormentos. Llamado como testigo contra P. Clodio, acusado de sacrilegio y convicto de adulterio con su esposa Pompeya, aseguró no haber visto nada, a pesar de que su madre Aurelia y su hermana Julia habían declarado a los jueces toda la verdad; y como se le preguntara por qué, pues, había repudiado a Pompeya, contestó: *Es necesario que los míos estén tan exentos de sospecha como de crimen.*

LXXV. Deben, sin embargo, ser admiradas principalmente su moderación y clemencia durante la guerra civil y después de sus triunfos. Había dicho Pompeyo que consideraría enemigos a los que no defendiesen la República, y César declaró que tendría por amigos a los que permaneciesen neutrales entre los dos partidos; y a aquellos a quienes concediese grados por recomendación de Pompeyo, César los autorizó a pasar al ejército rival. En el sitio de Ilerda (Lérida) se trabaron relaciones amistosas entre los dos ejércitos, a favor de las negociaciones entabladas por los jefes para la rendición de la plaza; pero, abandonando repentinamente el proyecto Afranio y Petreyo, hicieron pasar a cuchillo a los soldados de César que se encontraban en su campamento; ni siquiera este acto de perfidia pudo conducirlo a las represalias. En la batalla de Farsalia mandó *que no se hiciese daño a los ciudadanos* y no hubo soldado del partido contrario a quien no permitiera conservar lo que quisiese. Tampoco se sabe que ningún enemigo suyo pereciera más que en el campo de batalla, exceptuando Afranio, Fausto y el joven L. César, y aun se dice que estos no murieron por orden suya, a pesar de que los dos primeros se habían sublevado contra él después de haber obtenido el perdón, y el tercero había hecho perecer cruelmente por el hierro y el fuego a los esclavos y libertos de su bienhechor, mandando degollar hasta las fieras que César había comprado para los espectáculos. Finalmente, en los últimos tiempos permitió a todos los que no habían conseguido gracia regresar todavía a Italia y aspirar a mandos y magistraturas. Levantó de nuevo las estatuas de Sila y de Pompeyo que el pueblo había derribado. Cuando sabía que se tramaba contra él algún proyecto siniestro o que hablaban mal, prefería refrenar a los culpables a castigarlos. Así, habiendo descubierto conspiraciones y reuniones nocturnas, limitó su venganza a declarar, por medio de un edicto, que las conocía. A los que le ultrajaban en discursos, se contentaba con aconsejarles públicamente que no persistiesen en ello, llegando a sufrir, sin quejarse, que Aulo Cecino manchase su reputación en un libelo injurioso y Pitolao en un difamatorio poema.

LXXVI. Sin embargo, se imputan a César acciones y palabras que demuestran el abuso del poder y que parecen justificar su muerte. No se contentó con aceptar los honores más altos, como el consulado vitalicio, la dictadura perpetua, la censura de las costumbres, el título de *Emperador,* el dictado de *Padre de la Patria,* una estatua entre las de los reyes, una especie de trono en la orquesta, sino que admitió, además, que le decretasen otros superiores a la medida de las grandezas humanas. Tuvo, en efecto, silla de oro en el Senado y en su tribunal; en las pompas del circo un carro en el que era llevado religiosamente su retrato; templos y altares y estatuas junto a las de los dioses; tuvo como estos, lecho sagrado; un flamen, sacerdotes lupercos, y el privilegio, en fin, de dar su nombre a un mes del año. No existen distinciones que no recibiese según su capricho y que no concediese de la misma manera. Cónsul por tercera y cuarta vez, se limitó a ostentar el título, y se contentó con ejercer la dictadura que le habían concedido con los consulados; se sustituyó a dos cónsules para los tres últimos meses de estos dos años, durante los cuales reunió solo los comicios para la elección de tribunos y ediles del pueblo. Estableció prefectos en lugar de pretores, para que administrasen bajo sus órdenes los intereses de la ciudad. Habiendo muerto de repente un cónsul la víspera de las calendas de enero revistió con la dignidad vacante, por las pocas horas que quedaban, al primero que la solicitó. Con igual desprecio de las leyes y costumbres patrias estableció magistraturas para muchos años, concedió insignias consulares a dos pretores antiguos, elevó a la categoría de ciudadanos y hasta de senadores a algunos galos semibárbaros; concedió la intendencia de la moneda y de las rentas públicas a esclavos de su casa, y abandonó el cuidado y mando de tres legiones que dejó en Alejandría a Rufión, hijo de un liberto suyo y compañero de orgías.

LXXVII. Públicamente solía César pronunciar palabras que, como dice T. Ampio, no muestran menos orgullo que sus actos: *La República es nombre sin realidad ni valor. Sila ignoraba la ciencia del gobierno, porque depuso la dictadura. Los hombres debían hablarle en adelante con más respeto y considerar como leyes lo que dijese.* Alcanzó tal punto de arrogancia, que a un augur que le anunciaba tristes presagios después de un sacrificio porque no se había encontrado corazón en la víctima, le respondió él que haría los vaticinios más dichosos cuando quisiese y que no era prodigio mostrar un animal sin corazón.

LXXVIII. Lo que le atrajo, sin embargo, odio violentísimo e implacable fue lo siguiente: Habían marchado los senadores en corporación a presentarle decretos muy halagüeños para él, y los recibió sentado frente al templo de Venus Madre. Algunos escritores dicen que Cornelio Balbo lo retuvo cuando iba a levantarse; otros, que ni siquiera se movió, y que habiéndole dicho C. Trebacio que se pusiese en pie, le dirigió una severa mirada. Este desaire pareció tanto más intolerable, cuanto que él mismo, en uno de sus triunfos, cuando, al pasar su carro por delante de las sillas de los tribunos, uno de ellos, Poncio Aquila, no se levantó, mostró tan profunda indignación, que llegó a exclamar: *Tribuno Aquilas, pídeme la República,* y durante muchos días no prometió nada a nadie sin añadir esta condición irónica: *Desde luego, si lo permite Poncio Aquila.*

LXXIX. A este grave ultraje inferido al Senado añadió César un rasgo de orgullo más hiriente aún. Regresaba a Roma después del sacrificio acostumbrado de las ferias latinas, cuando, en medio de las extraordinarias y locas aclamaciones del pueblo, un hombre, destacándose de la multitud, colocó sobre su estatua una corona de laurel, atada con una cinta blanca. Los tribunos Epidio Maruco y Cesetio Flavo ordenaron quitar la corona y redujeron a prisión al que la había puesto; pero César, viendo que aquella tentativa de realeza había tenido tan mal éxito, o como pretendía que le habían privado de la gloria de rehusarla, apostrofó duramente a los tribunos y los despojó de su autoridad. No pudo librarse de la censura deshonrosa de haber ambicionado la dignidad real, a pesar de que respondió un día al pueblo que le saludaba con el nombre de rey: *Soy César y no rey*, y a pesar también de que en las fiestas lupercales rechazara e hiciese llevar al Capitolio, a la estatua de Júpiter, la diadema que el cónsul Antonio había querido insistentemente colocarle en la cabeza en la tribuna de las arengas. Sobre este asunto se difundió un rumor que adquirió bastante consistencia, asegurándose que proyectaba trasladar a Alejandría o a Troya la capital y fuerzas del Imperio, después de dejar exhausta a Italia con levas extraordinarias, y encargado a sus amigos el gobierno de Roma. Se añadía a esto que en la primera reunión del Senado el quindecenviro L. Cotta debía proponer que se diese a César el título de rey, puesto que estaba escrito en los libros del destino que únicamente un rey podría vencer a los partos.

LXXX. Temiendo los conjurados verse obligados a dar su asentimiento a esta proposición, consideraron necesario apresurar la ejecución de su empresa; por tanto se reunieron y tomaron en común decisiones que antes acordaban aisladamente entre dos o tres personas; en el pueblo reinaba el descontento por el estado de los negocios, manifestando en toda oportunidad su repugnancia a la tiranía, y solicitando abiertamente vengadores. Cuando se concedió a extranjeros el título de senadores, se fijaron estos pasquines por todas partes: *Salud a todos: se prohíbe mostrar a los nuevos senadores el camino del Senado, y* se cantó también por las calles:

Gallos Caesar in triumphum ducit, idem in curiam
Galli bracas deposuerunt latum clavum sumpserunt.•

Habiendo el censor anunciado en el teatro, según es costumbre, la entrada del cónsul Q. Máximo, a quien César había sustituido por tres meses, por todas partes le gritaron *que no era cónsul.* Tras la destitución

• Encadenados en su triunfo, trajo a los galos, llevándolos luego al Senado; los galos depusieron sus harapos y tomaron las lactivas.

de los tribunos Cesecio y Marullo, en la primera reunión de los comicios aparecieron muchos boletines nombrándoles cónsules. Al pie de la estatua de L. Bruto escribieron: *¡Ojalá viviese!,* y bajo la de César:

Brutus, quia regis *ejecit, consul primas factus est:*
Hic, quia consules ejecit, rex postremo factus ets.••

El número de conjurados se elevaba a más de sesenta, siendo C. Casio y Marco y Décimo Bruto jefes de la conspiración. Estos deliberaron en primer lugar si, dividiéndose, le precipitarían unos desde el puente, durante los comicios del campo de Marte, en el momento en que convocase las tribus para las elecciones, mientras los otros le esperarían abajo para asesinarlo, o bien si le atacarían en la Vía Sacra o a la entrada del teatro; pero habiéndose dispuesto para los idus de marzo una reunión del Senado en la sala de Pompeyo, convinieron por unanimidad no buscar momento ni paraje más oportunos.

LXXXI. Prodigios evidentes anunciaron a César su próximo fin. Escasos meses antes, los colonos a quienes la ley Julia había otorgado terrenos en la Campania, para construir casas de campo, destruyeron antiquísimos sepulcros, y con tanto más afán cuanto que en las excavaciones que hacían, solían encontrar vasos de labores antiguas. En un sepulcro que guardaba, según decían, los restos de Capys, fundador de Capua, encontraron una plancha de bronce que conservaba en caracteres y palabras griegas la siguiente inscripción: *Cuando se descubran las cenizas de Capys, un descendiente de lulo perecerá a manos de sus deudos, pero no tardará en ser vengado por las desgracias de Italia.* Y para que no se crea que esto es fábula inventada a capricho, citaré en mi apoyo a Cornelio Balbo, íntimo amigo de César. Pocas fechas antes de su muerte supo que los caballos consagrados por él a los dioses antes de pasar el Rubicón, y que habían dejado vagar sin amo, se negaban a comer y lloraban; por su parte, el arúspice Spurinna le advirtió, durante un sa-

•• A bruto, por arrojar a los reyes, se le nombró primer cónsul; a este, por arrojar a los cónsules, se le ha hecho último rey.

crificio, que se guardase del peligro que lo amenazaba para los idus de marzo. La víspera de estos mismos idus, habiendo penetrado en la sala del Senado, llamada de Pompeyo, un pájaro reyezuelo con una rama de laurel en el pico, aves de diferentes clases, salidas de un bosque vecino, se lanzaron sobre él y lo despedazaron. Por último, la noche que precedió al día de su muerte, creyó en sueños que se remontaba sobre las nubes y ponía su mano en la de Júpiter; y a su vez su esposa Calpurnia soñó que se desplomaba el techo de su casa y que mataban a su esposo en sus brazos, mientras las puertas de su habitación se abrían violentamente por sí mismas. Todos estos presagios y el mal estado de su salud le hicieron vacilar por largo tiempo acerca de si permanecería en su casa aplazando para el día siguiente lo que había propuesto al Senado; pero exhortado por Décimo Bruto a no hacer aguardar inútilmente a los senadores que estaban reunidos desde temprano, salió de casa hacia la hora quinta. En el camino un desconocido le presentó un escrito en el que le revelaba la conjuración; César lo cogió y lo unió a los demás que llevaba en la mano izquierda con la intención de leerlos luego. Las víctimas que se inmolaron enseguida dieron presagios desfavorables; pero dominando sus escrúpulos religiosos, entró en el Senado y dijo burlándose a Spurinna que eran falsas sus predicciones, porque habían llegado los idus de marzo sin traer ninguna desgracia, a lo que este le contestó que habían llegado, pero todavía no terminaban.

LXXXII. En cuanto se sentó, lo rodearon los conspiradores con pretexto de saludarlo. En el acto Cimber Telio, que se había encargado de comenzar, se le acercó como para dirigirle un ruego; mas negándose a escucharlo e indicando con el gesto que dejara su petición para otro momento, lo cogió de la toga por ambos hombros, y mientras exclamaba César: *Esto es violencia,* uno de los Casca, que se encontraba a su espalda, lo hirió algo más abajo de la garganta. César le tomó el brazo, se lo atravesó con el punzón y quiso levantarse, pero un nuevo golpe lo detuvo. Viendo entonces puñales levantados por todas partes, se envolvió la cabeza en la toga y con la mano izquierda se bajó los paños sobre las piernas, a fin de caer más noblemente, manteniendo oculta la parte inferior del cuerpo. Recibió veintitrés heridas, y solo a la primera lanzó un gemido, sin pronunciar ni una palabra. Sin embargo, algunos escritores refieren que viendo avanzar contra él a M. Bruto, le dijo en lengua griega: *¡Tú también, hijo mío!* Cuando lo vieron muerto, huyeron todos, quedando por algún tiempo tendido en el suelo, hasta que al fin tres esclavos lo llevaron a su casa en una litera, de la que pendía uno de sus brazos. Según testimonio del médico Antiscio, entre todas sus heridas solo era mortal la segunda que había recibido en el pecho. Los conjurados querían arrastrar su cadáver al Tíber, adjudicar sus bienes al Estado y anular sus disposiciones; pero el temor que les infundieron el cónsul M. Antonio y Lépido, jefe de la caballería, les hizo renunciar a su designio.

LXXXIII. A petición de su suegro L. Pisón fue abierto su testamento, dándose lectura de él en casa de Antonio. César lo había hecho en los últimos días de septiembre, en su posesión de Lavícum, encargando después su custodia a la superiora de las vestales. Dice Q. Tuberón que en todos los que hizo desde su primer consulado hasta el comienzo de la guerra civil instituía heredero de todos sus bienes a Cn. Pompeyo, y que así lo había dicho en sus arengas al ejército. Mas en el último instituía tres herederos, que eran los nietos de sus hermanas, a saber: C. Octavio en las tres cuartas partes, y L. Pinario con Q. Pedio, en la restante; en la última cláusula adoptaba a C. Octavio y le daba su nombre. Nombraba tutores de su hijo, para el caso en que naciese alguno, a la mayor parte de los que lo hirieron, figurando Décimo Bruto inscrito en la segunda clase de sus herederos. Legaba, por último, al pueblo romano sus jardines próximos al Tíber y trescientos sestercios por ciudadano.

LXXXIV. Fijado el día de sus funerales, fue levantada la pira en el campo de Marte, cerca de la tumba de Julia, y se construyó frente a la tribuna de las arengas una capilla dorada, por el modelo del templo de Venus Madre; colocaron en ella un lecho de marfil cubierto de púrpura y oro, y a la cabecera de este lecho un trofeo, con el traje que llevaba al darle muerte. No juzgándose suficiente el día para el solemne desfile de los que deseaban llevar presentes fúnebres, se decidió que cada cual iría a depositar sus dones en el campo de Marte. En los juegos se cantaron versos propios para excitar compasión hacia el muerto e indignación contra los asesinos; estaban tomados de Pacuvio en su *Juicio sobre las Armas de Aquiles:*

Men servasse, ut essent, qui me perderent?•

y pasajes de la *Electra* de Attilio, que podían ofrecer iguales alusiones. El cónsul Antonio hizo que, en vez del elogio fúnebre, fuesen leídos por un heraldo los senadoconsultos que otorgaban a César todos los honores divinos y humanos, y el juramento, además, que obligaba a todos por la salud de uno; por su parte añadió muy pocas palabras a esta lectura. Magistrados activos, o que acababan de cesar en sus cargos, llevaron el lecho al Foro, frente a la tribuna de las arengas. Querían unos que se quemase el cadáver en el templo de Júpiter Capitolino; otros en la sala de Pompeyo; pero de improviso, dos hombres, que llevaban espada al cinto y dos dardos en la mano, le prendieron fuego con antorchas, y enseguida comenzaron todos a arrojar en él leña seca, las sillas de las tribunas de los magistrados y cuanto se encontraba al alcance de la mano. Los flautistas y cómicos, que habían revestido para aquella solemnidad los trajes dedicados a las pompas triunfales, se despojaron de ellos, los destrozaron y arrojaron a las llamas; los legionarios veteranos arrojaron de igual manera las armas con que se habían adornado para los funerales, y la mayor parte de las mujeres lanzaron a su vez joyas, y hasta las bulas y pretextas de sus hijos. Gran número de extranjeros tomaron parte en aquel duelo público, aproximándose sucesivamente a la hoguera y manifestando su dolor cada uno a la manera de su tierra; se notaba principalmente a los judíos, los cuales velaron durante muchas noches junto a las cenizas.

LXXXV. Una vez terminados los funerales, corrió el pueblo con antorchas a las casas de Bruto y Casio, costando gran esfuerzo rechazarlo. En su camino encontró a Helvio Cinna, y lo tomó por Cornelio, que había pronunciado el día anterior un discurso vehemente contra César,

• ¿Los perdoné para que fuesen quienes me habían de perder?

le dio muerte y paseó después su cabeza clavada en la punta de una pica. Más adelante se alzó en el Foro una columna de mármol de Numidia, de una sola pieza y de más de veinte pies de altura, con esta inscripción: *AL PADRE DE LA PATRIA*; fue costumbre por largo tiempo ofrecer sacrificios al pie de ella, hacer votos y terminar algunas querellas jurando por el nombre de César.

LXXXVI. César había infundido en algunos parientes suyos sospechas de que no quería vivir más y que aquella indiferencia, que procedía de su precaria salud, le había hecho despreciar las advertencias de la religión y los consejos de sus amigos. Afirman otros que tranquilizado por el último senadoconsulto y por el juramento prestado a su persona, había despedido a la guardia española que le seguía espada en mano. Otros le atribuyen, por el contrario, la idea de que prefería sucumbir en una asechanza de sus enemigos a tener que temerlos continuamente... Según algunos, acostumbraba a decir que su conservación interesaba más a la República que a él mismo; que había adquirido para ella desde muy antiguo gloria y poderío; pero que la República, si él pereciera, no gozaría de tranquilidad y caería en los espantosos males de la guerra civil.

LXXXVII. En general convienen todos, sin embargo, en que su muerte fue poco más o menos como él la había deseado. Leyendo un día, en efecto, en Jenofonte, que Ciro, durante su última enfermedad, había dado algunas órdenes relativas a los funerales, mostró su aversión por una muerte tan lenta, y manifestó deseos de que la suya fuese rápida. La misma víspera del día en que murió estuvo cenando en casa de M. Lépido, y habiéndose en ella preguntado cuál es la muerte más apetecible, contestó: *La repentina e inesperada.*

LXXXVIII. Sucumbió a los cincuenta y seis años de edad, y fue colocado en el número de los dioses, no solamente por decreto, sino también por unánime sentir del pueblo, persuadido de su divinidad. Durante los juegos que había prometido celebrar, y que dio por él su heredero Augusto, apareció una estrella con cauda, que se alzaba hacia la hora undécima y que brilló durante siete días consecutivos; se creyó que se trataba del alma de César recibida en el cielo, y esta fue la razón de que se le representara con una estrella sobre la cabeza. Se ordenó tapiar la puerta de la sala donde se le dio muerte: se llamó *parricidio* a los idus de marzo y se prohibió para siempre que se congregasen los senadores en tal día.

LXXXIX. Casi ninguno de sus asesinos murió de muerte natural ni le sobrevivió más de tres años. Fueron todos condenados, pereciendo cada cual de diferente manera; unos en naufragios, otros en combates y algunos clavándose el mismo puñal con que hirieron a César.

OCTAVIO AUGUSTO

I. Muchos monumentos atestiguan que la familia de Octavio era en la antigüedad de las primeras de Vélitres. Una parte importante de la ciudad se llamaba desde mucho tiempo barrio Octavio, y se exhibía en ella un altar consagrado por un Octavio, que, designado general en una guerra contra un pueblo vecino, y advertido un día, en medio de un sacrificio al dios Marte de la repentina irrupción del enemigo, quitó de las llamas las carnes casi crudas de la víctima, las distribuyó según el rito, corrió al combate y regresó victorioso. Existía también un decreto que ordenaba ofrecer de la misma manera en lo sucesivo al dios Marte las víctimas y que se llevaran los restos a los Octavios.

II. Admitida esta familia entre las romanas por el rey Tarquino *el Viejo,* clasificada después por Servio Tulio entre las patricias, pasó más adelante por voluntad propia a la condición plebeya; y solo después de largo intervalo, por voluntad de Julio César, volvió al patriciado. El primero de esta familia que obtuvo por sufragios del pueblo una magistratura fue C. Rufo, que siendo cuestor tuvo dos hijos, Cneo y Cayo, troncos de dos ramas de Octavios, cuyos destinos fueron muy diferentes: Cneo y todos sus descendientes desempeñaron los cargos más importantes del Estado. Pero Cayo y los suyos, bien por fortuna, bien por propia voluntad, permanecieron en el orden ecuestre hasta el padre de Augusto. El bisabuelo de este sirvió en Sicilia durante la segunda Guerra Púnica, como tribuno militar, bajo el mando de Emilio Papo. Su abuelo no pasó de las magistraturas municipales y envejeció en la abundancia y en la paz. Sin embargo, no convienen todos en esto, y el mismo Augusto escribió que procedía de una antigua y opulenta familia de simples caballeros, y que su padre fue el primer senador de su nombre. M. Antonio le echa en cara que su bisabuelo fue liberto, cordelero en el barrio de Thurium, y su abuelo, corredor. Solo esto he encontrado con relación a los antepasados paternos de Augusto.

III. Su padre, Cayo Octavio Turino, gozó desde joven de considerables bienes y de la pública estimación y me admira que algunos escritores le hayan hecho corredor y hasta agente para la compra de votos en las asambleas agrarias. Educado en la opulencia, alcanzó con facilidad las más elevadas magistraturas, desempeñándolas noblemente no tomar en cuenta; sin cambio. Después de su pretura, la suerte le designó la administración de la provincia de Macedonia; en el camino destruyó los restos fugitivos de los ejércitos de Spartaco y Catilina, que ocupaban el territorio de Thurium, encargo extraordinario que le encomendó el Senado. En el gobierno de su provincia mostró tanta equidad como valor. Derrotó a los besos y a los tracios en una gran batalla, y trató tan noblemente a los aliados, que Marco Tulio Cicerón, en muchas cartas que aún existen, exhorta a su hermano Quinto, procónsul entonces en Asia, donde no disfrutaba de muy buena fama, a que imitase a su vecino Octavio y mereciera, como él, gratitud de los aliados.

IV. Al regreso de Macedonia, y, antes de proponer su candidatura al consulado, falleció repentinamente, dejando de Ancaria, Octavia la mayor, y de Acia, su segunda esposa, Octavia la menor y Augusto. Acia era hija de M. Acio Balbo y de Julia, hermana de C. César Balbo, por parte de padre, era originario de Aricia, y contaba muchos senadores en su familia; por parte de madre, era pariente cercano de Pompeyo *el Grande:* honrado con la pretura, fue también uno de los veinte comisarios que, en virtud de la ley Julia, quedaron encargados de repartir al pueblo las tierras de la Campania. Sin embargo, fingiendo Antonio igual desdén hacia los antepasados maternos de Augusto, afirma que su bisabuelo era de raza africana, que tuvo una tienda en Aricia, unas veces de perfumes y otras de pan. Casio de Parma, en una de sus epístolas, no se contenta con llamar a Augusto nieto de panadero, sino también nieto de un corredor de dinero, diciéndole: *La harina que vendía tu madre salía del peor molino de Aricia, y el cambista de Nerulum la amasaba con sus manos ennegrecidas por el cobre.*

V. Nació Augusto bajo el consulado de M. Tulio Cicerón y de Antonio, el IX de las calendas de octubre, poco antes de salir el sol, en el barrio Palatino, cerca de las Cabezas de Buey, en el sitio donde ahora existe un templo, que fue construido poco tiempo después de su muerte. En las actas del Senado, se ve, en efecto, que un joven patricio, llamado C. Letorio, convicto de adulterio, para evitar la rigurosa pena impuesta a este delito, alegó ante los senadores su edad, su origen y especialmente su calidad de propietario y guardián, en cierto modo, del suelo que habría tocado Augusto al nacer. Habiendo, pues, pedido gracia en consideración a este dios, que era como su divinidad particular y doméstica, se consagró por decreto la parte de la casa donde había nacido Augusto.

VI. Todavía hoy, en una casa de campo perteneciente a sus antepasados, cerca de Vélitres, se enseña la habitación donde le lactaron, que es muy reducida y parecida a una cocina, siendo creencia en los alrededores que nació allí. Deber religioso es no entrar en esta cámara sino por necesidad y con sumo respeto, porque, según una antigua creencia, el que tiene la audacia de penetrar en ella, se ve asaltado de repente por una mezcla de horror y de temor secretos. Confirma este rumor popular el que, habiéndose acostado en esta estancia un nuevo propietario de la finca, ya sea por casualidad, ya por ver lo que ocurría, se sintió a las pocas horas arrebatado por repentina y misteriosa fuerza, encontrándosele moribundo delante de la puerta, adonde fue lanzado desde el lecho.

VII. En su infancia, y en memoria del origen de sus mayores, se le dio el nombre de Turino, aunque se dice también que la causa estuvo en que poco después de su nacimiento, su padre Octavio venció en territorio de Turino a los esclavos fugitivos. *Puedo afirmar con certeza que se le llamó Turino, porque tuve en mi poder una antigua medalla de bronce que le representa niño y cuya inscripción, en letras de hierro y casi borradas, expresa aquel nombre. Entregué esta medalla a nuestro príncipe, quien la colocó con piadoso respeto entre sus dioses domésticos.* Otra prueba más: M. Antonio, creyendo ultrajarlo, lo llamó en sus cartas muchas veces Turino, contentándose Augusto con responderle, *que extrañaba se quisiese injuriarlo con su primer nombre.* Tomó más adelante el de CÉSAR y al fin el de AUGUSTO: uno en virtud del testamento de su tío paterno, y el otro a propuesta de Munacio Planco, aunque algunos senadores deseaban que se le llamase Rómulo, por haber sido, en cierto modo, el segundo fundador de Roma. Prevaleció, sin embargo, el nombre de Augusto, porque era nuevo, y sobre todo porque era más respetable; en efecto, los parajes consagrados por la religión o por el ministerio de los augures se llamaban augustos, ya sea que esta palabra derive de *auctus* (acrecentamiento), ya que proceda de *gestus* o de *gustus,* empleadas las dos en los presagios de las aves, según dice Ennio en este verso:

Augusto augurio postquam inclita condita Roma est.•

VIII. Tenía cuatro años cuando perdió a su padre; a los doce pronunció, delante del pueblo reunido, el elogio fúnebre de su abuela Julia; a los dieciséis vistió la toga civil, y aunque por su edad estaba exceptuado aún del servicio, el día del triunfo de César por la guerra de África, recibió recompensas militares. Habiendo partido su tío, pocos días después, para España, contra los hijos de Cn. Pompeyo, Augusto, apenas restablecido de una enfermedad grave, lo siguió con algunos compañeros por caminos infestados de enemigos; lo alcanzó a pesar de un naufragio, le prestó grandes servicios, e hizo admirar, además de su conducta durante el viaje, la índole de su carácter. César, que después de sujetadas las Españas, meditaba una expedición contra los dacios, y otra contra los partos, lo envió de antemano a Apolonia, donde se entregó al estudio. Allí supo que César había sido asesinado y que lo había instituido heredero y estuvo dudando durante algún tiempo si imploraría el socorro de las legiones inmediatas, pero rechazó al fin este paso como imprudente y precipitado. Regresó a Roma, donde entró en posesión de la herencia, a pesar de las vacilaciones de su madre y de las obstinadas observaciones de su suegro, Marcio Filipo, varón consular. Levantó enseguida ejércitos, gobernando la República, primero con Antonio y Lépido; después lo hizo con Antonio solo, durante cerca de doce años, y por último, él solo durante cuarenta y cuatro.

• Después de que fue fundada la ínclita Roma gracias a un augusto augurio.

IX. Tal es el resumen de su vida. Ahora expondré separadamente los diferentes actos llevados a cabo por él, no por orden de tiempos, sino según su naturaleza, para que se comprendan más clara y distintamente. Tuvo que hacer frente a cinco guerras civiles, las Mulciense, Filipense, Perusiana, Siciliana y la de Actium; la primera y la última contra Marco Antonio; la segunda contra Bruto y Casio; la tercera contra Lucio Antonio, hermano del triunviro; la cuarta contra Sexto Pompeyo, hijo de Cneo.

X. Fue la causa e inicio de todas estas guerras la obligación que se impuso de vengar la muerte de su tío y mantener la validez de sus actos. Así, pues, desde que regresó de Apolonia, decidió atacar a Bruto y Casio inesperada y abiertamente; vio que escapaban a aquel peligro, que supieron prevenir, y se armó entonces contra ellos de la autoridad de las leyes, acusándolos, aunque ausentes, como asesinos. No atreviéndose los encargados de dar los juegos establecidos por las victorias de César a cumplir con este deber, los celebró él mismo. Para afianzar mejor la ejecución de sus designios, quiso reemplazar un tribuno del pueblo, que acababa de morir y, a pesar de no ser todavía senador y sí solo patricio, se presentó candidato. Fracasaron, sin embargo, todos sus esfuerzos ante la oposición del cónsul M. Antonio, del que contaba hacer su principal apoyo, y que pretendía no dejarlo gozar de nada, ni siquiera del derecho ordinario y común, sino poniendo a su connivencia un precio exorbitante. Se volvió entonces al partido de los grandes, de quienes era detestado Antonio, porque tenía sitiado en Mutina a Décimo Bruto, esforzándose en arrojarlo por las armas de una provincia que le había dado César y confirmado el Senado. Por consejo de algunos partidarios suyos, Octavio trató de hacerlo asesinar, pero descubierta la maquinación y temiendo a su vez, levantó para su defensa y la de la República un ejército de veteranos, al que colmó de prodigalidades. Recibió entonces, con el título de propretor, el mando de este ejército y la orden de reunirse con los nuevos cónsules Hircio y Pansa, para llevar auxilios a Décimo Bruto. En tres meses y dos batallas terminó esta guerra. Escribe Antonio que en la primera huyó, presentándose pasados dos días sin caballo y sin el manto de general; pero no hay duda alguna que en la segunda llenó a la vez los deberes de jefe y de soldado, pues que en lo más recio de la pelea, viendo gravemente herido al abanderado de su legión, tomó las águilas sobre su hombro, llevándolas muy largo rato.

XI. Perecieron en esta guerra Hircio y Pansa, el primero en la batalla, y el segundo poco después, de una herida que recibió en ella, y corrió entonces el rumor de que Octavio los había hecho matar a los dos, con la esperanza de que la derrota de Antonio y la muerte de los cónsules le dejarían dueño único de los ejércitos victoriosos. Tales sospechas excitó la muerte de Pansa, que fue reducido a prisión el médico Clicon como culpable de haber envenenado la herida. Aguilio Niger añade a estas acusaciones que Octavio mismo mató al otro cónsul Hircio en la confusión del combate.

XII. Mas cuando supo que Antonio había sido recibido, tras su fuga, en el campamento de M. Lépido, y que los otros generales, de acuerdo con sus ejércitos, se unían a sus adversarios, abandonó sin vacilar la causa de los grandes, alegando para justificar su mudanza las quejas que tenía de los discursos y conducta de muchos de ellos: que unos, según él, le habían tratado *de niño,* proclamando *que se le debía elogiar y ensalzar con objeto de dispensarse del agradecimiento que se le debía, igualmente que a sus veteranos.* Para hacer resaltar más y más su disgusto por haber servido a aquel partido, impuso una elevada multa a los habitantes de Nursia, que habían erigido un monumento fúnebre a los ciudadanos muertos delante de Mutina, con una inscripción que decía: *Muertos por la libertad.* No pudieron pagarla, por lo cual fueron expulsados de la ciudad por él.

XIII. Lograda la alianza con Antonio y Lépido, terminó también en dos batallas la guerra Filipense, a pesar de estar débil y enfermo. En la primera le tomaron su campamento, consiguiendo escapar con gran esfuerzo, ganando el ala que mandaba Antonio. No mostró moderación en la victoria, enviando a Roma la cabeza de Bruto, para que la arrojaran a los pies de la estatua de César, aumentando así con sangrientos ultrajes los castigos que impuso a los prisioneros más ilustres. Se refiere que a uno de estos, que le suplicaba le concediese sepultura, le contestó *que aquel favor pertenecía a los buitres.* A otros, padre e hijo, que le pedían la vida, les mandó la jugasen a la suerte o combatiesen entre sí, prometiendo otorgar gracia al vencedor; el padre se arrojó entonces contra la espada del hijo, y este, al verlo muerto, se quitó la vida, mientras Octavio los veía morir complacido. Por esta causa, cuando llevaron a los otros cautivos, con la cadena al cuello, delante de los vencedores, todos, y especialmente M. Favonio, el émulo de Catón, convinieron, después de saludarlo con el nombre de *Imperator,* en dirigirle crueles injurias. En la distribución que siguió a la victoria, quedó encargado Antonio de constituir el Oriente, y Octavio de llevar los veteranos a Italia para establecerlos en los territorios de las ciudades municipales; pero solo consiguió disgustar a la vez a los antiguos poseedores y a los veteranos, quejándose unos que se los despojaba y los otros de que no se los recompensaba como tenían derecho a esperar por sus servicios.

XIV. Confiando L. Antonio por este tiempo en el consulado de que estaba investido y en el poder de su hermano, quiso suscitar disturbios, pero Octavio lo obligó a huir a Perusa, reduciéndolo por hambre, aunque no sin correr él mismo grandes peligros antes y durante esta guerra. Ocurrió, en efecto, que en un espectáculo, un simple soldado tomó asiento en uno de los bancos de los caballeros; lo hizo él arrojar por medio de un *aparitor,* y pocos momentos después sus enemigos difundieron el rumor de que le había hecho morir en los tormentos, faltando muy poco para que pereciese Octavio bajo los golpes de la turba militar que había acudido indignada, y solo el presentar sano y salvo al que se decía muerto pudo salvarse entonces de la muerte. En otra ocasión, al sacrificar cerca de Perusa, estuvo a punto de perecer a manos de algunos gladiadores que habían salido bruscamente de la ciudad.

XV. Tomada Perusa, se mostró cruel con sus habitantes; a cuantos pedían gracia o trataban de justificarse les contestaba *que era necesario morir.* Según algunos autores, de los sometidos eligió a trescientos de las dos órdenes y los hizo inmolar en los idus de marzo, como las víctimas de los sacrificios, delante del altar elevado a Julio César. Pretenden otros que solo provocó esta guerra para obligar a sus enemigos secretos, y a aquellos a quienes retenía el temor más aún que la voluntad, a que se descubriesen al fin, dándoles por jefe a L. Antonio, y con objeto de que sus bienes confiscados le sirviesen después de su derrota para dar a los veteranos las recompensas que les había ofrecido.

XVI. La guerra de Sicilia fue una de sus primeras empresas, pero la condujo despacio, interrumpiéndola muchas veces, tanto para reparar el daño causado a sus flotas incluso durante el verano, por continuas tempestades y naufragios, como para hacer la paz a instancias del pueblo, que, interceptados los víveres, se veía amenazado por el hambre. Cuando hizo reparar los buques y adiestró en la maniobra a veinte mil esclavos a quienes concedió la libertad, creó el puerto Julio, cerca de Bayas, y abrió al mar el lago Lucrino y el Averno. Después de ejercitar allí durante el invierno sus tropas, batió a Pompeyo entre Mylas y Nauloco, sintiéndose poco antes del combate asaltado de tan invencible necesidad de dormir, que tuvieron que despertarlo para que diese la señal. Este hecho dio pie, a mi parecer, a los sarcasmos de Antonio, cuando lo censura *de no haber podido mirar de frente una línea de batalla, y haberse acostado de espaldas, temblando y levantando al cielo estúpidos ojos, sin abandonar esta actitud, para mostrarse a los soldados, hasta que M. Agripa hubo puesto en fuga los buques enemigos.* Otros le censuran una frase y un acto impíos, como haber pronunciado, viendo su flota destruida por la tempestad, *que sabría vencer a pesar de Neptuno,* y de haber suprimido en los primeros juegos del circo la estatua de este dios, uno de los ornamentos de aquella solemne ceremonia. En ninguna otra guerra estuvo tan expuesto, contra su voluntad, a tantos y tan grandes peligros. Después de haber hecho pasar un ejército a Sicilia, izaba velas hacia el continente para buscar el resto de sus tropas, cuando se vio atacado improvisadamente por Demóchares y Apollofano, legados de Pompeyo, y no sin gran trabajo pudo ponerse a salvo con una sola nave. Otro día, pasando a pie cerca de Locros, en ruta a Regio, vio las galeras del partido de Pompeyo costeando la tierra, y creyéndolas suyas, bajó a la playa y estuvo a punto de que lo capturasen. Ocurrió asimismo que, mientras huía por extraviados vericuetos, un esclavo de Emilio Paulo que lo acompañaba, recordando que en otro tiempo había proscrito al padre de su amo y cediendo a la tentación de la venganza, trató de darle muerte. Después de la huida de Pompeyo, M. Lépido, el segundo de sus colegas, a quien había llamado de África en socorro suyo, ensoberbecido con el apoyo de sus veinte legiones, reclamaba con amenazas el primer puesto en el Estado. Octavio le quitó el ejército, y perdonándole la vida que pedía de rodillas, lo desterró a la isla Circeya para toda su vida.

XVII. Rompió al fin su alianza con M. Antonio, alianza siempre incierta y dudosa, mal observada con frecuentes reconciliaciones; y, para demostrar cuánto se distanciaba su rival de las costumbres patrias, mandó abrir y leer delante del pueblo reunido el testamento que había dejado aquel en Roma, y en el cual colocaba en el número de sus herederos a los hijos de Cleopatra. Sin embargo, después de hacerlo declarar enemigo de la República, le envió todos sus parientes y amigos, entre otros a C. Sosio y Cn. Domicio, cónsules entonces, perdonando también a los habitantes de Bolonia, que desde muy antiguo figuraban en el partido de los Antonios, que hubiesen tomado las armas contra él como toda Italia. Poco después lo derrotó en una batalla naval dada cerca de Actium, que se prolongó hasta el oscurecer, pasando el vencedor la noche en una nave. De Actium pasó a establecer cuarteles de invierno en Samos; pero enterado de que los soldados escogidos en todos los cuerpos después de la victoria, y que por orden suya le habían precedido a Brindis, acababan de sublevarse solicitando recompensas y el licenciamiento, emprendió, lleno de zozobra, el camino de Italia. Dos veces se vio combatido por la tempestad durante la travesía: primeramente entre los promontorios del Peloponeso y de la Eolia, y después cerca de los montes Cerámicos; pereció en este doble desastre una parte de sus naves liburnesas, perdiendo la suya todo el aparejo y rompiéndosele el timón. Solo veintisiete días permaneció en Brindis, para satisfacer las exigencias de los soldados; pasó de allí a Egipto por Asia y la Siria, puso sitio a Alejandría, donde se había refugiado Antonio con Cleopatra, y se hizo dueño a poco de la ciudad. Antonio quiso hablar de paz, pero ya no era tiempo: Octavio lo obligó a morir, pasándolo a ver después de muerto. Uno de sus deseos más vehementes era reservar a Cleopatra para su triunfo, y como se creía que había muerto de la mordedura de un áspid, hizo que algunos psilos chupasen el veneno de la herida. Concedió a los dos esposos que reposaran en sepultura común, y ordenó que se concluyese la tumba que ellos mismos habían comenzado a construir. El joven Antonio, el mayor de los dos hijos que el triunvirio había tenido de Fluvia, fue, tras continuas e inútiles súplicas, a refugiarse a los pies de la estatua de César; Augusto lo arrancó de allí y mandó darle muerte. Cesarión, que Cleopatra decía haber tenido de César, fue alcanzado mientras intentaba huir y entregado al suplicio. En cuanto a los otros hijos de Antonio y de la reina, los consideró como miembros de su familia, los educó y aseguró posición en proporción a su nacimiento.

XVIII. Por esta época mandó abrir la tumba de Alejandro Magno; sacado el cuerpo, estuvo un momento contemplándolo, le puso en la cabeza una corona de oro y lo cubrió de flores en muestra de homenaje. Consultado si quería ver también el Ptolomeum, contestó: *que había venido a ver un rey y no muertos.* Convirtió a Egipto en provincia romana, y con objeto de asegurar la producción necesaria para los bastimentos de Roma, mandó a sus soldados limpiaran todos los canales abiertos por los desbordamientos del Nilo y que el tiempo había cubierto de limo. Para perpetuar en la memoria de los siglos la gloria del triunfo de Actium, fundó cerca de esta ciudad la de Nicópolis, estableciendo juegos quinquenales. Amplió, asimismo, el antiguo templo de Apolo, adornó con un trofeo naval el sitio donde tuvo su campamento y los consagró solemnemente a Neptuno y a Marte.

XIX. Gran número de turbulencias, sediciones y conspiraciones, de que tuvo conocimiento, fueron sofocados por él en su origen; dominó también, en diferentes épocas, la conspiración del joven Lépido; después la de Varrón Murena y de Fannio Cepión, de M. Egnacio, de Plaucio Rufo, de Lucio Paulo, esposo de su nieta, de L. Audasio, acusado de falsario, y a quien la edad había debilitado el cuerpo y la razón, de Asinio Epicardio, mestizo de parto, y en fin, de Telefo, esclavo nomenclátor de una mujer; pues se vio asimismo amenazado por maquinaciones de hombres de baja extracción. Audasio y Epicardio querían arrebatar a su hija Julia y a su nieto Agripo de las islas donde estaban confinados, para presentarlos a los ejércitos, y Telefo, que se creía destinado al imperio, había concebido el proyecto de asesinar a Augusto y al Senado; se encontró también a cierto mercenario del ejército de Iliria, escondido una noche cerca de su lecho, hasta donde había penetrado burlando la vigilancia de los guardias, y que llevaba en la cintura un cuchillo de caza. Se ignora si fingió demencia o si, efectivamente, había perdido la razón, no pudiendo arrancarle ninguna confesión en la tortura.

XX. Por sí mismo solamente dirigió dos guerras exteriores: la de Dalmacia, en su juventud, y la de los cántabros tras la derrota de Antonio. Fue herido dos veces en Dalmacia: una en la rodilla, de una pedrada, y la otra en un muslo y los dos brazos por hundimiento de un puente. Las otras dos guerras las dirigieron sus legados; sin embargo, tomó parte en algunas expediciones en Panonia y Germania, o estuvo, cuando menos, cerca del teatro de la guerra, yendo de Roma hasta Ravena, Milán y Aquilea.

XXI. Sometió personalmente o por sus generales la Cantabria, la Aquitania, la Panonia y la Dalmacia con toda la Iliria; sujetó la Recia, la Vindelicia y los Salesos, pueblos de los Alpes; contuvo las incursiones de los dacios, destruyó la mayor parte de sus ejércitos y les mató tres jefes. Arrojó a los germanos al otro lado del Elba; recibió la sumisión de los ubios y sicambros, trasladándolos a la Galia y asignándoles las tierras próximas al Rin. Redujo también a la obediencia otras naciones inquietas y turbulentas, pero no movió guerra a ningún pueblo sin justa causa o imperiosa necesidad, pues estaba muy lejos de ambicionar aumento del Imperio o de su gloria militar, con lo cual obligó a algunos reyes bárbaros a jurarle, en el templo de Marte Vengador, permanecer fieles a la paz que de él solicitaban. Exigió, asimismo, a algunos de ellos nuevo género de rehenes, esto es, mujeres, pues había observado que se estimaban en poco los hombres dados con tal carácter. No obstante, dejaba siempre a sus aliados la facultad de retirar sus rehenes cuando desearan; y nunca castigó sus frecuentes sublevaciones y sus perfidias más que vendiendo sus prisioneros, a condición de que no habían de servir en países vecinos ni ser libres antes de treinta años. La reputación de fuerza y moderación que alcanzó con esta conducta, determinó a los indos y escitas, de los que solo se conocía entonces el nombre, a pedir por medio de embajadores su amistad y la del pueblo romano. También los partos le cedieron fácilmente la Armenia que reivindicaba, devolviéndole, además, a su petición, las enseñas militares arrebatadas a M. Craso y a M. Antonio y ofreciéndole también rehenes; y, por último, muchos príncipes, que desde antiguo se disputaban entre sí el mando, reconocieron el designado por él.

XXII. El templo de Jano Quirino, que solo había estado cerrado dos veces desde la fundación de Roma, lo estuvo entonces tres, en un transcurso de tiempo mucho más corto, estando asegurada la paz por mar y por tierra. Dos veces entró en Roma con los honores de la ovación, una después de la batalla Filipense, y la otra después de la guerra de Sicilia. Celebró con tres triunfos curules sus victorias de Dalmacia, Actium y Alejandría, y cada triunfo duró tres días.

XXIII. En cuanto a derrotas graves e ignominiosas sufrió solo las de Lolio y Varo, ambas en Germania, siendo la primera más vergonzosa que irreparable; la de Varo pudo, en cambio, ser fatal al Imperio, pues que en ella fueron pasadas a cuchillo tres legiones con el general, los legados y todos los auxiliares. Cuando recibió la noticia mandó colocar en Roma guardias militares para prevenir posibles desórdenes; confirmó en sus poderes a los gobernadores de las provincias, para que su experiencia y habilidad contuviesen en su deber a los aliados; y ofreció grandes juegos a Júpiter *para que mejorase la situación de República,* como se había hecho en la guerra de los cimbrios y de los marsos. Se dice, en fin, que experimentó tal desesperación, que se dejó crecer la barba y los cabellos durante muchos meses, golpeándose a veces la cabeza contra las paredes, y exclamando: *Quintilio Varo, devuélveme mis legiones.* Los aniversarios de este desastre fueron siempre para él tristes y lúgubres jornadas.

XXIV. Cambió muchas cosas y muchas otras estableció en la organización militar, poniendo en vigor otras relegadas ya de tiempo al olvido. Mantuvo con severidad la disciplina, y solo permitió a sus legados que fuesen a ver a sus esposas en los meses de invierno, y aun esto con gran dificultad. A un caballero romano, por haber amputado el dedo pulgar a dos hijos para librarlos del servicio militar, lo hizo vender en subasta con todos sus bienes; pero viendo que se apresuraban a comprarlo los proveedores públicos, lo hizo adjudicar a un liberto suyo, que tenía orden de llevarlo a los campos y dejarlo libre. Licenció ignominiosamente a toda la décima legión, que solo obedecía murmurando; y a otras que con tono imperioso pedían la licencia se las concedió, aunque sin las recompensas prometidas a sus largos servicios. Si alguna legión retrocedía, la diezmaba, dándole solo cebada por toda comida. Castigó con la muerte como a simples soldados a centuriones que abandonaron sus puestos. En cuanto a los otros delitos, los castigaba con diferentes penas infamantes, como permanecer en pie todo el día delante de la tienda del general, o bien salir con túnica y sin cinturón, llevando en la mano una medida agraria o un puñado de césped.

XXV. Después de las guerras civiles, dejó de dar a los soldados el título de *compañeros* en la arengas y en los edictos; les llamaba solo *soldados,* y no permitía tampoco que sus hijos o yernos les diesen otro nombre cuando mandaban, pues creía que el de compañeros eran una adulación que no convenía a la conservación de la disciplina, ni al estado de paz, ni a la majestad de los Césares. Salvo para los casos de incendio y para las sediciones que podían producir la carestía de víveres, solo dos veces alistó esclavos libertos: la primera para la defensa de las colonias vecinas a la Iliria, y la segunda, para proteger las orillas del Rin. En estas dos veces habían de ser esclavos que los hombres y mujeres más ricos de Roma hubiesen comprado y manumitido en el acto; los colocaba en primera línea, sin mezclarlos con los libres ni tampoco armarlos como a estos. Preferiría dar como recompensas militares arneses, collares y preseas, cuyo valor lo constituían el oro y la plata, a coronas valarias o murales, mucho más ambicionadas. Extraordinariamente avaro de estas últimas, jamás las concedió al favor, y las dio casi siempre a simples soldados. Después de su victoria naval en Sicilia, regaló a Agripa un estandarte de color de mar. Nunca otorgó estas distinciones a los que habían disfrutado los honores del triunfo, por más que hubiesen tomado parte en sus expediciones y contribuido a sus victorias; la razón era que ellos mismos habían tenido derecho para distribuir como quisieran estas recompensas. En su opinión, nada convenía menos a un gran capitán que la precipitación y la temeridad, y así repetía frecuentemente el adagio griego: *Apresúrate lentamente,* y este otro: *Mejor es el jefe prudente que temera-*

rio, o también este: *Se hace muy pronto lo que se hace muy bien.* Decía asimismo que solo debe emprenderse una guerra o librar, una batalla cuando se puede esperar más provecho de la victoria que perjuicio de la derrota; porque, añadía, *el que en la guerra aventura mucho para ganar poco, se parece al hombre que pescara con anzuelo de oro, de cuya pérdida no podría compensarlo ninguna presa.*

XXVI. Antes de la edad se vio elevado a las magistraturas y honores, de los que muchos fueron de creación nueva y a perpetuidad. A los veinte años invadió el consulado, haciendo marchar hacia Roma amenazadoramente a sus legiones, y mandando diputados a exigir para él esta dignidad a nombre del ejército. Como vacilara el Senado, el centurión Cornelio, que iba al frente de la diputación, abrió su manto, y mostrando el puño de la espada, se atrevió a exclamar: *Este lo hará, si ustedes no lo hacen.* Transcurrieron nueve años de su primero a su segundo consulado y solo uno hasta el tercero. Siguió después hasta el undécimo sin interrupción, y, habiendo rehusado todos los que luego le ofrecieron, pidió él mismo el duodécimo, diecisiete años más tarde; dos años después volvió a pedir el decimotercero, con objeto de recibir en el Foro, como primer magistrado de la República, a sus nietos Cayo y Lucio, que iban a entrar en la vida pública. Los cinco consulados que separan el decimosexto del undécimo fueron cada uno a un año, y los demás no los conservó más allá de nueve, seis, cuatro o tres meses, y el segundo solamente algunas horas. Apenas sentado, en efecto, en la silla curul, frente al templo de Júpiter Capitolino, en la mañana de las calendas de enero, dimitió el cargo, nombrando a otro cónsul en lugar suyo. No tomó posesión de todos sus consulados en Roma, pues el cuarto comenzó en Asia, el quinto en Samos y el octavo y el noveno en Tarragona.

XXVII. Durante diez años fue el jefe del triunvirato establecido para organizar la República; resistió por algún tiempo a sus colegas, oponiéndose a la proscripción, pero después desplegó mucha más crueldad que ninguno de ellos, ya que estos, cuando menos, se dejaron ablandar algunas veces por las súplicas de la amistad; solamente él se opuso con toda su autoridad a que se perdonase a nadie, proscribiendo hasta a su tutor C. Toranio, que había sido, además, colega de su padre Octavio en la edilidad. Junio Saturno refiere este otro hecho: *Después de las proscripciones, excusando Lépido el pasado en el Senado, hizo esperar que la clemencia iba a poner término al fin a los castigos; pero Octavio declaró, por el contrario, que solamente cesaría de proscribir a condición de hacer en todo lo que quisiese.* No obstante, al tardío arrepentimiento de esta dureza fue la causa de que elevara a la dignidad de caballero a T. Vinio Filopemón, del que se decía haber ocultado en otro tiempo a su patrón proscrito. Por muchos rasgos especiales se hizo odioso durante un triunvirato; un día, por ejemplo, que arengaba a los soldados en presencia de los habitantes de los campos vecinos, vio a un caballero romano, llamado Pinario, que tomaba algunas notas furtivamente, y solo por sospechas de que fuese un espía le hizo matar en el acto. A Tedio Afer, cónsul designado, que ridiculizó con un chiste un acto suyo, Octavio le dirigió tan furibundas amenazas que aquel desgraciado se dio la muerte. El pretor Q. Galio se acercó a él para saludarlo llevando bajo la toga dobles tablillas; creyó Octavio que eran una espada, mas no atreviéndose a registrarlo en el acto por temor de no encontrar armas, pocos momentos después lo hizo arrancar de su tribuna por medio de centuriones y soldados, le mandó dar tormento como a un esclavo, y no obteniendo ninguna confesión, lo hizo degollar, después de arrancarle los ojos con sus propias manos. Él mismo escribió de este asunto que Galio había querido matarlo en una audiencia que le pidió; que reducido a prisión por orden suya, fue puesto enseguida en libertad, con prohibición de habitar en Roma, y que pereció en un naufragio o a manos de algunos bandidos. Augusto fue investido a perpetuidad con el poder tribunicio; dos veces tomó colega en esta dignidad, cada una durante un lustro. Fue investido también con la vigilancia perpetua de las costumbres y de las leyes, y en virtud de este derecho, que no era, sin embargo, el mismo que el de la censura, estableció tres veces el censo del pueblo: la primera y tercera con su colega, la segunda, solo.

XXVIII. Dos veces tuvo la idea de restablecer la República: primero después de la derrota de Antonio, que con frecuencia le había acusado de ser el único obstáculo al restablecimiento de la libertad; y luego, a consecuencia de los sufrimientos de una larga enfermedad, llegando a hacer ir a su casa a los magistrados y senadores y entregándoles las cuentas del Imperio. Reflexionó, sin embargo, que todo era exponer su vida privada a peligros ciertos y entregar imprudentemente la República a la tiranía de algunos ambiciosos, y decidió continuar en el poder, y no puede decirse qué se le ha de alabar más, si las consecuencias o los motivos de esta resolución. Se complacía en recordar algunas veces estos motivos, y hasta los dio a conocer así en uno de sus edictos: *Permítaseme afirmar la República en estado permanente de esplendor y seguridad; con esto habré conseguido la recompensa que ambiciono, si se considera su felicidad obra mía y si puedo alabarme al morir de haberla establecido sobre bases inmutables.* Él mismo aseguró la consecución de este deseo, esforzándose para que nadie tuviese que lamentarse del nuevo orden de las cosas.

XXIX. Roma no era, en su aspecto, digna de la majestad del Imperio y estaba sujeta, por otra parte, a inundaciones e incendios. Él supo embellecerla de tal suerte, que con razón pudo alabarse de dejarla de mármol habiéndola recibido de ladrillos. También la aseguró contra los peligros del porvenir, cuanto la prudencia humana puede prever. Entre el gran número de monumentos públicos cuya construcción se le debe, se cuentan principalmente el Foro y el templo de Marte Vengador, el de Apolo en el Palatino y el de Júpiter Tonante en el Capitolio. Se construyó el Foro porque el creciente número de litigantes y de los negocios lo exigían, y resultaban insuficientes los dos primeros. Así, sin esperar a que el templo de Marte estuviese concluido, se apresuró a ordenar que se procediese especialmente en el Foro nuevo, al juicio de las causas criminales y a la elección de jueces. Por lo que toca al templo de Marte, había hecho el voto durante la guerra Filipense, emprendida para vengar a su padre. Decretó, en consecuencia, que allí se reuniría el Senado para deliberar acerca de las guerras y de los triunfos; que de allí partirían los que marchasen con algún mando a las provincias; y que allí irían, finalmente, a depositar las insignias del triunfo los generales victoriosos. El templo de Apolo, en el Palatino, se construyó en la parte de su casa destruida por el rayo, donde habían declarado los arúspices que el dios pedía morada, añadiéndole pórticos y una biblioteca latina y griega. En sus últimos años convocaba a menudo al Senado e iba a él para reconocer las decurias de los jueces. El templo de Júpiter Tonante fue erigido por él en memoria de haber escapado de un peligro durante una marcha nocturna; en una de sus expediciones contra los cántabros, un rayo alcanzó, en efecto, su litera, matando al esclavo que iba delante de él con una antorcha en la mano. Hizo, además, ejecutar otros trabajos bajo otro nombre que el suyo, por ejemplo, con los de sus nietos, su esposa y su hermana; tales son el pórtico de Cayo y la basílica de Lucio, los pórticos de Livia y de Octavio, y el teatro de Marcelo. Frecuentemente exhortó también a los principales ciudadanos a embellecer la ciudad, cada cual según sus medios, o con monumentos nuevos, o reparando y embelleciendo los antiguos; este solo deseo fue causa de que se levantasen gran número de construcciones. Marcio Filipo elevó el templo de Hércules y Museos; L. Cornificio, el de Diana; Asinio Polión, el vestíbulo del de la Libertad; Munacio Plauco, el templo de Saturno; Cornelio Balbo, un teatro; Etantilio Fauro, un anfiteatro, y en fin, M. Agripa gran número de magníficos edificios.

XXX. Dividió a Roma en secciones y barrios, encargando la vigilancia de las secciones a los magistrados anuales (ediles, tribunos, pretores), que la lograban por suerte y la de los barrios a inspectores que habitaban en ellos y que eran elegidos entre el pueblo. Estableció rondas nocturnas para los incendios, y para prevenir las inundaciones del Tíber hizo limpiar y ensanchar su cauce, obstruido desde mucho tiempo por las ruinas y estrechado por el derrumbamiento de edificios. Con objeto de facilitar por todas partes el acceso a Roma, se encargó de reparar la vía Flaminia hasta Rímini, y quiso que, a imitación suya, todo ciudadano que hubiese recibido los honores del triunfo, emplease en pavimentar un camino el dinero que le pertenecía por su parte de botín. Reconstruyó los edificios sagrados que la acción del tiempo o los incendios habían destruido, y los adornó como los otros con valiosísimos presentes, llevando en una sola vez al santuario de Júpiter Capitalino dieciséis mil libras de peso de oro y cincuenta millones de sestercios en piedras preciosas y perlas.

XXXI. Muerto Lépido, y conseguido por él el pontificado máximo, que en vida de aquel no se atrevió a arrebatarle, hizo reunir y quemar más de dos mil volúmenes de predicciones griegas y latinas que estaban repartidos entre el público y tenían solo una dudosa autenticidad. Conservó solo los libros sibilinos, haciendo de ellos un expurgo y encerrándolos en dos cofrecillos dorados, bajo la estatua de Apolo Palatino. Redujo el método seguido antiguamente en la marcha del año, arreglada ya por Julio César, y en la que la negligencia de los pontífices había introducido de nuevo desorden y confusión. En esta obra dio su nombre al mes llamado *sextilis,* con preferencia al de septiembre en que había nacido, porque en aquel obtuvo su primer consulado y logró sus principales victorias. Aumentó el número de sacerdotes, su dignidad y hasta sus privilegios, especialmente los de las vestales. Habiendo fallecido una de estas se trataba de reemplazarla, y como muchos ciudadanos solicitasen el favor de no someter sus hijas a los riesgos del sorteo, dijo él que si alguna hija suya hubiese llegado a la edad requerida la hubiese ofrecido espontáneamente. Restableció, asimismo, gran número de ceremonias antiguas caídas en desuso, entre ellas el augurio de Salud, los honores debidos al flamín Dial, las Lupercales, los juegos seculares y compitales. Prohibió que se corriese en las fiestas Lupercales antes de la edad de la pubertad, prohibiendo también a los jóvenes de uno y otro sexo que asistiesen durante los juegos seculares a los espectáculos nocturnos si no los acompañaba algún pariente de más edad que ellos. Estableció dos juegos anuales en honor de los dioses compitales, que debían ser adornados con flores de primavera y verano. Honró casi tanto como a los dioses inmortales la memoria de los grandes hombres que de tan débiles principios supieron levantar el poder romano a tan considerable grado de desenvolvimiento. Por esta razón hizo restaurar los monumentos que aquellos levantaron, dejándoles sus gloriosas inscripciones. Por orden suya fueron colocadas todas sus estatuas en traje triunfal bajo los dos pórticos de su Foro, y declaró en un edicto que quería *que su ejemplo sirviese para que se le juzgase a él mientras viviese y a todos los príncipes sucesores.* Hizo también trasladar la estatua de Pompeyo del salón donde mataron a César, bajo una arcada de mármol, enfrente del palacio contiguo al teatro del mismo Pompeyo, el cual había sido el primer edificio de la ciudad construido en mármol.

XXXII. Corrigió gran número de abusos tan detestables como perniciosos, nacidos de las costumbres y licencias de las guerras civiles y que la paz misma no había podido destruir. La mayoría de los ladrones de caminos llevaban públicamente armas con el pretexto de atender a su defensa, y los viajeros de condición libre o servil eran aprisionados en los caminos y encerrados sin distinción en los obradores de los propietarios de esclavos. También se habían formado, bajo el título de gremios nuevos, asociaciones de malhechores que cometían toda suerte de crímenes. Augusto contuvo a los ladrones estableciendo guardias en los puntos convenientes; visitó los obradores de esclavos y disolvió todos los gremios, exceptuando los antiguos y legales. Quemó los registros en que estaban inscritos los antiguos deudores del Tesoro, a fin de poner término con ello a los delitos de que habían llegado a ser origen tales registros. Ciertas partes de la ciudad, que el dominio público reivindicaba con títulos dudosos, los adjudicó a sus poseedores. Suspendió los procesos de los antiguos acusados, cuya sanción servía solamente para regocijar a sus adversarios, y sometió a la posibilidad de la misma pena que hubiese podido pronunciarse contra ellos a todo el que intentase perseguirlos de nuevo. Para que ningún delito quedase impune y ningún negocio se llevase con negligencia, restituyó, por otra parte, al trabajo más de treinta días exentos de él, por juegos honorarios. A las tres decurias de jueces añadió la cuarta, formada de personas de censo inferior al de los caballeros, la cual fue llamada la decuria de los *ducenarios,* teniendo a su cargo el juicio de los negocios de mediana importancia. Eligió jueces desde la edad de veinte años, es decir, cinco antes de lo que se había hecho hasta entonces; y como muchos ciudadanos rehusasen el honor de estas funciones, autorizó, aunque a disgusto, a cada decuria para que disfrutase por turno de vacaciones anuales, y a que, siguiendo la costumbre establecida, se suspendiese el juicio de censuras durante los meses de noviembre y diciembre.

XXXIII. Administró la justicia por sí mismo con asiduidad, y algunas veces hasta por la noche. Cuando estaba enfermo juzgaba desde una litera colocada frente al tribunal, o en su casa y en el lecho. No solo aplicaba gran cuidado al juicio de las causas, sino que, además, desplegaba suma dulzura. Queriendo librar a un acusado convicto de parricidio del honor de ser cosido en un saco de cuero, suplicio que solo se aplicaba a los que se reconocían culpables, propuso, según dicen, la acusación en estos términos: *¿No es verdad que tú no has dado muerte a tu padre?* En una acusación de falso testamento, en la que estaban complicados en virtud de la ley Cornelia todos los que lo habían firmado, distribuyó a los jueces, además de las dos tablillas ordinarias de condenación y absolución, otra en que se perdonaba a aquellos cuya firma se hubiese obtenido por error o fraude. Todos los años eran entregados por él al prefecto de Roma las apelaciones interpuestas por los litigantes residentes en la ciudad; las de los habitantes de las provincias se entregaban a cada uno de los varones consulares encargados especialmente de los asuntos exteriores.

XXXIV. Revisó todas las leyes y restableció con carácter absoluto algunas de ellas, como la suntuaria y las que existían contra el adulterio, la inmoralidad, la intriga y el celibato. En cuanto a esta, que hizo más severa aún que las otras, la violencia de las protestas que suscitó le impidió mantenerla, viéndose obligado a suprimir o dulcificar una parte de las penas, a conceder un plazo de tres años y hasta a aumentar las recompensas. Aunque reformada de esta forma la ley, los caballeros pidieron su abolición a gritos en pleno espectáculo. Augusto, entonces, llamando a los hijos de Germánico, que acudieron, los unos a sus brazos y los otros a los de su padre, y mostrándolos al pueblo, los exhortó con la actitud y la mirada a no temer imitar el ejemplo de aquel joven príncipe. Advirtiendo más adelante que se burlaban las disposiciones de la ley eligiendo desposadas que no podían casarse en mucho tiempo y cambiando frecuentemente de esposas; restringió la duración de los esponsales y limitó la libertad de los divorcios.

XXXV. El excesivo número de senadores había hecho de este cuerpo una extraña y confusa amalgama, pues había, en efecto, más de mil, de los que algunos eran completamente indignos de este rango, al que se habían visto elevados después de la muerte de César, por favor o por dinero, y a los cuales llamaba el pueblo Orcinos. Augusto, a través de dos elecciones, restituyó a este cuerpo sus proporciones y esplendor primitivos. La primera elección fue dejada a la discreción de los mismos senadores, de los que cada uno había de elegir a otro; la segunda la hizo Agripa. Cuando presidió este nuevo Senado, llevaba, según dicen, una coraza debajo de la toga y una espada al cinto; diez senadores robustos, amigos suyos, rodeaban su asiento. Refiere Cordo Cremucio que, en esta época, solo admitía a su presencia los senadores de uno en uno y después de ser registrados. Augusto obligó a algunos a dimitir, y autorizó las insignias de su dignidad a los que se sometieron a su deseo, como también su puesto en la orquesta y en los solemnes festines ofrecidos a los dioses. En cuanto a los senadores nuevamente elegidos o conservados, dispuso, para que sus deberes les pareciesen a la vez más sagrados y menos penosos, que, antes de acomodarse hiciese cada uno una libación de vino y de incienso a la divinidad del templo donde se sentara; dispuso también que el Senado no celebraría más que dos reuniones mensuales, en las calendas y en los idus, y que en los meses de septiembre y octubre ninguno estaría obligado a asistir a las sesiones, salvo los designados por la suerte para formar el número legal. Creó por sí mismo un Consejo, que se renovaba semestralmente por sorteo. Con él deliberaba acerca de los negocios que debían presentarse al pleno del Senado. En los asuntos importantes no recogía los votos según el orden establecido, sino según su gusto, de suerte que cada senador tenía que estar dispuesto a emitir parecer en vez de limitarse a seguir el de otro.

XXXVI. Se le debieron aún otras muchas innovaciones, entre ellas la de prohibir la publicación de las actas del Senado, y de enviar a provincias magistrados cuyas funciones apenas acababan de terminar. Quiso que a los procónsules se les asignase indemnización fija para transporte y habitación, gastos que antes se adjudicaban en licitación pública. Retiró a los cuestores de la ciudad la custodia del Tesoro, confiándola a los pretores y a los ciudadanos que lo habían sido. Encargó a los decenviros las convocatorias del tribunal de centunviros, funciones hasta entonces encomendadas a los que habían recibido la dignidad de la cuestura.

XXXVII. Con el fin de hacer participar al mayor número de ciudadanos en la administración de la República, creó nuevos oficios, la vigilancia de obras públicas, de caminos, de acueductos, del lecho del Tíber, de la distribución de trigo al pueblo; organizó una prefectura en Roma, un triunvirato para la elección de senadores y otro para revistar a los caballeros cuando se necesitase. Designó censores, magistrados que desde hacía tiempo se había dejado de elegir, y aumentó el número de pretores. Pidió también que cuando fuese cónsul, se le diesen dos colegas en vez de uno, cosa que no consiguió, observando todos que ya se disminuía demasiado su majestad compartiendo con otro un honor de que podía gozar él solo.

XXXVIII. Recompensó generosamente el mérito militar; hizo conceder los honores del triunfo a más de treinta generales, y las insignias triunfales a un mayor número todavía. Para acostumbrar más pronto a los hijos de los senadores en el manejo de los negocios públicos, les permitió tomar la lacticlavia (lo que en su momento se realizaba hasta el cumplimiento de los 15 o hasta los 18 años de edad, aunque el dato es cuestionable) al mismo tiempo que la toga viril, y asistir desde aquel momento al Senado. Tras algún tiempo de servicio militar los nombraba tribunos de legión y hasta comandantes de cuerpos de caballería. Para que nadie fuese ajeno a la vida de los campamentos, distribuía frecuentemente entre dos senadores el mando de un ala del ejército. Hizo frecuentes revistas de caballeros, restableciendo el uso, ya desde mucho abolido, de su solemne cabalgata. Prohibió también que ningún acusador obligase a bajar a cualquiera de su caballo, como sucedía antiguamente en medio de esta ceremonia. A los ancianos mutilados autorizó a enviar su caballo en lugar suyo, y a presentarse a contestar a pie por si los citaba; concedió, en fin, a los caballeros mayores de treinta y cinco años el favor de devolver el caballo si no querían conservarlo.

XXXIX. Habiendo pedido al Senado diez colegas, hizo dar a todos los caballeros cuenta rigurosa de su conducta; los que se encontraron en falta, fueron castigados con distintas penas, y algunos con nota de infamia; varios de ellos escaparon con represión más o menos rigurosa, consistiendo la más ligera en entregarles tablillas que debían leer en el acto y en voz baja; a algunos los castigó por haber prestado dinero con usura, después de haberlo conseguido para tal objeto a un interés muy reducido.

XL. Cuando en los comicios para la elección de tribunos no había suficiente número de candidatos senadores, los elegía entre los caballeros romanos, teniendo ellos derecho, al expirar su cargo, a permanecer en el orden que eligiesen. Como muchos caballeros, arruinados por las guerras civiles, no osaban sentarse en los juegos públicos en los bancos reservados para este orden, por temor de incurrir en las penas teatrales, declaró que bastaba para librarse de estas haber figurado personalmente en el orden ecuestre, o tener parientes que figurasen en él. Estableció el censo del pueblo por barrios, y para que los repartos de trigo no apartasen con demasiada frecuencia a los plebeyos de sus ocupaciones, hizo entregar tres veces al año bonos por cuatro meses. Viendo, sin embargo, que se echaba de menos el antiguo uso de las distribuciones mensuales, lo restableció. También restableció los antiguos reglamentos relativos a los comicios, e impuso penas multiplicadas a la coacción. El día de las elecciones, a las tribus Fabia y Escaptia, de las que era miembro, les hacía distribuir mil sestercios por cabeza, para que no tuviesen nada que solicitar a ningún candidato. Concediendo grandísima importancia a conservar al pueblo romano puro de toda mezcla de sangre extranjera o servil, concedió solo el derecho de ciudadanía con extraordinaria reserva, y restringió la facultad de las manumisiones. A Tiberio, que pedía este derecho para un griego cliente suyo, escribió *que no se lo concedería si él mismo no venía a probar la justicia de su petición.* A Livia, que solicitaba lo mismo para un galo tributario, se lo negó, ofreciendo libertar a su protegido del tributo, *prefiriendo,* como decía, *quitar algo al fisco, a prostituir la dignidad del ciudadano romano.* No se contentó con haber levantado multitud de obstáculos entre la esclavitud y la simple libertad, con haber opuesto más todavía a las manumisiones legítimas, cuyo número, condiciones y diferencias cuidó de arreglar, sino que prohibió también que el esclavo que hubiese llevado cadenas o sufrido el tormento pudiese jamás, y de cualquier manera que fuere, obtener los derechos de ciudadano. Tuvo también la intención de restablecer el antiguo traje propio de los romanos; viendo un día en una asamblea del pueblo gran número de mantos oscuros, exclamó indignado: *He ahí, romanos, esos conquistadores del mundo y esos vencedores con toga,* y encargó a los ediles que velasen para que nadie, en lo sucesivo, se presentase en el Foro ni en el circo con manto y sin la toga romana.

XLI. En cuantas ocasiones se presentaron dio testimonio a todos los órdenes de su liberalidad. Conducido a Roma por orden suya el Tesoro real de Alejandría, derramó tal abundancia de numerario, que al punto bajó el interés del dinero y subió el precio de las tierras. Más adelante, cuando el Tesoro público se vio aumentado con la confiscación de los bienes de los condenados, prestó gratuitamente, y por tiempo determinado, a los que podían responder por doble cantidad. Elevó el censo exigido para los senadores de ochocientos mil sestercios a un millón doscientos mil, completándolo, sin embargo, a aquellos que no lo poseían. Dio al pueblo frecuentes congiarios (don que en algunas ocasiones solían dar al pueblo los emperadores romanos, pero sin que fuese siempre igual la cantidad; unas veces eran cuatrocientos sestercios por persona; otras, trescientos, y algunas doscientos o solamente cincuenta. De estas liberalidades no excluía ni a los niños de corta edad, aunque se acostumbraba no incluirlos en ellas hasta la edad de once años. En épocas de escasez se le vio también distribuir raciones de trigo, frecuentemente a precio muy bajo, y duplicar al mismo tiempo la distribución de dinero.

XLII. Lo que demuestra, sin embargo, que buscaba exclusivamente por este medio el bienestar del pueblo y no su favor, es que habiéndose suscitado quejas cierto día acerca del alto precio del vino, reprimió los gritos y dijo indignado: *que al establecer su yerno Agripa muchos acueductos, había atendido suficientemente a que nadie tuviese sed.* Otro día, habiendo recordado el pueblo la promesa que había hecho de un congiario, contestó *que debían confiar en su palabra;* pero como reclamase en otra ocasión la multitud algo que él no había prometido, le censuró en un edicto su bajeza y desvergüenza y declaró que no daría nada, aunque hubiese tenido antes intención de hacerlo. No mostró menor firmeza cuando, observando después del anuncio de un congiario que un gran número de libertos se habían hecho inscribir entre los ciudadanos, se negó a aceptarlos en una distribución que no se les había prometido, dando a los demás menos de lo que había ofrecido, para que pudiese bastar la cantidad destinada a este uso. En cierta época, una extraordinaria escasez lo obligó a echar de Roma a todos los esclavos en venta, a todos los gladiadores, a todos los extranjeros, exceptuando los médicos y los profesores, y hasta una parte de los esclavos en servicio. Cuando finalmente regresó la abundancia, concibió, según él mismo confiesa, el osado proyecto de abolir para siempre las distribuciones de trigo, porque la esperanza de tales distribuciones hacía descuidar el cultivo de las tierras. Renunció a su idea, convencido de que no dejarían sus sucesores de restablecer este uso con miras ambiciosas; pero desde entonces moderó el exceso, aunque conciliando el interés del pueblo con el de los cultivadores y negociantes.

XLIII. Aventajó a todos los que le habían precedido en el número, variedad y magnificencia de los espectáculos. Según su propio testimonio, dio cuatro veces juegos en su nombre, y veinte por magistrados ausentes o que no estaban en condiciones de sufragar el gasto. No era raro que diese espectáculos en diferentes barrios a la vez, en varios teatros, y que hiciese representar a actores de todos los países. Sus juegos se celebraban no solo en el Foro y en el Anfiteatro, sino también en el Circo y en los Septos, limitándose algunas veces a combates de fieras. También combatieron atletas en el campo de Marte, que hacían circundar de gradas para este espectáculo; dio un combate naval cerca del Tíber, en paraje preparado al efecto, y donde hoy se levantan los bosques sagrados de los césares. En estos días cuidaba de establecer guardias en la ciudad, que quedaba despoblada, exponiéndola la soledad a las tentativas de los forajidos. También hizo actuar en el Circo a aurigas, corredores, cazadores que no tenían que hacer más que rematar las piezas, y algunas veces para representar estos papeles elegía jóvenes de las principales familias. Gustaba, sobre todo, de ver celebrar los Juegos troyanos a la juventud más distinguida de Roma, juzgando que era bello y digno de los tiempos antiguos ayudarla a mostrar desde muy temprano su esclarecida estirpe. A C. Nonio Asprenas, herido al caer en una de estas luchas, le regaló un collar de oro y lo autorizó, así como a sus descendientes, a llevar el nombre de Torcuato. A consecuencia de las amargas e insidiosas quejas que dio en el Senado Asinio Polión, cuyo sobrino Esernio se había roto una pierna, concluyó, sin embargo, por suprimir tales juegos. En algunas ocasiones hacía salir también a caballeros romanos en los juegos escénicos y en los combates de gladiadores, pero esto fue antes de la prohibición que se impuso por un senado consulto. A partir de entonces no obligó ya a presentarse a nadie que ostentase distinguido nacimiento, exceptuando al joven Lucio, a quien lo hizo únicamente por exhibirlo, pues no llegaba a tener dos pies de estatura, no alcanzaba a pesar diecisiete libras y tenía fortísima voz. Deseando en un día de espectáculo mostrar al pueblo los rehenes de los primeros partos que había enviado a Roma, los hizo atravesar la arena y los colocó debajo de él en el segundo banco. Aunque no fuese día de representación, si habían traído a Roma algo que no se hubiese visto aún y que fuese digno de verse, lo mostraba enseguida al pueblo en todos los puntos de la ciudad; de esta manera exhibió un rinoceronte en el campo de Marte, un tigre en el teatro, y una serpiente de cincuenta codos en el Comicio. Habiéndose sentido enfermo un día que se celebraban juegos votivos en el Circo, siguió acostado en su litera, junto a los carros que conducían a los dioses. Otro día, durante los juegos con que acompañó la dedicación del teatro de Marcelo, cayó de espaldas, por haberse roto la suspensión de su silla curul, y durante una representación que daban sus nietos, no pudiendo por ningún medio contener ni calmar al pueblo, que temía se derrumbase el Anfiteatro, dejó su puesto y marchó a sentarse en el sitio que se creía más amenazado.

XLIV. Reinaba inmensa confusión entre los espectadores, que indistintamente se sentaban por todas partes; mas corrigió este abuso, movido por la injuria que recibió en Puzzula en unos juegos muy concurridos, un senador a quien nadie quiso dejar asiento encontrándose lleno el teatro. Se mandó entonces, por decreto del Senado, que siempre que se diesen espectáculos públicos, la primera fila de asientos quedase reservada para los senadores. Prohibió que en Roma los embajadores de naciones libres o aliadas se sentasen en la orquesta, porque advirtió que muchos de ellos eran de raza de libertos. Separó al pueblo del soldado, y señaló asientos especiales para los plebeyos casados; a los que aún vestían la pretexta, señaló ciertas gradas, en las que tenían junto a sí a sus maestros, y prohibió la entrada a los que iban mal vestidos. Por lo que toca a las mujeres, que antes estaban confundidas con los espectadores, dispuso que tuviesen asientos separados, y que solo asistiesen a los combates de gladiadores sentadas en las gradas más altas. Señaló a las vestales sitio especial en el teatro, junto a la tribuna del pretor. Prohibió, en fin, a todas las mujeres los espectáculos de atletas; así, durante los juegos que dio como pontífice máximo, habiéndole pedido el pueblo un pugilato, lo aplazó para la mañana siguiente, muy temprano, y declaró, en virtud de su autoridad, *que no quería que las mujeres fuesen al teatro antes de la hora quinta.*

XLV. En cuanto a él, presenciaba los juegos del Circo desde la casa de algún amigo o liberto suyo, y algunas veces desde un lecho, semejante al de los dioses, en el que se sentaba acompañado de su esposa y sus hijos. No era raro que se ausentara del espectáculo durante muchas horas y hasta días enteros, en cuyo caso pedía permiso, designando a alguno para que presidiese en su lugar. Pero cuando asistía se mostraba muy atento. Ya sea para evitar los murmullos con que recordaba había advertido frecuentemente el pueblo a César su padre, que se ocupaba en medio del espectáculo en leer cartas o memoriales y en contestarlos; ya sea porque, en efecto, le gustaran en sumo grado tales representaciones, como más de una vez confesó francamente. Así se le vio con frecuencia dar de su dinero coronas y recompensas cuantiosas hasta en juegos y fiestas no ofrecidas por él; y no asistió nunca a las luchas griegas sin premiar a cada concurrente con galardón proporcionado a su mérito. Experimentaba cierta pasión por los pugilatos, especialmente entre latinos; entre estos no gustaba de ver solamente a los atletas de profesión, ejercitados en batirse con los griegos, sino también a los que sin reglas y sin arte luchaban en el estrecho espacio de los callejones. Sin excepción, todos aquellos que dedicaban su industria a los espectáculos públicos, le parecían dignos de su cuidado. Mantuvo los privilegios de los atletas y concluyó por aumentarlos, prohibió que se hiciese combatir a los gladiadores hasta la muerte; limitó al recinto de los juegos y del teatro la autoridad coercitiva que una ley antigua daba a los magistrados sobre los cómicos, en todo tiempo y lugar, lo cual no le impidió someter a muy severas reglas las luchas de los atletas y los combates de los gladiadores.

Reprimió la licencia de los histriones, hasta hacer azotar en tres teatros y desterrar enseguida al actor Estefanión por haberse hecho servir por una mujer de condición libre llevando los cabellos cortados como las esclavas; al bufón Hilas, por quejas del pretor, lo mandó azotar en el vestíbulo de su palacio, donde todos pudieron verlo, y echó de Roma e Italia al cómico Pilades, por haber señalado con el dedo, mostrándolo al público, a un espectador que le silbaba.

XLVI. Después de arreglar en Roma las cosas de este modo, pobló a Italia con veintiocho colonias nuevas y contribuyó de muchas maneras a su esplendor por medio de trabajos y rentas públicas; la hizo igual en cierta manera a Roma en derechos y dignidad, pues estableció en ella un género de sufragio que los decuriones de las colonias se encargaban de recoger en cada una de ellas para la elección de los magistrados de la capital, y que enviaban cerrados para los días de los comicios. Con el fin de alentar por todas partes en las familias el honor y la propagación, admitía en el orden de caballeros a aquellos cuya petición venía recomendada por su ciudad, y cuando revistaba las secciones premiaba a aquellos plebeyos que habían tenido hijos de uno y otro sexo, con mil sestercios a cada uno.

XLVII. Se encargó personalmente de la administración de las provincias más importantes, por no parecerle fácil ni seguro entregarlo a la autoridad de magistrados anuales; dejó que los procónsules se repartiesen las demás por sorteo; algunas veces, sin embargo, introdujo cambios y visitó frecuentemente la mayor parte de estas provincias, perteneciesen o no a su departamento. Privó de su libertad a algunas ciudades aliadas, a las que la licencia amenazaba arruinar; alivió a las que se hallaban abrumadas; volvió a construir las destruidas por terremotos, y concedió los privilegios del Lacio o los derechos de la ciudad, a algunas por el mérito que con sus servicios habían contraído ante el pueblo romano. Exceptuando el África y la Cerdeña, no hubo, a mi parecer, parte del Imperio que no visitase; se preparaba a hacerlo a estas provincias tras su victoria sobre Sexto Pompeyo en Sicilia, pero se vio impedido de hacerlo por violentas y continuas tempestades, no teniendo luego ocasión ni motivo para visitarlas.

XLVIII. En cuanto a los reinos que por derecho de guerra pasaron a su poder, los restituyó casi todos a los mismos a quienes se los había arrebatado, o hizo presente de ellos a extranjeros. Unió entre ellos, por lazos de sangre, a los reyes aliados de Roma, mostrándose infatigable negociador y protector asiduo de todas las uniones de familia o de amistad entre estos reyes, a los cuales consideraba y trataba como miembros y partes integrantes del Imperio; de tal modo, que él mismo dio tutores a los hijos menores o dementes de ellos, hasta la mayoría de edad o hasta su curación, e hizo educar también e instruir con sus propios hijos a muchos de los de estos reyes.

XLIX. Por lo que toca al ejército, distribuyó las legiones romanas y las tropas auxiliares por provincias; organizó una flota en Misena y otra en Ravena con la misión de vigilar los dos mares. Mantuvo en Roma cierto número de tropas escogidas para la seguridad de la ciudad y para la suya, porque había licenciado el cuerpo de los calagurritanos, con quienes había formado su guardia hasta su victoria sobre Antonio, y el de los germanos, que le sirvió después hasta la derrota de Varo. Sin embargo, no consintió que hubiese jamás en Roma más de tres cohortes, y estas sin acampar; las demás las dejaba en cuarteles de invierno en las inmediaciones de las ciudades vecinas. Estableció una regla invariable para la paga y recompensas para los soldados, dondequiera que estuviesen, y determinó para cada grado el tiempo de servicio y los premios unidos a la licencia definitiva, por temor de que la necesidad los convirtiese, después de prematuro retiro, en instrumentos de sedición. Con el fin de proveer sin dificultad a los gastos continuos de este mantenimiento y de estas pensiones, estableció un fondo militar con los productos de nuevos impuestos. Dispuso también en todos los caminos militares, y a cortas distancias, jóvenes correos, y carros después, para que se le informase con rapidez de lo que aconteciese en provincias. Además de la ventaja que proporcionó esta medida, hoy se tiene la de poder, cuando lo exigen las circunstancias, recibir prontas nuevas por los que llevan las cartas de una parte a otra del Imperio.

L. El sello que imprimía en las actas públicas, instrucciones y cartas fue primeramente una esfinge, después la cabeza de Alejandro Magno, y últimamente su propia efigie, grabada por Dioscórides, sirviéndose de este sello los príncipes sus sucesores. En sus cartas indicaba siempre la hora en que las escribía, fuese de día o de noche.

LI. Dio brillantes y numerosas pruebas de su clemencia y afabilidad. No nombraré a todos sus adversarios a quienes concedió gracia de la vida y hasta dejó llegar a las primeras dignidades del Estado; citaré solo a los dos plebeyos Junio Novato y Casio de Padua, a quienes castigó al uno con simple multa y al otro con breve destierro, a pesar de que el primero había escrito contra él y publicado bajo el nombre del joven Agripa una carta violentísima, y el segundo hubiese exclamado en pleno banquete *que para matarle no carecía ni de deseo ni de valor.* Un tal Emilio Eliano, de Córdoba, comparecía ante el tribunal, y acusándolo entre otros delitos de hablar mal del emperador, Augusto se volvió hacia el acusador y le dijo con emoción: *Quisiera que pudieses probarme lo que dices del acusado, porque entonces demostraría a Eliano que yo también tengo lengua, y diría más de él que ha dicho él de mí.* Y ni entonces ni después volvió a ocuparse en el asunto. Habiéndosele quejado de esta moderación, Tiberio, en una carta, con suma amargura, él le contestó: *No te dejes llevar, mi querido Tiberio, de la viveza de tu edad, y no te indignes demasiado si hablan mal de mí. Mucho es ya que no puedan hacernos nada.*

LII. Sabía que, de ordinario, se dedicaban templos hasta a los procónsules, pero no los aceptó en ninguna provincia, a menos que no fuese a nombre de Roma y al suyo. Desestimó siempre el honor de tenerlos en esta ciudad y hasta ordenó fundir todas las estatuas de plata que le habían erigido en otro tiempo; con el dinero que obtuvo dedicó trípodes de oro a Apolo Palatino. Le ofreció el pueblo la dictadura con grandes instancias, pero la rechazó poniendo una rodilla en tierra, bajándose la toga y mostrando el pecho desnudo.

LIII. Tuvo siempre horror al título de señor, como si comportase oprobio o injuria. Estaba un día en el teatro, y habiendo dicho un actor: *¡Oh, señor bondadoso y justiciero!,* todos los espectadores, aplicándole estas palabras, aplaudieron con entusiasmo; contuvo enseguida con la mano y la mirada estas bajas adulaciones, y a la mañana siguiente publicó un severo edicto censurándolas. No permitió tampoco que sus hijos y nietos le diesen jamás este nombre, ni seriamente ni en broma, prohibiéndoles además entre ellos este género de lisonja. Procuraba no entrar en Roma o en cualquier otra ciudad, ni salir de ellas, sino por la tarde o por la noche, para no molestar a nadie con vanas ceremonias. Siendo cónsul iba ordinariamente a pie; cuando no lo era se hacía llevar en litera descubierta. Los días de recepción admitía hasta a la gente del pueblo, y recibía con la mayor afabilidad las solicitudes que se le dirigían; cierto día reconvino jovialmente a uno que temblaba al darle un memorial, diciéndole *que empleaba tanta precaución como para presentar una moneda a un elefante.* Los días de sesión en el Senado no saludaba a los senadores sino en su sala y hasta sentados, nombrando a cada uno y sin que nadie ayudase su memoria, y al marcharse se despedía de ellos de la misma manera. Mantenía con muchos ciudadanos asiduo comercio de favores, y no dejó de asistir a sus fiestas de familia hasta la vejez, después de haberle molestado mucho un día la multitud en una fiesta de esponsales. El senador Galo Tirrino, con quien no le unía ninguna amistad íntima, habiendo quedado ciego de repente, quería dejarse morir de hambre; fue él a verlo, le brindó su consuelo y lo reconcilió con la vida.

LIV. Cierto día, mientras hablaba en el Senado, le interrumpió uno diciéndole: *No he comprendido;* y otro: *Te refutaría si tuviese libertad.* Salió de la sala bruscamente, irritado por los violentos e interminables incidentes que se promovían, y entonces le dijeron algunos: *Los senadores tienen derecho a hablar de los asuntos públicos.* Usando Antiscio Labón del derecho de elegir un senador en el tiempo en que se reformó el Senado, eligió al triunviro Lépido, enemigo de Augusto en otro tiempo y desterrado a la sazón; preguntando por él si no conocía a otros más dignos, le contestó *que cada cual tenía su opinión.* No obstante este atrevimiento, no perjudicó a ninguno de los dos.

LV. Los injuriosos libelos que se repartieron contra él en el Senado no despertaron en él cuidado alguno ni deseo de refutarlos; ni siquiera buscó a los autores, contentándose con disponer para lo sucesivo que se persiguiera a los que publicasen bajo nombre prestado libelos o versos difamatorios contra cualquiera. Viéndose objeto de muchas burlas amargas e insolentes, contestó a ellas por medio de un edicto, oponiéndose siempre a que se tomase medida alguna para reprimir la licencia de lenguaje en los testamentos.

LVI. Siempre que asistía a los comicios para la elección de magistrados, recorría las tribus con sus candidatos, pidiendo para ellos los sufragios en la forma habitual, y él mismo votaba después en su puesto como un simple ciudadano. Siendo testigo en justicia, se dejaba interrogar y contradecir con suma paciencia. Construyó un Foro mucho más reducido de lo que deseaba, para no obligar a los dueños de las casas inmediatas a derruirlas. Nunca recomendó a sus hijos al pueblo sin añadir: *Si lo merecen*. Un día se mostró profundamente apenado porque al entrar en el teatro todos los espectadores se levantaron y lo aplaudieron, aunque llevaban todavía la pretexta. Quiso que sus amigos gozaran de poder en el Estado, pero que viviesen sometidos a las mismas leyes que los demás y justiciables por los mismos tribunales. Habiendo sido acusado de envenenamiento Asprenas Nonio, íntimo amigo suyo, por Casio Severo, Augusto consultó al Senado sobre lo que debía hacer en aquella ocasión, temiendo —dijo— que al acompañarle al tribunal se interpretara como un deseo suyo de arrancar al culpable a la vindicta de leyes, o que el no hacerlo significara abandonar al amigo y condenarlo ante los jueces. Por parecer unánime del Senado fue a sentarse durante algunas horas en el banco de los defensores; pero guardó silencio y hasta se abstuvo de los elogios llamados judiciales. Asistió siempre a sus clientes, por ejemplo, a un tal Sentario, antiguo soldado suyo, perseguido por injurias. El único acusado que arrebató al imperio de la ley fue Castricio, por quien tuvo conocimiento de la conjuración de Nurena, y aun esto lo hizo suplicando al acusador delante de los jueces un desistimiento que se le concedió.

LVII. Es fácil comprender cuánto se haría querer con semejante conducta. No hablaré de los senadoconsultos dados en favor suyo, y que podrían atribuirse a temor o adulación. Mas, por voluntad propia, todos los caballeros romanos celebraron cada año, durante dos días, el aniversario de su nacimiento. Todos los órdenes del Estado, en cumplimiento de voto solemne, arrojaban anualmente en el lago de Curcio monedas de plata por su salud; cuando estaba ausente, le dedicaban, en las calendas de enero, regalos en el Capitolio, con cuyo importe compraba preciosas estatuas de dioses que hacía colocar en los diferente barrios de la ciudad como el Apolo Sandalitario, el Júpiter Tragediano y otras. Cuando un incendio destruyó su casa del monte Palatino, los veteranos, las decurias, las tribus y multitud de particulares contribuyeron voluntariamente, y cada uno según sus posibilidades, para reconstruirla; pero apenas se atrevió a tocar a aquellos montones de riqueza, y de nadie aceptó más de un dinero. Cuando regresaba de alguna provincia, se salía a su encuentro haciendo votos por su felicidad y entonando versos en alabanza suya. Se procuraba que sus entradas en Roma no coincidieran con la ejecución de criminales.

LVIII. El título de *Padre de la Patria* se le confirió por unánime e inesperado consentimiento; en primer lugar por el pueblo, a cuyo efecto le mandó una diputación a Antium; a pesar de su negativa, se le dio por segunda vez en Roma, saliendo a su encuentro, con ramos de laurel en la mano, un día que iba al teatro; después en el Senado, no por decreto o aclamación, sino por voz de Valerio Messala, quien le dijo, en nombre de todos sus colegas: *Te deseamos, César Augusto, lo que puede contribuir a tu felicidad y la de tu familia, que es como desear la eterna felicidad de la República y la prosperidad del Senado, que, de acuerdo con el pueblo romano, te saluda,* PADRE DE LA PATRIA. Augusto, con lágrimas en los ojos, contestó en estos términos, que refiero textualmente como los de Messala: *Llegado al colmo de mis deseos, padres conscriptos, ¿qué pueden ustedes pedir ya a los dioses inmortales, sino que prolonguen hasta el fin de mi vida este acuerdo de sus sentimientos hacia mí?*

LIX. Por subscripciones fue elevada una estatua, próxima a la de Esculapio, a su médico Antonio Musa, que le había curado de una peligrosa dolencia. Muchos padres de familia impusieron a sus herederos en el testamento que ofreciesen en el Capitolio un solemne sacrificio, el motivo del cual, anunciado públicamente, sería dar gracias al cielo, en su nombre, POR HABER CONSERVADO LA SALUD A AUGUSTO. Algunas ciudades de Italia comenzaron a contar el año por el día en que los había visitado por primera vez. La mayoría de las provincias, además de templos y altares, casi en todas las ciudades fundaron en honor suyo juegos quinquenales.

LX. Los reyes amigos y aliados de Roma fundaron, cada cual en su reino, ciudades llamadas *Cesáreas*, y decidieron unidos hacer terminar a expensas comunes el templo de Júpiter Olímpico, comenzado desde muy antiguo en Atenas, para dedicarlo al genio de Augusto. A menudo dejaron sus Estados para ir a verlo, no solo en Roma, sino también en las provincias que visitaba; entonces se los veía saludarle diariamente, despojados de sus insignias reales y vistiendo la toga romana, como simples clientes.

LXI. Ahora que lo he mostrado como era en el mando y las magistraturas, al frente de los ejércitos, en el gobierno de la República y del mundo, en la guerra y en la paz, me referiré a su vida íntima y privada; diré cuáles fueron, desde su juventud hasta sus últimos días, sus costumbres, su tacto con los suyos, su suerte en su familia. Perdió a su madre durante su primer consulado y a su hermana Octavia cuando tenía cincuenta y cuatro años; en vida tuvo para ellos todas las atenciones y les tributó grandes honores después de su muerte.

LXII. Siendo adolescente, estuvo desposado con la hija de P. Servilio Isáurico, pero tras su primera reconciliación con Antonio, pidiendo los soldados de ambos partidos una alianza de familia entre sus jefes, se unió con la cuñada de Antonio, Claudia, a la que Fulvia había tenido de P. Clodio y que apenas era núbil. Disgustado enseguida con su suegra Fulvia, repudió a Claudia, a la que dejó virgen. Casó poco después con Escribonia, viuda de dos varones consulares y que tenía hijos del segundo, pero se separó también de ella, indignado por su costumbres perversas. Contrajo enseguida matrimonio con Livia Drusila, la que había arrebatado a su marido Tiberio Nerón, de quien estaba encinta; a esta la amó exclusivamente y la estimó con arraigada perseverancia.

LXIII. De Escribonia tuvo una hija llamada Julia. Livia no le dio hijos, a pesar del vivo deseo de él; estuvo encinta una sola vez, y dio a luz antes de tiempo. Augusto casó primeramente a Julia con Marcelo, hijo de su hermana Octavia y que apenas había salido de la infancia; muerto Marcelo, la dio en matrimonio a M. Agripa, habiendo obtenido de su hermana que le cediese este yerno, porque Agripa estaba casado entonces con una de las hijas de Marcelo y tenía hijos. Muerto también

Agripa, después de buscar Augusto por mucho tiempo esposo para su hija, hasta en el orden de los caballeros, eligió por fin a su yerno Tiberio, obligándolo antes a repudiar a su esposa, encinta entonces, y a la que había ya devuelto a su padre. M. Antonio ha escrito *que Augusto tenía destinada a Julia para su hijo Antonio; después para Cotisón, rey de los getas, en un tiempo en que él mismo pedía para esposa a la hija de este rey.*

LXIV. De Agripa y Julia tuvo tres nietos: Cayo, Lucio y Agripa, y dos nietas, Julia y Agripina. Casó a Julia con L. Paulo hijo del censor, y a Agripina con Germánico, nieto de su hermana. Adoptó a Cayo y Lucio, comparándolos a su padre Agripa en su propia casa por medio del as y la balanza; desde muy jóvenes los acostumbró a la práctica de los negocios públicos, y los destinó cónsules designados a las provincias y a los ejércitos. Educó a su hija y a sus nietas con gran sencillez, haciéndolas aprender, incluso a trabajar la lana; les prohibió decir o hacer nada sino delante de otras personas y que pudiese constar en los anales diarios de su casa. Los privó en absoluto de toda relación con extraños, hasta el punto de escribir a L. Vinicio, joven muy digno y distinguido, *que no se había mostrado muy prudente yendo a Bayas a saludar a su hija.* Él mismo enseñó a sus nietos a leer, escribir y contar, y puso un cuidado especial en que imitasen su letra. Se sentaban en un mismo lecho para comer, y en viaje iban delante de su carruaje o cabalgaban en torno a él.

LXV. La desgracia destruyó sin embargo la confianza y alegría que le inspiraban una familia numerosa y educada con tanto esmero. Se vio obligado a desterrar a las dos Julias, su hija y su nieta, manchadas con toda clase de infamias; perdió a Cayo y Lucio en el espacio de dieciocho meses; el primero en Libia, y el segundo en Marsala. Entonces adoptó en el Foro en virtud de la ley Curiata, a su tercer nieto Agripa y a su yerno Tiberio; poco tiempo después tuvo que echar a Agripa de su familia a causa de la bajeza y ferocidad de su carácter, desterrándolo a Sorrento. Era más sensible al oprobio de los suyos que a la muerte. Las de Cayo y Lucio no le abatieron; pero cuando desterró a su hija, dio a conocer los motivos al Senado en un escrito que el cuestor quedó encargado de leer en su ausencia; y tanto le avergonzaron sus desórdenes, que estuvo mucho tiempo separado del trato de los hombres y hasta deliberó si se daría la muerte. De un liberto, llamado Febo, cómplice de su hija en sus desórdenes, que se ahorcó en esta ocasión, dijo *que preferiría ser su padre a serlo de Julia.* Prohibió a esta en su destierro el uso del vino y todas las comodidades de la vida, y mandó que ningún hombre, libre o esclavo, se acercase a ella sin autorización suya, y sin que conociese su edad, estatura, color y hasta las señales y cicatrices que tuviese en el cuerpo. Pasados cinco años, le permitió al fin volver de la isla donde estaba al continente, y le impuso condiciones menos rigurosas. Pero nunca consintió en que viviese a su lado; como el pueblo romano pidiese frecuentemente y con insistencia su regreso, le deseó, en plena asamblea, hijas y esposas parecidas a ella. En cuanto a la otra Julia, su nieta, le prohibió reconocer y criar al niño que dio a luz poco tiempo después de su destierro. Trasladó a una isla a Agripa, que lejos de mejorar, de día se hacía más intratable, y lo hizo custodiar por soldados, consiguiendo un senadoconsulto que lo confinaba a perpetuidad en aquella isla. Cuando hablaban en su presencia de Agripa o de algunas de las Julias, exclamaba siempre suspirando: *Dichoso el que vive y muere sin esposa y sin hijos;* y llamaba siempre a los suyos sus tres tumores o sus tres cánceres.

LXVI. No hacía amistades con facilidad, pero una vez otorgada la suya, lo era para siempre. Sabía apreciar en cada amigo el mérito y la virtud, y sabía también soportar los pequeños defectos y las faltas ligeras. Solo pueden citarse dos hombres que incurrieron en su odio, después de otorgarles él su amistad: Salvidieno Rufo y Cornelio Galo, a quienes elevó desde la condición más humilde, al uno hasta el consulado, al otro hasta la prefectura de Egipto. Al primero, en castigo de su ingratitud y maldad, le prohibió la entrada en su casa y en las provincias que mandaba; en cuanto al segundo, que intentaba promover disturbios, lo entregó a la justicia del Senado; y cuando los cargos de sus acusadores y los decretos de sus jueces le determinaron a darse la muerte, Augusto, alabó el celo que habían desplegado en vengarlo, pero derramó lágrimas, y, quejándose de su grandeza, dijo que *era el único al que no estaba permitido dominar su cólera contra sus amigos.* Ricos y poderosos, los demás amigos de Augusto fueron hasta el fin de su vida los primeros de su orden, a pesar de algunos disgustos que mediaron entre ellos. Así, por no citar muchos ejemplos, M. Agripa perdió una vez la paciencia, y Mecenas la discreción: el primero, por leve sospecha de frialdad y bajo el pretexto de que lo prefería a Marcelo, lo abandonó todo y se retiró a Mitilene; el otro reveló a su esposa Terencia un secreto de Estado: el descubrimiento que acababa de hacerse de la conjuración de Murena. En cambio de su amistad exigía Augusto una adhesión que ni siquiera terminase en la tumba. En efecto, aunque fuese muy poco ávido de herencia y que nunca las aceptase de quien no era íntimo suyo, consideraba con gran cuidado las últimas disposiciones de sus amigos, y no disimulaba su disgusto cuando lo trataban con poco honor y liberalidad, ni su contento cuando respondían a su esperanza los testimonios de gratitud y afecto. Por lo que toca a los legados y partes de herencia que le dejaban los padres de familia, acostumbraba a renunciarlos enseguida a favor de los hijos, y si eran menores reintegrárselos, añadiendo un regalo el día en que vestían la toga viril o se casaban.

LXVII. Como señor y como jefe supo combinar adecuadamente la severidad con la dulzura y la clemencia, y honró con su confianza a muchos libertos suyos, como Licinio Encelado y otros. Se limitó a poner cadenas a Cosmos, esclavo suyo, que había murmurado contra él. Paseaba un día con su intendente Diomedes, y este, con un impulso de terror, lo empujó delante de un jabalí que se precipitaba sobre ellos; Augusto prefirió tacharlo de cobarde a considerarlo malvado, y como no había traición, fue el primero en burlarse del peligro cierto que había corrido. Este mismo príncipe hizo matar a Próculo, liberto suyo, a quien amaba profundamente, cuando estuvo convencido de sus adulterios con matronas; mandó quebrar las piernas a Talo, su secretario, que había percibido quinientos dineros por comunicar una carta, e hizo arrojar a un río con una piedra al cuello al preceptor y a los esclavos de su hijo Cayo, que, aprovechando su enfermedad y muerte, cometieron en su gobierno actos de avaricia y tiranía.

LXVIII. Varios oprobios mancharon desde joven su reputación. Sexto Pompeyo lo trató de afeminado. M. Antonio le censuraba haber comprado a precio de su deshonra la adopción de su tío; Lucio, el hermano de Marco Antonio, pretendía que después de haber entregado a

César la flor de su juventud, la vendió otra vez en España a A. Hircio por trescientos mil sestercios, añadiendo que acostumbraba a quemarse el vello de las piernas con cáscara de nuez ardiendo, con objeto de tenerlas más suaves. El pueblo, un día en el teatro, le aplicó con maligno regocijo este verso que designaba a un sacerdote de Cibeles tocando el tamboril:

Viden, ut cinaedus orbem digito temperat?•

LXIX. Nadie, ni sus propios amigos, niega que hubo cometido muchos adulterios, y únicamente procuran excusarlo, diciendo que no era tanto por pasión como por política y con objeto de enterarse, por medio de las mujeres, de los secretos de sus adversarios. M. Antonio, no contento con reprocharle la precipitación de sus bodas con Livia, le acusó de que en un festín hizo pasar de la mesa del banquete a una habitación inmediata a la esposa de un consular, estando presente el marido; cuando la trajo de nuevo, tenía ella las orejas encarnadas y el cabello en desorden. Añade que reprendió a Escribonia por no poder ella soportar las altiveces de una concubina; que sus amigos le buscaban mujeres casadas y doncellas núbiles que debían poseer ciertas condiciones, y él las examinaba como esclavas en venta en el mercado Toranio. En una época en que no era aún su enemigo declarado, Antonio le escribía familiarmente:

¿Qué te ha cambiado? ¿Que sea mi amante una reina? Es mi esposa, y no de ayer, sino ya desde hace nueve años. ¿Tienes tú solo a Livia? Estoy seguro que en el momento en que leas mi carta habrás gozado ya de Tertula, o de Terentila, o de Rufila, o de Salvia Titiscuria, o tal vez de todas ellas. ¿Qué importa el lugar o la mujer a quien deseas?

LXX. Se habló mucho también de las casas secretas, llamadas vulgarmente "El banquete de las doce divinidades"; en ellas los comensales

• ¿No ves cómo ese jovenzuelo rige el orden con el dedo? La alusión estriba en el doble sentido de la palabra *orbis*, que significa a la vez el círculo (aquí el tamboril) y el universo.

vestían de dioses y diosas, y Augusto representaba a Apolo. Antonio en sus cartas nombró y criticó acerbamente a todos los que figuraban en tales festines, acerca de los cuales hizo un autor anónimo estos conocidos versos:

Quum primum istorum conduxit mensa choragum,
Sexque deos vidit Mallia, sexque deas; Impia dum phoebi Caesar mendacia ludit,
Dum nova divorum coenat adulteria;
Omnia se a terris tunc numina
declinarunt, Fugit et auratos Juppiter ipse thronos.•

La escasez que reinaba en Roma hizo más escandalosa una de estas orgías, diciéndose en público a la mañana siguiente *que los dioses se habían comido todo el trigo* y *que César era verdaderamente Apolo, pero Apolo atormentador,* con cuyo nombre se veneraba a este dios en un barrio de la ciudad. Se criticó también el afán de Augusto por los muebles antiguos, los vasos de Corinto, y su pasión por el juego. Por este motivo, en el tiempo de sus proscripciones, escribieron al pie de su estatua:

Pater argentarios, ego Corinthiarius.••

Porque se le acusaba de haber proscrito a muchos ciudadanos para apoderarse de sus vasos de Corinto. Durante la guerra de Sicilia se hizo correr este epigrama:

Postquam bis classe victus naves perdidit,
Aliquando ut vincat, ludit asidue aleam.•••

• Desde que esta reunión sacrílega hubo contratado al maestro del coro, y Malia vio seis dioses y seis diosas cuando César, en su impiedad, osó parodiar a Febo, cuando agasajó a sus invitados renovando los adulterios de los dioses. Entonces todas las divinidades se alejaron de la tierra y el mismo Júpiter huyó lejos de su trono de oro.

•• Mi padre era cambista; yo vendo vasos.

••• Perdidos en el mar sus navíos a causa de dos tempestades logró salvarse jugando día y noche a los dados.

LXXI. De todas estas acusaciones o calumnias, la de haberse prostituido fue la que refutó con más facilidad, por la pureza de su vida en aquella época y en lo sucesivo. Parece que también fue menos apasionado por el lujo de lo que se decía, puesto que después de la toma de Alejandría, de todas las riquezas de los reyes conservó solamente un vaso de arcilla, fundiendo todos los de oro de uso diario. Pero, no obstante, fue siempre muy inclinado a las mujeres, y dicen que con la edad deseó especialmente vírgenes; así es que las buscaban por todas partes, y hasta su propia esposa se las buscó. En cuanto a su fama de jugador, no le preocupó en lo más mínimo, y jugó siempre sin recato, considerándolo un solaz, sobre todo en la vejez; jugaba, por esto, tanto en diciembre como en cualquier otro mes, fuese o no día festivo. De esto no puede caber duda, pues aunque se conserva de él una carta que reza así: *He cenado, mi querido Tiberio, con los que sabes. Vinicio y Lilio, el padre, han venido a aumentar el número de convidados. Los viejos hemos jugado a los dados, durante la cena, ayer y hoy. As y seis perdían, y pagaban al juego un dinero por dado, pero Venus se lo llevaba todo.* En otra carta dice: *Mi querido Tiberio; hemos pasado agradablemente las fiestas de Minerva, habiendo jugado sin descanso todos los días. Tu hermano se quejaba; pero, a fin de cuentas, sus pérdidas no han sido graves, y al fin cambió la suerte y se repuso de sus desastres. En cuanto a mí, he perdido veinte mil sestercios, por culpa de mis liberalidades ordinarias, porque si hubiese querido hacerme pagar los golpes malos de mis adversarios o no dar nada a los que perdían, habría ganado más de cincuenta mil. Mas prefiero esto, porque mi bondad me valdrá eterna gloria.* A su hija le escribe: *Te he enviado doscientos cincuenta dineros; he dado otro tanto a cada convidado, para que jueguen a los dados o a pares y nones durante la cena.* Augusto fue, sin embargo, muy moderado en sus demás costumbres y estuvo al abrigo de toda censura.

LXXII. Habitó primero cerca del Foro antiguo, sobre la escalera anular, en una mansión que perteneció al orador Calvo. Ocupó después en el monte Palatino la casa, no menos modesta, de Hortensio, que ni era espaciosa ni estaba adornada, pues sus galerías eran estrechas y de piedra común, no habiendo mármol ni mosaicos en las habitaciones. Durante más de cuarenta años, en invierno y verano, se acostó en la misma estancia, y pasó siempre el invierno en Roma, a pesar de tener experimentado que el aire de la ciudad era contrario a la salud en esta estación. Cuando tenía que tratar algún asunto secreto o quería trabajar sin que le interrumpiesen, se encerraba en la parte superior de su casa, en un gabinete que llamaba *Siracusa o* su *museo,* o bien se retiraba a una quinta inmediata, o a casa de cualquiera de sus libertos. Cuando se sentía enfermo iba a acostarse a casa de Mecenas. Los retiros que más le gustaban eran los inmediatos al mar, como las islas de la Campania, o bien los pueblecillos situados alrededor de Roma, como Lanuvio, Preneste, Tibur, donde frecuentemente administró justicia bajo el pórtico del templo de Hércules. No le gustaban las casas de campo demasiado grandes y costosas, e hizo arrasar hasta los cimientos una quinta de su nieta Julia, cuya construcción había costado entonces cantidades enormes. En las suyas, que eran muy sencillas, se cuidaba menos de las estatuas y pinturas que de las galerías, bosquecillos y cosas cuyo valor dependiese de su rareza o antigüedad, como los huesos de animales gigantes que se ven en Capri, y a los que se da el nombre de *huesos de gigantes o armas de los héroes.*

LXXIII. Puede juzgarse su economía en el menaje por los lechos y mesas que existen aún, y que apenas son dignos de un particular acomodado. Se acostaba en un lecho muy bajo y vestido con la mayor sencillez. No usó nunca otras ropas que las que le confeccionaban en su casa su hermana, su esposa, su hija o sus nietas. Su toga no era estrecha ni ancha, y tampoco su laticlavia era ancha ni estrecha. Usaba calzado un poco alto para aparentar mayor estatura; tenía siempre en su alcoba el traje y el calzado que llevaba en el Foro, para estar dispuesto a presentarse en caso de súbito acontecimiento.

LXXIV. Invitaba con frecuencia, pero en estas comidas, siempre regulares, distinguía cuidadosamente los rangos y las personas. Refiere Valerio Mésala que jamás admitió a su mesa a ningún liberto, exceptuando Menas, a quien había concedido todos los derechos inherentes al nacimiento libre, por haberle hecho entrega de la flota de Sexto Pompeyo. El propio Augusto nos dice que un día hizo comer con él a un antiguo soldado de su guardia, en cuya casa de campo se encontraba.

Algunas veces se sentaba a la mesa después que los demás y se levantaba antes, habiendo comenzado sus compañeros a comer antes de su llegada y continuando después de salir él. Sus comidas consistían habitualmente en tres servicios, y seis en las grandes solemnidades; cuanto más modesta era, tanto más alegre se mostraba. Trababa él mismo conversación con los que callaban o solamente hablaban en voz baja, y hacía acudir músicos, histriones, bufones y bailarines del Circo, y con más frecuencia pobres declamadores.

LXXV. Celebraba las fiestas y solemnidades con gran magnificencia, pero a menudo no buscaba en ello más que ocasión de burlas. Así, en las Saturnales y en otras épocas, a elección suya, enviaba a sus amigos regalos, consistentes en vestidos, oro, plata, monedas procedentes de todas partes, antiguas piezas del tiempo de los reyes o de fabricación extranjera, telas groseras, esponjas, pinzas, tijeras y otros objetos del mismo género, con inscripciones oscuras y de doble sentido. En sus comidas hacía sortear lotes de valor muy desigual, o bien ponía en venta cuadros vueltos al revés, dependiendo del azar que se realizaran o frustraran las esperanzas del comprador. Para cada cuadro existía una licitación, y los convidados se comunicaban unos a otros su buena o mala fortuna.

LXXVI. Comía muy poco (ni siquiera omitiré estos detalles) y siempre de cosas comunes. Gustaba especialmente de pan mezclado, de pescados pequeños, de quesos hechos a mano y de higos frescos, de la especie que madura dos veces al año; comía a menudo antes de la hora acostumbrada, en cualquier momento y parte, según las necesidades de su estómago. En una carta dice: *He comido en el carruaje pan y dátiles,* y en otra: *Al regresar del palacio de Numa a mi casa, comí en la litera una onza de pan y algunas pasas.* A Tiberio le escribía: *No hay judío que observe con mayor rigor el ayuno en día de sábado de lo que yo lo he observado hoy; hasta la primera hora de la noche no he comido sino dos bocados en el baño antes de que me perfumasen.* No siguiendo otra regla que la de su apetito, le sucedía algunas veces cenar solo, antes o después de la comida de los convidados, durante la cual permanecía sin probar nada.

LXXVII. Era también muy sobrio en el vino. Cornelio Nepote refiere que en su campamento frente a Módena bebía solo tres veces durante la comida. Más adelante y en medio de sus grandes excesos bebía solo seis copas; cuando las excedía, vomitaba. Tenía preferencia por el vino de Recia, pero era extraño que bebiese durante el día, tomando en vez de ello pan mojado en agua fría, o un trozo de cohombro, o bien un cogollo de lechuga, o también una fruta ácida y jugosa.

LXXVIII. Después de la comida de mediodía se entregaba un momento al descanso, vestido y calzado, cubiertos los pies y puesta la mano sobre los ojos. Después de la cena se retiraba a su lecho de trabajo, en el que velaba una parte de la noche hasta que terminaba, o dejaba por lo menos muy adelantado lo que le faltaba resolver de los asuntos del día. Enseguida iba a acostarse, y nunca dormía más de siete horas, que ni siquiera eran continuas, pues en este espacio de tiempo despertaba tres o cuatro veces. Si, como suele suceder, no recobraba el sueño interrumpido, hacía que le leyesen o recitasen cuentos; volvía después a dormirse y permanecía ordinariamente en el lecho hasta después de amanecer. Nunca veló en la oscuridad sin que lo acompañase alguien. No le gustaba madrugar, y cuando algún sacrificio o deber público lo obligaba a levantarse temprano, procuraba, para no experimentar mucha molestia, acostarse en casa de algún criado suyo, cerca del sitio adonde tenía que ir; a pesar de esta precaución, muy a menudo se apoderó de él el sueño cuando le llevaban por las calles, y si ocurría algo que hiciese detener la litera, aprovechaba la ocasión para dormir.

LXXIX. Su aspecto era muy agradable sin que cambiase con la edad; pero no mostraba ninguna afición por adornarse; ningún cuidado se tomaba por el cabello, que hacía le cortasen apresuradamente varios barberos a la vez; en cuanto a la barba, unas veces se la hacía cortar muy poco, otras mucho, y mientras lo hacían leía o escribía. Era tan sereno su semblante, ya hablase, ya guardase silencio, que un galo, perteneciente a una de las principales familias del país, confesó un día a los suyos que al pasar con él los Alpes se le acercó con pretexto de hablarle, pero con intención de arrojarlo a un precipicio y que solo su aspecto bastó para detenerle en su resolución. Sus ojos eran vivos y brillantes y quería incluso que se los considerase dotados de fuerza en cierto modo divina. Por esto cuando miraba fijamente a alguno, le gustaba que bajara los ojos como delante del sol; en su ancianidad perdió, sin embargo, mucho la vista del ojo izquierdo. Tenía los dientes pequeños, claros y desiguales, el cabello ligeramente rizado y algo rubio, las cejas juntas, las orejas medianas, la nariz aguileña y puntiaguda, la tez morena, corta talla (aunque el liberto Julio Morato le atribuyera cinco pies y nueve pulgadas); pero tan proporcionados sus miembros, que para observar su corta estatura era necesario verlo al lado de otro más alto que él.

LXXX. Tenía, dicen, el cuerpo cubierto de manchas, y en el pecho y vientre señales naturales ordenadas como las estrellas de la constelación de la Osa; intensas picazones, y el uso constante de un cepillo duro lo llenaron también de callosidades, que habían degenerado en empeines. Tenía la cadera, el muslo y la pierna del lado izquierdo algo débiles, y a menudo cojeaba de este lado, pero remediaba esta debilidad por medio de vendajes y cañas. De tiempo en tiempo experimentaba tanta inercia en el dedo índice de la mano derecha, que, cuando hacía frío, para escribir tenía que rodearlo de un círculo de cuerno. Se quejaba también de dolores de vejiga, que solo se calmaban cuando arrojaba piedras con la orina.

LXXXI. Padeció, durante su vida, varias enfermedades graves y peligrosas; sobre todo después de la sumisión de los cántabros, tuvo infartos en el hígado, perdiendo toda esperanza de curación. Por consejo de Antonio Musa siguió entonces el atrevido método de los contrarios; nada había conseguido con fomentos calientes, recurrió a los fríos, y sanó. Padecía aun otros males que le atacaban todos los años en día fijo, encontrándose casi siempre mal en el mes que había nacido: se le inflamaba el diafragma a principios de primavera y padecía fluxiones cuando soplaba viento del mediodía.

LXXXII. En invierno se ponía cuatro túnicas debajo de la gruesa toga; añadía camisa y jubón de lana, abrigándose también muslos y piernas. En verano dormía con las puertas de su cámara abiertas y a menudo bajo el peristilo de su palacio, en el que el aire era refrescado por varios surtidores de agua y donde tenía además un esclavo encargado de abanicarlo. No podía soportar el sol ni aun en invierno, y nunca paseaba al aire, ni siquiera en su casa, sin tener cubierta la cabeza. Viajaba en litera, y frecuentemente de noche, avanzando lentamente y a cortas jornadas; empleaba dos días en ir a Preneste o a Tibur y cuando era posible prefería hacerlo por mar. Cuidaba mucho de su débil salud y se bañaba muy raramente, prefiriendo frotarse con aceite y transpirar al calor, haciendo que vertiesen luego sobre él agua tibia o calentada al sol. Cuando a causa de los nervios necesitaba baños de mar, o los termales de Albula, se contentaba con sentarse en una pieza de madera, a la que daba el nombre español de *dureta,* y sumergía en el agua las manos y los pies alternativamente.

LXXXIII. Inmediatamente después de las guerras civiles renunció a los ejercicios a caballo y de armas en el campo de Marte, reemplazándolos primeramente con la pelota dura y de viento; muy pronto se limitó, sin embargo, a pasear a pie o en litera, y terminado el paseo, corría saltando, cubierto con ligero lienzo o gruesa manta, según la estación. Cuando quería dar algún descanso a su espíritu, pescaba con caña o jugaba a los dados, a la taba o a las nueces con niños que le gustaban y que le buscaban por todas partes, especialmente mauros y sirios. A los enanos, contrahechos y deformes los detestaba como burlas de la Naturaleza y objetos de malos presagios.

LXXXIV. Desde su infancia se aplicó con tanto éxito como afán al estudio de la elocuencia y de las bellas letras. Durante la guerra muciense, y a pesar del gigantesco peso de los negocios, se asegura que leía todos los días, componía, y se ejercitaba en el dominio de la palabra. No habló nunca en el Senado, ni al pueblo o a los soldados sin haber meditado despacio y trabajado su discurso, aunque no carecía de la facultad de improvisar. Para no exponerse a olvidos y no perder tiempo aprendiendo de memoria, tomó la costumbre de leer todo lo que decía. Redactaba de antemano hasta sus conversaciones particulares, y cuando debían versar sobre asunto grave, se escribía incluso las que debía tener con Livia, y entonces hablaba leyendo, por temor de que la improvisación le hiciese mostrarse corto o excesivo. Tenía en la voz cierta dulzura peculiar, y tomaba asiduamente lecciones de un maestro de eufonía; pero a veces, por afecciones de la garganta, tuvo que recurrir a la voz de un pregonero para hablar al pueblo.

LXXXV. Compuso en prosa muchas obras de diferentes géneros, y recitó algunas en el círculo de sus amigos que le servían de auditorio; entre estas se encuentran *Respuestas a Bruto, concernientes a Catón,* de las que leyó él mismo la mayor parte, a pesar de ser ya viejo, pero tuvo que encargar a Tiberio terminase la lectura; compuso también las *Exhortaciones a la filosofía* y las *Memorias de su vida,* en trece libros que abrazan hasta la guerra de los cántabros y que dejó sin terminar. Ensayó también la poesía, conservándose de él una obrita en versos hexámetros, cuyo título y asunto es la *Sicilia* y una breve colección de *Epigramas,* en los que generalmente trabajaba en el baño. Comenzó con gran entusiasmo una tragedia de Ajax, pero no satisfecho del estilo, la destruyó; preguntándole un día sus amigos *qué había sido de Ayax,* contestó que *su Ayax se había precipitado sobre una esponja.*

LXXXVI. Adoptó un estilo sencillo y elegante a la vez, tan lejano de vana pompa como de afectada rudeza, o, como él decía, *compuesto de esas palabras viejas que tienen como olor de enfermas.* Su principal cuidado era expresar el pensamiento con claridad, y para conseguirlo mejor, para no dificultar o refrendar la inteligencia de los lectores, no economizaba las proposiciones que determinan el sentido de las palabras, ni las conjunciones que ligan las frases, y cuya supresión, si aumenta la gracia del estilo, es a costa de la claridad. Despreciaba por igual a los escritores que crean fastuosamente palabras nuevas y a los que quieren desterrar las antiguas, haciendo ruda oposición a estos dos defectos. Fijándose especialmente en Mecenas y parodiándolo para corregirlo, no cesaba de censurarle *los perfumes de su florido estilo.* Tampoco perdonó a Tiberio su afición a las palabras rebuscadas y enigmáticas. Reconviene, asimismo, en sus cartas a M. Antonio por su manía de escribir cosas que son más fáciles de admirar que de comprender, y burlándose porque ensayaba todos los estilos y no sabía en cuál fijarse, añadía: *Estás en gran apuro; no sabes qué imitar de Cimber Annio, o de Veranio Flaco, ni si emplearás las palabras que Crispo Salustio ha sacado de los* Orígenes *de Catón, ni si harás pasar a nuestra lengua las vacías sentencias y volubilidad de palabras de los oradores del Asia.* En otra carta dice a su nieta Agripina, celebrando su discreción: *Guárdate sobre todo de escribir o hablar con énfasis.*

LXXXVII. Por sus cartas autógrafas se ve que en la conversación familiar se valía de muchas locuciones notables. Por ejemplo, al hablar de los malos pagadores, decía: *Pagarán en las calendas griegas.* Cuando aconsejaba soportar el destino presente, fuese el que fuese, escribía: *Contentémonos con este Catón.* Para expresar la celeridad con que se había hecho una cosa, decía: *Antes que se cuecen los espárragos.* Casi siempre escribió *baceolus* por *stultus* (tonto), *pulleiaceus* por *pullus* (la cría de un animal), *vacerrosus* por *cerritus* (loco). Para decir *estoy malo* escribía *me encuentro en estado vaporoso;* en vez de la palabra *lachanizare,* con la que se expresa generalmente el estado de languidez, empleaba la de *betizare;* decía *sumus* (somos) y *domos,* en el genitivo singular, por *domus* (de la casa); para demostrar que esto era en él principio y no ignorancia, nunca escribió de otra manera estas palabras. He observado por *sumus* en sus manuscritos que no dividía las palabras, y que en vez de colocar en el principio de la línea siguiente las letras que sobraban en un verso, las colocaba bajo las últimas de esta línea y las circundaba con un trazo.

LXXXVIII. No observó mucho la ortografía, es decir, la forma y razón establecidas por los gramáticos para escribir, y parece que opinaba como los que desean que se escriba como se habla. Error muy extendido es omitir o invertir letras y sílabas, y no hablaría de ello si no hubiese leído con sorpresa, en algunos autores, que reemplazó como ignorante y ordinario a un legado consular por haber escrito *ixi* por *ipsi.* Cuando escribía en cifra ponía la *b* por *a, c* por *b* y así con las otras letras; por *x* ponía dos *a.*

LXXXIX. Era muy aficionado a la literatura griega, y adquirió en ella grande superioridad. Tuvo por maestro a Apolodoro de Pérgamo, que era ya anciano cuando su joven discípulo le llevó con él de Roma a Apolonia. Logró después variada erudición con el trato frecuente del filósofo Arens y de sus hijos Dionisio y Nicanor. No llegó nunca, sin embargo, a hablar correctamente el griego ni se atrevió a escribir nada en esta lengua. Cuando las circunstancias lo exigían escribía latín, encargando a otro que tradujese lo escrito. Era inteligente en poesía, y gozaba en especial con la comedia antigua, haciéndola representar frecuentemente en los espectáculos públicos. Lo que con más curiosidad buscaba en los escritores de ambas lenguas eran los preceptos y ejemplos útiles para la vida pública o privada; los copiaba palabra por palabra y los remitía ordinariamente a sus delegados, a los generales, a los gobernadores de las provincias y a los magistrados de Roma cuando necesitaban advertencias o consejos. Hubo libros que leyó íntegros al Senado, dándolos a conocer al pueblo por medio de edictos, como los discursos de Q. Metelo sobre la *Propagación,* y los de Rutilio sobre la *manera de edificar;* con este sistema se proponía demostrar que no había sido el primero en comprender la importancia de estos dos asuntos, sino que ya los antiguos romanos se habían ocupado en ellos. Favoreció por todos los medios a los ingenios de su siglo; escuchaba con paciencia y agrado la lectura de todas las obras, historias, versos, discursos, diálogos; pero no gustaba que se tomase por asunto su elogio, a menos que la obra fuese de estilo grave y célebre su autor; recomendaba a los pretores que no permitieran se prostituyese su nombre en los concursos literarios.

XC. Por lo que toca a sus supersticiones, he aquí lo que se dice: Temía de modo insensato a los truenos y relámpagos, cuyos peligros creía conjurar llevando siempre consigo una piel de vaca marina. Al aproximarse la tempestad se escondía en paraje subterráneo y abovedado; este miedo procedía de haber visto en otro tiempo caer el rayo cerca de él durante un viaje nocturno, como al principio dijimos.

XCI. Le preocupaban en gran manera sus sueños y lo que se refería a él en los ajenos. El día de la batalla de Filipos había decidido, sintiéndose algo enfermo, no salir de su tienda; el sueño de un amigo suyo lo movió a cambiar de resolución, e hizo bien, porque, tomado su campamento y cayendo los enemigos sobre su lecho, lo acribillaron a golpes, creyendo que se encontraba en él. Por la primavera tenía espantosas visiones, muy reiteradas, pero inciertas y sin efecto; en el resto del año las tenía menos frecuentes y también menos quiméricas. En un tiempo en que visitaba a menudo el templo dedicado a Júpiter Tonante en el Capitolio, soñó que Júpiter Capitolino se había quejado de esta vecindad que le quitaba sus adoradores, y le contestó que le había dado a Júpiter Tonante como portero; a la mañana siguiente hizo guarnecer la parte superior del templo de este con campanillas como las que se ponen en las puertas. A consecuencia también de un sueño, todos los años en un día fijo pedía limosna al pueblo, y alargaba la mano a los transeúntes para recibir algunos ases.

XCII. Consideraba como ciertos algunos auspicios. Si por la mañana le ponían en el pie derecho el calzado del izquierdo, lo tenía a mal presagio; si cuando partía para un largo viaje por tierra o mar caía rocío, el presagio era bueno y anunciaba pronto y feliz regreso. Los prodigios despertaban mucho su atención. Trasplantó al patio de los dioses Penates de Roma e hizo cultivar con gran esmero una palmera que nació delante de su casa en los intersticios de las piedras. En la isla de Capri creyó advertir que una vieja encina, cuyas ramas caían desmayadas hasta el suelo, se había reanimado a su llegada, y tanto se regocijó por ello que, en vez de Capri, cedió Enaria a la República de Nápoles. Tenía también supersticiones especiales en determinados días; nunca, por ejemplo, se ponía en camino al día siguiente de los mercados, ni comenzaba ningún negocio importante el día de nonas, y esto para evitar, así lo escribía a Tiberio, el mal influjo de los presagios a su nombre.

XCIII. Por lo que toca a las ceremonias extranjeras, cuanto respetaba las antiguas y consagradas por el tiempo y las leyes, tanto despreciaba las otras. Se había hecho iniciar en los misterios de Atenas; más adelante, llevada por los sacerdotes de la Antigua Ceres, ante su tribunal en Roma, una causa relativa a sus privilegios y en la que habían de revelarse cosas secretas, hizo salir a todos sus asesores y al público y juzgó por sí solo el asunto en presencia de las partes interesadas. Sin embargo, en Egipto no se dignó siquiera desviarse un poco del camino para ver al buey Apis; y elogió mucho a su nieto Cayo porque al cruzar la Judea no practicó en Jerusalén ningún acto religioso.

XCIV. Puesto que nos ocupamos en este asunto, referiré ahora los presagios que precedieron, acompañaron o siguieron a su nacimiento, y que parecieron anunciar su futura grandeza y su permanente felicidad. En tiempo antiguo había caído un rayo sobre las murallas de Vélitres, y el oráculo había declarado que un ciudadano de la ciudad llegaría a poseer algún día el poder soberano. Con esta confianza, los habitantes de Vélitres emprendieron acto seguido encarnizada guerra contra los romanos, que reprodujeron muchas veces y que amenazó con ser la causa de su ruina. Hasta pasado mucho tiempo no comprendieron, y esto por el acontecimiento, que aquel presagio era el poder de Augusto. Refiere Julio Marato que, pocos meses antes de su nacimiento, acaeció en Roma un prodigio del que fueron testigos todos sus habitantes y que significaba que la Naturaleza preparaba un rey para el pueblo romano. El Senado asustado, prohibió criar a los niños que naciesen en el año; pero aquellos cuyas esposas estaban encinta, esperando cada cual que la predicción le favoreciese, consiguieron impedir que llevasen el senadoconsulto a los archivos. Leo en Asclepiades Mendetos, en sus tratados *Sobre lo divino,* que Acia, la madre de Augusto, había acudido a medianoche al templo de Apolo para un sacrificio solemne, quedando dormida en la litera mientras se iban las otras mujeres; dice aun que se deslizó a su lado una serpiente, retirándose poco después; que al despertar, se purificó como si hubiese salido de los brazos de su esposo, y que desde aquel momento le quedó siempre en el cuerpo la imagen de una serpiente, imagen que nunca pudo borrar, por lo cual no quiso mostrarse nunca en los baños públicos; Augusto nació diez meses después, y por esta razón pasó por hijo de Apolo. Soñó también Acia, antes de dar a luz, que sus intestinos ascendían hacia los astros y cubrían toda la extensión de la tierra y de los cielos. Asimismo Octavio, el padre de Augusto, soñó que salía un rayo de sol del vientre de su esposa. El día en que nació, se deliberaba en el Senado acerca de la conjuración de Catilina, y habiendo llegado tarde Octavio a causa del parto de su esposa, es cosa sabida que P. Nigidio, enterado de la causa de aquel retraso y de la hora del parto, declaró que había nacido un dueño del Universo. Más adelante, llevando Octavio un ejército por la parte más retirada de la Tracia, hizo alto en un bosque consagrado a Baco; allí consultó al dios acerca de los destinos de su hijo, con todas las ceremonias particulares de los bárbaros, prediciéndole los sacerdotes las mismas cosas, ya que, después de las libaciones de vino hechas sobre el altar del dios, se elevó la llama hasta la parte superior del templo y desde allí hasta el cielo, prodigio que solo había ocurrido hasta entonces para Alejandro Magno cuando sacrificó sobre los mismos altares. Desde la siguiente noche le pareció a Octavio ver a su hijo más grande de lo que son los mortales, armado con el rayo y el cetro, revestido con las insignias de Júpiter Optimo Máximo, coronado de rayos, y sentado entre laureles en un carro tirado por doce caballos de deslumbrante blancura. En las memorias de C. Druso se lee que habiendo la nodriza de Augusto colocado al niño una noche en su cuna, en una habitación del piso bajo, no lo encontró a la mañana siguiente; y que después de haberlo estado buscando un largo rato, terminó por hallarlo en lo más alto de una torre, y con la cara vuelta hacia el sol saliente. Apenas comenzaba a hablar, cuando importunándole el canto de las ranas en la casa de campo de su abuelo, las mandó callar, y se dice que no cantan desde entonces. Cierto día que estaba comiendo en un bosque situado a cuatro millas de Roma, en el camino de Campania, un águila le arrebató el pan, remontó hasta perderse de vista, y descendió luego suavemente a devolvérselo. Después de haber Q. Catulo dedicado el Capitolio, tuvo de Augusto, durante dos noches, los siguientes sueños: En el primero vio un grupo de niños que jugaban alrededor del altar de Júpiter, quien cogió uno de ellos, poniéndole en el pecho la estatuita de la República que llevaba en la mano. Vio en el segundo al mismo niño sentado sobre las rodillas de Júpiter Capitolino; quiso arrancarlo de allí, pero se opuso el dios, diciendo que lo educaba para sostén de la República. A la mañana siguiente encontró Catulo a Augusto, a quien nunca había visto, y le llamó la atención su parecido con el niño que viera en sus sueños. Otros refieren, sin embargo, de diferente manera el sueño de Catulo. Según estos, varios niños pedían un tutor a Júpiter: el dios les designó uno a quien debían encomendar todas sus peticiones; tocó después con la mano los labios del pequeño y enseguida se la llevó a la boca. M. Cicerón, acompañando a C. César al Capitolio, refería a sus amigos un sueño que había tenido la noche anterior; en él había visto, según explicaba, un niño de distinguido rostro bajar del cielo al extremo de una cadena de oro, y detenerse delante de las puertas del Capitolio, donde, de manos de Júpiter, recibió un látigo; después, viendo de pronto a Augusto, desconocido todavía para la mayor parte de ellos, y a quien César había llevado consigo para el sacrificio, declaró que aquel era el niño cuyo rostro había visto en su sueño. El día en que Augusto vistió la toga viril, se le descosió por ambos lados su lacticlavia, y le cayó a los pies, deduciendo de ello algunas personas que algún día le quedaría sometido el orden de que era distinto aquel traje. Cuando César, cerca de Munda, elegía el paraje de su campamento, hizo cortar un bosque en el que encontró una palmera, que mandó respetar como presagio de victoria; de la palmera brotaron al punto retoños, que no solo igualaron rápidamente al tallo, sino que lo cubrieron por completo, anidando en ellos palomos, aves que huyen del follaje áspero y duro de este árbol. Se dice que este prodigio fue uno de los principales motivos que determinaron a César a no querer otro sucesor que el nieto de su hermana. Durante su permanencia en Apolonia, subió Augusto con Agripa al observatorio del astrólogo Teógenes; consultado este por Agripa, en primer lugar le predijo una serie de prosperidades tan grandes, tan maravillosas, que Augusto no quiso manifestar el día ni las particularidades de su nacimiento, temiendo tener que avergonzarse delante de él por el vaticinio de un destino menos brillante. Vencido al fin por los ruegos del astrólogo, se los declaró, y Teógenes, levantándose enseguida, le adoró como a un dios. Augusto cobró enseguida tal confianza en su destino, que publicó su horóscopo e hizo acuñar una medalla de plata con la efigie de Capricornio, constelación bajo la cual había nacido.

XCV. Poco después del asesinato de César, cuando entraba en Roma, de regreso de Apolonia, estando el cielo despejado, se vio de pronto aparecer en él un círculo, parecido al arco iris, rodeando el disco del sol, y poco después caía un rayo en el monumento elevado a Julia, hija del dictador. Cierto día en que consultaba a los augures, durante su primer consulado, aparecieron a su vista doce buitres, como en otro tiempo aparecieron a Rómulo, y durante su sacrificio se abrieron ante sus ojos los hígados de todas las víctimas, quedando al descubierto hasta la última fibra, lo cual, según declararon todos los arúspices, era presagio para él de grandes y felices destinos.

XCVI. Tuvo también presentimientos de victoria en todas las guerras. Cerca de Bolonia, donde se habían reunido las tropas de los triunviros, un águila, posada sobre su tienda, se lanzó contra dos cuervos que la importunaban, y los derribó en tierra. Todo el ejército vio en aquella lucha el presagio de las discordias que un día habían de dividir a los tres jefes y hasta el desenlace de la lucha. Antes de la batalla de Filipos, un tesaliano le anunció la victoria de parte de J. César, cuya imagen dijo que se le había aparecido en un camino extraviado. Un día sacrificaba bajo los muros de Perusa y no siendo satisfactorio el sacrificio, mandó traer nuevas víctimas; estando en ello, los enemigos, con repentino ataque, arrebataron todos los preparativos, y los arúspices manifestaron que los peligros y reveses anunciados al sacrificador caerían sobre aquellos que se habían apoderado de las entrañas de las víctimas; los sucesos posteriores confirmaron la predicción. La víspera del combate naval que libró en Sicilia, mientras paseaba por la playa, saltó un pez del mar, viniendo a caer a sus pies. En el momento en que se dirigía hacia su flota para tomar posición, antes de la batalla de Actium, encontró un borriquillo con su conductor; se llamaba este Eutychus, que significa Dichoso, y el borrico Nicón, o sea Vencedor. Más adelante, en el templo que hizo erigir en el lugar de su campamento, les dedicó una estatua de bronce.

XCVII. Presagios certísimos anunciaron también su muerte, de la que hablaré enseguida, y su apoteosis. Cuando cerraba el lustro en el campo de Marte, ante una innumerable multitud, un águila voló repetidamente en derredor suyo; se dirigió después al frontispicio de un templo inmediato, donde estaba grabado el nombre de Agripa, y se posó sobre la primera letra. En virtud de este presagio, Augusto encargó a Tiberio, colega suyo, que hiciese los votos acostumbrados para el lustro siguiente, aunque él mismo los había preparado ya y escrito en sus tablillas, pues no quería pronunciar votos que no habría de ver realizados. Por la misma época, un rayo borró la primera letra de su nombre de la inscripción de una de sus estatuas. Consultado sobre ello el oráculo, contestó que no viviría más de cien días, número marcado por la letra C, pero que sería colocado entre los dioses, porque AESAR, significa dios en lengua etrusca. Había dado a Tiberio un mando en Iliria, y deseaba acompañarlo hasta Benevento, pero retrasado por las causas que llevaban ante su tribunal, exclamó (y estas palabras se consideraron también presagio): *que nada podría detenerlo ya más en Roma.* Se puso en camino, llegó hasta Astura, y aprovechando allí un viento favorable, se embarcó de noche contra su costumbre, comenzando su postrera enfermedad por una diarrea.

XCVIII. Recorrió las costas de la Campania y de las islas vecinas, y pasó cuatro días en Capri descansando y con excelente disposición de ánimo. Navegaba cerca de la bahía de Puzzola, cuando los pasajeros y marineros de un buque de Alejandría que estaba en rada, fueron a saludarlo vestidos con trajes blancos y ceñidas coronas, quemando ante él incienso, le colmaron de alabanzas, y haciendo votos por su prosperidad, exclamaron: *que por él vivían, y que le debían la libertad de la navegación y todos sus bienes.* Tanta alegría le causaron estas aclamaciones, que mandó distribuir a todos los de su comitiva cuarenta piezas de oro, haciéndoles prometer, bajo juramento, que emplearían el dinero en comprar mercancías en Alejandría. En los días que siguieron repartió también, además de otros pequeños regalos, togas romanas y mantos griegos, haciendo vestir a los griegos el traje romano, y a los romanos, el griego, cambio que extendió hasta al lenguaje. Durante los días que pasó en Capri le complacía en extremo ver los ejercicios de un grupo de jóvenes griegos, restos de la antigua institución. Les hizo servir en presencia suya su comida, y les dio permiso y hasta orden de entregarse a todas las locas libertades de su edad y entrar a saco las frutas, postres y hasta la plata que les llevaron en su nombre. No hubo, en fin, ninguna clase de distracción a que no se entregara en aquel viaje. A causa de la alegre vida que llevaban los de su comitiva en la isla vecina a Capri, le dio el nombre griego de *lugar de ociosidad.* Un tal Masgaba, a quien había querido mucho y a quien, por broma, llamaba a menudo el fundador de la isla, había muerto el año anterior, y los habitantes del país, todos con antorchas encendidas, visitaban en grupos su sepulcro. Viéndolos un día desde su mesa, improvisó este verso griego:

"Veo del *fundador* la tumba en llamas",

y volviéndose hacia Trasillo, compañero de Tiberio, que ignoraba de qué se trataba, le preguntó de qué poeta era aquel verso. Vaciló aquel en contestar, y Augusto añadió entonces este otro:

"¿No veis a Masgaba rodeado de antorchas?",

y repitió la pregunta; respondiendo al fin el interrogado que cualquiera que fuese el autor, los versos eran excelentes; Augusto prorrumpió en risa y bromeó durante largo rato. Pasó después a Nápoles, continuando más o menos atormentado por dolores de vientre. Asistió en esta ciudad a los juegos gimnásticos y quinquenales establecidos en su honor, y acompañó a Tiberio hasta el lugar de su destino. Pero al retorno, sintiéndose peor, tuvo que detenerse en Nola; hizo regresar a Tiberio, tuvo con él una conversación secreta que duró largo rato, y ya no se ocupó más en asuntos graves.

XCIX. El día de su muerte preguntó repetidas veces si su estado producía algún alboroto en el exterior, y pidió un espejo, y se hizo arreglar el cabello para disimular el enflaquecimiento de su rostro. Cuando entraron sus amigos, les dijo: *¿Os parece que he representado bien esta farsa de la vida?* Y añadió en griego la sentencia con que terminan las comedias:

"Si les ha gustado, batan palmas y aplaudan al autor."

Mandó después retirarse a todos; inquirió todavía acerca de la enfermedad de la hija de Druso a algunos que llegaban de Roma, y expiró de súbito entre los brazos de Livia, diciéndole *Livia, vive y recuerda nuestra misión; adiós.* Su muerte fue tranquila y como siempre la había deseado; porque cuando oía decir que había muerto alguno rápidamente y sin dolor, exponía al punto su deseo de morir él y todos los suyos de esta manera, lo que exponía con la palabra griega correspondiente, gritando, como asaltado de repentino temor, que lo arrastraban cuarenta jóvenes; sin embargo, fue más bien presagio que prueba de debilidad de razón, puesto que cuarenta soldados pretorianos llevaron su cuerpo al paraje donde se le expuso.

C. Murió en la misma habitación que su padre Octavio, bajo el consulado de Sexto Pompeyo y de Sexto Apuleyo, el 14 de las calendas de septiembre, en la novena hora del día, a los setenta y seis años menos treinta y cinco días. Trasladaron su cuerpo de Nola a Bobilas, llevándole los decuriones de los municipios y de las colonias, y viajando de noche a causa de la estación. En Bobilas fue entregado a los caballeros, que lo condujeron a Roma, depositándolo en el vestíbulo de su casa. El Senado quiso honrar su memoria, celebrando sus funerales con pompa extraordinaria. Se presentaron al objeto numerosas proposiciones: unos querían que el cortejo pasara por el arco de triunfo, precedido por la estatua de la Victoria que está en el Senado, y por los jóvenes nobles de ambos sexos cantando himnos fúnebres; otros, que en el día de las exequias se llevasen anillos de hierro, en vez de anillos de oro; proponían algunos que se encargase de recoger sus huesos a los sacerdotes de los colegios superiores. Uno propuso también que se trasladase del mes de agosto al de septiembre el nombre de Augusto, porque había nacido en el último y muerto en el primero; otro, que el tiempo transcurrido desde su nacimiento hasta su muerte se llamase siglo de Augusto y con este nombre se designase en los fastos. Se pusieron, sin embargo, límites a tales proposiciones. Sobre sus restos fueron pronunciados dos elogios fúnebres: uno por Tiberio, delante del templo de J. César, y otro por Druso, hijo de Tiberio, cerca de la antigua tribuna de las arengas; fue llevado en hombros por los senadores hasta el campo de Marte, donde le colocaron sobre la pira. Un antiguo pretor aseguró allí que había visto elevarse de entre las llamas hasta el cielo la imagen de Augusto. Los más distinguidos del orden ecuestre, descalzos y vistiendo sencillas túnicas, recogieron sus cenizas, depositándolas en el mausoleo hecho construir por él durante su sexto consulado entre el Tíber y la Vía Flaminia; lo habían rodeado de bosque, quedando desde aquella época convertido en paseo público.

CI. Había hecho Augusto su testamento bajo el consulado de L. Plauco y C. Silio, el día tres de las nonas de abril, un año y cuatro meses antes de morir; le añadió dos codicilos, escritos en parte de su puño y en parte de sus libertos Polibio e Hilarión. Este testamento, depositado en el Colegio de las Vestales, lo presentaron estas mismas en tres cuadernos con idénticos sellos. Se abrió en el Senado y se le dio lectura. Instituía por herederos principales a Tiberio y a Livia, al primero en la mitad más un sexto, y a la otra en un tercio, disponiendo que llevaran su nombre.

A falta de estos, llamaba a la sucesión a Druso, hijo de Tiberio, en un tercio, y a Germánico y sus tres hijos en el sexto. Por último, nombraba herederos en tercer lugar a considerable número de parientes y amigos. Legaba al pueblo romano cuarenta millones de sestercios; a cada soldado de la guardia pretoriana le daba mil sestercios; a las cohortes urbanas, quinientos, y a las legiones, trescientos. Estas cantidades debían ser pagadas en el acto, cosa no difícil, puesto que estaban reservadas para tal efecto en el Tesoro imperial. Hacía también otros legados, algunos de los cuales se elevaban hasta dos millones de sestercios; señalaba un año para pagarlos, dando por excusa la modestia de su fortuna, pues declaraba que sus herederos no obtendrían de la sucesión más de ciento cincuenta millones de sestercios a pesar de que en los veinte últimos años de su vida sus amigos le habían legado por testamento cuatro mil millones, por haberlos empleado todos en el Estado, así como sus dos patrimonios paternos y demás herencia de familia. Nombraba solo a las dos Julias, su hija y nieta, para prohibir que las sepultasen con él en la misma tumba. De los tres pliegos que habían legado por testamento cuatro mil millones, para hacer funerales; otro, un sumario de su vida, que debía grabarse en planchas de bronce delante de su mausoleo, y el tercero era una exposición de la situación de todo el Imperio, con relación de los soldados que había bajo las banderas, del dinero en el Tesoro del emperador, en las cajas del Estado, y de los tributos o impuestos que se adeudaban aún. Cuidó asimismo de añadir los nombres de los libertos y esclavos a quienes podía pedirse cuentas.

TIBERIO NERÓN

I. La familia patricia de los Claudios (porque existió también una plebeya, no inferior a la otra en poder y dignidad) es oriunda de Regillis, en el país de los sabinos. De allí vino, con numeroso acompañamiento de clientes, a establecerse en Roma, recientemente edificada; fue acogida por el Senado entre las familias patricias a propuesta de Tito Tacio, colega de Rómulo, o lo que parece más cierto, cerca de seis años después de la expulsión de los reyes; era entonces Atta Claudio cabeza de la familia. Se le dio un terreno más allá del Anio para sus clientes, y sitio para su sepultura al pie del Capitolio. En el transcurso de los años consiguió esta familia veintiocho consulados, cinco dictaduras, siete censuras, siete triunfos y dos ovaciones. Se le distinguió con nombres y apellidos diferentes, pero se mostró unánime en rechazar el de Lucio, porque a dos miembros suyos que lo llevaron se les probó que habían cometido el uno robos y el otro asesinatos. Entre otros apellidos, tomó con frecuencia el de Nerón, que en lengua sabina significa valiente y activo.

II. Muchos servicios buenos y malos prestaron los Claudios a la República; pero citaremos solo los principales: Apio Ceco impidió que se concertase una alianza desventajosa con el rey Pirro. Claudio Caudex fue el primero que cruzó el mar con una flota y expulsó a los cartagineses de la Sicilia. Claudio Nerón batió a Asdrúbal que con fuerzas considerables venía de España a reunirse con su hermano Aníbal. Por otra parte, Claudio Apio Regliano, nombrado decenviro para la redacción de las leyes, se atrevió a reclamar como esclava suya a una joven de condición libre, llegando hasta a emplear la violencia para satisfacer su pasión, lo que ocasionó nueva ruptura entre el pueblo y el Senado. Claudio Rufo se hizo erigir en el Foro de Apio una estatua coronada con una diadema y quiso ocupar a Italia con sus clientes. Claudio Pulcher, que mandaba en Sicilia, viendo que los pollos sagrados no querían comer y hacer de este modo los auspicios favorables, osó con menosprecio de la religión arrojarlos al mar para que bebiesen, ya que no comían, y habiendo trabado a continuación batalla naval, fue vencido; cuando el Senado le instaba para que nombrase un dictador, injurió de nuevo al infortunio público, eligiendo para esta dignidad a un mensajero suyo llamado Glicias. También entre las mujeres de esta familia se dieron buenos y malos ejemplos: una Claudia fue la que extrajo de los bajos del Tíber, donde estaba encallado, el buque en que se encontraba la estatua de Cibeles, rogando en alta voz a los dioses *que le diesen fuerza para mover aquella nave, como testimonio de su castidad.* Otra Claudia fue acusada ante el pueblo del delito de lesa majestad, extraño hasta entonces a las mujeres porque avanzando con dificultad su carro entre los apiñados grupos de la multitud, expresó públicamente su deseo *de que resucitase su hermano Pulcher y perdiese otra flota para disminuir la población de Roma.* Se sabe, además, que todos los Claudios, excepto P. Clodio, quien con objeto de desterrar a Cicerón, se hizo adoptar por un plebeyo que era incluso más joven que él, permanecieron siempre siendo apoyo y a veces defensores únicos del poder y dignidad de los patricios, y tan implacables y violentos enemigos del pueblo, que ni bajo el peso de acusación capital quiso vestir ninguno el traje de luto ni implorar la compasión de la multitud; se sabe también que en las discordias civiles, muchos de ellos hirieron a tribunos. Incluso se vio a una Claudia, sacerdotisa de Vesta, montar en el carro de su hermano, que iba en triunfo a pesar del pueblo, y acompañarlo de este modo hasta el Capitolio, con objeto de que los tribunos nada pudieran contra él.

III. De este linaje descendía Tiberio César por padre y madre. Su origen paterno remontaba a Tiberio Nerón; el materno a Apio Pulcher, dos hijos de Apio Ceco. También estaba enlazado con la familia de los Livios por su abuelo materno, que había entrado en ella por adopción. Esta familia, aunque plebeya, había prosperado mucho, obteniendo ocho consulados, dos censuras, tres triunfos, la dictadura y el mando de la caballería. De ella han salido hombres célebres, especialmente Salinator y los Drusos. Salinator, siendo censor, acusó de infamia a todas las tribus romanas, como culpables de ligereza, por haberlo hecho por segunda vez cónsul y censor después de condenarlo a una multa al expirar su primer consulado. Druso recibió este nombre, que legó a sus descendientes, por haber dado muerte luchando frente a frente a un general enemigo llamado Drausus. Se dice también que trajo de la Galia, adonde fue enviado como propretor, el oro que en otro tiempo se diera a los senones cuando sitiaban el Capitolio, y que no fue rescatado por Camilo, como se creía. Su bisnieto, que por su valerosa resistencia a las empresas de los Gracos fue llamado el jefe del Senado, dejó un hijo que, comprometido en parecidas querellas y meditando atrevidos proyectos, concluyó por caer en las asechanzas y bajo los golpes del partido opuesto.

IV. El padre de Tiberio fue cuestor de C. César durante la guerra de Alejandría, y mandaba su flota, contribuyendo mucho a la victoria. Por esta razón fue nombrado pontífice en lugar de S. Scipión y encargado de establecer en la Galia gran número de colonias, entre otras Narbona y Arlés. Después de la muerte de César, y no obstante el criterio de todo el Senado, que quería dejar impune el asesinato para evitar nuevas turbulencias, llegó hasta pedir que se votasen recompensas para los tiranicidas. Estaba por terminar el año de su pretura, cuando estalló la discordia entre los triunviros; conservó con esto más del tiempo prescrito las insignias de su dignidad, siguió a Perusa al cónsul L. Antonio, hermano del triunviro, y fue el único que le permaneció fiel tras la defección de todo su partido. Primeramente se retiró a Prenesto, pasó después a Nápoles, y no habiendo conseguido sublevar a los esclavos, a los que prometía la libertad, huyó a Sicilia. Indignado allí porque le hicieron esperar una audiencia de Sexto Pompeyo y prohibido el uso de las fasces, se trasladó a Acaya al lado de M. Antonio. No tardó, sin embargo, en volver con él a Roma, una vez restablecida la paz, y fue entonces cuando, a petición de Augusto, le cedió su mujer Livia Drusila, que se encontraba encinta y le había dado ya un hijo. Murió poco tiempo después, dejando dos hijos, Tiberio y Druso, denominados Nerones.

V. Por conjeturas poco sólidas, se ha creído que Tiberio nació en Fondi, porque allí vio la luz su abuela materna y porque en virtud de un senadoconsulto se erigió también allí una estatua a la Felicidad. Pero la mayoría de los autores y los más dignos de crédito afirman que nació en Roma, sobre el monte Palatino, el 16 de las calendas de diciembre, bajo el consulado de M. Emilio Lépido y de L. Munacio Planeo, después de la batalla de Filipos. Así está al menos consignado en los fastos y en las actas públicas. Sin embargo, no faltan escritores que lo suponen nacido el año anterior, bajo el consulado de Hircio y de Pansa, y otros en el año siguiente, bajo el de Servilio Isáurico y de Antonio.

VI. Laboriosa y agitada transcurrió su infancia, porque desde la más tierna edad estuvo expuesto a fatigas y peligros, acompañando a sus padres por todas partes en su huida. Cuando iban a embarcarse secretamente para huir de Nápoles, adonde acudían sus enemigos, estuvo a punto de denunciarlos con sus gritos, primero cuando lo arrancaron del seno de su nodriza, y después en los brazos de su madre, a quien en tan peligrosa coyuntura querían aliviar de su carga algunas mujeres. Llevado por Sicilia y por Acaya y entregado a la fe de los lacedemonios, que estaban bajo el protectorado de Claudio, se vio en peligro de morir una noche en que había dejado aquel nuevo asilo; habiendo estallado en efecto un voraz incendio en un bosque que atravesaba, lo rodearon las llamas tan súbitamente, así como a los que iban con él, que se propagó el fuego a los vestidos y cabellos de Livia. Todavía se muestran en Bayas los regalos que recibió en Sicilia, de Pompeya, hermana de Sexto Pompeyo, consistente en una toga, un broche y pendientes de oro. Tras su regreso a Roma, el senador M. Galio lo adoptó por testamento. Tiberio recibió su herencia; pero no tardó en abstenerse de llevar su nombre, Galio había pertenecido al partido contrario a Augusto. Contaba nueve años cuando pronunció el elogio fúnebre de su padre, en la tribuna de las arengas. Entraba en la edad púber cuando acompañó a caballo el carro de Augusto el día de su triunfo de Actium, cabalgando a la izquierda del triunfador, mientras Marcelo, hijo de Octavio, lo hacía a la derecha. Presidió asimismo los juegos que se dieron por aquella victoria, y en los de Circo, llamados troyanos, mandaba el grupo de los jóvenes.

VII. Después de vestir la toga viril, su juventud, y el tiempo que medió después hasta su reinado, pasaron del siguiente modo: dio dos veces espectáculos de gladiadores, uno en memoria de su padre, otro en honor de su abuelo Druso, en épocas y parajes diferentes: el primero en el Foro y el segundo en el Anfiteatro; en esta ocasión presentó algunos rudiarios, que pagó en cien mil sestercios. Dio también, aunque ausente, juegos en que desplegó gran magnificencia, y cuyos gastos pagaron su madre y su suegro. Casó primero con Agripina, nieta del caballero romano Cecilio Atico, a quien dirigió sus cartas Cicerón. Agripina le dio un hijo, llamado Druso, y él le profesaba hondo cariño, pero, a pesar de ello, se vio obligado a repudiarla durante su segundo embarazo, para casarse inmediatamente con Julia, hija de Augusto (ya que Augusto no contaba con descendencia masculina, usándola para ello). Este matrimonio le causó tanto más disgusto, cuanto que apreciaba profundamente a la primera y reprobaba los hábitos de Julia, la cual, viviendo aún su primer marido, le había hecho públicamente insinuaciones, hasta el punto de haberse divulgado su pasión. No pudo por ello consolarse de su divorcio con Agripina, y habiéndola encontrado un día por casualidad, fijó en ella los ojos con tanta pena, que se tuvo cuidado para lo sucesivo de que no se presentase delante de él. Vivió al principio en bastante buena inteligencia con Julia y hasta correspondió a su amor, pero no tardó en mostrarle aversión, haciéndole ultraje de no compartir con ella el lecho desde la muerte de su hijo, todavía niño, que había nacido en Aquilea y única prenda de su amor. Tiberio perdió en Germania a su hermano Druso, y trajo su cuerpo a Roma, precediéndole a pie durante todo el camino.

VIII. Defendió ante el tribunal de Augusto al rey Arquelao, a los tralianos y telados, en diferentes causas, siendo este su aprendizaje en los deberes civiles. Intercedió también en el Senado en favor de los habitantes de Laodicea, de Tiatiro y de Quios, que habían sufrido un terremoto e imploraban la ayuda de Roma. Acusó de lesa majestad e hizo condenar por los jueces a Fanio Cepión que, con Varrón Murena, había conspirado contra Augusto. En aquel tiempo estaba encargado de dos misiones de importancia: el abastecimiento de Roma, en la que empezaban a faltar los víveres, y la inspección de todos los obradores de esclavos que contenía Italia, porque se acusaba a los dueños de estos obradores de retener por violencia no solo a los viajeros que podían sorprender, sino también a los que acudían a ocultarse en ellos para substraerse al servicio militar.

IX. Tiberio hizo su primera campaña en la expedición de los cántabros como tribuno de los soldados; fue enviado después a Oriente con un ejército, devolviendo a Tigranes el reino de Armenia, y coronándolo, sentado en su tribunal. Recibió asimismo las águilas romanas que en otro tiempo arrebataron los partos a M. Craso. Gobernó después cerca de un año la Galia Cabelluda, alterada entonces por las incursiones de los bárbaros y las querellas de sus jefes. Hizo poco después la guerra de Recia y de Vindelicia, y más adelante la de Germania. En la de Recia y Vindelicia sometió a los pueblos alpasos; en la de Panonia, a los bruecos y dálmatas; y, finalmente, en la de Germania recibió por convenio cuarenta mil enemigos, que trasladó a la Galia, dándoles tierras en las orillas del Rin. Mereció por estas hazañas la ovación, y entrar en Roma en un carro con los adornos triunfales, honor que, según dicen, nunca se había concedido a nadie. Con la edad obtuvo todas las magistraturas, y ejerció casi sin interrupción la cuestura, la pretura y el consulado; fue creado cónsul por segunda vez, y después de breve intervalo, revestido del poder tribunicio por cinco años.

X. Entre tantas prosperidades, en la plenitud de la edad y de la salud, de manera súbita e inesperada decidió retirarse y alejarse, bien por evadirse de su esposa, a la que no se atrevió a acusar ni repudiar, a pesar de no poderla sufrir, o porque creyese que la ausencia, mejor que una importuna asiduidad, aumentaría su importancia en el caso de que la República llegara a necesitarlo. Hay quien opina que viendo crecer a los hijos de Augusto, había querido, tras haber sido por mucho tiempo dueño del segundo orden, aparentar, a ejemplo de M. Agripa, que lo abandonaba a ellos voluntariamente; Agripa, en efecto, cuando Marcelo participó en la administración pública, se marchó a Mitilena para no desempeñar con él papel de concurrente o de censor. El mismo Tiberio confesó después que había tenido idénticos motivos. Pretextando entonces saciedad de honores y precisión de descanso, pidió permiso para ausentarse. Su madre quiso retenerlo, instándolo por todos los medios, y Augusto llegó incluso a quejarse en pleno Senado de quedar abandonado. Tiberio se mostró inflexible, y como se obstinasen en impedirle la marcha, permaneció cuatro días sin comer. Obtuvo al fin licencia para alejarse, y dejando en Roma su esposa y su hijo, tomó al punto el camino de Ostia, sin contestar palabra a las preguntas de los que le acompañaron, limitándose a besar a algunos al separarse de ellos.

XI. Iba desde Ostia costeando la Campania, cuando supo el mal estado de Augusto, y se detuvo algunos días; pero habiéndose difundido el rumor de que solo interrumpía su viaje por la esperanza de un acontecimiento decisivo, decidió embarcarse, a pesar del mal tiempo reinante, para la isla de Rodas, cuyo saludable y apacible clima le había deleitado en extremo durante su estancia en ella al regreso de Armenia. Ocupó allí una casa muy modesta, con un campo muy reducido, y vivió como el ciudadano más humilde, visitando a veces los gimnasios, sin lictor ni ujier, manteniendo con los griegos comercio diario de atenciones, casi en un plano de igualdad. Cierta mañana, al disponer las ocupaciones del día, se le ocurrió decir que quería ver a todos los enfermos de la ciudad, y equivocando los que estaban con él el sentido de las palabras, hicieron llevar aquel mismo día todos los enfermos a una galería pública, donde los colocaron reunidos por género de enfermedad. Impresionado por aquel inesperado espectáculo, no supo al pronto qué hacer, hasta que por último se acercó al lecho de cada uno de ellos, y pidió perdón por aquel error hasta a los más pobres y desconocidos. Al parecer, usó solo de los derechos del poder tribunicio, y lo hizo en las circunstancias siguientes: Asistía con gran asiduidad a las escuelas y lecciones de los profesores; cierto día trabaron en su presencia vivo altercado dos sofistas opuestos, y creyendo uno de ellos, por haberlo visto intervenir, que favorecía a su adversario, pronunció contra él palabras injuriosas. Tiberio se fue sin decir nada, y poco después se presentó con su aparitor, hizo citar a su tribunal por medio de pregón al autor de los denuestos y mandó encarcelarlo. En Rodas se enteró que su esposa Julia acababa de ser condenada por sus desórdenes y adulterios, y que Augusto, por su propia autoridad, había proclamado el divorcio. Fue grande su regocijo al saber esta noticia, a pesar de lo cual, creyó deber suyo escribir al padre varias cartas en favor de su hija, suplicándole dejara a Julia todos los presentes que le había hecho, por indigna que hubiese sido su conducta. Expirado el tiempo de su poder tribunicio, confesó entonces no haber tenido otro motivo al alejarse que el de evitar toda sospecha de rivalidad con Cayo y Lucio; solicitó permiso, no temiendo ya la sospecha, puesto que estos príncipes estaban ya sólidamente establecidos en la posesión del segundo rango, para volver a ver las personas queridas que había dejado en Roma y que se le habían hecho ahora más deseadas. Lejos, sin embargo, de obtenerlo, recibió el inesperado aviso de no ocuparse en manera alguna de una familia a la que con tanto apresuramiento había dejado.

XII. Permaneció, pues, a pesar suyo, en Rodas, y no sin trabajo consiguió, al fin, por medio de su madre, que Augusto, con objeto de disimular la afrenta, le concediese el título de legado suyo en aquella isla. A partir de entonces, ni siquiera llevó ya la vida de un particular, sino la de un hombre sospechoso y constantemente amenazado. Se ocultaba en el interior de la isla para evitar las frecuentes visitas y asiduos homenajes de todos aquellos que atravesaban el mar para tomar posesión de un mando militar, de una magistratura, y que no dejaban de detenerse ex profeso en Rodas. Se unieron a estos temores otros graves motivos de inquietud. Habiendo pasado a Samos para ver a su yerno Cayo, que mandaba en Oriente, observó que las insinuaciones de M. Lolio, compañero y profesor del joven príncipe, le habían enajenado su afecto. Se sospechó también de él que había dado a centuriones de su íntima confianza, cuando venían de su semestre y volvían a los ejércitos, instrucciones equívocas que parecían tener por objeto sondear sus disposiciones acerca de un posible cambio de dueño. Informado de estas acusaciones por el mismo Augusto, pidió encarecidamente que le enviase a uno cualquiera que lo vigilara, fuera quien fuese, y observara sus palabras y acciones.

XIII. Llegó incluso a renunciar a sus ordinarios ejercicios de equitación y armas; abandonó el traje romano y adoptó el calzado y manto griegos. Vivió cerca de dos años en este estado, haciéndose cada día más odioso y objeto de desprecio, y llegó a tal punto este sentimiento, que los habitantes de Nimes destruyeron sus imágenes y estatuas, y en una comida de familia, habiendo recaído en él la conversación, un comensal propuso a Cayo *marchar al instante, si lo mandaba, a Rodas y traerle la* *cabeza del desterrado,* porque este nombre se le daba. No fue solo temor, sino peligro verdadero lo que le obligó a unir sus súplicas a las instancias de su madre, para conseguir su regreso; hasta que una casualidad hizo que se le concediera. Augusto había declarado que en este asunto se atendría absolutamente a la decisión de su hijo mayor; este, que estaba enemistado entonces con M. Lolio, se dejó ablandar con facilidad en favor de su suegro. Llamaron, pues, a Tiberio con el consentimiento de Cayo, pero a condición de que no tomaría participación alguna en el gobierno.

XIV. Después de ocho años de ausencia, volvió, pues, a Roma, con grandes esperanzas para lo por venir, fundadas en los prodigios y predicciones que desde tierna edad le habían llamado a los altos destinos. Estaba, en efecto, Livila encinta de él, y quería saber por diferentes presagios si daría a luz un varón; quitó un huevo a una gallina que incubaba y calentándolo en sus manos y en las de sus criadas el tiempo necesario, salió al fin de él un pollo con una hermosa cresta. También el matemático Scribonio había pronosticado a aquel niño un brillante destino, diciendo *que llegaría a reinar algún día, pero sin las insignias reales,* pues ni siquiera se conocía aún la especie de poder ejercido por los Césares. En su primera expedición militar, cuando conducía su ejército por la Macedonia para llegar a Siria, y pasaba cerca del campo de batalla de Filipos, lanzaron de pronto llamas los altares elevados en aquel paraje a las legiones victoriosas. Más adelante, llegado a Iliria, consultó cerca de Padua al oráculo de Gerión, el cual declaró que, para saber lo que deseaba, tenía que arrojar dados de oro en la fuente de Apona. Obedeció él y sacó el número más alto, todavía hoy pueden verse estos dados en el fondo del agua. Pocos días antes de que se le llamara, un águila, de una especie que no se había visto aún en Rodas, se posó sobre el techo de su casa, y la víspera del día en que recibió el permiso de volver, cuando se mudaba de ropa, se vio arder su túnica. En aquel momento principalmente pudo convencerse de la ciencia del matemático Trasilo, a quien había tomado a su servicio como profesor de filosofía, y que le anunció que una nave, a la vista entonces de la isla, le era portadora de buenas noticias. Pocos momentos antes, paseando juntos, cansado Tiberio de sus vanas predicciones, había tenido el pensamiento de arrojarlo al mar, para castigar al impostor y confidente de peligrosos secretos.

XV. De regreso a Roma, y una vez que hubo abierto a su hijo Druso la entrada del Foro, dejó el barrio de Carinis y la casa Pompeya para trasladarse a las Esquilias, a los jardines de Mecenas. Se entregó allí a un absoluto descanso, no cumpliendo otros deberes que los de la vida privada, y absteniéndose de toda función pública. Cayo y Lucio habían muerto tres años antes, y Augusto le adoptó al mismo tiempo que a su hermano M. Agripa; pero él mismo se había visto obligado a adoptar poco antes a su sobrino Germánico. Desde este tiempo no hizo nada como padre de familia; no ejerció ninguno de los derechos que le concedía la adopción; no hizo ninguna donación, ninguna manumisión, ni recibió ya legados ni herencia sino a títulos de peculio. Nada se olvidó, sin embargo, de lo que podía acrecer su importancia, sobre todo desde que el alejamiento de Agripa, renegado por Augusto, hizo recaer en él solo la seguridad de sucederlo en el mando.

XVI. Le dieron otra vez por cinco años el poder tribunicio y recibió el encargo de pacificar la Germania. Los embajadores de los partos, tras haber obtenido audiencia de Augusto en Roma, recibieron orden de ir a ver a Tiberio en su gobierno. Habiendo recibido noticia de la defección de la Iliria pasó a este país, y emprendió con quince legiones e igual número de tropas auxiliares aquella guerra nueva, la más terrible de todas las extranjeras, desde las de los cartagineses, y la cual terminó en tres años, en medio de innumerables dificultades y de espantosa penuria. Aunque no cesaban de llamarlo, se obstinó en no volver, temeroso de que el enemigo, constantemente sobre él, y enardecido ya con algunas ventajas, convirtiese en derrota su retirada voluntaria. Gran recompensa obtuvo por su perseverancia, puesto que sometió y añadió al Imperio toda la Iliria, es decir, todo el país situado entre Italia, el reino de Nórica, la Tracia y la Macedonia, desde el Danubio hasta el golfo Adriático.

XVII. La oportunidad de este triunfo aumentó enormemente su gloria, pues por el mismo tiempo pereció en Germania, con tres legiones, Quintilio Varo, y nadie dudaba que los germanos triunfadores se hubiesen unido a los de Panonia de no haber sido sometida la Iliria antes de este desastre. Se decretó el triunfo para Tiberio, añadiéndole brillantes y numerosas distinciones. Algunos senadores opinaron llamarle *Panónico,* otros *Invencible,* algunos *Piadoso.* Pero Augusto impidió que se le otorgase ninguno de estos títulos, decidiendo que podía contentarse con el que le dejaría después de su muerte. Tiberio aplazó voluntariamente su triunfo a causa del dolor que había producido en Roma la derrota de Varo. Entró, sin embargo, en la ciudad con la pretexta y la corona de laurel; subió a un tribunal que le habían alzado en el campo de Marte, y se sentó con Augusto entre los dos cónsules, estando presente y en pie el Senado. Desde allí, después de saludar al pueblo, marchó seguido de numeroso cortejo a visitar los templos.

XVIII. Al año siguiente regresó a la Germania, y habiéndose convencido de que la derrota de Varo no había tenido otra causa que la negligencia y temeridad de este general, no hizo nada sin someterlo a la opinión de un consejo; así aquel jefe soberbio, que nunca había consultado a nadie, tuvo por primera vez que comunicar sus planes de campaña a sus subordinados. Redobló también la atención y vigilancia; dispuesto a pasar el Rin, determinó por sí mismo la clase y peso de los bagajes, y, situado en la orilla del río, no permitió el paso hasta después de haberse asegurado, comprobando la carga de los carros, que no llevaban más que lo necesario o autorizado por sus reglamentos. Una vez cruzado el Rin, fue costumbre habitual suya comer sobre la hierba, acostándose en muchas ocasiones a la intemperie sin utilizar tienda. Daba por escrito todas las órdenes para el día siguiente, y hasta instrucciones que circunstancias repentinas podían hacer necesarias; cuidaba siempre de añadir que hasta en las menores dificultades se dirigiesen a él para resolverlas, a cualquiera hora que fuese del día o de la noche.

XIX. Mantuvo con rigor la disciplina y restableció muchas penas severas e ignominiosas de la antigüedad, que habían caído en desuso. Impuso nota de infamia a un jefe de legión por haber dado permiso a algunos soldados para que fuesen a cazar con un liberto suyo al otro lado del río. Aunque, como general, concedía muy poco a la fortuna y casualidad, libraba batalla confiado cuando en sus veladas se apagaba inesperadamente la luz, presagio que, en la guerra, no había engañado nunca a él ni a sus mayores. Quedó victorioso, aunque faltó poco para que un brúctero le diese muerte; este se había deslizado, en efecto, para ello entre las personas de su comitiva, pero su turbación lo denunció, arrancándole la tortura la confesión del crimen que proyectaba.

XX. De regente de la Germania, donde permaneció dos años, celebró el triunfo que había aplazado. Detrás de él marchaban sus legados, para los cuales había conseguido los ornamentos triunfales. Antes de subir al Capitolio, bajó de su carro y abrazó las rodillas de su padre, que presidió la solemnidad. Estableció en Ravena y colmó de magníficos regalos a un jefe panonio, llamado Batón, que un día, hallándose él encerrado con sus legiones en un desfiladero, lo dejó escapar. Hizo servir al pueblo una comida en mil mesas, y repartir a cada uno de los convidados cien sestercios. Dedicó un templo a la Concordia y otro a Cástor y Pólux, en nombre de su hermano y en el suyo, con el precio de los despojos del enemigo.

XXI. Por medio de una ley dictada por los cónsules, poco después se le confió la administración de las provincias en unión con Augusto, y el cuidado de hacer el censo; luego, cerrado el lustro, marchó a Iliria. Lo llamaron inmediatamente, y halló a Augusto ya muy quebrantado, pero respirando aún, y permaneció encerrado con él todo un día. No ignoro que es creencia común que cuando salió Tiberio, después de aquella conferencia secreta, los esclavos de servicio oyeron a Augusto que exclamaba: "Desgraciado pueblo romano que va a ser presa de tan lentas mandíbulas". Tampoco ignoro que han escrito algunos autores que Augusto censuraba públicamente y sin miramiento la rudeza de sus costumbres, hasta el punto de que, en cuanto lo veía aparecer, interrumpía toda conversación libre y alegre; que al adoptarlo, cedió a las incesantes instancias de su esposa; y que, finalmente, en esta preferencia entró cierto interés de amor propio y que había querido que se sintiese más su ausencia al elegir tal sucesor. Pero nunca se logrará persuadirme que un príncipe tan prudente y reflexivo obrase en nada con ligereza en asunto de tanta importancia; creo más bien que después de haber pesado los vicios y virtudes de Tiberio, le pareció que prevalecía en él lo bueno. Tanto más lo creo así, cuanto que juró en plena Asamblea haberlo adoptado "por el bien de la República", y por ver que en sus cartas lo alababa sin cesar, como consumado general, como el único sostén del pueblo romano. Como prueba de ello citaré algunos pasajes: "Adiós, mi muy querido Tiberio; sé feliz en todo, tú que mandas por mí y por las Musas; juro por mi fortuna que eres el más amado de los hombres, el más valiente de los guerreros y el general más entendido. Adiós". Y en otro lugar: "Apruebo decididamente tus campamentos. Persuadido estoy, querido Tiberio, que en medio de circunstancias tan difíciles, y con tan débiles tropas, nadie hubiese obrado con más sabiduría que tú. Cuantos han estado contigo te aplican este verso:

Unus homo nobis vigilando restituit rem.•

Ningún asunto grave me ocurre, ningún motivo de disgusto me asalta, querido Tiberio, sin que recuerde enseguida aquellos versos de Homero: *Con tal hábil guía podría abrirme camino a través del fuego.* Afirmo, por los dioses, que tiemblo en todo mi cuerpo cuando se me dice que el exceso de trabajo debilita tu salud. Cuídate, te lo suplico, pues si llegases a enfermar moriríamos de dolor tu madre y yo, y Roma quedaría turbada en la posesión del Universo. ¿Qué importaría mi salud si la tuya no fuese buena? Ruego a los dioses que te conserven, y que en todo tiempo velen por ti, si no son enemigos del pueblo romano".

XXII. Tiberio no dio a conocer la muerte de Augusto hasta después de haberse asegurado de la del joven Agripa. Un tribuno militar, destinado a la guardia de este príncipe, le dio muerte después de mostrarle la orden que había recibido. Se ignora si Augusto firmó esta orden al fallecer, para evitar las turbulencias que podían producirse tras su muerte, o si Livia la había dado en nombre de Augusto, y si en este caso fue por consejo de Tiberio o sin saberlo él. En todo caso, cuando el tribuno fue a comunicarle que había dado cumplimiento a aquella orden, contestó *que no había dado ninguna orden y que había de dar cuenta al Senado de*

• Un solo hombre, vigilando, restableció las cosas.

su conducta. Mas por lo pronto quiso librarse de la indignación pública y no se habló más del asunto.

XXIII. En virtud del derecho que le confería el poder tribunicio convocó el Senado; empezó un discurso, pero se detuvo de pronto, como ahogado por los sollozos y vencido por el dolor. *Hubiese querido* —dijo—, *perder la vida al mismo tiempo que la voz.* Y entregó su manuscrito a su hijo Drusco, para que terminase la lectura. Trajeron enseguida el testamento de Augusto, no permitiendo acercarse, de los que lo habían firmado, más que a los senadores; los demás comprobaron su firma fuera del Senado. Un liberto leyó el testamento, que comenzaba así: *Habiéndome arrebatado la adversa fortuna a mis hijos Cayo y Lucio, nombro a Tiberio César mi heredero por una mitad, más el sexto.* Este preámbulo confirmó la opinión de que le nombraba sucesor más por necesidad que por gusto, pues no se abstenía de decirlo claramente.

XXIV. Aunque Tiberio no vacilase en apoderarse del mando y de ejercerlo y tenía ya a su alrededor, con nutrida guardia, el aparato del honor y de la fuerza, no dejó de rehusarlo largo tiempo con impudentísima comedia. Contestaba, en efecto, a las instancias de sus amigos, que ignoraban ellos cuánto pesaba el mando, y mantenía en suspenso, por medio de respuestas ambiguas y artificiosa vacilación, al Senado suplicante y consternado. Algunos perdieron la paciencia, y un senador exclamó entre la multitud: *Que acepte o desista;* otro le dijo cara a cara: *que era costumbre esperar largo tiempo para hacer lo prometido, pero que él empleaba largo tiempo para prometer lo que había hecho.* Aceptó al fin el mando como obligado, lamentándose de la miserable y onerosa servidumbre que le imponían, y reservándose como condición la esperanza de dimitir algún día, lo que expuso con estas palabras: *Esperaré el momento en que se considere justo conceder algún descanso a mi vejez.*

XXV. La razón que tenía para vacilar era el miedo a los muchos peligros que lo amenazaban, y a menudo solía decir *que sujetaba a un lobo por las orejas.* Un esclavo de Agripa, llamado Clemente, había reunido, en efecto, fuerzas considerables para vengar a su amo; L. Escribonio Libón, ciudadano, de noble origen, tramaba una revuelta: las tropas se habían sublevado en dos provincias: en la Iliria y en la Germania.

Los dos ejércitos exponían pretensiones exorbitantes y numerosas, queriendo ante todo disfrutar de igual paga que los pretorianos. Los soldados de la Germania se negaban a reconocer a un príncipe que no habían elegido, y alentaban a su jefe Germánico a que se apoderase del mando, cosa que rehusó con firmeza. Tiberio, que sentía gran temor a todo lo que procedía de este lado, pidió a los senadores que le concedieran en el gobierno la parte que quisiesen, afirmando que no era posible soportar uno solo todo el peso ni prescindir del concurso de uno o más colegas. Fingió también hallarse conforme, para que Germánico esperase con más paciencia una próxima sucesión o la segura participación en la soberanía. Sin embargo, se apaciguaron las sediciones, y Clemente, cogido por traición, cayó en su poder. En cuanto a Libón, no queriendo Tiberio principiar su reinado con rigores, esperó más de un año para acusarlo ante el Senado. Permaneció hasta entonces en guardia contra él y un día en que sacrificaban junto con los pontífices cuidó de hacer que le dieran un cuchillo de plomo en vez del de acero; en otra ocasión, habiéndole pedido aquel una audiencia privada, no se la concedió sino en presencia de su hijo Druso y durante la conversación, que celebraron paseando, le tuvo cogida la mano derecha como para apoyarse en él.

XXVI. Libre ya de recelos, se condujo al principio con gran moderación, y vivió con tanta sencillez como un particular.

De todas las distinciones que le ofrecieron, aceptó muy pocas y las menos brillantes. Habiendo coincidido el aniversario de su nacimiento con los juegos plebeyos del Circo, consintió con dificultad que se agregase en honor suyo, a las ceremonias acostumbradas, un carro con dos caballos. Se opuso a que le consagrasen templos, sacerdotes, flamines, e incluso a que le erigiesen estatuas sin su consentimiento expreso; impuso además la condición de que no habían de erigirlas entre las de los dioses, sino puestas sencillamente como adorno. Prohibió jurar obediencia a sus actos y dar al mes de septiembre el nombre de Tiberio, y al de octubre el de Livio; rehusó asimismo el título de emperador y el dictado de *Padre de la Patria,* así como la corona cívica con que querían adornar el vestíbulo de su palacio. Ni siquiera usó el nombre de Augusto que le correspondía por herencia, a no ser en las cartas a los príncipes y soberanos. Únicamente ejerció el poder consular tres veces: la primera, durante pocos días; la segunda por tres meses; y la tercera, aunque ausente, hasta los idus de mayo.

XXVII. Mostró viva repugnancia por la adulación, y nunca consintió que ningún senador marchase junto a su litera para saludarlo o para hablarle de negocios. Un día, ante un consular que le pedía perdón y que quiso abrazarse a sus rodillas, retrocedió él con tanta precipitación que cayó de espaldas. Si en discurso público o en conversación decían de él cosas demasiado lisonjeras, interrumpía al punto al que hablaba, le reprendía y le obligaba a cambiar sus expresiones. Habiéndole llamado uno *señor,* le pidió que no le hiciese aquella ofensa. Comentando otro sus ocupaciones, calificándolas de sagradas, él lo obligó a substituir la palabra con la de *laboriosas;* dijo otro *que se había presentado al Senado por orden suya,* y él lo obligó a decir *por su consejo.*

XXVIII. Insensible a la maledicencia, a los rumores insidiosos, y a los versos difamatorios propagados contra él y los suyos, frecuentemente decía *que en una ciudad libre, la lengua y el pensamiento debían ser libres.* Habiendo pedido el Senado que se averiguase esta clase de delitos y se persiguiese a los culpables, contestó: *No estamos tan libres de ocupaciones que debamos emplear el tiempo en tantos asuntos. Si abrís esa puerta, no podréis atender ya a otra cosa, y con este pretexto nos convertirán en juguete de todas las enemistades.* Se han conservado también de él estas palabras impregnadas de gran moderación: *Si alguno habla mal de mí, procuraré contestarle con mis acciones, y si continúa odiándome, lo odiaré a mi vez.*

XXIX. Esta conducta era tanto más loable cuanto que por su parte mostraba algo más que deferencia en las alabanzas y manifestaciones de respeto que prodigaba a todos los ciudadanos en general y en particular. Cierto día en que había contradicho a Q. Haterio en el Senado: *Perdóname,* le dijo, *si he hablado libremente contra ti, cual conviene a un senador.* Y dirigiéndose a los demás, añadió: *Lo he dicho a menudo y lo digo otra vez: un príncipe que desea la felicidad de la patria, que ha recibido de ustedes una autoridad tan grande, tan extensa, debe estar siempre al servicio del Senado, con frecuencia hasta al de todos los ciudadanos y algunas ve-*

ces al de cada uno de ellos en particular; lo he dicho y no me pesa, puesto que siempre he encontrado en ustedes compañeros benévolos y justos.

XXX. Restableció incluso una apariencia de libertad, devolviendo al Senado y a las magistraturas los privilegios y majestad que formaban en otro tiempo su grandeza. Daba cuenta al Senado de todo asunto, importante o pequeño, público o particular. Lo consultaba acerca del establecimiento de impuestos, de la concesión de los monopolios, de construcción o reparación de edificios públicos, del levantamiento de tropas, del licenciamiento de los soldados, del acantonamiento de las legiones y de las tropas auxiliares; lo consultaba asimismo acerca de la prórroga de los mandos, de la dirección de las guerras extranjeras, de las respuestas que debían darse a las cartas de los reyes, y hasta acerca de la forma en que debían redactarse las contestaciones. Entró siempre solo en el Senado, y un día que lo llevaron enfermo en su litera, despidió enseguida a su comitiva.

XXXI. Habiéndose dado algunos decretos contra su parecer, no se quejó siquiera. Un pretor designado solicitó y obtuvo misión libre el mismo día en que había dicho él que todos lo que estaban nombrados magistrados, por honor de su cargo, debían permanecer en Roma. Había opinado que una cantidad legada a los habitantes de Trebia para la construcción de un teatro se emplease, de acuerdo con la voluntad de los interesados, en la construcción de un camino; sin embargo, a pesar de su intervención, se cumplió la voluntad del testador. Cierto día en que se votaba en el Senado sobre una proposición, al pasar de uno a otro lado de la sala se juntó al grupo más pequeño, no pasando nadie detrás de él. Los demás asuntos los trataban los magistrados de acuerdo con el derecho común. Estaba tan firmemente cimentada la autoridad de los cónsules, que los embajadores de África acudieron a ellos en queja de César, acerca de quién los había enviado, porque no resolvía sobre su petición. Debe notarse también que se levantaba siempre ante los cónsules y se apartaba para dejarles paso.

XXXII. Reprendió a los consulares que estaban al frente de los ejércitos, porque no daban cuenta de su conducta a los senadores y porque le pedían autorización para conceder recompensas militares como si no tuviesen en ello completa autoridad. Felicitó a un pretor por haber recordado en un discurso, según las antiguas costumbres, al hacerse cargo de su magistratura, las virtudes de sus antecesores. Acompañó hasta la pira los funerales de muchos ciudadanos ilustres. Había llamado a Roma a los magistrados de Rodas, que le habían dirigido cartas a nombre de esta ciudad, sin terminarlas con las fórmulas ordinarias de cortesía; lejos de tratarlos mal, antes de despedirlos se contentó con hacerles añadir dichas fórmulas a sus cartas. Durante su permanencia en Rodas, el gramático Diógenes, que solo daba sus conferencias en sábado, rehusó darle una lección particular, diciéndole, por medio de un esclavo, que volviese pasados siete días. Fue Diógenes a Roma un tiempo después y presentándose en su casa para saludarlo, Tiberio le hizo decir que volviese pasados siete años. Algunos gobernadores de provincias le aconsejaban que aumentase los tributos, y les contestó que *el buen pastor* trasquilaba sus ovejas, *pero no las desollaba.*

XXXIII. A poco entró, sin embargo, en el ejercicio de la soberanía, aunque con variable conducta, en general con actos que satisfacían a todos y con loables inclinaciones a la utilidad pública. Al principio se dedicó a anular abusos y dejó sin efecto muchas disposiciones del Senado; en ocasiones se ofreció como consejero a los magistrados reunidos en su tribunal y se sentó al lado de ellos o enfrente en puesto más alto. También si sabía que por el favor iba a salvarse algún acusado, se presentaba repentinamente, y desde su puesto, o desde el del primer juez, recordaba a los demás sus juramentos, las leyes y el delito que tenían el deber de castigar. Reformó asimismo los usos antiguos y modernos que eran causa de corrupción en las costumbres públicas.

XXXIV. Restringió los gastos de juegos y espectáculos, reduciendo el salario de los actores y determinando el número de gladiadores. Se quejaba amargamente de que los vasos de Corinto hubiesen alcanzado un precio exorbitante, y de que tres barbos se hubiesen vendido en treinta mil sestercios. Juzgó conveniente poner límites al lujo en los muebles, y de hacer que el Senado fijase anualmente el precio de los artículos alimenticios. Los ediles recibieron órdenes para usar de toda la severidad en la policía de las tabernas y de los parajes de desorden, no permitiendo que se vendiese en ellos ni siquiera pastelitos. Para dar ejemplo de economía, hacía servir en su casa, aun en las comidas más solemnes, viandas del día anterior, y ya empezadas, como la mitad de un jabalí, y decía que aquella mitad era tan sabrosa como el cuerpo entero. Prohibió también la costumbre de besarse todos los días, y prohibió también demorar más allá de las calendas de enero el cambio de regalos de primero de año. Acostumbraba recompensar en el acto y por su propia mano los que le hacían a él, con el cuádruplo de su valor; pero cansado de que le distrajesen a cada momento todo el mes, a los que no habían podido visitarlo el primer día no les daba ya nada.

XXXV. Restableció la antigua costumbre de que un consejo de familia acordase por unanimidad de votos el castigo de las mujeres adúlteras que no tenían acusadores públicos. A un caballero romano, que había prometido no repudiar jamás a su esposa y que habiéndola sorprendido en adulterio con su yerno podía, por consiguiente, echarla, Tiberio lo relevó de su juramento. Mujeres que habían perdido la reputación, para ponerse al abrigo de las penas que dictaba contra ellas la ley y librarse de los deberes de una incómoda dignidad, habían optado hacerse inscribir como cortesanas. También se había visto a jóvenes libertinos de los primeros órdenes hacerse tachar de infamia por un tribunal, para, a pesar de las prohibiciones del Senado, obtener así el derecho a presentarse en el escenario del teatro o en la arena. Tiberio los desterró a todos, para que no se creyese encontrar refugio en estos artificios. Despojó de la lacticlavia a un senador que había ido a vivir en el campo por las calendas de julio, con la intención de alquilar luego en Roma casa más barata, habiendo pasado el plazo del arriendo. Quitó a otro la cuestura por haber repudiado el día siguiente de su matrimonio a una mujer que había obtenido por sorteo la víspera.

XXXVI. Prohibió las ceremonias extranjeras, como los ritos egipcios y judaicos, y a los que profesaban tales supersticiones los obligó a quemar las vestiduras y todos los objetos que servían para su culto. Repartió la juventud hebrea, bajo el pretexto del servicio militar, en las provincias más insalubres. Expulsó de Roma el resto de esta nación y a todos los que formaban parte de sus sectas, bajo pena de perpetua esclavitud si regresaban. Desterró también a los astrólogos, pero les permitió regresar, bajo la promesa que le hicieron de no ejercer más su arte.

XXXVII. Cuidó de manera especial que no se turbase la paz con asesinatos, latrocinios y sediciones. Estableció en Italia puestos militares más numerosos que antes; también estableció en Roma un campamento para las cohortes pretorianas, repartidas hasta allí en la ciudad y sus inmediaciones. Reprimió con rigor los tumultos populares, y atendió sobre todo a prevenirlos. Habiéndose cometido un homicidio a raíz de una cuestión suscitada en el teatro, desterró a los jefes de los partidos rivales y a los actores por quienes se había suscitado la disputa, y no quiso nunca llamarlos, pese a cuantas instancias le hizo el pueblo. Los habitantes de Polentino detuvieron un día en una plaza el carro de un centurión primipilario, no dejándolo partir sino después de haber arrancado por fuerza a los herederos una cantidad de dinero para un espectáculo de gladiadores. Tiberio envió desde Roma una cohorte y otra del reino de Cotcio, ocultando el motivo de su marcha y entrando de repente en la ciudad por todas las puertas, desenvainadas las espadas y a son de trompetas, encadenaron a perpetuidad a la mayor parte de los habitantes y hasta a senadores. Abolió el derecho de asilo en todos los lugares donde lo había mantenido la tradición. A los habitantes de Gicico, que habían cometido violencia contra ciudadanos romanos, les quitó la libertad que habían conseguido en la guerra contra Mitrídates. No hizo, durante su imperio, ninguna expedición militar, conteniendo, por medio de sus legados, los movimientos de los enemigos, y siempre tarde y como a pesar suyo. Con los reyes, ostensiblemente enemigos o sospechosos, usó quejas y amenazas con más frecuencia que la fuerza para contenerlos. Atrajo a algunos de ellos a Roma con promesas y lisonjas, y no los dejó ya partir; entre ellos se encontraba Marabodo el Germano, Rascúpolis el Tracio y Arquelao el Capadocio, cuyo reino redujo a provincia romana.

XXXVIII. Durante los dos primeros años de su ascenso al poder no salió de Roma, y en lo sucesivo visitó solo las ciudades vecinas, sin pasar nunca de Ancio, y aun esto escasas veces y por pocos días. Anunció, a menudo, que visitaría las provincias y los ejércitos, y casi todos los años hacía los preparativos de marcha; se retenían para él los carruajes en el camino; preparaban las provisiones en los municipios y las colonias, y llegando incluso a consentir que se hiciesen votos solemnes por su viaje y su regreso. Por esta razón se le llamaba en burla *Calípides,* nombre proverbial de un antiguo histrión que corría por el teatro sin avanzar nunca más de un codo.

XXXIX. Sin embargo, cuando perdió a sus dos hijos, Germánico y Druso, muertos el uno en Siria y el otro en Roma, se retiró a la Campania, pensando todos entonces que no volvería ya a Roma y que sucumbiría muy pronto. En efecto, no regresó a Roma, y pocos días después de su partida, mientras cenaba cerca de Terracina en una casa de campo llamada la Gruta, se desprendieron de la bóveda varias piedras enormes, que aplastaron a muchos convidados y esclavos ocupados en servirles, librándose él milagrosamente.

XL. Después de haber recorrido la Campania y haber hecho la dedicación del Capitolio en Capua, como también la del templo de Augusto en Nola, que fue pretexto de su viaje, marchó a Capri, gustándole esta isla en gran manera, porque solo era abordable por un lado y por muy estrecha entrada, haciéndola inaccesible por las otros escarpadas y altísimas rocas y el abismo de los mares. No tardaron, sin embargo, en llamarlo las reiteradas súplicas del pueblo, asustado por el desastre que acababa de ocurrir en Fidenas, donde el hundimiento de un anfiteatro había hecho perecer a veinte mil personas que presenciaban un combate de gladiadores. Pasó, pues, al continente, y se mostró tanto más accesible a todos cuanto que, al salir de Roma, había prohibido por un edicto que nadie se le acercase y había alejado en todo el camino a los que se presentaban para verlo.

XLI. De regreso a su isla abandonó el cuidado del gobierno y desde aquella época no completó ya las decurias de los caballeros, no llevó a cabo ningún cambio en los tribunos militares, ni en los mandos de la caballería, ni en los gobernadores de las provincias. Dejó, durante muchos años, a España y la Siria en legados consulares; dejó que los partos ocupasen la Armenia, que los dacios y sármatas devastasen la Mesia y que los germanos invadiesen la Galia, sin cuidarse para nada del deshonor ni del peligro que entrañaba ello para el Imperio.

XLII. A favor de la soledad y lejos de las miradas de Roma, finalmente se entregó sin freno a todos los vicios que hasta entonces, y aunque torpemente, había disimulado. De ellos trataré ahora y también de su origen. En los campamentos, y desde que empezó la vida militar, se le conocía por su extraordinaria afición al vino, hasta el punto de llamarle los soldados, en vez de Tiberius, *Biberius,* en vez de Claudius, *Caldius* y en vez de Nero, *Mero.* Siendo emperador, y en la misma época en que trabajaba en la forma de las costumbres públicas, pasó dos días y una noche comiendo y bebiendo con Pomponio Flaco y L. Pisón. A la salida de esta bacanal, dio al primero el gobierno de la Siria y al segundo la prefectura de Roma, llamándolos en los nombramientos *sus más amables compañeros y amigos de todas las horas.* Pocos días después de haber apostrofado violentamente en el Senado a Sestio Galo, anciano pródigo y lujurioso, tachado de infamia en otro tiempo por Augusto, le pidió que lo invitase a cenar, a condición de que aquel día no cambiase en nada sus costumbres y de que habían de servir la cena jóvenes desnudas. A muchos candidatos ilustres que solicitaban la cuestura prefirió el más oscuro, porque se había bebido en la mesa toda una ánfora de vino que él mismo le había servido. Dio doscientos mil sestercios a Aselio Sabino por un diálogo en el que la seta, el papafigo, la ostra y el zorzal se disputaban la preeminencia. Creó, en fin, un nuevo cargo, que fue la intendencia de los placeres, y con el cual revistió a T. Cesonio Prisco, caballero romano.

XLIII. En su quinta de Capri tenía una habitación destinada a sus desórdenes más secretos, guarnecida toda de lechos en derredor. Un grupo elegido de muchachas, de jóvenes y de disolutos, inventores de placeres monstruosos, y a los que llamaba sus *maestros de voluptuosidad (spintrias),* formaban allí entre sí una triple cadena, y entrelazados de este modo se prostituían en su presencia para despertar, por medio de este espectáculo, sus estragados deseos. Tenía, además, diferentes cámaras dispuestas diversamente para este género de placeres, adornadas con cuadros y bajorrelieves lascivos, y llenas de libros de Elefantidis, con objeto de tener en la acción modelos que imitar. Los bosques y las selvas no eran así más que asilos consagrados a Venus, y se veía a la entrada de las grutas y en los huecos de las rocas a la juventud de ambos sexos mezclada en actitudes voluptuosas, con trajes de ninfas y silvanos. A causa de esto, el pueblo, jugando con el nombre de la isla, daba a Tiberio el de *Caprineum.*

XLIV. La obscenidad fue llevada por él todavía más lejos, y hasta a excesos tan difíciles de creer como de referir. Se dice que había adiestrado a niños de tierna edad, a los que llamaba *sus pececillos,* a que jugasen entre sus piernas en el baño, excitándole con la lengua y los dientes, y también que, a semejanza de niños crecíditos, pero todavía en lactancia, le mamasen los pechos, género de placer al que por su inclinación y edad se sentía principalmente inclinado. Así, habiéndole legado uno el cuadro de Parrasio en el que Atalanta prostituye su boca a Meleagro, y dándole facultad el testamento, si le desagradaba el asunto, de recibir en lugar de él un millón de sestercios, prefirió el cuadro y mandó colocarlo como objeto sagrado en su alcoba. Se afirma también que cierto día, durante un sacrificio, enamorado de la belleza del que llevaba el incienso, apenas esperó a que terminase la ceremonia para satisfacer secretamente su nefanda pasión, a la que tuvo que prestarse también un hermano del joven, que era flautista; luego les hizo romper las piernas, porque mutuamente se echaban en cara su infamia.

XLV. La muerte de Malonia demuestra también hasta qué punto se burlaba de la vida de las mujeres ilustres; llevada, en efecto, esta a su casa, se negó siempre a satisfacer sus repugnantes deseos. Él la hizo acusar por delatores; durante el proceso no cesó un instante de preguntarle si se arrepentía. Habiendo, no obstante, podido ella escapar del tribunal, después de tratarle públicamente de *viejo de boca impúdica, y que, velludo como un macho cabrío, tenía también su hedicndez.* Por esta causa, en los primeros juegos que se celebraron todos los espectadores aplaudieron, aplicando a Tiberio este pasaje de un atalánico: *Así se ve el cabrón viejo lamer las partes sexuales de la cabra.*

XLVI. Era inclinado al dinero, y difícilmente se desprendía de él; se prestaba a alimentar bien a los que lo acompañaban a la guerra, pero no les daba ningún salario. Solo se cita de él una liberalidad, que fue pagada, sin embargo, por Augusto, y fue así: Había repartido aquel día su comitiva en tres clases, según la dignidad de cada uno, e hizo distribuir a la primera seiscientos sestercios, cuatrocientos a la segunda y doscientos a la tercera, compuesta de aquellos que, sin ser amigos suyos, le eran, según él, agradables.

XLVII. No señaló su Imperio con ningún monumento de valor, y los únicos que emprendió los dejó sin terminar; fueron el templo de Augusto y el teatro de Pompeyo, que se propuso restaurar, comenzados muchos años antes. Tampoco dio ningún espectáculo, y rara vez asistió a los que daban los particulares, pues temía que se aprovechase la circunstancia para hacerle alguna petición, desde que se vio obligado por las instancias del pueblo a manumitir al cómico Accio. Alivió la penuria de algunos senadores; pero, a fin de que el ejemplo no sentase precedentes, declaró que en adelante solo concedería auxilio a los que justificasen ante el Senado las causas de su pobreza. Así fue que la mayor parte guardaron silencio por pudor y modestia, entre ellos Hortalo, nieto del orador G. Hortensio, que, con muy modestas riquezas se había casado por complacer a Augusto y se veía padre de cuatro hijos.

XLVIII. Como emperador realizó solo dos munificencias: una cuando prestó al pueblo por tres años y sin interés cien millones de sestercios; la otra, después del incendio de algunas casas situadas sobre el monte Celio, en que abonó su valor a los propietarios. De estas dos liberalidades, la primera casi le fue arrancada por el clamor público en una época en que había gran escasez de dinero, habiendo ordenado por medio de un senadoconsulto que los usureros colocasen en fincas agrarias las dos terceras partes de sus deudas, cosa que era generalmente imposible; la segunda la concedió a la desgracia de los tiempos, y tanto la hizo valer, que quiso que el monte Celio cambiase de nombre y fuera llamado Augusto. Duplicó la cantidad que Augusto legó por testamento a los soldados; pero nada les dio, exceptuando mil dineros por cabeza a los pretorianos, porque no habían favorecido los proyectos de Seyano, y algunas gratificaciones a las legiones de Siria, por ser las únicas que no habían colocado el retrato de este favorito como objeto de veneración entre las insignias. Rara vez concedió licencias a los veteranos, esperando que morirían de vejez en el servicio y que su muerte habría de serle provechosa. Tampoco hizo liberalidad alguna a las provincias, exceptuando la del Asia, donde un terremoto había destruido gran número de ciudades.

XLIX. Con los años, la avaricia le arrastró a la rapiña. Es cosa sabida que persiguió con importunidades y amenazas, hasta hacerle imposible la vida, al augur Cn. Léntulo, poseedor de un inmenso caudal, con el fin de arrancarle la promesa de nombrarle su único heredero; que, por complacer a Quirino, varón consular, riquísimo y sin hijos, condenó a Lápida, mujer virtuosísima, repudiada veinte años antes por este Quirino, acusándola él mismo de haber querido en otro tiempo envenenarlo; que confiscó los bienes de los principales ciudadanos de las Galias, de las Españas, de la Siria y de la Grecia, con fútiles pretextos y acusaciones absurdas, como la de poseer en dinero una parte de su caudal; que privó a muchos particulares y algunas ciudades de sus antiguas inmunidades, principalmente del derecho de explotar las minas y de levantar impuestos; y, finalmente, que Vonón, rey de los partos, expulsado por los suyos y refugiado con sus tesoros en Antioquía, fue cobardemente despojado y muerto.

L. Su aversión a sus parientes se manifestó en primer lugar contra su hermano Druso, al mostrar una carta de este en que se hablaba de obligar a Augusto a restablecer la libertad; su odio se extendió muy pronto a todos los demás. Estuvo tan lejos de tener para con su esposa Julia, que continuaba desterrada, las mínimas atenciones que impone la humanidad, que le prohibió salir de su casa y ver a nadie, a pesar de que Augusto le había dado toda una ciudad por prisión; hasta el peculio cuyo goce le dejaba su padre y la pensión anual que le añadía, se los retiró, con el pretexto del respeto debido a las leyes comunes y por no decir nada acerca de esto el testamento de Augusto. Se le hizo odiosa su madre Livia, creyéndola rival que aspiraba a participar de su poder. Procuró verla lo menos posible, y ya no tuvo con ella largas y secretas conversaciones, temiendo que se creyera que se dejaba influir por sus consejos, a los que, sin embargo, había recurrido algunas veces, y de los que usaba en ciertas ocasiones. Le pareció muy mal que se propusiera en el Senado agregar a sus títulos y a su nombre de hijo de Augusto el de hijo de Livia. No permitió nunca que se la llamase *Madre de la Patria*, ni que en público recibiese ningún honor extraordinario. Le advirtió, incluso, con mucha frecuencia, *que no se mezclase en asuntos importantes, que no convenían a las mujeres,* sobre todo, desde que en un incendio, cerca del templo de Vesta, la vio intervenir en medio del pueblo y de los soldados y apresurar los auxilios lo mismo que cuando vivía su marido.

LI. Muy pronto se separó completamente de ella, y según se dice, por la siguiente causa: Livia le rogaba continuamente que inscribiese en las doctrinas a un hombre que había sido honrado ya con el derecho de ciudadanía; le dijo él, al fin, que consentía en ello a condición de añadir en el cuadro de la orden, *que tal favor se lo había arrancado su madre.* Ofendida Livia, fue a buscar en el santuario consagrado a Augusto las antiguas cartas de este príncipe en que hablaba sin cortapisas del carácter duro y tiránico de Tiberio, y volvió enseguida a leérselas. Fue tanta su indignación de que hubiesen conservado aquellas cartas y de que se las presentase su indignada madre, que esta fue según algunos escritores una de las causas principales de su retirada a Capri. En los tres años que vivió todavía Livia después de su marcha de Roma solo la vio una vez y no más que algunas horas. Después no se dignó visitarla ni siquiera cuando estuvo enferma y después de su muerte se hizo esperar muchos días para los funerales a los que había prometido asistir de suerte que el cuerpo estaba ya en putrefacción cuando lo colocaron en la pira. Se opuso a que se le decretaran los honores divinos con el pretexto de que ella misma lo había prohibido; declaró nulo su testamento y consumó en poco tiempo la ruina de todos sus amigos y protegidos y principalmente de aquellos a quienes ella, al morir, había encargado el cuidado de sus funerales; hasta uno de ellos, perteneciendo al orden ecuestre, fue condenado al trabajo infamante de las bombas.

LII. Nunca sintió amor de padre ni por su propio hijo Druso, ni por Germánico, su hijo adoptivo. Odiaba en Druso su carácter blando y la molicie de su vida; no se mostró por ello sensible a su muerte, y apenas terminados los funerales, se dedicó a sus acostumbradas ocupaciones y mandó abrir los tribunales. Habiendo llegado algo tarde los enviados de Troya a darle el pésame por esta pérdida, les dijo burlándose, y como quien solamente conserva un vago recuerdo, *que él también se los daba* *por la muerte de un ciudadano tan excelente como Héctor.* Celoso de Germánico, procuraba rebajar como inútiles sus actos más hermosos, y lamentar como funestas para el Imperio sus victorias más gloriosas. Se quejó en el Senado de que Germánico se hubiese trasladado sin orden suya a Alejandría, donde se había declarado de pronto un hambre espantosa. Se cree, incluso, que se sirvió de Cn. Pisón, su legado en Siria, para hacerlo perecer, y que acusado luego del crimen, declaró que habría mostrado órdenes de Tiberio si no se las hubiesen substraído secretamente. Por ello se escribió en muchos parajes y gritaban de noche: *Devuélvenos a Germánico.* El propio Tiberio confirmó estas sospechas, persiguiendo cruelmente a la viuda e hijos de aquel héroe.

LIII. A su nuera Agripina, que se le enfrentó con alguna libertad después de la muerte de su marido, la cogió del brazo, y citando un verso griego, le dijo: *Si no oprimes, hija mía, te crees oprimida.* Desde entonces ya no se dignó hablarle; y más adelante, fundándose en que se había negado un día en su mesa a probar unas frutas cesó de invitarla a sus comidas, con el pretexto de que lo creía capaz de envenenarla. Todo esto estaba, sin embargo, convenido de antemano, sabiendo él que al ofrecerle aquellas frutas recibiría la negativa, porque había hecho advertirle que tuviese cuidado porque intentaban envenenarla. Por último la acusó de querer refugiarse al pie de la estatua de Augusto o entre los ejércitos, y la desterró a la isla Pandataria, haciéndola azotar por un centurión, que le hizo saltar un ojo. Habiendo decidido ella dejarse morir de hambre, mandó que le abriesen por fuerza la boca para introducirle los alimentos; pero persistió ella en su designio, acabando por sucumbir. Afeó su memoria con las peores imputaciones, y quiso que se incluyese entre los nefastos el día de su nacimiento. Pretendió, incluso, haberle favorecido no ordenando estrangularla y arrojarla luego a las Gemonías; y consintió que se le elogiase por tal clemencia en un decreto de acción de gracias que consagraba al mismo tiempo una ofrenda de oro a Júpiter Capitolino.

LIV. Tenía de Germánico tres nietos: Nerón, Druso y Cayo; de Druso, uno solo, llamado Tiberio. Tras la muerte de sus hijos, recomendó a los senadores los dos mayores de Germánico, Nerón y Druso, y celebró, con un congiario dado al pueblo, su ingreso en la carrera de las armas.

Pero cuando supo que al empezar el año se habían hecho también por la salud de estos votos solemnes, dijo, quejándose al Senado, *que tales honores solo debían concederse a dilatados servicios y a la edad madura*, dejando ver así el fondo de su alma y exponiendo a los jóvenes a las acusaciones de todos los delatores, pues ya no hubo lazo que no les tendiesen para empujarlos al ultraje y por el ultraje a la muerte. El propio Tiberio los acusó en cartas, en las que acumulaba las más acerbas censuras; los hizo declarar enemigos públicos y morir de hambre, a Nerón en la isla Pontia, y a Druso en los subterráneos del palacio. Se dice que el primero se decidió a ello al ver al verdugo presentarse a él como por orden del Senado, y colocarle delante la cuerda y los garfios, instrumentos de su suplicio. En cuanto a Druso, tan rigurosamente se le privó de alimento, que intentó incluso devorar la lana de su colchón; los restos de los dos desgraciados príncipes fueron dispersados, de suerte que difícilmente pudieran encontrarlos.

LV. Habíase asociado, además de sus viejos amigos y familiares, a veinte de los principales ciudadanos de Roma a título de consejeros para los asuntos de Estado. Exceptuando a dos o tres, a todos los hizo perecer con diferentes pretextos, entre ellos a Elio Seyano, que arrastró en su ruina a considerable número de personas, y al que había elevado al más alto grado de poder, no tanto por amistad como para tener un cómplice cuya política artificiosa lo librase de los hijos de Germánico y asegurarse el imperio al de Druso, su nieto según la naturaleza.

LVI. No se mostró más moderado con los retóricos griegos, que vivían como huéspedes suyos y cuya conversación le era muy agradable. Cierto día preguntó a un tal Zenón, que afectaba un lenguaje muy rebuscado, *qué dialéctica tan desagradable era la que usaba;* y habiéndole contestado que la dórica, lo desterró a la isla Cinaria, porque creyó ver en aquella respuesta una alusión ofensiva a su antigua permanencia en Rodas, donde se hablaba el dórico. Acostumbraba suscitar en la mesa cuestiones sacadas de sus lecturas de la jornada; y enterado de que el gramático Seleuco preguntaba diariamente a sus esclavos qué libro había leído, para acudir así preparado, comenzó por alejarse de su persona, y poco después lo hizo morir.

LVII. Desde su infancia tuvo un carácter feroz, pero disimulado. Se dice que el primero que lo adivinó fue su maestro de retórica, Teodoro de Gadara, definiéndolo exactamente al decir de él en enérgico lenguaje, que *había barro diluido en su sangre.* Pero este carácter fue el que principalmente se manifestó en el emperador, incluso en el principio de su reinado, cuando procuraba aún el favor del pueblo con apariencias de moderación. Un bromista, al ver pasar un cortejo fúnebre, encargó en alta voz al muerto que dijese a Augusto *que todavía no habían pagado los legados que hizo al pueblo romano.* Tiberio mandó prenderlo, le pagó lo que se le debía y lo mandó al suplicio, recomendándole que dijese a Augusto la verdad. Poco tiempo después, un caballero romano, llamado Pompeyo, por haber combatido en el Senado el parecer de Tiberio, se vio amenazado por él con la prisión y con *hacerle cambiar el nombre de Pompeyo con el de Pompeyano,* acerba alusión al cruel destierro de los partidarios vencidos de esta familia.

LVIII. Por el mismo tiempo, habiéndole interrogado un pretor sobre si quería que se persiguiesen los delitos de lesa majestad, le contestó él que era preciso hacer cumplir las leyes; y, en efecto, las cumplió con barbarie. Un ciudadano había quitado la cabeza a una estatua de Octavio Augusto para colocar otra en su lugar; se trató el asunto en el Senado, y como no pudo probarse el hecho, sometieron al acusado al tormento de acusación al punto de convertir en crimen capital haber azotado a un esclavo o cambiado de vestido delante de la estatua de Augusto; haber estado en las letrinas o en paraje de desorden con un retrato de Augusto grabado en un anillo o en una moneda; haberse atrevido a censurar una palabra o un acto de Augusto. Un ciudadano fue condenado, en fin, a la muerte por haber consentido que le tributasen honores en su provincia durante el mismo día en que se los rindieron en otro tiempo a Augusto.

LIX. Aparte de estos actos de crueldad gratuita, cometió diariamente otros espantosos con el pretexto de administrar justicia y corregir las costumbres, pero, en realidad, para satisfacer su inclinación perversa. Por esta causa circularon muy pronto versos atribuyéndole los males presentes y señalándole como culpable de los futuros.

Al principio quiso Tiberio que se considerasen tales versos como obra de algunos descontentos, porque las reformas iban contra sus vicios, y como expresión de ciega cólera, más bien que de razonada opinión; y decía frecuentemente: *que me odien con tal de que me respeten*, pero no tardó en demostrar cuán fundadas y verdaderas eran aquellas acusaciones.

LX. Pocos días después de su llegada a Capri, se le acercó de pronto un pescador en un momento en que estaba solo, presentándole un barbo de un enorme tamaño. Asustado Tiberio al ver a aquel hombre, que había llegado hasta él escalando el escarpado que rodea la isla, le hizo frotar la cara con su pescado. En medio del suplicio, el pescador se felicitó de no haber presentado también una enorme langosta que había cogido; Tiberio mandó traerla e hizo que le rasgasen también con ella la cara. Castigó con la muerte a un soldado pretoriano, por haber robado un pavo real en una huerta. Durante un viaje, habiéndose enredado en unos matorrales la litera en que lo llevaban, se lanzó sobre el centurión de la cohorte encargado de explorar el camino, lo echó al suelo y casi lo mató a golpes.

LXI. Ya roto todo freno, agotó todos los géneros de crueldad. Nunca le faltaron víctimas; persiguió uno tras otro a los amigos de su madre, de sus nietos, de su nuera, de Seyano y hasta a sus simples conocidos. Desde la muerte de Seyano se mostró, sin embargo, más cruel, lo cual hizo conocer que el papel de este consistía menos en excitarlo al crimen que en proporcionarle ocasiones y pretextos. No obstante, en las compendiosas Memorias que escribió sobre su vida, osó decir: *que castigó a Seyano como perseguidor de los hijos de su hijo Germánico;* pero Seyano le había ya infundido sospechas cuando hizo perecer a uno, y había ya muerto cuando mató al otro. Sería prolijo referir en detalle todas estas atrocidades, y me limitaré a dar solo una idea general con algunos ejemplos. No pasó un solo día que no quedase señalado con ejecuciones, sin exceptuar los que la religión ha consagrado, y ni siquiera el primero del año. Envolvía en la misma condena a la esposa e hijos de los acusados, y a sus parientes les estaba prohibido llorarlos. Se daba fuertes recompensas a los acusadores, y algunas veces hasta a los testigos. Se creía bajo su palabra a los delatores, y toda acusación acarreaba fatalmente la muerte; una simple palabra podía constituir un crimen. Se acusó a un poeta de haber injuriado a Agamenón en una tragedia, y a un historiador de haber llamado a Bruto y Casio *los últimos de los romanos*. Estos escritores fueron castigados y destruidos sus escritos, aunque los habían publicado muchos años antes con la aprobación de Augusto, que había escuchado su lectura. Entre los encarcelados los hubo a quienes se negó hasta el consuelo del estudio y también el alivio de conversar reunidos. Seguros de la condena, muchos de los llamados por la justicia se suicidaron para evitar los tormentos y la ignominia; otros se envenenaron en pleno Senado; se vendaba, sin embargo, a los heridos y se los llevaba moribundos y palpitantes a las prisiones públicas. Ni un solo condenado se libró de ser arrastrado con ganchos y arrojado después a las Gemonias. Se contaron hasta veinte en un día, y entre ellos mujeres y niños. Como una costumbre antigua prohibía estrangular a las vírgenes, el verdugo las violaba primeramente y las ahorcaba enseguida. Se obligaba a vivir a los que querían morir, pues consideraba la muerte como pena tan ligera, que habiendo muerto un acusado llamado Carnulio, ya prevenida su ejecución, dijo cuando lo supo: *Ese Carnulio se me ha escapado*. Un cierto día en que visitaba los calabozos contestó a un sentenciado, que le suplicaba acelerarse su suplicio: *Ignoro que nos hayamos reconciliado*. Un consular refiere en sus anales que en un festín, a que asistía él mismo, un enano que estaba frente a la mesa con otros bufones, preguntó de repente en voz alta a Tiberio, después de decir varias agudezas, por qué vivía tanto tiempo Paconio acusado de lesa majestad; que el príncipe reprimió en el acto la libertad de su lengua, pero a los pocos días escribió al Senado para que resolviese sin demora la pena que debía imponerse a Paconio.

LXII. Su crueldad no conoció freno ni límites cuando supo finalmente que su hijo Druso, a quien creía muerto a consecuencia de una enfermedad producida por su intemperancia, había sido envenenado por su esposa Lavila y por Seyano. Multiplicó entonces sin piedad contra todos indistintamente las torturas y los suplicios, y durante días enteros lo absorbió completamente este proceso; hasta tal punto fue así, que habiendo llegado a Roma uno de Rodas, huésped suyo, llamado por cartas amistosas de Tiberio, cuando le anunciaron su visita, mandó enseguida darle tormento, persuadido de que acababan de traerle alguno de los condenados a la tortura. Cuando se descubrió el error, lo hizo matar para acallar los rumores. Todavía se enseña en Capri el lugar de las ejecuciones; es una roca escarpada desde la cual, en presencia suya y a una señal dada por él, arrojaban al mar a los sentenciados, después de haberles hecho sufrir tormentos prolongados e inauditos. Abajo los esperaban marineros que golpeaban los cuerpos con sus remos por si acaso quedaba en ellos un soplo de vida. Entre otras horribles invenciones había imaginado hacer beber a algunos convidados, a fuerza de pérfidas instancias, gran cantidad de vino, y enseguida les hacía atar el miembro viril, para que sufriesen a la vez el dolor de la atadura y la viva necesidad de orinar. Si no se le hubiese adelantado la muerte, y si Trasilo, previendo, según dicen, este acontecimiento no le hubiera decidido con esperanzas de larga vida a aplazar algunas de sus venganzas, hubiera hecho perecer muchas personas más, y no habría, sin duda, perdonado a ninguno de sus otros nietos. Cayo le era sospechoso, y el joven Tiberio, como hijo adulterino, solo le inspiraba desprecio. Hace verosímil esta opinión el haberle oído frecuentemente envidiar a Príamo *la felicidad de haber sobrevivido a todos los suyos.*

LXIII. Existen muchas pruebas de que en medio de tantos horrores fue odiado y execrado universalmente, y también de que lo persiguieron los terrores del crimen y los ultrajes de algunos hombres. Prohibió consultar en secreto y sin testigos a los arúspices. Intentó suprimir los oráculos que había en las inmediaciones de Roma; pero renunció a ello aterrado por un prodigio que protegió los vaticinios de Prenesto, pues, a pesar de haberlos llevado sellados a Roma, no los encontraron en el cofre en que los habían encerrado, no reapareciendo hasta que el cofre quedó colocado en el templo. Le ocurrió nombrar consulares para el gobierno de algunas provincias y no atreverse a enviarlos a ellas; los retenía a su lado y al cabo de algunos años, estando ellos presentes, les nombraba sucesores. Pero como les dejaba en Roma el título de su cargo, les remitía algunos asuntos, que estos hacían resolver a sus coadjutores y legados.

LXIV. A su nuera y nietos, después de haberlos condenado, nunca los hizo cambiar de residencia, sino encadenados y en litera bien cerrada, con guardia que impedía a los viajeros y transeúntes mirar o detenerse.

LXV. Cuando resolvió perder a Seyano, que conspiraba contra él y cuyo poder estaba tan cimentado que se celebraba públicamente el día de su nacimiento, venerando incluso sus doradas estatuas, utilizó la astucia y la sutileza más bien que la autoridad del poder. En primer lugar, para alejarlo de él con honroso pretexto, lo tomó por colega en su quinto consulado, que, aunque ausente y a largo intervalo del anterior, solicitó con este objeto; pero después lo alabó, con la esperanza de una unión de familia y con el poder tribunicio, y de pronto lo acusó ante el Senado, en una vil y miserable peroración, dirigiendo a los senadores, entre otras súplicas, la de que *le enviasen uno de los cónsules con encargo de conducir a su presencia, con escolta militar, al viejo emperador, a quienes todos abandonaban.* No bastaron, sin embargo, estas precauciones para tranquilizarlo; temiendo turbulencias, ordenó que en caso de alarma pusiesen en libertad a su nieto Druso, que continuaba preso en Roma, y le diesen el mando de las fuerzas militares. Tenía también naves preparadas para escapar y refugiarse en algunos de los ejércitos, y esperaba en lo alto de una roca las señales que había mandado le hiciesen desde lo más lejos posible, con objeto de quedar prontamente advertido de todo lo que ocurriese, y sin temor a que pudiesen interceptar los mensajes. Una vez sofocada la conjuración de Seyano, no se mostró por ello más tranquilo ni más confiado, y durante los nueve meses que siguieron permaneció encerrado en su casa de campo, llamada casa de Júpiter.

LXVI. Además de sus inquietudes, lo aquejaba el disgusto de verse injuriado constantemente, pues no había un sentenciado que no le execrase cara a cara o en libelos que se encontraban por todos lados. Se mostraba por esto diversamente afectado; unas veces la vergüenza le hacía desear que quedasen ignorados todos los ultrajes; otras fingía despreciarlos y los repetía él mismo haciéndolos públicos. Nada le molestó tanto como una carta de Artabán, rey de los partos, que le censuraba sus asesinatos, su cobardía, sus desórdenes y lo exhortaba a dar satisfacción, cuanto antes, por medio del suicidio, al justo e implacable odio de sus conciudadanos.

LXVII. Hecho odioso, en fin, a sí mismo, reveló su miserable estado hasta en una carta dirigida al Senado, y que empezaba así: *¿Qué les escribiré, padres conscriptos, o cómo debo escribirles, o qué no les escribiré en la situación en que me encuentro? Si lo sé, que los dioses y diosas me hagan perecer con muerte más miserable de la que me siento morir todos los días.* No falta quien cree que el conocimiento que poseía del porvenir le había revelado su suerte, y que sabía muy de antemano cuánta infamia y amargura lo aguardaban en aquella época. En previsión de esto, se asegura que al tomar posesión del Imperio, rehusó con obstinación el título de Padre de la Patria y el privilegio de que se jurase por sus actos, temiendo que tan grandes honores, de los que sería muy pronto indigno, hiciesen destacar más y más su envilecimiento. Esto, al menos, es lo que puede deducirse del discurso que pronunció en aquella circunstancia, cuando dijo: que siempre sería semejante a sí mismo y no cambiaría sus costumbres mientras conservase la razón; pero que el Senado no debía dar el peligroso ejemplo de jurar obediencia a los actos de quienquiera que fuese, estando todos sujetos a cambiar; o cuando añadió: *Si alguna vez llegan a poner en duda la pureza de mis costumbres y mi abnegación hacia ustedes (¡ojalá llegue mi último día antes que tal desgracia!), ese nombre de Padre de la Patria nada añadirá a mi honor; y ustedes merecerían la censura de habérmelo otorgado con ligereza o de haber formado luego de mi opinión contraria a la primera.*

LXVIII. Era grueso y robusto, y su estatura mayor que la ordinaria, ancho de hombros y de pecho, apuesto y bien proporcionado. Tenía la mano izquierda más robusta y ágil que la otra, y tan fuertes las articulaciones, que traspasaba con el dedo una manzana, y de una palmada abría una herida en la cabeza de un niño y hasta en la de un joven. Tenía la tez blanca, los cabellos, según costumbre de su familia, los llevaba largos por detrás, cayéndole sobre el cuello; tenía el rostro hermoso, pero sujeto a cubrirse súbitamente de granos; sus ojos eran grandes, y cosa extraña, veía también de noche y en la obscuridad, aunque durante poco tiempo y cuando acababa de dormir; después su vista se oscurecía poco a poco. Marchaba con la cabeza inmóvil y baja, con aspecto triste y casi siempre en silencio; no dirigía ni una palabra a los que le rodeaban, o si les hablaba, cosa muy rara en él, era con lentitud y con blanda gesticulación de dedos. Augusto, que había observado sus costumbres desagradables y arrogantes, trató más de una vez de excusarlas ante el pueblo y el Senado como *defectos hijos de la naturaleza y no del carácter.* Gozó de salud poco menos que inalterable durante casi todo el tiempo de reinado, aunque desde la edad de treinta años la dirigió a su antojo, sin ayuda ni consejo de ningún médico.

LXIX. Tenía tanto menos celo por los dioses y la religión, cuanto que se había entregado a la astrología y había llegado a la persuasión de que todo lo dirigía el Destino. Sin embargo, temía extraordinariamente a los truenos, y cuando había tempestad, llevaba en la cabeza una corona de laurel, por tener tales hojas la virtud de alejar el rayo.

LXX. Cultivó con ardor las letras griegas y latinas, y eligió por modelo, entre los oradores de Roma, a Mésala Corvino, cuya laboriosa ancianidad había despertado desde muy joven su admiración; pero oscurecía su estilo a fuerza de afectación y por el empleo de formas extrañas; por esta causa, lo que improvisaba valía algunas veces más que lo que había meditado. Compuso un poema lírico titulado *Lamentos sobre la muerte de J. César.* Escribió, asimismo, poesías griegas, en las que imitó a Euforión, Riano y Partenio, que eran sus autores preferidos, y cuyas obras y retratos hizo colocar en las bibliotecas públicas entre los de los escritores antiguos más ilustres; a causa de esto, muchos eruditos le dirigieron comentarios sobre estos poemas. Mostró también por la historia de la fábula un gusto que llegaba hasta el ridículo y lo absurdo. Así, para experimentar el saber de los gramáticos, de los que, como ya hemos dicho, formaba su sociedad habitual, les proponía cuestiones como esta: *¿Quién era la madre de Hécuba? ¿Cuál era el nombre de Aquiles entre las doncellas? ¿Qué cantaban ordinariamente las sirenas?* El día en que por primera vez entró en el Senado, después de la muerte de Augusto, para satisfacer a la vez la piedad filial y la religión, creyó deber ofrecer, como hizo Minos tras la muerte de su hijo, sacrificio de vino e incienso, pero sin tocar la flauta.

LXXI. Hablaba con facilidad la lengua griega, pero no la utilizaba en todas las ocasiones, absteniéndose sobre todo de ella en el Senado, y habiendo empleado un día la palabra *monopolio,* pidió perdón por haber pronunciado aquel vocablo de origen extranjero. Otro día, cuando delante de él daban lectura a un decreto de los senadores en el que se encontraba la palabra griega que significa "incrustaciones de oro", dijo que debía cambiarse aquel término extraño y que lo reemplazasen con una perífrasis. A un soldado, a quien se pedía testimonio en griego, le prohibió que contestase de otra manera que no fuera en latín.

LXXII. En todo el tiempo que duró su retiro, dos veces únicamente trató de regresar a Roma. La primera llegó en un trirreme hasta los jardines inmediatos a la Naumaquia, no sin antes haber mandado colocar soldados en las dos orillas del Tíber para contener a cuantos salieran a recibirlo; la segunda llegó por la vía Apia hasta siete millas de Roma; pero no hizo más que mirar las murallas y se volvió. Se sabe que en esta ocasión le había asustado un prodigio, pero no se sabe con claridad la causa que pudo obligarlo a regresar en el primer viaje. Tenía una serpiente de la especie de los dragones, que criaba con placer y alimentaba con su mano; la encontró un día comida por las hormigas, y un augur le advirtió entonces que temiese las fuerzas de la multitud. Volvió, por ello, apresuradamente a Campania, prosiguiendo hasta Circeia. Allí, y para que no se sospechase su debilidad, asistió a los juegos militares y hasta disparó dardos a un jabalí que habían soltado en la arena. Estos esfuerzos le produjeron dolores de costado; se vio expuesto al aire estando sudoroso, y volvió a caer peligrosamente enfermo. No obstante, resistió algún tiempo aún y habiéndose hecho llevar hasta Misena, nada suprimió de su ordinario género de vida, ni siquiera los festines y demás placeres, bien por intemperancia, bien por disimulo. Cierto día en que, levantado de la mesa se disponía a dejarla, el médico Caricles le cogió la mano para besársela; creyó él que intentaba examinarle el pulso, y le rogó que volviese a sentarse prolongando la comida. Ni siquiera se abstuvo aquel día de su costumbre de permanecer en pie después de la comida en medio del comedor, con un licor a su lado, para recibir la despedida de los convidados y despedirse él mismo.

LXXIII. Mientras tanto, habiendo leído en las actas del Senado *que habían declarado absueltos, sin oírlos siquiera*, a muchos acusados sobre los cuales se había limitado a escribir que los había nombrado un denunciante, pensó, temblando de temor, que se despreciaba su autoridad y quiso volver a Capri, fuese como fuese, no atreviéndose a emprender nada sino al abrigo de sus rocas. Detenido, sin embargo, por vientos contrarios y por los progresos de la enfermedad, se detuvo en una casa de campo de Lúculo, muriendo en ella a los setenta y ocho años de edad, y veintitrés de su imperio, el 17 de las calendas de abril, bajo el consulado de Cn. Acerronio Próculo y de C. Poncio Nigrino. Hay quien cree que Calígula le había dado un veneno lento; otros, que le impidieron comer en un momento en que le había abandonado la calentura; y algunos, en fin, que le ahogaron debajo de un colchón porque, recobrado el conocimiento, reclamaba su anillo que le habían quitado durante su desmayo. Séneca ha escrito que, sintiendo cercano su fin, se había quitado el anillo como para darlo a alguien; que después de tenerlo algunos instantes, se lo había puesto otra vez en el dedo, permaneciendo largo rato sin moverse, con la mano izquierda fuertemente cerrada; que de pronto había llamado a sus esclavos, y que, no habiéndole contestado nadie, se levantó precipitadamente, pero que faltándole las fuerzas, cayó muerto junto a su lecho.

LXXIV. En el último aniversario de su nacimiento vio en sueños a Apolo Temenites, cuya colosal y admirable estatua había hecho traer de Siracusa, para colocarla en la biblioteca de un templo nuevo, y el cual le dijo *que no sería él quien la consagraría*. Pocos días antes de su muerte, un terremoto abatió en Capri la torre del faro; en Misena, cenizas calientes y carbones que habían llevado para calentar el comedor, y que se habían extinguido y enfriado, se encendieron de pronto por la tarde y ardieron hasta muy entrada la noche.

LXXV. La noticia de su muerte despertó en Roma tan grande alegría, que todos corrían por las calles, gritando unos: *Tiberio al Tíber*, y pidiendo otros a la madre Tierra y a los dioses Manes que solo entre los impíos concediesen lugar al muerto; otros amenazaban, en fin, al cadáver con el garfio de las Gemonias. A la evocación de sus antiguas atrocidades se unía aún el horror de una crueldad reciente. Un senado-consulto había establecido que el suplicio de los condenados se difiriera siempre hasta el décimo día. Había algunos desgraciados que debían ser ejecutados precisamente el día en que se supo la muerte de Tiberio, e imploraban la compasión pública. Como no había, sin embargo, nadie a quien dirigirse, estando todavía ausente Cayo, los guardias, temiendo faltar a lo ordenado, los estrangularon y arrojaron a las Gemonias. Esto acreció el odio contra el tirano, cuya barbarie se hacía sentir aún después de su muerte. Cuando trasladaron su cuerpo de Misena, la mayor parte de los habitantes gritaron *que era necesario quemarlo en el anfiteatro de Atela;* pero los soldados lo llevaron a Roma y una vez allí lo quemaron con las ceremonias habituales.

LXXVI. Dos años antes de su muerte había hecho testamento, y existen de él dos ejemplares; uno de su puño y letra, el otro escrito por un liberto, pero los dos perfectamente idénticos y firmados con nombres muy oscuros. Instituía herederos, por partes iguales, a sus nietos Cayo y Tiberio, que lo eran el primero por Germánico y el segundo por Druso, y los sustituía el uno al otro. Dejaba también legados a muchas personas, entre otras a las vestales, a todos los soldados, al pueblo romano y a los inspectores de los barrios.

CAYO CALÍGULA

I. Germánico, padre de C. César e hijo de Druso y de Antonia la menor, fue adoptado por Tiberio, su tío paterno; ejerció la cuestura cinco años antes de los que ordenaban las leyes, e inmediatamente después el consulado. Enviado a Germania para tomar el mando del ejército, contuvo con tanta energía como fidelidad a todas las legiones que, a la noticia de la muerte de Augusto, se negaban obstinadamente a reconocer a Tiberio por emperador, ofreciéndole a él mismo el mando supremo del Estado; venció poco después al enemigo, y regresó a Roma para recibir en ella los honores triunfales. Se le designó cónsul por segunda vez, pero antes de entrar en funciones fue, por decirlo así, expulsado de la ciudad por Tiberio, que lo envió a pacificar el Oriente. Después de haber vencido al rey de Armenia, redujo la Capadocia a provincia romana. Murió en Antioquía, a la edad de treinta y cuatro años, de una enfermedad de consunción que dio lugar a sospechas de envenenamiento. En efecto, además de las manchas lívidas que le cubrían todo el cuerpo y la espuma que le salía de la boca, se advirtió, cuando le quemaron, que el corazón estaba intacto, lo que dio más veracidad a las sospechas, por creerse comúnmente que el corazón impregnado de veneno resiste al fuego.

II. Se creyó que murió víctima del odio de Tiberio, y merced a la activa complicidad de Cn. Pisón. Este Pisón, que estaba por aquella época investido del gobierno de la Siria, se creía obligado, según decía, por imperiosa necesidad, a ser enemigo del padre o del hijo, y no dejó ni un momento de inferir a Germánico, hasta durante su enfermedad, todo género de ultrajes con su conducta y sus palabras. Por esta causa, al regresar a Roma, estuvo a punto de que le despedazase el pueblo, viéndose luego condenado a muerte por el Senado.

III. Sabido es que Germánico poseía todas las mejores cualidades de cuerpo y espíritu, y en grado que nadie alcanzó jamás. Poseía valor y belleza singulares; gran superioridad de elocuencia y saber en las lenguas griega y latina; admirable bondad de alma, gran deseo de agradar y de que le amasen, y un maravilloso talento para conseguirlo. El único defecto que contrastaba con su belleza, era tener algo débiles las piernas; pero lo corrigió con la costumbre de montar a caballo después de las comidas. Luchó cuerpo a cuerpo con muchos enemigos, y a muchos mató por su mano. Defendió ante los jueces gran número de causas hasta después de conseguidos los honores de triunfo, y, como muestras de su cultura, nos ha dejado algunas comedias griegas. Se mostraba igualmente afable en la vida pública y en la privada; entraba sin lictores en las ciudades libres y aliadas de Roma y dondequiera que veía la tumba de un gran hombre ofrecía sacrificios a sus manes. Quiso reunir en un solo sepulcro los huesos desde mucho tiempo dispersos, de los soldados degollados en la derrota de Varo, para lo cual los recogió por su mano y los llevó él mismo. Solo oponía a sus detractores, fuera la que fuere la causa de su enemistad, dulzura y moderación. Pisón había hecho pedazos sus decretos y maltratado a sus clientes, y no le mostró resentimiento hasta que vio emplear contra él los maleficios y prácticas odiosas de religión; aun entonces se limitó a renunciar públicamente a su amistad, según la costumbre antigua, y a confiar a los suyos su venganza si le ocurría alguna desgracia.

IV. Hermoso fruto recogió de tantas virtudes, e inspiró tal aprecio y amor a sus parientes, que Augusto (sin hablar de los demás) dudó por mucho tiempo si lo elegiría sucesor, e hizo que lo adoptase Tiberio. Gozaba también hasta tal punto del favor popular, que, según el testimonio de la mayor parte de los autores, la inmensa multitud que, a su llegada o salida, se precipitaba a recibirlo o despedirlo, le hizo correr más de una vez peligro de muerte. Cuando regresó a Germania, después de haber apaciguado en ella las sediciones, salieron a recibirle todas las cohortes pretorianas, a pesar de que solo se había dado orden de hacerlo a dos de ellas, y los habitantes de todo sexo, edad y condición llenaron el camino hasta veinte millas de Roma.

V. Más grandes y vivos testimonios de cariño brotaron, sin embargo, a la noticia de su muerte y aun mucho después. El día en que murió fueron apedreados los templos y echadas abajo las estatuas de los dioses; algunos ciudadanos arrojaron a la calle sus dioses lares o expusieron sus hijos recién nacidos. Se dice incluso que los bárbaros, en guerra entonces unos contra otros, consintieron una tregua, como signo de luto universal; que algunos príncipes, en señal de profundo dolor, se cortaron la barba e hicieron afeitar la cabeza a sus mujeres; se dice, en fin, que el rey de reyes se abstuvo aquel día de la caza y no admitió a su mesa a los grandes, lo que equivalía entre los partos a suspender la administración de justicia.

VI. Afligida, consternada, la población de Roma a la primera noticia de su enfermedad esperaba ansiosamente nuevas noticias. De súbito, en un anochecer, se difundió, sin saber cómo, la nueva de que Germánico se encontraba restablecido, y enseguida corrieron al Capitolio con antorchas y víctimas, haciéndolo con tal impaciencia para ofrecer a los dioses acciones de gracia que estuvieron a punto de las puertas del templo. Tiberio, dormido, despertó a los alegres gritos del exterior y a las voces que cantaban: *¡Roma salvada, salvada la patria! ¡Germánico se ha salvado!* Pero cuando poco tiempo despues se supo con certeza su muerte, ningún consuelo, ningún edicto pudo poner límites al dolor público, que duró hasta en las fiestas del mes de diciembre. Las abominaciones de los tiempos que siguieron aumentaron más todavía la gloria de aquel príncipe y el sentimiento de su pérdida, pues todos estaban persuadidos, y con razón, de que el respeto y temor que inspiraba a Tiberio servían de freno a la crueldad de este, crueldad que, en efecto, no tardó en desbordarse.

VII. Germánico se había casado con Agripina, hija de M. Agripa y de Julia, y tuvo nueve hijos; dos de ellos murieron de pocos meses, y otro al salir de la infancia. Este poseía ya muchos atractivos: Livia consagró su estatua en traje de Cupido en el templo de Venus, en el Capitolio; Augusto tenía su retrato en su cámara, y cada vez que entraba lo besaba. Los demás sobrevivieron a su padre; a saber: tres hijas, Agripina, Drusila y Livila, nacidas en el espacio de tres años consecutivos, y tres varones,

Nerón, Druso y C. César. El Senado declaró enemigos públicos a Nerón y Druso por acusación de Tiberio.

VIII. C. César nació la víspera de las calendas de septiembre, bajo el consulado de su padre y de C. Fonteyo Capito. Hay gran diversidad de opiniones en cuanto al lugar donde nació. Cn. Léntulo Getúlico pretende que en Tibur; Plinio, en Tréveris, en una aldea del cantón ambiancino, más allá de Coblenza, y aun añade como prueba que allí se muestra un altar con esta inscripción: *Ob Agrippinae puerperium* (al parto de Agripina). Según unos versos publicados al principio de su reinado habría nacido entre las legiones en los cuarteles de invierno:

In castris natus, patriis nutritus in armis Jam designati principis omen erat.•

Por mi parte, encuentro en los archivos que vio la luz en Anzio. Plinio reprochó a Gentílico que por adulación dijese una mentira que debía lisonjear la vanidad de un joven y glorioso emperador, dándole por cuna una ciudad consagrada a Hércules. Pretende que lo animó para esta imprudente falsedad el hecho de que un año antes del nacimiento de Calígula había venido al mundo en Tibur otro hijo de Germánico llamado C. César, aquel de quien hemos recordado la graciosa infancia y prematura muerte. Las fechas se oponen, sin embargo, a Plinio, porque los que han escrito la historia de Augusto se hallan acordes en decir que no fue enviado Germánico a la Galia hasta después de su consulado, cuando había nacido ya Cayo. La inscripción a que Plinio se refiere no prueba nada tampoco en favor de su sentir, puesto que Agripina dio a luz dos hijas en el país donde se ven estos altares; la palabra *puerperium* se aplica, por otro lado, a todos los partos sin distinción del sexo del nacido, habiendo llamado frecuentemente nuestros mayores a las hijas *pueras* y a los hijos *puellos*. Se conserva también una carta de Augusto, escrita pocos meses antes de su muerte a su nieta Agripina, que ha de

• Nacido en los campamentos, crecido en las armas patrias, venía ya designado para el mando supremo.

referirse forzosamente a este Cayo, pues no existía entonces otro niño de este nombre: *Ayer convine con Talario y Asedio, que partirán, si place a los dioses, el 15 de las calendas de junio, para llevarse al niño Cayo. Envío también con él un médico de mi casa, y escribo a Germánico para que le conserve a su lado si le place. Que sigas bien, mi querida Agripina, y procura llegar con buena salud al lado de tu Germánico.* Esta misiva indica suficientemente, a lo que creo, que Cayo no nació en el ejército, puesto que tenía cerca de dos años cuando lo mandaron desde Roma. Es esta también una razón para no dar fe a los versos que he citado, tanto más cuanto que se desconoce al autor. Es necesario por ello atenerse a la autoridad de los anales públicos, que entre tantas incertidumbres es lo único en que se puede fiar. Además, se sabe que Cayo prefirió Anzio a todos sus otros retiros, y que siempre lo quiso como se quiere el lugar del nacimiento; se dice incluso que, disgustado de Roma, tuvo el proyecto de trasladar allí la sede del Imperio.

IX. El sobrenombre de *Calígula* era mote militar y le fue aplicado a causa de un calzado de soldado que había usado en su infancia en los campamentos. Los soldados, que le habían visto crecer y educarse entre ellos, le profesaban increíble cariño, y fue prueba elocuente de él, el que, a la muerte de Augusto, bastó su presencia para calmar el furor de las tropas sublevadas. Y en efecto, no se apaciguaron hasta que se convencieron de que querían alejarlo del peligroso teatro de la sedición y llevarlo al territorio de otro pueblo. Arrepentidos de su intento, se precipitaron delante de su carruaje, lo detuvieron, y suplicaron entonces encarecidamente que no les impusiese aquella afrenta.

X. Acompañó a su padre en la expedición de Siria. A su vuelta, permaneció primeramente en la casa de su madre, y cuando desterraron a esta, en la de su bisabuela Livia Augusta, cuyo elogio fúnebre fue pronunciado por él en la tribuna de las arengas, llevando todavía la toga pretexta; pasó luego a vivir con su abuela Antonia. A los veintiún años lo llamó Tiberio a Capri y en un solo día le hizo vestir la toga y cortar la barba, sin otorgarle, sin embargo, ninguna de las distinciones con que señaló la entrada de sus hermanos en la vida pública. Objeto de mil asechanzas y de pérfidas instigaciones por parte de aquellos que querían arrancarle quejas, no dio pretexto alguno a la malignidad, pareciendo como si ignorase la desgraciada suerte de todos los suyos. Con increíble disimulo devoraba sus propias afrentas y mostraba a Tiberio y a cuantos le rodeaban tanta cortesía, que con razón pudo decirse de él *que nunca existió mejor esclavo ni peor amo.*

XI. Ya en aquel mismo tiempo, a pesar de todo, no oculta sus bajas y crueles inclinaciones, constituyendo uno de sus placeres más gratos presenciar las torturas y el último suplicio de los condenados. Por la noche acudía a los lugares de perdición y a los adulterios, envuelto en amplio manto y oculta la cabeza bajo una peluca. Tenía pasión especial por el baile teatral y por el canto. Tiberio no contrariaba tales gustos, pues creía que con ellos podía dulcificarse su condición feroz, habiendo comprendido tan bien el clarividente anciano su carácter, que decía con frecuencia: *Dejo vivir a Cayo para su desgracia y para la de todos,* o bien: *Crío una serpiente para el pueblo y otro Faetón para el Universo.*

XII. Poco tiempo después casó Cayo con Junia Claudila, hija de M. Silano, varón nobilísimo. Fue enseguida designado augur en el puesto de su hermano Druso, y antes de entrar en funciones pasó, por extraordinario favor, al pontificado. Tiberio, que no veía en la casa imperial, desierta y devastada, otro apoyo que Cayo, y en Seyano un ministro sospechoso, un enemigo del que no tardó en deshacerse, ponía a prueba de este modo el carácter y adhesión de su nieto, a quien acercaba poco a poco a la sucesión. Para estar más seguro de conseguirla, Cayo, que acababa de perder a Junia, muerta a consecuencia del parto, solicitó los favores de Ennia Nevia, esposa de Macrón, jefe de las cohortes pretorianas, a la que prometió casarse con ella cuando alcanzase el mando supremo, obligándose a ello por juramento y por escrito. Cuando, por mediación de ella, ganó a Macrón, no titubeó, según pretenden algunos autores, en envenenar a Tiberio. Todavía respiraba este cuando Cayo le quitó el anillo, y como el moribundo mostraba querer conservarlo hasta el fin, mandó arrojarle encima un colchón, o quizá le estranguló con sus manos. Un liberto, a quien esta crueldad arrancó un grito, fue crucificado al momento. Este relato parece tan más verosímil cuanto que, según algunos historiadores, el mismo Calígula se alabó más adelante, si no de haber cometido este parricidio, al menos de haberlo premeditado. En efecto cuando exageraba su cariño a su familia, se le oía vanagloriarse con frecuencia de *haber entrado con un puñal en la mano en la cámara de Tiberio dormido, para vengar la muerte de sus hermanos; pero añadía que la piedad lo había contenido, había arrojado el arma y se había retirado sin que Tiberio, que lo había visto, se atreviese a acusarlo o a castigarlo.*

XIII. De este modo llegó al Imperio, al que le llamaban los votos del pueblo romano, y hasta puede decirse del mundo entero: querido por las provincias y por los ejércitos, que lo habían visto de niño, y querido por los habitantes de Roma, que amaban en él la memoria de su padre Germánico y el último vástago de una familia desgraciada. A causa de ello, desde que salió de Misena, aunque seguía en traje de duelo el cortejo fúnebre de Tiberio, continúo su marcha entre altares adornados con flores, con víctimas ya preparadas, antorchas encendidas y acompañándole las alegres aclamaciones de una inmensa multitud, que había salido a su encuentro y lo nombraba con los más tiernos apelativos, llamándole *estrella, hijo, niño, discípulo.*

XIV. Apenas entrado en Roma, por unánime sentir del Senado y del pueblo, que había invadido la Asamblea, se le reconoció como único árbitro y dueño del Estado, con desprecio del testamento de Tiberio, que le daba por coheredero a su otro nieto, todavía niño. Fue tal el alborozo público, que en menos de tres meses se degollaron, según dicen, más de ciento setenta mil víctimas. De tal modo se aprovechaba cualquier coyuntura para demostrarle el tierno interés que sentían por su conversación, que habiendo ido Cayo pocos días después a visitar las islas de la Campania, se hicieron ya votos públicos por su regreso. Por aquel tiempo cayó enfermo, y el pueblo en masa pasó la noche alrededor de su palacio, y hubo romanos que, por su restablecimiento, hicieron voto de combatir en la arena y de inmolarse a los dioses como víctimas expiatorias. A tan grande cariño de los ciudadanos se unía el notable amor de los mismos extranjeros. Artabán, rey de los partos, que nunca había disimulado su odio y desprecio a Tiberio, solicitó la amistad de Cayo; celebró a este efecto una entrevista con un legado consular, y, atravesando el Éufrates, rindió culto a las águilas romanas y a las imágenes de los césares.

XV. Excitaba Cayo el cariño público por todos los medios que granjean esa popularidad. Después de haber pronunciado en la tribuna, vertiendo abundantes lágrimas, el elogio fúnebre de Tiberio y de haberle hecho magníficos funerales, marchó enseguida a las islas Pandataria y Poncia, para recoger las cenizas de su madre y de su hermano en medio de horrísona tempestad para que resaltara mejor su piadosa diligencia. Se acercó a aquellas cenizas con grandes muestras de veneración, las colocó por sí mismo en dos urnas, y las acompañó luego hasta Ostia, con las mismas manifestaciones de dolor, en un birreme que llevaba un gran estandarte en la popa. Desde allí las llevó por el Tíber hasta Roma, donde las recibieron los principales personajes del orden ecuestre, que colocándolas sobre unas angarillas, las depositaron en pleno día en el Mausoleo. Estableció en honor suyo ceremonias fúnebres anuales, y por su madre, juegos en el Circo, en los que habían de pasear solemnemente su imagen en un carro, como las de los dioses. En memoria de su padre llamó germánico al mes de septiembre. Hizo luego conceder a su abuela Antonia, por un solo senadoconsulto, todos los honores que se habían otorgado en diferentes tiempos a Livia, esposa de Augusto. Tomó por colega en el consulado a Claudio, su tío paterno, que era todavía simple caballero romano. Adoptó a su primo Tiberio el día en que este vistió la toga viril, y le dio el título de *príncipe de la juventud.* Por lo que toca a sus hermanas, quiso que se añadiese esta fórmula a todos los juramentos: *Ni a mí mismo ni a mis hijos amaré tanto como a Cayo y a sus hermanas;* y en las comunicaciones de los cónsules: *Por la felicidad y prosperidad de C. César y de sus hermanas.* En su insaciable anhelo de popularidad, rehabilitó a los condenados y desterrados y suspendió todas las persecuciones anteriores a su advenimiento. Hizo llevar al Foro todos los documentos relativos al proceso formado a su madre y hermanos, y después de jurar públicamente por los dioses que no había leído ni siquiera tocado ninguno de aquellos documentos, los quemó todos para que no quedase causa de temor a ningún delator o testigo. Cierto día se negó a recibir un escrito que le presentaban como de gran interés para su vida, contestando *que nada había hecho que pudiese atraerle el odio de nadie,* y aseguró que no tenía oídos para los delatores.

XVI. Desterró de Roma a los inventores de orgías monstruosas, y costó incluso gran trabajo impedir que los mandara ahogar en el mar. Hizo buscar las obras de Tito Labiano, de Cordo Cremucio y de Casio Severo, prohibidas por el Senado, y permitió que fueran copiadas y leídas, diciendo que estaba personalmente interesado en que se escribiese con fidelidad la historia. Publicó las cuentas del Imperio, costumbre que introdujo Augusto y que desdeñó Tiberio. Dio a los magistrados jurisdicción libre, independiente de toda apelación a su persona. Revistó a los caballeros romanos con gran cuidado y severidad, aunque también con moderación, y quitó públicamente el caballo a aquellos a quienes se probó alguna bajeza o ignominia, contentándose con omitir en la lista los nombres de los que habían cometido algunas faltas. Con el fin de aliviar a los jueces de sus trabajos, añadió la quinta decuria a las cuatro existentes; intentó también restablecer el uso de los comicios y devolver al pueblo el derecho de sufragio. Pagó fielmente y sin retrasos los legados que hizo Tiberio en su testamento, a pesar de haberlo anulado. Entregó a los pueblos de Italia los dos por ciento de las rentas. Indemnizó muchos daños causados por incendios; y cuando restituyó los reinos a sus poseedores, añadió el producto íntegro de las rentas e impuestos cobrados durante el tiempo de la ocupación, así como devolvió también a Antíoco Comageno una confiscación de diez millones de sestercios. A fin de fomentar el amor a la virtud, regaló ochenta mil sestercios a un liberto a quien las más crueles torturas no habían podido arrancar una sola palabra acerca de un crimen que se imputaba a su dueño. Por esta conducta mereció que se le concediera, entre otras distinciones, un escudo de oro, que todos los años, en determinado día, los Colegios de sacerdotes debían llevar al Capitolio, seguidos del Senado y de jóvenes nobles de ambos sexos, cantando versos en alabanza suya. Se decretó igualmente que el día de su advenimiento al Imperio se llamaría Parilia (se celebraba el 21 de abril, día considerado como el de la fundación de Roma), como si fuese fecha de nueva fundación de Roma.

XVII. Ejerció cuatro veces el consulado: la primera, desde las calendas de julio, durante dos meses; la segunda, desde las calendas de enero, durante treinta días; la tercera, hasta los idus de enero; la cuarta, hasta siete días de los idus del mismo mes. Los dos últimos consulados fueron consecutivos; el tercero lo empezó en Lyon y sin colega, no por orgullo o indiferencia, como se ha dicho, sino porque, ausente de Roma, ignoraba que su colega había muerto hacia el día de las calendas. Concedió dos veces al pueblo congiarios de trescientos sestercios por ciudadano, y a los senadores como a los caballeros una comida suntuosa, a la que fueron también invitados sus esposas e hijos. En el último de estos festines hizo distribuir a los hombres trajes para el Foro y cintas de púrpura a los niños y a las mujeres. Para aumentar perpetuamente el regocijo público en las fiestas saturnales, les añadió un día que llamó *Juvenalem* (fiesta de la juventud).

XVIII. Dio con frecuencia combates de gladiadores, unos en el anfiteatro Tauro, otros en el campo de Marte, y presentó en ellos grupos de luchadores de África y de Campania, elegidos entre los más famosos. Cuando no presidía personalmente tales espectáculos, encargaba hacerlo a los magistrados o a sus amigos. Dio también juegos escénicos, numerosos y variados, algunas veces durante la noche y a la luz de una inmensa cantidad de antorchas. Distribuía entre los espectadores regalos de todas clases y hasta cestos llenos de pan y carne. En una de estas distribuciones, viendo enfrente de él a un caballero romano que comía su parte con mucho apetito y alegría, hizo llevarle la suya; observando más lejos a un senador, digno émulo del caballero, le envió el nombramiento de pretor extraordinario. Los juegos que dio en el Circo duraron algunas veces desde la mañana a la noche, teniendo por intermedios ya una cacería de animales africanos, o bien una carrera troyana. Algunos espectáculos de estos fueron notables, especialmente por estar sembrada la arena de bermellón y polvo de oro, y porque los carros eran guiados solo por senadores. Otros, en fin, se dieron repentinamente, como el día en que, examinando desde el palacio Gelotino los preparativos comenzados en el Circo, accedió a la petición que le dirigieron algunos desde lo alto de las casas *menianas*.

XIX. Ideó además un género de espectáculos superior a cuanto se había visto hasta entonces. Hizo construir en el mar, entre Baias y Puzzola, en un espacio de cerca de tres mil seiscientos pasos, un puente formado por doble fila de navíos de transporte traídos de todos los mares, sujetos con anclas y cubiertos en parte con pavimentos cuya forma recordaba la vía Apia.

Durante dos días no hizo más que pasar y volver a pasar por aquel puente; el primero, en caballo magníficamente enjaezado, llevando una corona de encina en la cabeza, el escudo en una mano y la espada en la otra, y vistiendo una clámide bordada de oro; a la mañana siguiente, con traje de auriga, en un carro arrastrado por dos famosos caballos. En esta ocasión le precedía el joven Darío, que pertenecía a los rehenes de los partos y le seguían su guardia pretoriana y sus amigos en carretas. Han considerado algunos que imaginó aquel puente con objeto de emular a Jerjes, tan admirado por haber tendido uno en el estrecho del Helesponto, mucho más corto que el de Bayas: otros, que quiso impresionar con la fama de aquella gigantesca empresa a la Germania y Bretaña, a las que amenazaba con la guerra. No ignoro todo esto; pero siendo yo todavía niño, oí decir a mi abuelo que la única razón de aquella obra, revelada por los criados íntimos de palacio, fue que el matemático Trasilo, viendo que Tiberio vacilaba en la elección de sucesor y se inclinaba a su nieto natural, había afirmado *que Cayo no sería emperador mientras no atravesara a caballo al golfo de Bayas.*

XX. Dio también espectáculos fuera de Italia, principalmente juegos iselásticos en Sicilia, en Siracusa y juegos de toda clase en Lyon, en la Galia. Estableció también allí concursos de elocuencia griega y latina, en que los vencidos estaban obligados, a lo que dicen, a coronar por sí mismos a los vencedores y a cantar sus alabanzas. En cuanto a aquellos cuyas composiciones se juzgaban malas, debían borrarlas con una esponja y hasta con la lengua, si no preferían que se los azotase o se los arrojase en el río más próximo.

XXI. Terminó los monumentos que Tiberio había dejado inacabados: el templo de Augusto y el teatro de Pompeyo. Empezó un acueducto cerca de Tibur y un anfiteatro cerca del campo de Marte, obras de las que su sucesor Claudio terminó la primera, abandonando la segunda. Por orden suya, se reconstruyeron en Siracusa las murallas de la ciudad y los templos de los dioses, que estaban en ruinas. Proyectó también reconstruir el palacio de Polícrates en Samos, terminar en Mileto el templo de Apolo, fundar una ciudad en la cumbre de los Alpes; pero ante todo abrir el istmo de Acaia, para lo cual había ya enviado un centurión primipilario a que lo midiese con exactitud.

XXII. Hasta aquí he hablado de un príncipe; ahora hablaré de un monstruo. Se había hecho llamar *Piadoso, hijo de los campamentos, padre de los ejércitos, César óptimo y máximo.* Varios reyes, que habían ido a Roma a saludarlo, disputaban entre sí a su mesa acerca de la nobleza de su origen; oyéndolos él, exclamó en griego: *no hay más que un dueño, no hay más que un rey;* y poco faltó para que en el acto tomase la diadema, y en vez de las insignias de su autoridad, todos los signos de la realeza. Pero le dijeron que era superior a todos los príncipes y reyes de la tierra, y a partir de entonces empezó a atribuirse la majestad divina. Hizo traer de Grecia las estatuas de dioses más famosas por la excelencia del trabajo y el respeto de los pueblos, entre ellas la de Júpiter Olímpico, y a la cual quitó la cabeza y la sustituyó con la suya. Hizo prolongar hasta el Foro un ala de su palacio y transformar el templo de Cástor y Pólux en un vestíbulo, en el que se sentaba a menudo entre los dos hermanos, ofreciéndose a las adoraciones de la multitud. Algunos le saludaron con el título de *Júpiter latino;* tuvo también para su divinidad templo especial, sacerdotes, y las víctimas más raras. En este templo se contemplaba su estatua de oro, de un gran parecido, y a la que todos los días vestían como él. Los ciudadanos más ricos se disputaban con tenacidad las funciones de este sacerdocio, objeto de toda su ambición. Las víctimas que se inmolaban a este dios eran flamencos, pavos reales, codornices, gallinas de Numidia, pintadas, faisanes, y cada día una especie diferente. Por la noche, cuando la luna estaba en su pleno y en todo su esplendor, la invitaba a venir a recibir sus abrazos y a compartir su lecho. Por el día celebraba conversaciones secretas con Júpiter Capitolino, hablándole algunas veces al oído y presentándole después el suyo, y otras en alta voz y hasta con tono arrogante. En cierta ocasión se le oyó decir en tono de amenaza:

¡Pruébame tu poder o teme el mío!

Pero habiéndose dejado ablandar, según decía, e instado por Júpiter a que viviese próximo a él, hizo construir una puerta por encima del templo de Augusto, entre el monte Palatino y el Capitolio. Algún tiempo después, con objeto de estar más cerca, hizo edificar en la plaza misma del Capitolio los cimientos del nuevo palacio.

XXIII. No quería que se le creyese ni se le llamase nieto de Agripa, cuyo nacimiento le parecía demasiado bajo, y le molestaba que en discursos o versos le pusieran en el rango de los Césares. Proclamaba que su madre había nacido de un incesto de Augusto con su hija Julia, y no contento con difamar a Augusto de este modo, prohibió celebrar las fiestas solemnes de las victorias de Accio y de Sicilia, como funestas y desastrosas para el pueblo romano. Llamaba a su bisabuela Livia *Ulises con faldas*, y en una carta al Senado se atrevió a rebajar su nacimiento, diciendo que su abuelo materno no era más que un decurión de Fondi, cuando está probado por los anales públicos que desempeñó en Roma altos cargos. Un día negó una conversación particular a su abuela Antonia, y quiso que estuviese presente el prefecto Macrón. Con tales disgustos e indignidades la hizo morir, si no es que la envenenara, como algunos pretenden. Después de su muerte, no le tributó ningún honor y contempló tranquilamente desde su mesa las llamas de la pira. Mandó a un tribuno militar para que diese muerte a su primo Tiberio y obligó a su suegro Sileno a degollarse. Pretendía que el segundo se había negado a seguirlo por mar durante una tempestad, esperando apoderarse de Roma si él perecía, y que el otro había tomado un antídoto para prevenirse de sus tentativas de envenenamiento. Silano no había querido sin embargo, otra cosa, que evitarse las molestias de la navegación y náuseas del mareo de que sufría mucho, y lo de Tiberio se redujo a usar un remedio conocido contra su pertinaz e inveterada tos. En cuanto a su tío Claudio, solo lo perdonó para hacerle juguete de sus caprichos.

XXIV. Tuvo comercio incestuoso y continuo con todas sus hermanas, y las hacía sentar consigo a la mesa en el mismo lecho, mientras su esposa ocupaba otro. Se dice que llevaba aún la pretexta cuando arrebató la virginidad a Drusila, y un día lo sorprendió en sus brazos su abuela Antonia, en cuya casa se educaban los dos. De inmediato la casaron con el consular Lucio Casio Longino, pero Cayo se la quitó y la trató públicamente como a su esposa legítima. En cierta enfermedad que padeció la instituyó heredera de sus bienes y del Imperio. Cuando murió ella, hizo suspender todos los negocios, y durante algún tiempo fue delito capital haber reído, haberse bañado, haber comido con los parientes o con la esposa y los hijos. Como enloquecido por el dolor, se fugó una noche de Roma, atravesó sin detenerse la Campania y llegó a Siracusa, de donde volvió tan bruscamente como fue, con la barba y los cabellos desmesuradamente crecidos. A partir de entonces, no juró más que por la divinidad de Drusila, hasta en las circunstancias más solemnes y hablando al pueblo y a los soldados. No profesó a sus otras hermanas igual pasión ni les guardó las mismas consideraciones; y hasta las prostituyó a sus compañeros de disipación; en el proceso de Emilio Lépido, no vaciló en hacerlas condenar como adúlteras y cómplices de aquel conspirador. No solo mostró cartas de su mano, que por fraude y medios infames le habían entregado, sino que incluso consagró a Marte vengador, con una inspiración, tres espadas preparadas para matarlo.

XXV. Se mostró tan infame en sus matrimonios como en sus divorcios. Habiendo asistido a las bodas de C. Pisón y de Livia Orestila, dispuso que la llevasen en el acto a su casa, la repudió poco después, y pasados dos años la desterró, con el pretexto de que en este tiempo había vuelto a ver a su primer marido. Otros dicen que estando sentado en el festín de boda enfrente de Pisón, le dijo: *No estreches tanto a mi esposa;* terminada la comida, se la llevó, y a la mañana siguiente, publicó un edicto declarando *que se había casado como Rómulo y como Augusto.* Había oído decir cierto día que la abuela de Lolia Paulina, esposa del consular C. Memmio, que mandaba los ejércitos, había sido la mujer más hermosa de la época; hizo traerla enseguida de la provincia en que mandaba su marido, obligando a este a que se la cediera; la tomó por esposa y la repudió poco después prohibiéndole que jamás tuviese comercio con ningún hombre. Con más constancia y pasión amó a Cesonia, que no era bella ni joven, pues había tenido ya tres hijos con otro, pero que era un monstruo de lujuria y lascivia. Frecuentemente la mostró a los soldados cabalgando a su lado, revestida con la clámide y armada con casco y escudo, y a sus amigos la enseñó desnuda. Cuando fue madre, quiso honrarla con el nombre de esposa, y el mismo día se declaró marido suyo y padre de la hija que había dado a luz. Dio a esta el nombre de Julia Drusila, la llevó a los templos de todas las diosas y la depositó en el seno de Minerva, encargándole que la criase y educase. La mejor prueba para él de que era de su misma sangre, la tenía en su crueldad, que era ya tan grande, que rasgaba con las uñas el rostro a los niños que jugaban con ella.

XXVI. Tras todo esto, no podía extrañar la manera como trató a sus parientes y amigos: en primer lugar, a Ptolomeo, hijo del rey Juba y primo suyo —era nieto de Antonia por su hija Selena—, y sobre todo a Macrón y Ennia, que lo habían elevado al Imperio; a pesar del parentesco y del recuerdo de los beneficios recibidos, los hizo perecer a todos con muerte sangrienta. Tampoco con los miembros del Senado mostró más respeto ni bondad. Consintió que muchos de ellos, honrados con las primeras dignidades, corriesen a pie y con la toga junto a su carro por espacio de muchas millas y que durante sus comidas permaneciesen en pie detrás de su lecho o a sus pies con una servilleta debajo del brazo. Hizo matar a algunos secretamente y no dejaba de llamarlos a palacio, como si viviesen todavía hasta pasado algún tiempo, en que decía, con odiosa mentira, que se habían dado voluntariamente la muerte. Destituyó cónsules por haber olvidado dar su edicto acerca del aniversario de su matrimonio, y la República estuvo durante tres días sin primeros magistrados. Habiendo sonado, en una conjuración, el nombre de su cuestor, lo mandó azotar, quitándole él mismo sus vestiduras, que extendió a los pies de los soldados para que descargasen sus golpes con mayor firmeza. Trató a todos los órdenes con igual desprecio y crueldad. Molestándole el ruido de la multitud, que iba a medianoche a ocupar los puestos gratuitos del Circo, la hizo arrojar a latigazos. Más de veinte caballeros romanos murieron aplastados en el tumulto, con otras tantas madres de familia, sin contar gran número de individuos del pueblo. Los días de espectáculo se complacía en sembrar la discordia entre plebeyos y caballeros, haciendo empezar las distribuciones antes de la hora acostumbrada, de modo que estos encontrasen sus puestos ocupados por la gente de más baja estofa. Durante los juegos, cuando el sol era más ardiente, mandaba descorrer de pronto el toldo que preservaba a los espectadores y prohibía que saliese nadie del anfiteatro. En vez de los combates ordinarios, oponía a veces a fieras extenuadas lo más abyecto y viejo que había entre los combatientes, gladiadores de farsa, respetables padres de familia, pero conocidos por alguna deformidad corporal. Más de una vez llegó incluso a cerrar los graneros públicos y a amenazar al pueblo con el hambre.

XXVII. Expondré ahora los principales rasgos de su barbarie. Como costaban muy caros los animales para el mantenimiento de las fieras destinadas a los espectáculos, las alimentaba con la carne de los criminales, echándoselos vivos para que los devorasen. Cierto día en que visitaba las prisiones, ordenó, permaneciendo en el rastrillo y sin consultar siquiera el registro en que constaba cada pena, que en presencia suya echasen indistintamente a todos los prisioneros a las fieras. A un ciudadano, que había hecho voto de combatir en la arena por la salud del emperador, le obligó a que cumpliese su promesa; asistió al combate y no lo dejó ir sino vencedor y esto después de reiteradas súplicas. A otro, que había jurado morir por él si era necesario, le aceptó el voto, y viéndolo vacilar, le hizo coronar como víctima, con verbena y cintas; lo entregó después a un grupo de niños que habían recibido la orden de perseguirlo por las calles recordándole su voto, hasta precipitarlo desde la roca Tarpeya. Condenó a las minas, a los trabajos de los caminos y a las fieras a gran número de ciudadanos distinguidos, después de haberlos señalado con el estigma, encerrándolos también en jaulas, en las cuales tenían que mantenerse en postura de cuadrúpedo, o bien los mandaba aserrar por la mitad del cuerpo. No siempre disponía esto por causas graves: a unos, porque no habían quedado contentos en un espectáculo; a otros, porque nunca habían jurado por su numen. Obligaba a los padres a que presenciasen el suplicio de sus hijos; y habiéndose uno excusado por enfermo, lo mandó en litera; a otro lo llevaron, después de tan espantoso espectáculo, a la mesa del emperador, que lo animó por toda clase de medios a reír y regocijarse. Hizo azotar, en su presencia, con cadenas y durante muchos días seguidos, al que tenía el cuidado de los juegos y cacerías del Circo y no mandó matarlo hasta que no pudo sufrir el olor de su cerebro en putrefacción. El autor de una poesía fue quemado de orden suya en el anfiteatro por un verso equívoco. A un caballero romano, al que habían echado a las fieras y que gritó que era inocente, le hizo sacar, le cortó la lengua y volvió a enviarlo al suplicio.

XXVIII. Preguntó cierto día a un ciudadano llamado después de largo destierro, qué acostumbraba hacer en él y le contestó por adularle: *Diariamente pedía a los dioses que pereciese Tiberio y reinaras tú, y los dioses me han escuchado.* Persuadido entonces que aquellos desterrados pedían a los dioses su muerte, mandó soldados a las islas en que estaban detenidos, para que los matasen a todos. Queriendo que el pueblo despedazase a un senador, apostó hombres que le llamasen enemigo público en el momento en que entrase en el Senado, los cuales debían herirle al mismo tiempo con los estilos y entregarlo al populacho para que lo hiciese pedazos; no quedó complacido hasta que vio sus miembros y sus entrañas arrastradas por las calles y depositadas a sus pies.

XXIX. La ferocidad de sus palabras hacía todavía más odiosa la crueldad de sus acciones. Nada encontraba tan laudable y hermoso en su carácter que lo que llamaba en griego su "insensibilidad". Reconvenido por su abuela Antonia, no se limitó a no atenderla, sino que le dijo: *Recuerda que todo me está permitido y contra todos.* Cuando dio la orden para matar a su primo, de quien suponía se había prevenido contra el veneno, exclamó: *¡Un antídoto contra César!* Cuando desterró a sus hermanas, les dijo en tono amenazador *que no tenía solamente islas, sino también espadas.* A un anciano pretor, retirado a Anticira por motivos de salud y que le pidió prórroga de licencia, ordenó matarlo, diciendo *que necesitaba una sangría, ya que no le bastaba el eléboro por tanto tiempo usado.* Cada diez días formaba la lista de los prisioneros que quería hacer ejecutar, y a esto llamaba *ajustar sus cuentas.* Habiendo intercalado un día en la misma lista galos y griegos, dijo con regocijo *que acababa de subyugar la Galogrecia.*

XXX. Hacía herir siempre a las víctimas a golpes leves y repetidos, y jamás dejaba de recomendar a los verdugos, que lo conocían bien, *que hiriesen de modo que se sintieran morir.* Habiendo mandado al suplicio un hombre por otro, a causa de un error de nombre, dijo: *Este lo ha merecido también.* Incesantemente tenía en la boca estas palabras de una tragedia: *Que me odien con tal que me teman.* Injurió con frecuencia a todos los senadores a la vez, llamándoles o bien hechuras de Seyano, o bien delatores de su madre y de sus hermanos, y mostrando los documentos que había fingido arrojar al fuego, justificaba la crueldad de Tiberio, porque aquellas acusaciones decía, la hicieron necesaria. Hablaba mal continuamente del orden ecuestre, a causa de su pasión por los juegos y espectáculos. Enfurecido, viendo a la multitud favorecer en el Circo a un partido al que era él contrario, exclamó: *¡Lástima que no tenga el pueblo romano una sola cabeza!* En ocasión en que reclamaban para la arena a un criminal llamado Tetrinio, dijo: *que los que lo pedían eran también Tetrinios.* Cinco reciarios, de los que visten túnica y combaten en grupo, habían sido derribados sin oponer resistencia por otros tantos gladiadores completamente armados; cuando se pronunciaba ya la sentencia de su muerte, uno de los vencidos, empuñando de nuevo el tridente, mató a todos los vencedores. Calígula deploró en un edicto aquella inesperada y espantosa matanza y execró a los que habían consentido en presenciarla.

XXXI. Se le oyó lamentar en más de una ocasión de que no hubiese ocurrido en su reinado ninguna calamidad pública, mientras que el de Augusto se distinguía por la derrota de Varo y el de Tiberio por la caída del anfiteatro de Fidena. Al suyo, decía, le amenazaba el olvido por demasiado feliz, y deseaba a menudo sangrientas derrotas, hambres, pestes, vastos incendios y terremotos.

XXXII. Su ferocidad se manifestaba incluso en medio de sus placeres, juegos y festines. Muchas veces daban tormento en presencia suya mientras comía o se entregaba a orgías con sus amigos; un soldado experto en cortar cabezas ejercía delante de él su habilidad con todos los prisioneros que le presentaban. Cuando dedicó el puente de Puzzola, del que ya hemos hablado, invitó a los que estaban en la orilla a reunirse con él, e inesperadamente mando arrojarlos a todos abajo. Algunos se agarraron a los barcos y los hizo echar al mar a golpes de garfios y remos. Durante una comida pública, en Roma, un esclavo arrancó de un lecho una hoja de plata; Calígula mandó en el acto al verdugo que le cortase las manos, se las colgase al cuello y lo pasease así por todas las mesas con un cartel que explicase la causa del castigo. En ocasión en que se ejercitaba en la esgrima con un gladiador mirmillón armado como él con una varilla, este cayó al suelo involuntariamente; Calígula lo atravesó de una puñalada y corrió por todas partes con una palma en la mano, como los vencedores del anfiteatro. Durante un sacrificio y en el momento en que iba a ser inmolada la víctima, se ciñó como los sacrificadores, y cogiendo el mazo, dio muerte al que presentaba el cuchillo sagrado. En medio de un espléndido festín comenzó de pronto a reír a carcajadas; dos cónsules sentados a su lado, le preguntaron con acento adulador de qué reía: *Es que pienso,* contestó, *que puedo con una señal hacer estrangular a ustedes dos.*

XXXIII. Cierto día se colocó por burla al lado de la estatua de Júpiter y preguntó al trágico Apeles cuál de los dos le parecía más grande, y como vacilase en contestar, le hizo azotar acto seguido, haciéndole notar entonces que tenía la voz agradable y hermosa en las súplicas y hasta en los gemidos. Cuantas veces besaba el cuello de su esposa o de su amante, decía: *Esta hermosa cabeza caerá en cuanto yo quiera;* y muchas veces repetía *que mandaría dar tormento a su querida Cesonia, a fin de saber de ella misma por qué la amaba tanto.*

XXXIV. Su envidiosa malignidad, su crueldad y su orgullo se extendían a todo el género humano y a todos los siglos. Derribó las estatuas de los grandes hombres, que Augusto había trasladado del Capitolio, donde había poco espacio, al vasto recinto del campo de Marte, y dispersó de tal manera los restos, que cuando quisieron restaurarlas no pudieron encontrarse completas las inscripciones con que estaban adornadas. Prohibió que en adelante se pudiese labrar sin orden o autorización suya la estatua de ningún hombre vivo. Quiso asimismo destruir los poemas de Homero, y preguntaba: *¿Por qué no había de poder hacer yo lo que hizo Platón, que lo desterró de su República?* Poco faltó para que hiciese desaparecer de todas las bibliotecas las obras y efigies de Virgilio y Tito Livio, diciendo, *que el uno carecía de ingenio y de saber, y el otro era historiador locuaz e inexacto.* Más de una vez se le escuchó vanagloriarse, en fin, de convertir muy pronto en inútil y despreciable toda la ciencia de los jurisconsultos, *constituyéndose en único árbitro y juez.*

XXXV. Prohibió a los romanos más nobles las antiguas distinciones de sus familias: a Torcuato, el collar; a Cincinato, el pelo rizado; a Cn. Pompeyo, que pertenecía a esta antigua familia, el nombre de Grande. Había llamado a Roma al rey Ptolomeo, de quien antes hablé y lo recibió con mucho agasajo; pero un día en que daba juegos lo hizo matar de improviso, por el solo delito de haber llamado la atención general al entrar en el teatro, por el brillante color púrpura de su manto. Si encontraba un hombre cuya hermosa cabellera realzaba su apostura, en el acto mandaba afeitarle la parte posterior del cráneo. Había un tal Esio Próculo, hijo de un centurión primipilario, que por su belleza y estatura había recibido el nombre de *Colosseros (Amor coloso);* viole un día Calígula en un banco del anfiteatro y lo hizo bajar en el acto a la arena, oponiéndole en primer lugar un tracio y después un gladiador completamente armado; Próculo los venció a los dos, pero el emperador mandó inmediatamente agarrotarlo y cubrirlo de harapos. Mandó luego que lo paseasen así por las calles, mostrándolo a las mujeres, y por último degollarlo. No había condición tan baja ni fortuna tan modesta que pudiese ponerse a cubierto de su envidioso odio. Hacía muchos años que estaba el mismo sacerdote en posesión del sacerdocio de Diana de Aricia, y Calígula le suscitó un competidor mucho más robusto que él. A un gladiador llamado Prío, que después de brillante victoria manumitió en el Circo a un esclavo suyo, el pueblo le aplaudió con entusiasmo; disgustado Calígula, salió tan apresuradamente del espectáculo que, pisándose la toga, cayó desde lo alto de las gradas, y exclamó con indignación que *el pueblo-rey honraba más a un gladiador por un fútil motivo que la sagrada memoria de los césares, en la misma presencia del emperador.*

XXXVI. Nunca cuidó de su pudor ni del ajeno; y se cree que amó con amor infame a M. Lépido, al payaso Mnester y a algunos rehenes. Valerio Catulo, hijo de un consular, le censuró públicamente haber abusado de su juventud hasta lastimarle los costados. Aparte de sus incestos con sus hermanas y de su conocida pasión por la cortesana Pirralis, no respetó a ninguna mujer distinguida. Lo más frecuente era que las invitase a comer con sus esposos, las hacía pasar y volver a pasar delante de él, las examinaba con la minuciosa atención de un mercader de esclavas y si alguna bajaba la cabeza por pudor, se la levantaba él con la mano. Llevaba luego a la que le gustaba más a una habitación inmediata y volviendo después a la sala del festín con las recientes señales del deleite elogiaba o criticaba en voz alta sus bellezas o sus defectos, y hacía público hasta el número de actos. Repudió alguna en nombre de sus maridos ausentes e hizo inscribir estos divorcios en los anales públicos.

XXXVII. En sus despilfarros superó la extravagancia de los más pródigos. Ideó una nueva especie de baños, de manjares extraordinarios y de banquetes monstruosos; se lavaba con esencias unas veces calientes y otras frías, tragaba perlas de crecido precio disueltas en vinagre; hacía servir a sus convidados panes y manjares condimentados con oro, diciendo *que era necesario ser económico o césar.* Durante muchos días arrojó al pueblo, desde lo alto de la basílica Julia, una enorme cantidad de moneda pequeña. Hizo construir naves liburnesas de diez filas de remos, con velas de diferentes colores y con la popa guarnecida con piedras preciosas. Encerraban estas naves, baños, galerías y comedores, gran variedad de vides y árboles frutales. En ellas costeaba la Campania, muellemente acostado en pleno día, en medio de danzas y músicas. Para la edificación de sus palacios y casas de campo, no tenía en cuenta ninguna de las reglas, y nada ambicionaba tanto como ejecutar lo que se consideraba irrealizable. Construía diques en mar profundo y agitado; hacía dividir las rocas más duras; elevaba llanuras a la altura de las montañas y rebajaba los montes a nivel de los llanos; hacía todo esto con increíble rapidez, y castigando la lentitud con pena de muerte. Para decirlo de una vez, en menos de un año disipó los inmensos tesoros de Tiberio César, que ascendían a dos mil setecientos millones de sestercios.

XXXVIII. Cuando hubo agotado los tesoros y se vio reducido a la pobreza, recurrió a la rapiña, mostrándose fecundo y sutil en los medios que empleó: como el fraude, las ventas públicas y los impuestos. Pretendía que aquellos cuyos antepasados habían obtenido para ellos y sus descendientes el derecho de ciudadanía romana, lo disfrutaban ilegalmente si no lo habían recibido de sus padres, pues la palabra *descendientes* no podía alcanzar, según él más allá de la primera generación; cuando le presentaban diplomas firmados por Julio César o Augusto, los anulaba como títulos viejos y sin valor. Persiguió por declaración falsa a aquellos cuyo caudal había aumentado de cualquier manera, y por poco que fuese, después de la época en que habían dado la relación. Rescindió, por causa de ingratitud, los testamentos de todos los primipilarios que desde el principio del reinado de Tiberio no habían dejado su herencia ni al emperador ni a él. Anulaba también los de los demás ciudadanos, cuando declaraba cualquiera que el testador había manifestado al morir deseos de que fuese el césar su heredero. Dada de este modo la alarma, personas desconocidas lo llamaron abiertamente a la sucesión con sus amigos, padres con sus hijos. Entonces decía que era ridículo vivir después de haberlo nombrado heredero, y enviaba a la mayor parte de ellos pasteles envenenados. No subía como juez a su tribunal sino después de haber fijado la cantidad que quería recoger, y en cuanto la recaudaba hacía levantar la sesión. Impaciente siempre por irse, condenó una vez en una sola sentencia a más de cuarenta ciudadanos acusados de diferentes delitos, y despertando a Cesonia, se alabó de haber ganado su jornal mientras ella dormía la siesta.

XXXIX. Hizo reunir un día lo sobrante del material de todos los espectáculos, y lo hizo exponer y anunciar su venta en subasta; fijó él mismo los precios, y tanto los hizo subir, que algunos ciudadanos obligados a comprar, viéndose arruinados, se abrieron las venas. Es cosa sabida que viendo a Aponio Saturnino que dormitaba en un banco, dijo al pregonero que aquel antiguo pretor le hacía señas con la cabeza de que continuaba pujando, y no cesó de subir el precio hasta que le hizo adjudicar sin saberlo él trece gladiadores en nueve millones de sestercios. Vendía en la Galia las alhajas, muebles, esclavos y hasta los libertos de los aliados sobre los que había recaído sentencia condenatoria, obteniendo con ello cantidades inmensas. Seducido por el cebo de la ganancia, mandó llevar de Roma todo el mobiliario de la antigua corte y requisó para el transporte de aquellos objetos todos los carruajes de alquiler y todos los caballos de los molineros, de manera que con frecuencia faltó el pan en Roma; la mayor parte de los litigantes, que no pudieron asistir a la asignación, incurrieron, por ausencia, en la pérdida de la acción. No hubo fraude ni artificio que no emplease en la venta de aquellos muebles, censurando a algunos compradores su avaricia, preguntando a otros *si no se avergonzaban de ser más ricos que él,* y fingiendo a veces prodigar de aquella manera a particulares lo que había pertenecido a príncipes. Supo que un rico habitante de una provincia había dado doscientos sestercios a los nomencládores de su cámara para ser admitido a la mesa sin estar oficialmente convidado. No sintió que se hubiese pagado a tan alto precio el honor de comer con él, y a la mañana siguiente, viendo al mismo individuo sentado en la sala de ventas, le adjudicó por doscientos mil sestercios alguna bagatela, haciendo decirle *que cenaría con el césar por invitación oficial.*

XL. Hizo satisfacer impuestos nuevos, desconocidos hasta entonces; los cobraban primero los recaudadores públicos; luego, siendo inmensa la ganancia, lo hacían los centuriones de las tribus de la guardia pretoriana; no hubo persona ni cosa a que no se impusiese gravamen. Estableció un impuesto fijo sobre todos los comestibles que se vendían en Roma; exigió de los litigantes, donde quiera que se juzgase un pleito, la cuadragésima parte de la cantidad en litigio, y estableció penas contra aquellos a quienes se comprobara que habían transigido o desistido de sus pretensiones; a los mozos de carga se los gravó con el octavo de su ganancia diaria, a las prostitutas con el precio de uno de sus actos, añadiendo a este artículo de la ley, que igual cantidad se exigiría de todos aquellos hombres y mujeres que vivían de la prostitución; hasta al matrimonio le señaló impuesto.

XLI. Se habían proclamado estos impuestos, pero no publicado, y como por ignorancia se cometían muchas contravenciones, se decidió al fin, por instancias del pueblo, a fijar en público su ley, pero la hizo escribir en letra tan menuda y la expuso en sitio tan estrecho, que no pudieron sacarse copias. Para obtener dinero de todo, estableció un lupanar en su propio palacio; se construyeron gabinetes y los amueblaron según la dignidad del sitio; y los ocupaban constantemente mujeres casadas e hijas de familia, y los nomenclátores iban a las plazas públicas y a los alrededores de los templos, invitando al placer a los jóvenes y a los ancianos. A su entrada les prestaban a un exorbitante interés cierta cantidad, y se tomaban ostensiblemente sus nombres como para honrarlos por contribuir al aumento de las rentas del César. No desdeñaba tampoco los provechos del juego, pero sus beneficios más cuantiosos procedían del fraude y del perjurio. Un día encargó al que tenía a su lado que jugase por él, y yendo a colocarse en la puerta de su palacio, hizo apoderarse inmediatamente de dos ricos caballeros romanos que pasaban, les confiscó los bienes y entró alegremente, vanagloriándose de no haber sido nunca tan afortunado.

XLII. Cuando nació su hija, se quejó de ser pobre y de sucumbir a la vez bajo el peso del Imperio y de la paternidad, con lo cual quería indicar que habían de contribuir para criar y dotar aquella niña. Anunció por un edicto que admitiría regalos al principio del año, y el día de las calendas de enero se colocó en la entrada de su palacio, recibiendo personalmente el dinero que gran número de personas de toda condición arrojaron delante de él a manos llenas. En los últimos tiempos, su pasión por la riqueza había degenerado en verdadero frenesí hasta el punto de pasearse descalzo sobre inmensos montones de oro, colocados en un vasto salón, revolcándose otras veces sobre ellos.

XLIII. No soportó más que una vez las fatigas militares y aun esta sin desearlo. Había ido, en efecto, a ver el río Clitumno y el bosque inmediato, y avanzó desde allí hasta Mesania; le aconsejaron en aquel lugar que completara la guardia bátava que entonces le rodeaba, y enseguida emprendió la expedición de Germania. Sin perder momento, mandó venir de todos lados legiones y tropas auxiliares; hizo levas rigurosísimas; ordenó todo género de bastimentos en cantidades nunca vistas y se puso en marcha caminando unas veces con tal rapidez que, para seguirle, las cohortes pretorianas se veían obligadas a cargar las enseñas en bagajes, en contra de la costumbre; en otras lo hacía con tanta flojedad y molicie que se hacía llevar por ocho esclavos en un litera, y los habitantes de los pueblos vecinos recibían orden de barrer los caminos y regarlos para que no se levantase polvo.

XLIV. Cuando llegó al campamento quiso mostrarse como un general rígido y severo; despidió ignominiosamente a los legados que habían acudido tarde con las tropas que debían llegar; revistó al ejército, y con el pretexto de que estaban viejos y extenuados, licenció a la mayor parte de los centuriones primipilarios que se encontraban en edad madura, aun cuando faltaban a algunos muy pocos días para cumplir su tiempo. Acusó a otros de avaricia, y redujo a seis mil sestercios el premio de los veteranos. Todas sus hazañas se redujeron a fin de cuentas a recibir la sumisión de Adminio, hijo de Cimbelino, rey de los bretones, el cual, expulsado por su padre, vino a refugiarse a su lado acompañado de un reducido séquito. Entonces, como si hubiese subyugado toda Bretaña, escribió a Roma pomposas cartas y mandó a los correos que fuesen en carro al Foro y al Senado, entregándolas solo en manos de los cónsules y en el templo de Marte, en presencia de todos los senadores.

XLV. Poco después, no teniendo a quién combatir, hizo pasar al otro lado del Rin a algunos germanos de su guardia con orden de ocultarse y de venir después a anunciarles atropelladamente, después de comer, que se acercaba el enemigo. Así lo hicieron: y lanzándose al bosque inmediato con sus amigos y una parte de los jinetes pretorianos, hizo cortar árboles, los adornó con trofeos, y regresó a su campamento a la luz de las antorchas, censurando de tímidos y cobardes a los que no lo habían seguido. Por el contrario, los que habían contribuido a su victoria recibieron de su mano una nueva especie de corona, a la que dio el nombre de *exploratoria,* y en la que estaban representados el sol, la luna y las estrellas. En otra ocasión hizo sacar de una escuela a algunos jóvenes rehenes, les mandó marchar secretamente y abandonando de pronto una reunión numerosa de convidados, los persiguió con la caballería como fugitivos, los alcanzó y los trajo cargados de cadenas, porque también en esta repugnante comedia había de violar las leyes de la humanidad. Volvió, enseguida a ocupar su sitio en el festín, y habiendo llegado soldados a anunciarle que la tropa estaba reunida, los hizo sentar a la mesa, armados como estaban y los exhortó, citando un verso célebre de Virgilio, *a vivir y conservarse para tiempos mejores.* Desde el campamento reconvino a los senadores en un severo edicto, *porque solamente pensaban en la mesa, circo, teatro y en agradables partidas de campo, mientras el césar estaba peleando.*

XLVI. Por último, se adelantó hacia las orillas del océano a la cabeza del ejército, con gran provisión de balistas y máquinas de guerra y cual si proyectase alguna grande empresa; nadie conocía ni sospechaba su designio, hasta que de improviso mandó a los soldados recoger conchas y llenar con ellas sus cascos y ropas, llamándolas *despojos del océano debidos al Capitolio y al palacio de los césares.* Como testimonio de su victoria construyó una altísima torre en la que por las noches, y a manera de faros, encendieron luces para alumbrar la marcha de las naves. Prometió a los soldados una gratificación de cien dineros por cada uno, y como si su gesto fuese el colmo de la generosidad, les dijo: *Marchen contentos y ricos.*

XLVII. Después de esto se ocupó en los preparativos de su triunfo; eligió y reservó para esta ceremonia, además de los prisioneros y fugitivos bárbaros, a todos los galos que encontraba más altos y robustos, y como decía él mismo en griego *los más triunfales,* y entre ellos algunos de sus jefes. Los obligó a dejarse crecer el cabello, a teñírselo como el de los germanos, a vestir su traje y hasta aprender su idioma. Mandó también que llevasen a Roma, por tierra, las galeras trirremes con que entró en el océano, y escribió a sus mayordomos que le preparasen el triunfo más esplendente que jamás se hubiese visto, y el menos costoso para él, atendiendo a que tenía derecho sobre los bienes de todos.

XLVIII. Antes de partir de la provincia de las Galias, concibió el abominable proyecto de aniquilar las legiones que se habían sublevado tras la muerte de Augusto, y que tuvieron sitiados a su padre Germánico y a él mismo, niño a la sazón. Costó mucho disuadirlo de proyecto tan odioso, pero nada pudo impedirle que diezmase a tales soldados. Les mandó entonces reunirse sin armas y hasta sin espadas con el pretexto de arengarlos, y los hizo rodear por la caballería. Pero viendo que la mayor parte de ellos, sospechando su designio, huían por todos lados para recoger sus armas y prepararse a la resistencia, suspendió el discurso y tomó al punto el camino de Roma, proyectando toda su cólera contra el Senado, al que amenazó abiertamente con el fin de distraer la atención pública del vergonzoso espectáculo de su conducta. Se quejaba, entre otras cosas, de que no hubiesen decretado el triunfo de que era merecedor, cuando él mismo, poco tiempo antes, había prohibido bajo pena de muerte que jamás se tratase de tributarle honores.

XLIX. Cuando los emisarios del Senado fueron a suplicarle que apresurara su regreso: *Iré, sí, iré, y esta conmigo,* dijo golpeando la empuñadura de la espada que llevaba ceñida. Añadió aún que solo volvía para los que lo deseaban, para los caballeros y para el pueblo, pero que los senadores no encontrarían en él ni ciudadano ni príncipe. Prohibió además que ninguno de ellos saliese a recibirlo, y, rechazando el triunfo o aplazándolo, hizo su entrada en Roma, solo con los honores de la ovación, el día del aniversario de su nacimiento. Cuatro meses después perecía, meditando todavía mayores atrocidades que cuantas había cometido hasta allí. Quiso primero retirarse a Anzio y hasta a Alejandría, después de hacer matar a los ciudadanos más dignos de los dos primeros órdenes. No es posible poner esto en duda, ya que se encontraron entre sus escritos dos, con los títulos: *La espada* el uno, y *El puñal* el otro, y que eran relaciones con notas de los que destinaba a la muerte. También se encontró en su palacio un cofre grande que contenía gran cantidad de diferentes venenos; Claudio mandó arrojarlos al mar, que quedó, según dicen, de tal manera emponzoñado, que el flujo arrojó a la playa gran cantidad de peces muertos.

L. Era Calígula de elevada estatura, pálido y grueso; tenía las piernas y el cuello muy delgados, los ojos hundidos, deprimidas las sienes; la frente ancha y abultada, escasos cabellos, con la parte superior de la cabeza enteramente calva y el cuerpo muy velludo. Por esta razón era delito capital mirarlo desde lo alto cuando pasaba, o pronunciar, con cualquier pretexto que fuese, la palabra *cabra.* Su rostro era naturalmente horrible y repugnante, pero él procuraba hacerlo aún más espantoso, estudiando delante de un espejo los gestos con que podría provocar más terror. No estaba sano de cuerpo ni de espíritu; atacado de epilepsia desde sus primeros años, no dejó por ello de mostrar ardor en el trabajo desde la adolescencia, aunque padeciendo síncopes repentinos que le privaban de fuerza para moverse y estar en pie, y de los que se recuperaba con dificultad. Conocía su enfermedad y había pensado más de una vez en curarse buscando para ello un oculto retiro. Se cree que Cesonia le dio un filtro para que la amara, que no produjo otro efecto que el de volverlo furioso. Lo excitaba especialmente el insomnio, porque nunca conseguía dormir más de tres horas y ni siquiera estas con tranquilidad, pues era turbado por extraños sueños en uno de los cuales creía que le hablaba al mar. Así la mayoría de las noches, cansado de velar en su lecho, se sentaba a la mesa o paseaba por vastas galerías esperando e invocando la luz.

LI. A tales extravíos del espíritu ha de atribuirse sin duda la reunión en este emperador de dos defectos muy opuestos; confianza excesiva y excesiva cobardía. Este mismo hombre que tanto despreciaba a los dioses, cerraba los ojos y se envolvía la cabeza al más leve relámpago y al trueno más insignificante, y cuando aumentaba el estruendo se escondía debajo de su lecho. En cierto viaje a Sicilia, después de hacer burla de muchos milagros que se celebraban, huyó temblando de Mesina una noche que el Etna echaba humo y dejaba oír sordos murmullos. Continuamente profería amenazas terribles contra los bárbaros, pero un día se encontraba en un estrecho camino al otro lado del Rin, en medio de sus tropas agrupadas en torno de su carro; dijo uno en aquel momento *que no sería pequeña la alarma si de improviso se presentase el enemigo.* Calígula montó, en el acto, a caballo y huyó hacia el río a galope tendido; encontró allí el puente obstruido por los bagajes y criados del ejército, y en su impaciencia, decidió hacerse transportar a brazo, pasándoselo uno a otro por encima de la cabeza. Poco tiempo después, hablándose de cierta sublevación de la Germania, no pensó más que en huir, e hizo equipar naves, no teniendo otro consuelo, según decía, que la esperanza de conservar al menos las provincias de ultramar, si los vencedores se apoderaban de los Alpes, lo que, a mi parecer, sugirió sin duda a sus asesinos la idea de decir a los soldados que comenzaban a amotinarse que Calígula se había suicidado al conocer la noticia de una derrota.

LII. Su ropa, su calzado y en general todo su traje no eran de romano, de ciudadano, ni siquiera de hombre. A menudo se le vio en público con brazalete y manto corto guarnecido de franjas y cubierto de bordados y piedras preciosas; se le vio otras veces con sedas y túnica con mangas. Por calzado, usaba unas veces sandalias o coturno, y otras botas militares; algunas veces calzaba zueco de mujer. Se presentaba con frecuencia con barba de oro, blandiendo en la mano un rayo, un tridente o un caduceo, insignias de los dioses, y algunas veces se vestía también de Venus. Hasta el momento de su expedición a Germania llevó asiduamente los ornamentos triunfales, y no era raro verlo con la coraza de Alejandro Magno, que había mandado sacar del sepulcro de este príncipe.

LIII. En cuanto a los estudios liberales, se aplicó muy poco a la erudición y bastante a la elocuencia. Era de palabra abundante y fácil, sobre todo cuando peroraba contra alguno. La cólera le inspiraba abundantemente ideas y palabras, y el tono de su voz y la pronunciación respondían entonces a la pasión; no podía permanecer quieto, y su palabra llegaba hasta a los oyentes más lejanos. Cuando tenía que hablar en público, decía con acento amenazador *que iba a lanzar los dardos de sus vigilias.* Despreciaba hasta tal punto la elegancia y adornos de estilo, que llamaba a las obras de Séneca, el escritor en boga entonces, *puras amplificaciones de escuela y arena sin cimiento.* Ordinariamente contestaba por escrito a los oradores cuyos discursos habían alcanzado más éxito. Cuando habían de ser juzgados en el Senado acusados ilustres, meditaba oraciones en pro y en contra, y según el efecto que esperaba de ellas, los condenaba o los salvaba, pronunciando uno u otra. Este día invitaba por edicto a todo el orden ecuestre a acudir a oírlo.

LIV. Practicó con increíble ardor otras artes muy diferentes. Fue sucesivamente gladiador, auriga, cantor y bailarín; esgrimió en la arena con armas de combate y guio carros en un circo en el que habían reunido obstáculos de todas clases. Era tan apasionado por el canto y el baile, que en el espectáculo no podía dominarse y cantaba delante de todos con el actor trágico que estaba en escena, imitando todos los gestos del histrión como para aplaudirle o reprenderlo. Se supone que no tuvo otro motivo, el día en que lo mataron, para indicar una velada general, que el deseo de presentarse en la escena con más seguridad a favor de la oscuridad. También era esta la hora que elegía para bailar. Cierta vez hizo llamar a palacio a medianoche a tres consulares, que llegaron sobrecogidos de terror; los hizo colocarse en su teatro, y de pronto entre un gran estrépito, al son de flautas y de sandalias sonoras, con el manto flotante y la túnica de los actores, apareció él en escena; enseguida bailó y se retiró. Este hombre que había aprendido tantas cosas, no sabía nadar.

LV. Su pasión por los que le agradaban llegaba casi a la locura. Al payaso Mnester lo besaba en pleno teatro, y si mientras bailaba este histrión, alguien hacía el más leve ruido, ordenaba llevar a su presencia al perturbador y lo azotaba por su mano. Cierto día mandó a un centurión que dijese a un caballero romano que hacía ruido, que partiese en el acto para Ostia y llevase de su parte una carta al rey Ptolomeo, en Mauritania. En la carta decía solo: *No hagas bien ni mal al que te envío.* Favoreció a los gladiadores llamados tracios y puso incluso a algunos al frente de su guardia germánica; pero persiguió a los mirmilones hasta quitarles la armadura. Uno de estos, llamado Columbo, salió vencedor en un combate, aunque ligeramente herido; Calígula introdujo en la herida un veneno al que después llamó *Columbiano* en memoria de este hecho. Por lo menos con este nombre escrito de su mano se le encontró entre los otros. Era tan adicto al partido de los Verdes que comía con frecuencia con ellos en su caballeriza y dormía allí. Un día al auriga Eutiquio, como regalo de mesa después de una orgía, le dio un millón de sestercios. Quería tanto a un caballo que tenía, llamado *Incitatus,* que la víspera de las carreras del circo mandaba soldados a imponer silencio en la vecindad, para que nadie turbase el descanso de aquel animal. Hizo construirle una caballeriza de mármol, un pesebre de marfil, mantas de púrpuras y collares de perlas; le dio casa completa, con esclavos, muebles, y todo lo necesario, para que aquellos a quienes en su nombre invitaba a comer con él, recibiesen magnífico trato, y hasta se dice que le destinaba el consulado.

LVI. Estas extravagancias y horrores llevaron a algunos ciudadanos a concebir el proyecto de quitarle la vida; se descubrieron dos conjuraciones, y mientras otros conspiradores vacilaban por falta de oportunidad, dos romanos se comunicaron su designio, y puestos de acuerdo, lo llevaron a ejecución. Favoreciéndolos ocultamente sus libertos más poderosos y los prefectos del Pretorio, que nombrados ya, aunque injustamente, como cómplices de una conspiración, sabían que eran ya sospechosos y que se los odiaba. Calígula los había reconvenido, en efecto, en particular con suma acritud y dureza, y desenvainando la espada, les había dicho *que estaba pronto a darse la muerte si creían que la merecía;* y desde entonces no había cesado de acusarlos y de excitar contra ellos el máximo odio y las sospechas. Se acordó atacarlo al mediodía, a la salida del espectáculo de los juegos palatinos. Casio Querea, tribuno de una cohorte pretoriana, quiso ser el que descargase el primer golpe, pues Calígula insultaba sin cesar su vejez y nunca le dirigía más que palabras ultrajantes, tratándole de cobarde y afeminado. Si se presentaba a pedirle la consigna, le contestaba *Príapo* o *Venus;* si el tribuno se adelantaba a darle gracias por algo, él le presentaba la mano a besar en forma y con movimientos obscenos.

LVII. Muchos prodigios anunciaron su muerte. En Olimpia, la estatua de Júpiter, que había mandado quitar y trasladar a Roma, lanzó tal carcajada cuando la tocaron, que cayeron las máquinas, huyendo espantados los obreros. Se presentó después un tal Casio, quien dijo haber recibido en sueños orden de sacrificar un toro a Júpiter. El día de los idus de marzo cayó un rayo sobre el Capitolio de Capua y otro en el templo de Apolo Palatino en Roma; se dedujo de ello, en primer lugar, que a un grande le amenazaba gran peligro por parte de sus guardias, y también que iba a realizarse un asesinato ruidoso como el que se había cometido en otro tiempo en igual día. El astrólogo Sila, consultado por Calígula acerca de su horóscopo, le anunció como próxima e inevitable una muerte violenta. Los oráculos de Anzio le advirtieron *que se guardase de Casio;* por causa de este aviso mandó matar a Casio Longino, procónsul entonces de Asia, olvidando que Querea se llamaba también Casio. La víspera de su muerte soñó que había estado en el cielo al lado del trono de Júpiter y que el dios, empujándolo con el dedo grueso del pie derecho, lo había despedido a la tierra. También fueron considerados como prodigios muchas cosas que la casualidad produjo aquel mismo día. Durante un sacrificio, fue rociado con la sangre de un flamenco; el histrión Mnester representó una tragedia que el actor Neoptolemo había representado en otro tiempo el día en que mataron a Filipo en Macedonia; en la pantomima titulada *Laureolo,* en la que el actor vomita sangre al salir de entre las ruinas de un edificio, muchos de los que desempeñaban las segundas partes, queriendo demostrar su habilidad, la vomitaron también, quedando inundado el escenario; la noche que siguió a su muerte, se había, en fin, preparado un espectáculo en el que egipcios y etíopes debían representar asuntos de los infiernos.

LVIII. El 9 de las calendas de febrero, cerca de la hora séptima, mientras dudaba si se levantaría para comer, porque tenía el estómago cargado aún de la comida de la víspera, lo decidieron a hacerlo sus amigos y salió. Tenía que pasar por una bóveda, donde ensayaban entonces algunos niños pertenecientes a las primeras familias del Asia y que él había hecho acudir para desempeñar algunos papeles en los teatros de Roma. Se detuvo a contemplarlos y exhortarlos a hacerlo bien, y retrocedió para disponer que comenzase el espectáculo. No están de acuerdo todos acerca de lo que sucedió después: según unos, mientras hablaba con los niños, Querea, colocado a su espalda, lo hirió violentamente en el cuello con la espada, gritando: *¡Haced lo mismo!* y en el acto el tribuno Cornelio Sabino, otro conjurado, le atravesó el pecho. Pretenden otros que Sabino, después de separar a todos por medio de centuriones que pertenecían a la conjuración, había, según costumbre, preguntado a Calígula la consigna, y que habiéndole dicho este *Júpiter,* exclamó Querea: *Recibe una prueba de su cólera;* y le descargó un golpe en la mandíbula en el momento en que volvía la cabeza hacia él. Derribado al suelo y replegado sobre sí mismo, gritó que vivía aún, pero los demás conjurados le dieron treinta puñaladas. La consigna de estos era *¡Repite!,* y hasta hubo uno que le hundió el hierro en los órganos genitales. Al primer ruido acudieron a auxiliarlo sus porteros con los bastones, así como también los soldados de la guardia germánica, que dieron muerte a varios de los asesinos y hasta a dos senadores inocentes del crimen.

LIX. Vivió Calígula veintinueve años y reinó tres años, diez meses y ocho días. Su cadáver fue llevado en secreto a los jardines Lamianos, lo chamuscaron en una pira improvisada, y lo enterraron luego cubriéndole con un poco de césped. Más adelante sus hermanas, vueltas del destierro, lo hicieron exhumar, lo quemaron y dieron sepultura a sus cenizas. Se asegura que hasta esta época aparecieron fantasmas a los guardias de aquellos jardines, y por la noche, en la casa donde lo asesinaron resonaban espantosos ruidos. Su esposa Cesonia murió al mismo tiempo que él, asesinada por un centurión; a su hija la estrellaron contra una pared.

LX. Para dar una idea de aquellos tiempos, diremos solo que al principio todos rehusaron prestar crédito a la noticia de su muerte, suponiendo que Cayo había hecho correr el rumor para reconocer, mediante este artificio, los sentimientos que inspiraba. Los conjurados no destinaron el Imperio a nadie, y el Senado quería tan unánimemente restablecer la libertad, que los cónsules no lo convocaron al principio en la sala ordinaria porque se denominaba Julia, sino en el Capitolio. Hubo quien opinó por la abolición de la memoria de los césares y la destrucción de sus templos.

Se ha observado que todos los césares que habían llevado el nombre de Cayo, empezando por el que fue asesinado en tiempo de Cinna, perecieron por medio del hierro.

TIBERIO CLAUDIO DRUSO

I. Livia, que estaba ya encinta cuando se casó con Augusto, dio a luz tres meses después a Druso; llevó al principio el nombre de Nerón, y fue padre de César Claudio; pasó por ser fruto de adulterio de Livia y Augusto, lo cual dio ocasión a que circulase este verso griego: *A los hombres dichosos nacen hijos de tres meses.*

Durante su cuestura y su pretura tuvo un mando en la guerra de Recia y en la de Germania, siendo el primer general romano que navegó por el océano septentrional. Hizo abrir al otro lado del Rin canales de nueva forma y gran extensión, que aún hoy se llaman *Drusinas.* Infligió frecuentes derrotas al enemigo, rechazándole hasta sus bosques, y dejó solo de perseguirlo el día en que se le presentó una mujer de aquella nación de estatura más que humana, la cual hablándole en latín, le prohibió que llevase más adelante sus victorias. Sus hazañas obtuvieron por recompensas la ovación y ornamentos triunfales. Al salir de la pretura fue nombrado cónsul, y habiendo reanudado sus expediciones, falleció de enfermedad en sus cuarteles de verano, llamados desde entonces *Scelerata.* Los principales ciudadanos de los municipios y las colonias llevaron su cadáver a Roma; las decurias de los secretos del Imperio salieron a recibirlo, enterrándole después en el campo de Marte. El ejército erigió en su honor un cenotafio, alrededor del cual debían ejercitarse anualmente los soldados en la carrera y hacer sacrificios solemnes los diputados de las ciudades de la Galia. El Senado, entre otros honores, le decretó un arco de triunfo en mármol, con trofeos, en la vía Apia, y el nombre de Germánico para él y sus descendientes. Dícese que era tan apasionado por la gloria como por la libertad; así, deseando siempre juntar a sus victorias el honor de despojos óptimos, perseguía a los jefes germánicos en el combate, sin reparar en los peligros, y nunca ocultó su anhelo de restablecer en cuanto pudiese la antigua República. Esta es, a mi parecer, la causa que ha movido a algunos autores a decir que se hizo sospechoso a Augusto; que este lo llamó a su presencia, pero viendo que vacilaba en acudir, se libró de él por medio del veneno. Me refiero a ello por no omitir ningún detalle, pero sin creer que sea verdadero ni verosímil. Augusto quiso tanto a Druso mientras vivió, que lo instituyó heredero, a la par de sus hijos, en todos sus testamentos, como declaró un día en el Senado. En el elogio público que hizo de él después de su muerte, suplicó a los dioses *que le diesen césares que se pareciesen a Druso y le concedieran a él mismo tan hermoso fin como a aquel*. Compuso, además, un epitafio en verso, que se grabó en su tumba; y escribió en prosa la historia de su vida. Druso había tenido muchos hijos de Antonia la menor, pero solo dejó tres: Germánico, Livia y Claudio.

II. Claudio nació en Lyon (fue el primer emperador romano nacido fuera de Italia), en las calendas de agosto, bajo el consulado de Julio Antonio y de Fabio Africano, el mismo día en que se dedicaba el altar consagrado a Augusto. Se llamó primeramente Tiberio Claudio Druso, y más adelante, cuando su hermano mayor pasó por adopción a la familia Julia, tomó el nombre de Germánico. Estaba todavía en la cuna cuando murió su padre, viéndose obligado durante casi todo el tiempo de su infancia y su juventud a luchar con diferentes y obstinadas enfermedades. Quedó con ellas tan débil de cuerpo y de espíritu que ni siquiera en edad más avanzada se le consideró apto para cualquier cargo público, ni tampoco para ningún negocio particular. Mucho después de haber terminado su minoría le dejaron bajo la autoridad de otros, sometido a la férula de un pedagogo; él mismo se lamenta en un escrito *de que hayan colocado a su lado un bárbaro palafrenero en otro tiempo, para hacerle soportar, bajo todo género de pretextos, infinidad de malos tratos*. En esta misma debilidad de su salud y de su razón estuvo también la causa de que, contra la costumbre establecida, presidiese con la cabeza cubierta el espectáculo de gladiadores que dio en unión de su hermano en memoria de su padre: y cuando vistió la toga viril, lo condujeron en litera al Capitolio, a medianoche y sin ceremonia alguna.

III. No dejó, a pesar de todo, de dedicarse durante su juventud al estudio de las letras griegas y latinas, y hasta se expresó muchas veces en público en ambas lenguas. A pesar de estas pruebas de saber, no pudo, sin embargo, conquistar ninguna consideración, ni infundir mejores esperanzas. Su madre Antonia lo llamaba *sombra de hombre, infame aborto de la naturaleza;* y cuando quería hablar de un imbécil, decía: *Es más estúpido que mi hijo Claudio.* Su abuela Livia sintió siempre hacia él un profundo desprecio; le dirigía la palabra muy raras veces, y si tenía algo que advertirle, lo hacía por medio de una carta lacónica y dura o de tercera persona. Su hermana Livila, habiendo oído decir que Claudio reinaría algún día, compadeció en alta voz al pueblo romano por estarle reservado tan infausto destino. En cuanto a lo que pensaba de él Augusto, nada mejor puedo hacer que citar los siguientes pasajes de sus cartas:

IV. *He hablado con Tiberio, según tu deseo, querida Livia, sobre lo que habrá que hacer con tu nieto Tiberio en las fiestas de Marte. Los dos creemos que debemos decidir de una vez sobre lo que atañe y no separarnos del acuerdo. Porque si tiene las cualidades requeridas y, por decirlo así, universales, no hay que vacilar en hacerle pasar gradualmente por los mismos honores que a su hermano. Si, por el contrario, le encontramos incapaz, si no goza de salud de cuerpo ni de espíritu, no hemos de exponernos al ridículo, ni exponerle a él ante los satíricos que todo lo toman a burla. Sería muy de lamentar, en el caso de que no hubiéramos decidido nada de antemano, tener que deliberar en cada periodo de su vida si puede o no desempeñar los empleos públicos. Sea de esto lo que quiera, en la ocasión presente no me opongo a que se siente a la mesa de los Pontificios, en las fiestas de Marte, con tal que tenga junto a él a su pariente, el hijo de Silano, que le impida cometer inconveniencias o ponerse en ridículo. Me parece inoportuno que asista a los juegos del Circo en lecho de ceremonia: se haría demasiado visible y se daría como un espectáculo él mismo. Tampoco creo que deba ir a sacrificar en el monte Albano, ni permanecer en Roma durante las fiestas Latinas, pues, a fin de cuentas, ¿por qué no se le había de encargar de algunas funciones en la ciudad, si compartiese las de su hermano en el monte? Ahora ya estás enterada de todas mis decisiones, querida Livia; añadiré aún que es preciso determinar para siempre nues-*

tra conducta con relación a él, a fin de no vacilar continuamente entre la esperanza y el temor. Si lo consideras conveniente, puedes dar a leer a Antonia esta parte de mi carta. En otra decía: *Durante tu ausencia, invitaré todos los días a mi mesa al joven Tiberio, a fin de que no coma solo con su Sulpicio y su Atenodoro. Quisiera que eligiese con más cuidado y menos negligencia un amigo cuya actitud, acción y compostura sirvan de ejemplo a ese pobre insensato. "No serán su ocupación los negocios del Estado", aunque cuando no está extraviado su espíritu, algunas veces hace recordar su nacimiento.* Y por último, en otra carta, dice todavía: *He oído declamar a tu nieto Tiberio, y no salgo de mi asombro. ¿Cómo puede hablar con tanta claridad en público, cuando de ordinario tiene la lengua tan entorpecida?* No puede dudarse de la determinación que tomó enseguida Augusto en relación a él. No le confirió ninguna dignidad, a no ser la del sacerdocio de los augurios; le asignó solo la sexta parte de su herencia y no le nombró más que en la tercera categoría de los herederos, casi entre los extraños; los legados que le hizo no pasaban de ochocientos mil sestercios.

V. Su tío Tiberio le concedió, a petición suya, los ornamentos consulares, pero como instaba para obtener enseguida el consulado, le escribió por toda contestación: *Te mando cuarenta piezas de oro para las Saturnales y Sigilarías.* Renunció, en consecuencia, a la esperanza de las dignidades, y tomó el partido de retirarse, viviendo unas veces en sus jardines o en su casa de campo inmediata a Roma, y otras en lo más apartado de la Campania, en compañía de los hombres más abyectos, añadiendo a su propia reputación de imbécil la vergonzosa fama de jugador y borracho.

VI. Pese a esta conducta, le dispensaron todavía algunas atenciones, y hasta le otorgaron muestras públicas de respeto. Dos veces le encargaron los caballeros que llevase por ellos la voz al frente de una diputación de su orden: la primera, cuando solicitaron de los cónsules el favor de trasladar en hombros hasta Roma el cuerpo de Augusto; la segunda, cuando fueron a felicitar a aquellos mismos magistrados por haber hecho justicia a Seyano; cuando hacía su entrada en el teatro, todos se levantaban y se quitaban el manto. También el Senado quiso agregarlo de manera extraordinaria a los sacerdotes de Augusto, que eran designados por suerte; quiso, además, hacer reconstruir a costa del Estado su casa destruida por un incendio y conferirle el derecho de emitir su opinión en el rango de los consulares. Tiberio hizo, sin embargo, revocar este decreto, alegando la incapacidad de Claudio, y prometiendo indemnizarle él mismo de sus pérdidas. Al morir, lo inscribió en la tercera categoría de sus herederos por la tercera parte de la herencia; le hizo, además, un legado de dos millones de sestercios, y lo recomendó expresamente a los ejércitos, al Senado y al pueblo romano entre los que más quería.

VII. Bajo su sobrino Cayo, que al principio de su reinado procuraba por todos los medios granjearse reputación, llegó finalmente Claudio a los honores siendo colega de aquel en el consulado durante dos meses. La primera vez que se presentó en el Foro con las fasces apareció un águila que se vino a posar en su hombro derecho. La suerte le asignó otro consulado para cuatro años después. Presidió algunas veces los espectáculos en sustitución de Cayo, y el pueblo lo saludaba entonces exclamando: *¡Prosperidad al tío del emperador; prosperidad al hermano de Germánico!*

VIII. Pero no por esto dejó de ser juguete de la corte. Si llegaba algo tarde a la cena, se le recibía con disgusto y se le dejaba que diese vueltas alrededor de la mesa buscando puesto; si se dormía después de la comida, cosa que le ocurría a menudo, le disparaban huesos de aceitunas y de dátiles, o bien se divertían los bufones en despertarlo como a los esclavos, con una palmeta o un látigo. Solían también ponerle en las manos sandalias cuando roncaba, para que al despertar bruscamente, se frotase la cara con ellas.

IX. En esta época pasó también por disgustos más graves. Durante su consulado, estuvo a punto de verse destituido por su negligencia en hacer colocar en Roma las estatuas de Nerón y de Druso, hermanos del César. Por otra parte, era constantemente objeto de delaciones por parte de su servidumbre y hasta de extraños. Fue enviado a Germania con los legados encargados de felicitar a Calígula por el descubrimiento de la conspiración de Lépido y de Gentílico, corriendo allí riesgo su vida, pues el emperador se sintió indignado de que hubiesen elegido a su tío como si se tratase de dar lecciones a un chiquillo. A causa de esto han pretendido algunos autores que a su llegada lo arrojaron vestido al Rin. A partir de entonces, fue siempre el último de los consulares para dar su parecer en el Senado, no preguntándoselo, para mortificarle, sino después de haberlo hecho a todos los demás. Esta Asamblea recibió, además, la acusación de falso testimonio de uno que él había firmado. Habiéndole, en fin, costado ocho millones de sestercios su ingreso en un sacerdocio nuevamente establecido, se encontró tan necesitado de dinero, que no pudiendo satisfacer sus débitos al Tesoro, sus bienes fueron puestos en venta conforme a las leyes de las hipotecas y según tasación de los prefectos del fisco.

X. Así pasó Claudio la mayor parte de su vida hasta la edad de cincuenta años, en que por uno de los más raros caprichos de la fortuna, se vio elevado al mando supremo. Cuando los asesinos de Calígula separaron a todos, con el pretexto de que el emperador quería estar solo, Claudio, alejado como los demás, se retiró a un pequeño comedor, llamado Hermeum. Sobrecogido de miedo, al primer rumor del asesinato se arrastró desde allí hasta una galería inmediata, donde permaneció oculto detrás del tapiz que cubría la puerta. Un soldado, que por casualidad llegó hasta allí, le vio los pies; quiso saber quién era; al reconocerlo lo sacó de aquel sitio. Claudio se arrojó a sus pies suplicándole que no lo matara; el soldado le saludó como emperador, lo llevó a sus compañeros todavía indecisos y estremecidos de cólera, los cuales lo colocaron en una litera, y como habían huido los esclavos, lo llevaron en hombros al campamento. Claudio estaba afligido y tembloroso, y los transeúntes lo compadecían como a víctima inocente que llevaban al suplicio. Fue recibido en la parte fortificada del campamento, y pasó la noche rodeado de centinelas, más tranquilo en cuanto al presente que para el futuro. Los cónsules y el Senado ocupaban, en efecto, el Foro y el Capitolio con las cohortes urbanas, queriendo absolutamente restablecer las libertades públicas. El mismo Claudio, citado por los tribunos del pueblo para que fuese al Senado a dar su opinión en aquellas circunstancias, contestó *que estaba retenido por la fuerza.* Pero a la mañana siguiente, el Senado, presa de divisiones y cansado de su papel, ya menos firme en la ejecución de sus designios; viendo que el pueblo que lo rodeaba pedía a gritos un jefe único, decidió nombrar a Claudio, recibiendo este, delante del pueblo reunido, los juramento del ejército. Prometió a cada soldado quince mil sestercios, siendo el primero de los césares que compró a precio de oro la fidelidad de las legiones.

XI. Ya establecido en el mando, fue su primer cuidado olvidar lo ocurrido en aquellos dos días en que se trató de cambiar la faz del Estado. Como primera medida, otorgó una amnistía general y completa, que observó religiosamente, exceptuando a algunos tribunos y centuriones complicados en la muerte de Cayo, a los cuales hizo ejecutar, tanto para escarmiento como porque se enteró que habían pedido también su muerte. Se ocupó después en los honores que deseaba tributar a los suyos; adoptó como el juramento más sagrado el que invocaba el nombre de Augusto; hizo decretar a su abuela Livia los honores divinos y en las pompas del Circo un carro arrastrado por elefantes, como el de Augusto. A sus padres les hizo decretar ceremonias fúnebres, y por su padre agregó juegos anuales en el Circo, el día del aniversario de su nacimiento, para su madre un carro, en el que debía pasearse su imagen en el Circo, y el dictado de Augusta, que se negó a aceptar en vida. Quiso honrar la memoria de su hermano, haciendo representar en Nápoles, en honor suyo y después de un concurso, una comedia griega premiada por él como la mejor, según dictamen de los jueces. Tributó pruebas también de gratitud y respeto a la memoria de Marco Antonio, declarando cierto día en un edicto *que deseaba tanto más ver célebre el nacimiento de su padre Druso, cuanto que en igual día había nacido su abuelo Antonio.* Terminó el arco de triunfo en mármol otorgado en otro tiempo a Tiberio por el Senado, situado cerca del teatro de Pompeyo, que estaba abandonado, y si bien es cierto que anuló todos los actos de Cayo, prohibió se contase en el número de los días festivos el de su muerte, aunque fue el primero de su mando.

XII. Sobrio en la elección de honores y en el ejercicio del poder, se abstuvo de usar el título de emperador y rehusó todas las distinciones que salieran de lo corriente. Celebró en su mansión los esponsales de su hija y el nacimiento de su nieta sin ostentación alguna y como simple ceremonia doméstica. No levantó ningún destierro sino por consejo de los senadores. Pidió como favor que le permitiesen acompañarlo al Senado al prefecto del Pretorio y los tribunos militares, y que se ratificasen allí las sentencias pronunciadas por sus delegados en los asuntos judiciales. Solicitó de los cónsules el derecho de establecer mercados en sus dominios privados. Asistió a menudo como simple consejero a los juicios que celebraban los magistrados; y cuando estos daban espectáculos, se levantaba, como todos, al verlos entrar y los saludaba con la voz y con la mano. Habiéndose presentado los tribunos del pueblo ante su tribunal, se disculpó con ellos por verse obligado, falto de espacio, a dejarlos hablar en pie. Semejante conducta le granjeó en poco tiempo el aprecio y cariño de los romanos hasta tal punto, que habiendo corrido el rumor de que en uno de sus viajes a Ostia había sido asesinado, el pueblo, consternado, abrumó de imprecaciones a los soldados como traidores y a los senadores como parricidas: estas acusaciones no cesaron hasta que los magistrados presentaron en la tribuna de las arengas a un ciudadano, y después otro, y otro, que aseguraron que Claudio vivía y que estaba por llegar a Roma.

XIII. A pesar de todo, durante su mando no se vio libre de asechanzas, amenazada su vida por conatos particulares, sediciones y finalmente por la guerra civil. Una noche se encontró a un hombre del pueblo con un puñal cerca de su lecho. Se sabe de dos caballeros romanos, armados con cuchillos de caza y estiletes, que lo esperaron para matarlo, el uno a la salida del teatro, y el otro durante un sacrificio en el templo de Marte, Asinio Galo, Asinio Polión y Tauro Stalilio Corvino, nietos de los oradores Polión y Mesala, intentaron una revuelta haciendo participar en ella a gran número de libertos y esclavos de Claudio. Furio Camilo Scriboniano, legado en Dalmacia, consiguió promover una guerra civil, pero fue derrotado en menos de cinco días, a causa de la defección de las legiones que habían violado su juramento y que se arrepintieron casi en el acto por escrúpulo religioso. En efecto, fuese casualidad, fuese voluntad de los dioses, cuando recibieron orden de ponerse en marcha para reunirse al nuevo emperador, no pudieron preparar las águilas ni arrancar las insignias.

XIV. Además de su antiguo consulado, Claudio fue investido cuatro veces con esta dignidad; las dos primeras sin interrupción, y las siguientes con cuatro años de intervalo. Conservó el último consulado seis meses, y dos solamente los otros. En el tercero sustituyó a un cónsul muerto, ejemplo nunca visto en un emperador. Pero fuese o no cónsul, administraba justicia con mucha asiduidad, hasta en los días consagrados, en su casa o en su familia, a alguna solemnidad, y algunas veces lo hizo incluso durante las fiestas establecidas por la religión desde remota antigüedad. No siempre se atenía a los términos de la ley, haciéndola más suave o más severa, según la justicia del caso o siguiendo sus impulsos; así estableció en su derecho de demandantes a los que lo habían perdido legalmente ante los jueces ordinarios por haber pedido demasiado, y acrecentando el rigor de las leyes, condenó a las fieras a los que quedaron convictos de fraudes muy graves.

XV. En sus informes y sentencias mostraba un carácter variable en manera: circunspecto y sagaz unas veces, inconsiderado en otras, y hasta extravagante. Cierto día en virtud de su autoridad, para el servicio de los tribunales, revistaba las decurias, y un ciudadano, a quien el número de hijos concedía el privilegio de no actuar, contestó al llamamiento, sin aducir la exención, Claudio le despidió como sospechoso de la manía de juzgar. A otro, interpelado delante de él por sus adversarios en asuntos que le atañía personalmente y que se excusaba pretendiendo que no incumbía al emperador sino a los jueces ordinarios, le ordenó que se defendiese en el acto, para obligarlo a reconocer en su propia causa la equidad con que juzgaría las otras. Una mujer se negaba a reconocer un hijo suyo; como por una y otra parte fuesen dudosas las pruebas, Claudio le mandó que se casase con el presunto hijo, obligándola de esta manera a confesarse madre suya. Ordinariamente daba razón a las partes presentes contra las ausentes, sin escuchar las excusas, legítimas o no, que podían presentar estas para justificar su ausencia. Como uno pidiera insistentemente que cortasen las manos a cierto falsificador, Claudio hizo venir al punto al verdugo con una cuchilla y el banquillo del suplicio. Se disputaba la cuestión, a fin de saber si aquel hombre debía defender su causa con toga romana o con manto griego; el emperador, creyendo en este caso dar pruebas de completa imparcialidad, le ordenó tomar alternativamente los dos trajes, uno mientras se celebraba la acusación y el otro durante la defensa. Se cree que en otro asunto dio por escrito esta sentencia: *Opino como aquellos que tienen razón.* Se vio por estas decisiones tan rebajado, que algunas veces recibió hasta en público muestras de desprecio. Un ciudadano, para excusar la ausencia de un testigo citado por el mismo Claudio en una provincia del Imperio, se limitó a exponer que le era imposible comparecer, manteniendo oculta por mucho tiempo la razón; tras haber dejado que el emperador lo interrogase repetidamente acerca de ella, concluyó por contestar: *Ha muerto, y creo que esto le estaba permitido.* Dándole otro gracias porque permitía a un acusado defenderse, añadió: *Y sin embargo, así se acostumbra.* He oído decir a los ancianos que los abogados abusaban de su paciencia hasta el punto de llamarlo cuando se retiraba del tribunal, de retenerlo por la toga y algunas veces hasta por un pie; no debe tenerse por increíble, puesto que un litigante se atrevió, en el calor de la discusión, a decirle: *Y tú también eres viejo e imbécil.* Conocido es, además, el rasgo del caballero romano que, injustamente acusado por implacable enemigos de cometer con las mujeres monstruosas obscenidades y viendo que le oponían y confrontaban con prostitutas de profesión, censuró a Claudio su estupidez y crueldad lanzándole a la cara el estilo y las tablillas que tenía en la mano, con las que le causó en la mejilla una herida bastante profunda.

XVI. Claudio practicó también la censura, lo que no se había hecho desde Plauso y Paulo, pero también en estas funciones mostró la misma desigualdad de carácter y de conducta. En la revista de los caballeros expulsó, sin tacharlo de infamia, a un joven lleno de oprobio, pero a quien su padre declaraba intachable. *Tiene,* dijo, *su censor.* A otro muy conocido por sus desórdenes y adulterios, advirtió *que se entregase a placeres propios de su edad, o al menos con más cautela,* y añadió: *¿Qué necesidad hay de que conozca yo el nombre de tu amante?* Cierto día, y a ruegos de sus amigos, borró la nota de infamia unida al nombre de un ciudadano. *Quiero, sin embargo,* dijo, *que subsista la tacha.* Hizo suprimir del cuadro de jueces a uno de los principales habitantes de la provincia de Grecia que no sabía latín, y no contento con esto, le hizo degradar además a la clase de extranjero. Exigió también que todo ciudadano que tuviese que dar cuenta de su conducta lo hiciese por sí mismo, según sus medios y sin abogado. Tachó a muchos ciudadanos que estaban muy lejos de esperarlo y por causas bastante insignificantes: a uno por haber salido de Italia sin conocimiento del emperador y sin su permiso; a otro, por haber acompañado a un rey a sus Estados. Con este motivo citó el ejemplo de Rebirio Póstumo, acusado en otro tiempo del delito de alta traición porque había seguido a Alejandría al rey Ptolomeo, su deudor. Era su deseo tachar aun a mayor número, pero la negligencia de los comisarios instructores le impuso la afrenta de no encontrar en gran parte más que inocentes donde creía hallar culpables; pues aquellos a quienes censuraba el celibato, la falta de hijos o de caudal, justificaban en el acto su matrimonio, paternidad o riquezas. Hubo incluso quién, acusado de haberse herido con una espada para quitarse la vida, mostró, despojándose de sus ropas, que no tenía ninguna herida. Se advirtió también, entre otras singularidades de su censura, que hizo comprar y romper públicamente un carro de plata de maravilloso trabajo que habían puesto en venta cerca de las Sigilarías, y que en un solo día publicó veinte edictos, entre los cuales había uno que disponía *embrear bien los toneles atendiendo a que habría mucho vino aquel año; y* otro que aconsejaba *el juego del tejo* como *eficaz remedio contra la mordedura de víbora.*

XVII. Hizo solo una expedición militar, y aun esta sin importancia. El Senado le había decretado los ornamentos triunfales, pero no pareciéndole aquello bastante para la majestad de su jerarquía y aspirando a los honores de un merecido triunfo, eligió para teatro de sus proezas la Bretaña, que no había sido atacada por nadie desde Julio César, y en la que reinaba entonces cierta efervescencia a causa de los desertores que no habían sido devueltos. Marchó, pues, a embarcarse en Ostia, pero estuvo a punto de naufragar dos veces a consecuencia de un viento impetuoso que lo sorprendió en la costa de la Liguria, próxima a las islas Stechadas. Por esta causa desde Marsella fue por tierra a Gesoriacum, donde pasó el mar. En pocos días, sin combatir, sin efusión de sangre, recibió la sumisión de parte de la isla; volvió a Roma seis meses después de su marcha y desplegó en su triunfo un deslumbrador aparato. Permitió a los gobernadores de las provincias y hasta a algunos desterrados, que se trasladasen a Roma para presenciar el espectáculo, y colocó en la parte superior del palacio de los césares, entre los despojos del enemigo y junto a la corona cívica, una corona naval, como monumento de su paso y victoria sobre el océano; su esposa Mesalina seguía en un carro al vencedor, y los que habían merecido en esta guerra los ornamentos triunfales, le seguían a pie, revestidos con la pretexta. Solo Craso Frugi montaba un caballo enjaezado y llevaba traje con palmas, por ser la segunda vez que obtenía recompensas militares.

XVIII. Se ocupó siempre con gran solicitud en el abastecimiento y seguridad de Roma. Durante el incendio del barrio Emiliano, como no podían contenerse los progresos del fuego, pasó dos noches en el Diribitorio. Viendo que soldados y esclavos estaban extenuados de fatiga, Claudio, por medio de los magistrados, hizo llamar al pueblo de todos los barrios. Mandó elevar entonces canastos llenos de dinero y exhortó a todos al trabajo, prometiendo a cada cual recompensas según sus servicios.

XIX. Habiéndose encarecido bastante el precio de los víveres a consecuencia de su prolongada escasez, la multitud lo detuvo un día en el Foro, llenándolo de injurias y lanzándole puñados de barro. Le costó mucho trabajo escapar, y tuvo que entrar en su palacio por una puerta excusada; no hubo después medio que no imaginase para asegurar la llegada de convoyes hasta en invierno, y para garantizar a los abastecedores beneficios ciertos, tomando a su cargo las pérdidas que ocasionara el mal tiempo y concediendo algunas ventajas a los que equipasen naves para el comercio de granos proporcionadas a su posición en el Estado; otorgó a los ciudadanos las dispensas establecidas por la ley Papia Popea, a los latinos los derechos de ciudadanos romanos, a las mujeres las prerrogativas de madres de cuatro hijos, subsistiendo aún en nuestros días tales reglamentos.

XX. Inició grandes trabajos, pero se preocupó más del número que de la utilidad: son los principales el acueducto comenzado por Cayo, un canal de espurgo para el lago Fucino y el puerto de Ostia. Sabía, no obstante, que Augusto había rehusado siempre una de estas obras a las apremiantes solicitudes de los marsos y que Julio César había tenido que renunciar al fin a la otra, a causa de las dificultades de la ejecución. Hizo llegar a Roma el agua Claudina, suministrada por manantiales frescos y abundantes, llamados el uno fuente Verde, y el otro fuente Curtiana o Albudina. Por un magnífico acueducto trajo las del nuevo Anio, que quedaron distribuidas en numerosos y magníficos depósitos. Por lo que toca a los trabajados del lago Fucino, vio tanto provecho como gloria en emprenderlos, porque muchos particulares habían propuesto encargarse de los gastos, a condición de que se le cediese el terreno que quedase en seco. A fuerza de grandes trabajos quedó terminado este canal, habiendo tenido que abrirlo en una longitud de tres mil pasos a través de una montaña, de la que hubo que cortar una parte y arrasar la otra. La obra duró once años, habiendo trabajado en ella sin reposo treinta mil hombres. Construyó el puerto de Ostia, rodeándole de dos brazos a derecha e izquierda y elevando un dique a la entrada, sobre suelo ya levantado. A fin de asegurar mejor este dique, empezaron por sumergir la nave con que se había traído de Egipto el gran obelisco; sobre fuertes pilares construyeron después hasta prodigiosa altura una torre, parecida al Faro de Alejandría, para alumbrar por la noche la marcha de los buques.

XXI. Repartió muchas dádivas al pueblo; dio juegos magníficos y con frecuencia sin atenerse a las representaciones ordinarias, en los sitios acostumbrados; imaginó otros espectáculos y reprodujo los antiguos designándoles nuevos parajes. Cuando reconstruyó el teatro incendiado de Pompeyo, dio la señal de los juegos de la dedicación desde lo alto de una tribuna colocada en la orquesta, habiendo antes sacrificado a los dioses en la parte superior del edificio; desde allí había bajado a ocupar su puesto, atravesando el recinto en presencia de toda la asamblea sentada y silenciosa. Celebró asimismo los juegos seculares, cuya época había adelantado Augusto, según se decía entonces, aunque dice él mismo en sus memorias *que este emperador, después de larga interrupción, los ordenó en su debido tiempo, habiendo calculado exactamente los años transcurridos.* A causa de esto se burlaron mucho del anuncio del pregonero invitando al pueblo con la fórmula solemne *a juegos que nadie había visto ni volvería a ver,* pues existían muchos ciudadanos que ya los habían visto, y algunos actores, que se habían presentado en la escena en los últimos juegos, aparecieron también en estos. Dio con frecuencia juegos de Circo sobre el Vaticano, y algunas veces, después de cinco carreras de carros, se celebraban cacerías de fieras. Adornó el Circo Máximo con barreras de mármol y metas doradas, en sustitución de las antiguas, que eran de madera o piedra tosca. Señaló asientos para los senadores, que, hasta entonces, no los tenían fijos. Además de las luchas de las cuadrigas, dio espectáculos de juegos troyanos y cacerías africanas, ejecutados por un escuadrón de jinetes pretorianos, que iban con sus tribunos al frente y entre ellos y el mismo prefecto. Presentó, asimismo, a los jinetes tesalianos que persiguen en el Circo toros salvajes, les saltan sobre el lomo, tras haberlos cansado a la carrera y los derriban asiéndolos por los cuernos. Aumentó los espectáculos de gladiadores, dándolos de muchas clases: uno anual en el campamento de los pretorianos, pero sin aparato ni lucha de fieras; otro en el campo de Marte, de la forma y duración acostumbrada; dio aún otro en el mismo lugar, pero este completamente nuevo, de escasa duración y al que llamó la *sportula,* porque al anunciarlo por primera vez, dijo *que invitaba al pueblo como a una cena improvisada y sin aparato.* Eran estos dos espectáculos en que se mostraba más afable y alegre; se le veía, como al pueblo, contar por los dedos de la mano izquierda y en voz alta las monedas de oro ofrecidas a los vencedores; invitaba él mismo e incitaba a todos los espectadores a la alegría, llamándolos de vez en cuando *señores.* A sus palabras mezclaba también en ocasiones bromas de pésimo gusto; así el día en que, reclamado por el público el gladiador Palumbus, contestó que *lo presentaría si se le pudiese coger.* El rasgo siguiente tenía cuando menos el mérito de ser un sabio consejo dado con oportunidad: Concedida por él la varilla de licencia a un *essedario* a petición de cuatro hijos del mismo, y viendo que el público aplaudía, hizo al punto circular las tablillas en las que mostraba al pueblo *la gran conveniencia de tener hijos, puesto que eran fuente de favor y fuerza incluso para un gladiador.* Hizo representar en el campo de Marte, como simulacro de guerra, la toma y saqueo de una ciudad y la sumisión de los reyes de la Bretaña, presidiendo él mismo vestido de general. Antes de desecar el lago Fucino se propuso dar en él una naumaquia, pero como quiera que al saludo de los combatientes al pasar delante de él, *¡Salve, emperador, los que van a morir te saludan!* hubiese contestado Claudio: *¡Salud a vosotros!*, se negaron a combatir, alegando que aquella respuesta significaba un indulto. Durante algún tiempo deliberó si los haría morir a todos por el hierro o por el fuego; bajó, finalmente, de su asiento, corrió aquí y allá alrededor del lago con paso vacilante y actitud ridícula, amenazando a estos, rogando a aquellos, y concluyó por decidirlos al combate. En este espectáculo se vio abordarse una flota siciliana y otra de Rodas de doce trirremes cada una; y la señal había sido dada con la trompeta de un Tritón de plata, hecho surgir en medio del lago por medio de un oculto mecanismo.

XXII. En Roma y fuera de ella, reformó Claudio, o instituyó, muchos usos relativos a las ceremonias religiosas, a las costumbres civiles o militares, a los derechos de los diferentes órdenes del Estado; nunca añadió un miembro nuevo al Colegio de los pontificios sin prestar él mismo el juramento acostumbrado. Cuando ocurría en Roma algún terremoto, se preocupaba siempre de hacer anunciar por el pretor, a la multitud reunida, fiestas expiatorias; si aparecía en la ciudad o en el Capitolio un ave de mal agüero, ordenaba preces públicas, como pontífice máximo, desde lo alto de los Rostros y en presencia de todo el pueblo convocado, después de haber hecho alejar a los esclavos y operarios, pronunciaba él la primera fórmula.

XXIII. Hizo continuo el despacho de los negocios, que había estado hasta él dividido entre los meses de invierno y los de verano. La jurisdicción de los fideicomisos, delegada antes a los magistrados de Roma como comisión anual, les quedó adjudicada a perpetuidad, dándola también a los magistrados de las provincias. Derogó el artículo añadido a la ley Papia Popea por el emperador Tiberio y que suponía a los sexagenarios incapaces de engendrar. Dispuso que los cónsules podrían dar, por excepción, tutores a los pupilos y que a aquellos a quienes los magistrados hubiesen prohibido el acceso a las provincias se les prohibiría también la estancia en Roma y en Italia. Imaginó una nueva manera de destierro, prohibiendo a muchos ciudadanos alejarse de Roma más allá de tres millas. Cuando tenía que tratar en el Senado algún asunto importante, ocupaba una silla de tribuno, entre los dos cónsules. Hizo suya la atribución de los salvoconductos, que ordinariamente eran pedidos al Senado.

XXIV. Las insignias consulares fueron otorgadas por él hasta a los delegados imperiales llamados ducenarios; despojó de la categoría de caballeros a los que rehusaban la de senadores. A pesar de que al principio de su mando se había comprometido formalmente a no crear ningún senador que no fuese al menos tataranieto de un ciudadano romano, concedió la lacticlavia al hijo de un liberto, a condición de que antes había de hacerse adoptar por un caballero. A fin de adelantarse a la censura que temía, recordó el ejemplo del censor Apio Ceco, fundador de su raza, que había hecho ingresar en el Senado hijos de libertos; ignoraba, sin embargo, que en tiempos de Apio y hasta después de él, llamaban libertos, no a los que habían conseguido la manumisión, sino a los hombres libres nacidos de aquellos. Encargó al Colegio de los cuestores la organización de los juegos de gladiadores, en lugar de la reparación de los caminos públicos, que tenía antes a su cargo. Le quitó asimismo el gobierno de la Galia y de Ostia, y le restituyó la guardia del tesoro de Saturno, confiado desde tiempo de Augusto a pretores encargados, o a pretores antiguos, como se hace en nuestros días. Concedió los ornamentos triunfales a Silano, prometido de su hija, antes de haber entrado en la pubertad, aunque, en general, los concedió con tanta profusión y facilidad, que las legiones llegaron a dirigirle en común una solicitud en la que le pedían *que los legados consulares obtuviesen los ornamentos del triunfo a la vez que el mando de un ejército, para que no buscasen continuamente pretextos de guerra.* Concedió a A. Plautio los honores de la ovación, y cuando este entró en Roma, salió Claudio a recibirlo, llevándolo a su lado al subir al Capitolio y al descender. A Gabino Segundo, por haber vencido a los chaucos, nación de la Germania, lo autorizó para tomar el dictado de *Chaucico.*

XXV. Dispuso el ascenso militar de los caballeros, dando después de la cohorte, el escuadrón, y después del escuadrón, el tribunal de legión. Creó asimismo una especie de servicio ficticio, retribuido por los ausentes, que solo tenían títulos sin cargos, dándoles el nombre de *supernu-*

merarios. Hizo prohibir a los soldados, por medio de un senadoconsulto, la entrada en las casas de los senadores para saludarlos. Confiscó los bienes a los libertos que se hacían pasar por caballeros romanos. Redujo de nuevo a esclavitud a todos los convictos de ingratitud, o que daban a sus dueños motivos de queja, amenazando a sus abogados con no hacerles justicia a ellos mismos, en iguales circunstancias, contra sus libertos. Como algunos dueños abandonasen en la isla de Esculapio a sus esclavos enfermos, para librarse del cargo de cuidarlos, el emperador declaró que todos los así abandonados quedaban libres, y que en caso de curación no pertenecerían más a sus antiguos dueños; añadía que al que diere muerte a su esclavo por no abandonarlo, se le perseguiría como homicida. Por un edicto expreso, prohibió a los viajeros atravesar las ciudades de Italia de otra manera que a pie, en silla de manos o en litera. Estableció en Puzzola y en Ostia una cohorte para los casos de incendio. Prohibió a los extranjeros que tomasen nombres de familias romanas, e hizo ejecutar con hacha en el campo Esquilino a los que habían usurpado el título de ciudadano romano. Hizo devolver al Senado las provincias de Acaya y Macedonia, que Tiberio había tomado bajo su administración. Despojó a los lirios de la libertad en castigo de sus querellas intestinas, devolviéndola, en cambio, a los de Rodas, como recompensa a su arrepentimiento por sus faltas pasadas. Declaró a los troyanos exentos a perpetuidad de todo tributo, como fundadores de la raza romana; con este motivo, leyó una antigua misiva griega del Senado y del pueblo al rey Seleuco, en la cual los romanos le prometían alianzas y amistad a condición de que eximiría de todo impuesto a sus hermanos los troyanos. Hizo expulsar de Roma a los judíos, que, excitados por un tal Cresto, provocaban turbulencias. Autorizó a los diputados de los germanos a sentarse en la orquesta, gustándole mucho la sencillez y confianza con la que aquellos extranjeros, a quienes había colocado en medio del pueblo, fueron espontáneamente a sentarse junto a los embajadores de los partos y armenios, sentados entre los senadores, diciendo que no les eran inferiores en calidad ni en valor. Suprimió completamente en las Galias la cruel y atroz religión de los druidas que Augusto se había limitado a prohibir a los ciudadanos. En cambio, intentó hacer pasar del Ática a Roma los misterios de Eleusis y propuso reconstruir en Sicilia, por cuenta del Tesoro público, el templo de Venus Ericina, que se había derrumbado de viejo. Contrajo alianza con los reyes en el Foro, inmolando una cerda y haciendo leer por los feriales la antigua fórmula de los juramentos. No debe olvidarse, sin embargo, que estos actos, como en general todos los de su gobierno, expresaban más bien la voluntad de sus mujeres y libertos que la suya, y no tenían otra regla que el interés o el capricho de estos.

XXVI. Siendo todavía muy joven tuvo dos esposas: Emilia Lapida, bisnieta de Augusto, y Livia Medulina, perteneciente a la antigua familia del dictador Camilo, y que había conservado el nombre de Camila. Repudió a la primera, virgen aún, porque sus padres habían caído en desgracia ante Augusto; la otra falleció de enfermedad el mismo día en que iba a celebrarse la boda. Casó más adelante con Plaucia Urgulanila, de familia triunfal, y luego con Elia Petina, hija de un consular. De estas dos esposas se separó por divorcio; de Petina, por faltas ligeras; de Urgulanila se separó por sus innobles desórdenes, a los que se añadían aún sospechas de homicidio. Contrajo después matrimonio con Valeria Mesalina, hija de su primo Barbato Masala; pero cuando supo que, además de sus excesos y crímenes, se había atrevido a casarse con C. Silio y a consignar una dote en manos de los augures mandó darle muerte, jurando ante los pretorianos reunidos *permanecer libre y célibe, puesto que el matrimonio le resultaba tan mal, y dejarse matar por ellos si violaba su juramento.* A pesar de ello, trató en breve de nueva unión con la misma Petina a quien había repudiado, y con Solia Paulina, que había estado casada con C. César. Pero las seducciones de su sobrina Agripina, hija de Germánico, ayudadas por el derecho de abrazarlo y el frecuente trato, le inspiraron más profundo amor; sobornó entonces a los senadores, que en la primera reunión propusieron obligarlo a casarse con ella, con el pretexto de que aquella unión era de importancia esencial para el Estado, y de dar así facultades a los demás ciudadanos para contraer iguales matrimonios, considerados hasta entonces incestuosos. Se casó con ella a la mañana siguiente, pero no encontró a nadie que quisiese seguir su ejemplo, exceptuando un liberto y un centurión primipilario, a cuyas bodas asistió Agripina.

XXVII. Tuvo hijos de tres esposas: de Urgulanila, a Druso y Claudia; de Petina, a Antonia; de Mesalina, a Octavia y un hijo, al que primeramente dio el nombre de Germánico y de Británico después. Druso murió en Pompeya, siendo todavía niño, ahogado por una pera que lanzaba al aire y recibía en la boca. Pocos días antes de su muerte le habían desposado con una hija de Seyano, razón por la cual me asombra que se haya escrito que fue Seyano autor de su muerte. Claudio hizo echar y exponer desnuda a Claudia en la puerta de la casa de su madre, como fruto de comercio criminal con su liberto Boter, aunque ella había nacido cinco meses después del divorcio del emperador y había comenzado este a cuidar de ella. Casó a Antonia primero con Cn. Pompeyo, llamado *el Grande,* y luego con Fausto Sila, jóvenes nobilísimos. Dio Octavia a su yerno Nerón, a pesar de haberla desposado con Silano. Por lo que toca a Británico, que nació el día veintinueve de su reinado, durante su segundo consulado, no cesaba de recomendarlo públicamente a los soldados; siendo muy niño aún lo enseñaba al pueblo, lo tenía sobre sus rodillas o delante de él en el teatro y hacía tiernos votos por aquel niño, uniéndolos a las aclamaciones de la multitud. Adoptó a su yerno Nerón, y no contento con repudiar a los otros dos, Silano y Pompeyo, hizo darles muerte.

XXVIII. A los que más afecto mostró entre sus libertos, fueron el eunuco Posides, al que se atrevió a honrar con una lanza sin hierro en presencia de soldados valerosos, en su triunfo sobre la Bretaña: Félix, a quien dio cohortes, escuadrones y el gobierno de la Judea, y que fue esposo de tres reinas; Arpocras, al que concedió el derecho de hacerse llevar en litera por la ciudad y de dar espectáculos al pueblo; y más aún que a estos, a Polibio, su lector, a quien con frecuencia se le veía marchar entre los dos cónsules. A los que más quiso fue, sin embargo, a su secretario Narciso y a Palas, su intendente, a quienes el Senado, con beneplácito del emperador, otorgó magníficas recompensas y hasta los ornamentos de la cuestura y pretura; las exacciones y rapiñas de estos fueron tales, que quejándose Claudio un día de no tener nada en su tesoro, le contestaron sarcásticamente que sus cajas desbordarían si sus libertos quisiesen asociarse con él.

XXIX. Gobernado, como he dicho ya, por sus libertos y esposas, antes vivió como esclavo que como emperador. Dignidades, mandos, impunidad, suplicios, todo lo prodigó según el interés de estos afectos y caprichos, y las más veces ignorándolo. No quiero entrar ahora en minuciosidades y no detallaré sus liberalidades revocadas, sus sentencias anuladas, sus nombramientos para los cargos, o ignominiosamente supuestos o públicamente cambiados; citaré hechos más graves. Hizo morir a Apio Silano, padre de su yerno, y a las dos Julias, la hija de Druso y la de Germánico, por vaga acusación y sin querer escucharlas. Trató de igual manera a Cn. Pompeyo, casado con su hija mayor, y a L. Silano, esposado con la menor. Pompeyo fue degollado en los brazos de un joven a quien amaba; Silano recibió orden de despojarse de la pretura, cuatro días antes de las calendas de enero, y se suicidó al empezar el año, el mismo día en que se celebraban las bodas de Claudio y Agripina. Firmó también la sentencia de muerte de treinta y cinco senadores y de más de trescientos caballeros romanos; hizo esto con tanta ligereza, que a un centurión, encargado de matar a un consular, que se le había presentado para decir *que estaban cumplidas sus órdenes*, le contestó que no había dado ninguna. Sin embargo, no dejó de aprobar aquellas muertes, asegurado por sus libertos de que los soldados habían cumplido su deber, tomando a su cargo el cuidado de vengar al emperador. Pero lo que más cuesta creer es que le hicieron firmar el contrato de matrimonio de Mesalina y Silio, su amante, haciéndole creer que era una farsa, para echar sobre otro un peligro con el cual le amenazaban ciertos prodigios.

XXX. Ostentaba Claudio en su persona cierto aspecto de grandeza y dignidad, ya estuviese en pie o sentado, pero principalmente en actitud de reposo. Era alto y esbelto, su rostro era bello, hermosos sus blancos cabellos, y tenía el cuello robusto; pero cuando marchaba, sus inseguras piernas se doblaban frecuentemente; en sus juegos, así como en los actos más graves de su vida, mostraba varios defectos naturales: risa completamente estúpida; cólera más innoble aún, que le hacía echar espumarajos; boca abierta y narices húmedas; insoportable balbuceo y continuo temblor de cabeza que crecía al ocuparse en cualquier negocio por insignificante que fuese.

XXXI. Tan débil como fue su salud hasta su advenimiento al Imperio, después se tornó buena, exceptuando, sin embargo, algunos dolores de estómago, tan agudos que más de una vez pensó, a lo que se dice, en darse muerte.

XXXII. Con frecuencia organizó espléndidos festines en parajes inmensos, y de ordinario tenía hasta seiscientos invitados. Cierto día hizo servir, junto al canal de desagüe del lago Fucino, uno de estos festines, viéndose en peligro de perecer bajo las aguas, que habían irrumpido inesperadamente. Sus hijos asistían a todas sus comidas, y con ellos, los nobles jóvenes de ambos sexos, según antigua costumbre, comían sentados al pie de los lechos. Recayendo sospechas en un convidado de haber robado una copa de oro, Claudio lo invitó otra vez al día siguiente y le hizo servir en un vaso de barro. Se afirma que ideaba un edicto *para permitir eructar y ventosear en su mesa (latum crepitumque ventris in convivio emittendi),* porque supo que un convidado estuvo a punto de morir por haberse contenido en su presencia.

XXXIII. Estaba siempre dispuesto a comer y beber a cualquier hora y en cualquier lugar que fuese. Cierto día que estaba juzgando en el Foro de Augusto, llegó hasta él el olor de un festín que cerca del lugar estaban preparando para los sacerdotes Salianos en el templo de Marte. Claudio abandonó en el acto el tribunal, marchó a casa de los sacerdotes y se sentó a la mesa con ellos. Nunca abandonó la mesa sino henchido de manjares y bebidas; enseguida se acostaba de espaldas con la boca abierta, y mientras dormía, le introducían una pluma para aligerarle el estómago. Dormía tan poco tiempo —despertaba casi siempre antes de medianoche—, que a menudo se dormía de día y hasta en el tribunal, costando trabajo a los abogados despertarlo aun alzando mucho la voz. Amó con pasión a las mujeres, pero no tuvo nunca comercio con los hombres. Fue muy aficionado al juego, escribiendo incluso un libro sobre este arte; jugaba hasta en viaje, pues había hecho construir los carruajes y mesas de manera que el movimiento no pudiese interrumpir el juego.

XXXIV. Dio pruebas de carácter feroz y sanguinario, así en las cosas pequeñas como en las grandes. Hacía aplicar el tormento y ejecutar sin dilación a los parricidas, presenciando siempre las ejecuciones. En

Tibur deseaba ver un suplicio a la manera antigua y ya estaban atados al poste los culpables, pero encontrándose ausente el verdugo, Claudio tuvo la paciencia de esperar hasta la tarde a que llegase de Roma. En los espectáculos de gladiadores dados por él o por otros, hacía degollar a todos los que caían, aunque fuese casualmente, y en especial a los reciarios, cuyo semblante moribundo le gustaba contemplar. Habiéndose atravesado simultáneamente dos combatientes, se hizo construir enseguida pequeños cuchillos con sus espadas. Gozaba tanto viendo a los gladiadores llamados bestiarios y a los meridianos, que iba a sentarse en el anfiteatro al amanecer y permanecía allí hasta durante el mediodía cuando el pueblo se retiraba a comer. Además de los gladiadores de profesión, obligaba a bajar a la arena con el pretexto más ligero e imprevisto a los obreros y gente de servicio que se encontraban allí. Un día llegó incluso a obligar a uno de sus nomenclátores a combatir como se encontraba, es decir, vestido con la toga.

XXXV. Pero el rasgo más saliente de su carácter era la desconfianza y el miedo. En los primeros días de su reinado, aunque fingía, como dijimos, mucha afabilidad, no se atrevía a sentarse a ninguna mesa de festín sin tener a su lado una guardia armada con lanzas, y en vez de esclavos, soldados para servirle. No iba a ver a ningún enfermo sin haber hecho reconocer antes la habitación, registrar los colchones y sacudir las colchas. En su palacio tuvo siempre junto a él criados encargados de registrar a los que iban a saludarlo; nadie se escapaba a esta medida, que se practicaba con el mayor rigor. Solo hacia el fin de su reinado, y no sin discurso, dispensó de él a las mujeres, los niños y las jóvenes, y cesó de hacer quitar a los esclavos y escribientes la caja de estilos que llevaban detrás de sus dueños. Durante una sedición, persuadido Camilo de que era muy fácil asustar a Claudio sin recurrir a actos de hostilidad, le escribió una carta llena de amenazas e injurias, en la que le mandaba que renunciase el Imperio y se entregase a la vida ociosa del particular. Claudio deliberó en presencia de los principales ciudadanos si obedecería.

XXXVI. Tanto fue su terror por algunas conjuraciones que le denunciaron sin fundamento, que resolvió renunciar al mando. Habiendo cogido cerca de él, como dije ya, a un hombre armado con un puñal,

Claudio convocó en el acto al Senado por medio de los pregoneros, lloró, lanzó gritos, se lamentó de su mala suerte que le exponía a continuos peligros y durante mucho tiempo no quiso presentarse en público. Su amor a Mesalina, por ardiente que fuese, no cedió tanto al resentimiento de sus ultrajes como al temor de sus maquinaciones, pues le atribuía el designio de hacer pasar el Imperio al adúltero Silio. Fue por este tiempo cuando, dominado por un terror vergonzoso, huyó al campamento de los pretorianos preguntando a cuantos encontraba en su camino si era todavía emperador.

XXXVII. No había sospecha, por ligera que fuese, ni denuncia, por falsa, ante las cuales el temor no le indujese precauciones excesivas y a la venganza. Un litigante que había ido a saludarle, le dijo secretamente que había visto en sueños que un desconocido lo asesinaba; pocos momentos después, viendo entrar a su adversario con un escrito, fingió reconocer en él al asesino que había visto en su sueño y lo mostró al emperador. Claudio mandó en el acto que lo llevaran al suplicio como a un criminal. Se dice que también obraron así para perder a Apio Silano; Mesalina y Narciso, que habían urdido la trama, se repartieron los papeles. Narciso entró antes de amanecer, con aspecto agitado, en la cámara del emperador y le dijo que acababa de ver en sueños a Apio atentar contra su vida; Mesalina, fingiéndose sorprendida, dijo que también por su parte hacía muchas noches soñaba lo mismo. Un momento después llegaba Apio, que la víspera había recibido orden terminante de presentarse a aquella hora, y Claudio, persuadido de que iba a realizar el sueño, lo hizo prender y darle muerte en el acto. A la mañana siguiente hizo al Senado una relación de todo lo ocurrido y dio gracias a su liberto porque, hasta durmiendo, velaba por su vida.

XXXVIII. Viéndose sujeto a la ira y al rencor, publicó un edicto, excusándose y distinguiendo entre estos dos defectos, decía: *que la primera sería breve e inofensiva, y el segundo jamás sería injusto.* Se había encolerizado contra los habitantes de Ostia, porque no acudieron en barcas a recibirlo cierto día en que remontaba el Tíber; los había censurado con acritud *porque lo trataban como a un hombre cualquiera;* pero arrepentido enseguida, se excusó en cierto modo y los disculpó. Se le vio rechazar a veces con la mano a muchos ciudadanos que intempestivamente se le acercaron en público. Desterró a pesar de su inocencia y sin querer escucharlos al secretario de un cuestor y a un senador que había sido honrado con la pretura; al uno por haber litigado contra él con excesivo ardor cuando no era aún emperador; al otro por haber impuesto una multa, siendo edil, a algunos arrendatarios suyos que vendían viandas cocidas, a pesar de los reglamentos, y además por haber hecho azotar a su intendente que intervino en la causa. Por el mismo motivo quitó también a los ediles la vigilancia de las tabernas. En cuanto a su estupidez, era tanta, que llegó incluso a querer hablar de ella, asegurando en algunos discursos lamentables que había sido una astucia imaginada por él en tiempos de Calígula para librarse de aquel y conseguir sus fines. Pero no logró convencer a nadie y poco después apareció un libro en griego, titulado *La curación de los imbéciles,* en el que se demostraba que nadie era capaz de fingir la imbecilidad.

XXXIX. Asombraba sobre todo por sus inconsecuencias y distracciones, o diciéndolo como los griegos, por sus olvidos y equivocaciones. Poco tiempo después de la ejecución de Mesalina, preguntó, al sentarse a la mesa, *por qué no venía la emperatriz.* Ordenaba a menudo convidar a comer o a jugar a los dados con él a ciudadanos que había mandado matar el día anterior, y cansado de esperar, enviaba mensajeros a reprenderlos por su tardanza. Iba a contraer con Agripina un matrimonio reprobado por las leyes, y no dejaba de llamarle en todos sus discursos *su hija, su pupila, nacida en sus brazos, criada sobre sus rodillas.* Se disponía a adoptar al hijo de su esposa cuando el suyo era ya un adulto.

XL. Era a menudo tan inconsiderado en sus palabras y acciones que mostraba no saber quién era, con quién estaba, ni en qué tiempo, ni en qué lugar. Cierto día, en el Senado, mientras se trataba de carniceros y taberneros, exclamó: *¿Quién de nosotros, díganme, puede vivir sin sopa?* y se deshizo en alabanzas de la abundancia que reinaba en otro tiempo en las tabernas, a las que acudía él mismo en busca de vino. Concedió su voto a un candidato para la cuestura, entre otras razones, *porque su padre le había dado muy oportunamente agua fresca en cierta enfermedad.* Llamada una mujer como testigo ante el Senado: *Esta mujer* —dijo—, *ha sido liberta y peinadora de mi madre, pero siempre me ha considerado como un dueño.* En su mismo tribunal se enfureció contra los habitantes de Ostia, que le dirigían un ruego, empezando a gritar con toda su fuerza *que no tenía ningún motivo para favorecerlos y que era tan libre como cualquier otro.* Todos los días, a cualquier hora y en cualquier momento repetía: *¿Acaso me toman por el atleta Teogonic?* Y añadía en griego, *pueden hablar, pero no me toquen.* Decía, en fin, otras mil cosas, que habrían parecido inconveniencias hasta en un simple particular, cuanto más en un príncipe que no carecía de cultura ni de saber y que mostraba gran afición al estudio.

XLI. Trató en su juventud de escribir la historia, exhortándolo Tito Livio y ayudándole Sulpicio Flavio. Comenzó ante un nutrido auditorio la lectura de su trabajo, pero él mismo hizo perder el interés, y fue del siguiente modo: Cuando empezó a recitar, un espectador muy grueso rompió el banco en que se sentaba, estallando en risas toda la asamblea. Se procuró en vano restablecer el silencio; pero ni el propio Claudio podía contener la risa, que le asaltaba a cada instante por el recuerdo, de esta manera se generalizaba la hilaridad. Escribió mucho durante su reinado, e hizo siempre que sus obras las recitasen en público sus lectores. Su historia principia después de la muerte del dictador César; pero enseguida pasó a época más reciente, es decir, al término de las guerras civiles, pues las continuas quejas de su madre y abuela le impidieron escribir libremente y con verdad acerca de los tiempos anteriores. Dejó dos libros de la primera de estas historias y cuarenta y uno de la segunda; compuso asimismo ocho libros de memorias sobre su vida, en los que se advierte menos ingenio que elegancia. Escribió además una apología bastante erudita de Cicerón, para contestar a los libros de Asinio Galo. Inventó tres letras que creía de gran necesidad y las cuales quiso añadir al alfabeto. Ya antes de ser emperador había publicado un libro sobre este asunto; cuando lo fue, no tropezó con grandes dificultades para que se adoptase el uso de tales letras, que se encuentran en la mayor parte de los libros, actas públicas e inscripciones de aquella época.

XLII. Tuvo también gran afición a los estudios griegos, y en todas las oportunidades mostró la importancia que daba a este hermoso idioma. A un bárbaro, que hablaba delante de él en griego y en latín le dijo: *Veo con satisfacción, que posees nuestras dos lenguas.* Recomendando la Acaya a los senadores, les dijo: *Estoy unido a esta provincia por los lazos de los mismos estudios.* En el Senado respondió casi siempre en griego a los discursos de los embajadores; y en su tribunal citaba muchas veces versos de Homero. Cuando se deshacía de un enemigo o de un conjurado y el tribuno de guardia le pedía la contraseña, le decía esta:

Vengarme en el acto del primero que me ofenda.

Escribió, en fin, en esta lengua veinte libros de la historia de los tirrenianos y ocho de la de los cartagineses. Con motivo de estas obras, al antiguo museo de Alejandría se añadió otro con el nombre mismo del emperador, acordándose que todos los años, en determinados días, los miembros de los dos museos darían por turno lectura pública, en el uno de la historia de los cartagineses, y en el otro de la de los tirrenianos.

XLIII. Hacia el fin de su vida dio Claudio evidentes muestras de arrepentimiento por haberse casado con Agripina y por haber adoptado a Nerón. Un día en que sus libertos celebraban en presencia suya la equidad de una sentencia pronunciada por él, la víspera, contra una mujer adúltera, les dijo *que la suerte le había dado también esposas impúdicas, pero que también ellas habían sido castigadas,* y un momento después, encontrando a Británico, lo abrazó tiernamente y le dijo: *Acaba de crecer y te daré cuenta de todos mis actos,* y añadió en griego: *El que ha hecho la herida la curará,* y aunque Británico era muy joven aún, quería adelantar la edad, ya que su estatura lo permitía, y hacerle vestir antes de tiempo la toga viril, exclamando *que el pueblo romano tendría al fin un verdadero césar.*

XLIV. Poco tiempo después redactó su testamento, que firmaron todos los magistrados. No hay duda que hubiese realizado todos sus proyectos, pero Agripina, que atormentaba su conciencia y a la que muchos delatores comenzaban a acusar, se le adelantó. Convienen todos en que murió envenenado, pero no se sabe con certeza dónde ni por quién. Algunos dicen que fue en el Capitolio, en un festín con los pontífices y por el eunuco Holato, su degustador; afirman otros que fue en una comida familiar y por la misma Agripina, que con este objeto había envenenado una seta, uno de sus manjares predilectos. Tampoco se está de acuerdo en cuanto a lo que sucedió después. Según la mayoría, perdió en el acto la voz y murió al amanecer, después de haber padecido horriblemente toda la noche; según otros, tras haberse aletargado algunos momentos, vomitó todo lo que había comido y entonces le hicieron tomar otra dosis de veneno, ya sea en una sopa como para devolver fuerzas a su estómago extenuado, o bien en una enema como para aliviarle, por medio de evacuaciones, una digestión difícil.

XLV. Mantuvieron secreta su muerte hasta que todo estuvo dispuesto para asegurar el Imperio a su sucesor. Se continuó, con este fin, haciendo votos por su curación y se llamaron incluso a palacio algunos cómicos, pedidos por él, según decían, para distraerse. Murió el 3 de los idus de octubre, bajo el consulado de Asinio Marcelo y de Acilio Aviola, a los sesenta y cuatro años de edad y catorce de reinado. Sus funerales fueron celebrados con toda la solemnidad que a su jerarquía convenía y le colocaron en el número de los dioses. Este honor, del que a poco le privó la envidia de Nerón, le fue restituido por Vespasiano.

XLVI. Los principales presagios con que se anunció su muerte fueron: la aparición en el cielo de una de esas estrellas con cabellera que se llaman *cometas,* el haber caído un rayo en la tumba de su padre Druso y la muerte de casi todos los magistrados de aquel año. Se dice que él mismo previó su próximo fin y no lo ocultó; teniendo, en efecto, que designar cónsules, no designó ninguno para esta época más avanzada del mes en que murió; la última vez que fue al Senado, se le oyó repetidas veces exhortar a sus hijos a la concordia y recomendar con voz suplicante su juventud a los senadores, y, por último, en la postrera audiencia que dio como juez, dijo *que había llegado al fin de su vida,* e insistió en ello, a pesar de que los presentes rechazaron con horror aquel presagio.

NERÓN CLAUDIO

I. Las dos ramas más ilustres de la familia Domicia fueron los Calvino y los Enobarbo. Estos reconocían por tronco de su origen y de su nombre a L. Domicio, quien, al regresar un día del campo, halló, según se dice, dos jóvenes de rostro celestial que le mandaron anunciar al Senado y al pueblo una victoria todavía incierta; queriendo probarle su divinidad, le tocaron las mejillas y dieron a su barba, que era negra, un tono amarillo cobrizo. Tal distintivo fue heredado por sus descendientes, pues casi todos tuvieron la barba de este color. Fueron honrados con siete consulados, un triunfo, dos censuras y se los admitió en el número de los patricios. Conservaron así el apelativo y jamás tomaron otros nombres que los de Cneo y Lucio; se transmitían estos en orden bastante noble, llevándolos tres miembros seguidos de la familia, y alternativamente, los miembros siguientes. Los tres primeros fueron, por consiguiente, Enobarbo, llamados Lucios; los tres siguientes Cneos, y los demás alternativamente Lucio y Cneo. No estará de más conocer a algunos de ellos, con objeto de que pueda verse cuánto degeneró Nerón de las virtudes de sus antepasados, y qué vicios recibió, por otra parte, de cada uno como hereditarios e innatos.

II. Así, pues, remontando algo más arriba, citaré a su bisabuelo Cn. Domicio. Furioso este porque los pontífices habían elegido durante su consulado a otro ciudadano que a él para ocupar el cargo de su padre, hizo pasar de su colegio al pueblo el derecho de elegir los sacerdotes. Venció durante su consulado a los alóbroges y avernios, y atravesó con este motivo las provincias de su mando montado en un elefante y seguido de una gran muchedumbre de soldados, como en la solemnidad del triunfo. De él dijo el orador Licinio Craso *que no era raro verle barba de* *bronce, puesto que tenía semblante de hierro y corazón de plomo.* Siendo pretor su hijo citó a Julio César, después de su consulado, para que respondiese ante el Senado a la acusación de haber actuado en sus funciones contra los auspicios y las leyes. Siendo cónsul él mismo, trató de retirarle el mando de los ejércitos de la Galia, y nombrado sucesor suyo por el partido de Pompeyo, cayó prisionero en Corfino, al comenzar la guerra. Recobrada la libertad, marchó a sostener con su presencia a los marselleses sitiados, pero los abandonó de pronto, muriendo al fin en la batalla de Farsalia. Era arrogante, pero tan falto de firmeza, que cuando la situación se hizo desesperada, temiendo la muerte, quiso dársela él mismo y tomó un veneno, pero fue tal su espanto, que lo vomitó y dio libertad a su médico, que sospechando lo que había de suceder cuidó de disminuir la dosis. Cuando Pompeyo consultó a sus legados acerca de cómo había de tratarse a los que permaneciesen neutrales, Domicio fue el único que opinó que había de tratárselos como enemigos.

III. Dejó un hijo, que fue indudablemente el mejor de la familia. Envuelto, aunque inocente, en la condenación de la ley Pedia contra los asesinos de César, se retiró con Casio y Bruto, de quienes era pariente. Tras la muerte de estos dos jefes, supo conservar y hasta aumentar la flota que le habían confiado, y solo la entregó a Marco Antonio cuando la derrota de su partido era completa y por convenio voluntario; tanto se lo agradeció aquel que fue el único de todos los condenados por aquella ley que pudo volver a la patria y alcanzar las más altas dignidades. Cuando principió de nuevo la guerra civil fue legado de Antonio, ofreciéndole entonces el mando los que se avergonzaban de obedecer a Cleopatra; mas se encontraba entonces enfermo y no atreviéndose a aceptar ni a rehusar, terminó por pasar al partido de Augusto, muriendo pocos días después con la reputación algo manchada; Antonio pretendió, en efecto, que lo abandonó por el deseo de ver a su amante Servilia Naidia.

IV. De este Domicio nació el que debía ser el ejecutor testamentario de Augusto, tan conocido desde su juventud por su habilidad para guiar carros, como célebre después por los ornamentos triunfales que se le concedieron al fin de la guerra de Germania. Arrogante, pródigo y cruel, no siendo más que un simple edil, obligó al censor L. Planco a cederle el paso; durante su pretura y su consulado, obligó a presentarse en la escena a caballeros romanos y mujeres distinguidas para representaciones mímicas. Dio cacerías de fieras y combates de gladiadores en el Circo y en todos los barrios de la ciudad, y desplegó en ellos tanta barbarie, que Augusto, que en vano le había reconvenido en particular, tuvo que hacerlo en un edicto.

V. Tuvo de Antonia la mayor un hijo que fue el padre de Nerón, y cuya vida fue de las más detestables. Acompañando al Oriente al joven C. César, mató a un liberto que se negaba a beber la cantidad de licor que él le mandaba. Excluido por esta muerte de la sociedad de sus amigos, no se condujo con mayor moderación. En la vía Apia aplastó a un niño, lanzando al galope su caballo expresamente para ello. En Roma, en pleno Foro, reventó un ojo a un caballero romano que discutía acaloradamente con él. Era tal su mala fe, que no satisfacía a los vendedores el precio de lo que compraba y durante su pretura defraudó del premio a los aurigas vencedores, si bien las burlas de su hermana y las quejas de los jefes de los diferentes partidos le obligaron a proclamar *que de allí en adelante los premios se pagarían en el acto.* Acusado a fines del reinado de Tiberio de un delito de lesa majestad, de gran número de adulterios y de incesto con su hermana Lépida, solo el cambio de reinado le pudo librar del castigo. Murió de hidropesía en Pirgia, dejando de Agripina, hija de Germánico, un hijo, que fue Nerón.

VI. Nació Nerón en Anzio, nueve meses después de la muerte de Tiberio, el 18 de las calendas de enero al salir el sol, cuyos rayos lo tocaron antes que él tocase la tierra. Entre muchas señales terroríficas que presidieron el instante de su nacimiento, se consideró como presagio la contestación de su padre Domicio a las felicitaciones de sus amigos; este dijo, en efecto, que de Agripina y él no podía nacer más que algo detestable y fatal para el mundo. El día que recibió su nombre, se observó también un pronóstico igualmente fatal: estrechado C. César por su hermana para que diese a aquel niño el nombre que más le gustase, y viendo pasar a su tío Claudio, que más adelante adoptó a Nerón, contestó que le daba él de aquel, diciendo esto en chanza y para contrariar a Agripina que, en efecto, se opuso a ello, porque Claudio era entonces la vergüenza de la corte. A los tres años perdió a su padre, y nombrado heredero de sus bienes por un tercio, ni siquiera se le asignó esta parte, pues Calígula, su coheredero, se apoderó de toda la herencia. Desterrada a poco su madre, quedó reducido poco menos que a la indigencia y fue educado en casa de su tía Lépida, siendo sus maestros un barbero y un bailarín. Bajo el reinado de Claudio recuperó, no obstante, la fortuna de su padre, y hasta se enriqueció con el caudal de su suegro Crispo Pasieno. La influencia de su madre, llamada del destierro, lo hizo elevar tanto, que corrió incluso el rumor de que Mesalina, esposa de Claudio, había intentado hacerlo estrangular dormido, como a peligroso rival de Británico. Se dice que los asesinos huyeron espantados al contemplar una serpiente que salía de su lecho. Motivó esta fábula el haberse encontrado un día cerca de su almohada restos de una piel de serpiente, que su madre le hizo llevar algún tiempo en un brazalete de oro sujeto al brazo derecho. Más adelante dejó este brazalete, que le traía a la memoria recuerdos importunos, y cuando lo pidió en sus últimos momentos no se pudo encontrar.

VII. Desde muy jovencito tomó parte en las solemnidades del Circo; fue uno de los actores más asiduos de los juegos troyanos y recibió numerosos testimonios del favor público. Tenía once años cuando Claudio lo adoptó, dándole por maestro a Anneo Séneca, que ya era senador. Se dice que Séneca soñó a la siguiente noche que tenía a Calígula por discípulo, sueño que Nerón no tardó en justificar con las precoces muestras de su detestable carácter. Habiéndole llamado Enobardo su hermano Británico, por costumbre después de su adopción, se esforzó en probar a Claudio que Británico no era hijo suyo; abrumó con su testimonio, frente a los tribunales, a su tía Lépida, a fin de congraciarse con su acusadora Agripina. El día en que fue a tomar la toga en el Foro distribuyó el congiario al pueblo y el donativo a los soldados; habiendo ordenado después a los pretorianos un ejercicio militar, quiso figurar él a su cabeza, con el escudo en la mano, y en el Senado, en fin, dirigió un discurso de gracias a su padre adoptivo. Defendió en latín ante Claudio, cónsul a la sazón, a los habitantes de Boloña, y en griego a los de Rodas y a los troyanos. Fue investido con la prefectura de Roma durante las Ferias latinas y con la jurisdicción anexa a este cargo, que fue el primero que se le confió, viendo llevar en él diariamente a su tribunal y por los abogados más célebres, no los negocios corrientes y fáciles, como es costumbre durante estas fiestas, sino los más graves y complicados, a pesar de la prohibición expresa de Claudio. Poco tiempo después se unió en matrimonio con Octavia, dando juegos en el Circo y el espectáculo de una cacería.

VIII. Tenía diecisiete años cuando murió Claudio. Nerón salió en busca de los guardias apenas se difundió la noticia, entre la sexta y séptima hora, único momento de aquel día nefasto en el que se podían tomar auspicios. Fue saludado emperador en las gradas del palacio, y marchó en litera al campamento; congregó apresuradamente a los soldados, llevándole estos al Senado, de donde no salió hasta la tarde; no rehusó ninguno de los excesivos honores que se le prodigaron, en los que solo faltó el título de *Padre de la Patria,* que no podían darle por razón de su edad.

IX. Empezó su gobierno con demostraciones de piedad filial: hizo magníficos funerales a Claudio, pronunció su oración fúnebre y le situó al lado de los dioses; tributó grandes honores a su padre Domicio y confirió a su madre una autoridad ilimitada. El primer día dio por contraseña al tribuno de guardia: *Óptima madre,* y en los días siguientes se le vio a menudo en público con ella en la misma litera. Estableció una colonia en Anzio, compuesta de veteranos pretorianos y de los primipilarios más opulentos, a quienes hizo renunciar a su domicilio, y construyó allí un puerto magnífico.

X. Para dar aún mejores augurios de su carácter anunció que reinaría de acuerdo con los principios de Augusto, no desaprovechando ocasión de mostrar dulzura y clemencia. Abolió o disminuyó los impuestos demasiado onerosos. Redujo a su cuarta parte las recompensas asignadas por la ley Papia a los delatores. Hizo distribuir al pueblo cuatrocientos sestercios por persona. Aseguró a los senadores de elevada alcurnia, pero carentes de bienes, una renta anual que se elevaba para algunos hasta quinientos mil sestercios. Estableció distribuciones de trigo mensuales y gratuitas para las cohortes pretorianas. Un día que le pedían, según la costumbre, que firmase la sentencia de muerte de un criminal, dijo: *Quisiera no saber escribir.* Saludaba a todos los ciudadanos por su nombre, de memoria y en el orden en que se le presentaban. Cierta vez que el Senado le dirigía acciones de gracias, dijo: *Me las daréis cuando las merezca.* Admitía hasta al bajo pueblo a los ejercicios del campo de Marte. Declamó frecuentemente en público, y leyó versos suyos, no solo en su casa, sino también en el teatro, lo que produjo tan general regocijo, que se decretaron acciones de gracias a los dioses, grabando enseguida aquellos versos en letras de oro, dedicándolos a Júpiter.

XI. Dio espectáculos variados, y en gran número, entre estos los juegos llamados Juveniles, fiestas en el Circo, representaciones teatrales y combates de gladiadores. Los juegos de la juventud quiso que los presenciaran ancianos consulares y madres de familia de edad muy avanzada. En los juegos del Circo designó a los caballeros puestos distinguidos e hizo correr cuadrigas arrastradas por camellos. En los que celebró por la eternidad del Imperio, y a los que llamó *Grandes juegos,* se vio a la nobleza de ambos sexos desempeñar papeles de bufones. Un caballero romano muy conocido corrió en la liza sobre un elefante; se representó una comedia de Afranio titulada *El incendio,* abandonándose los actores al pillaje de una casa entregada a las llamas. Cada día distribuyó al pueblo provisiones y regalos de toda clase: pájaros por millares, manjares con profusión, bonos pagaderos en trigo, trajes, oro, plata, piedras preciosas, perlas, cuadros, esclavos, fieras domesticadas, y hasta naves; en fin, islas y tierras, contemplando estos espectáculos sentado en lo alto del proscenio.

XII. En menos de un año hizo construir en el campo de Marte un anfiteatro de madera para un espectáculo de gladiadores en el que no permitió matar a ninguno de los combatientes ni aun los criminales. Pero hizo combatir en él a cuarenta senadores y sesenta caballeros, algunos de los cuales gozaban de considerable fortuna y elevada consideración. Eligió también, en los mismos órdenes, ciudadanos que opuso a las fieras y a los que distribuyó diferentes empleos en la arena. Dio una naumaquia en la que se vieron monstruos marinos nadando en agua del mar. Grupos de niños bailaron la pírrica, y después del baile, ofreció a cada uno de los niños diplomas de ciudadanos romanos. El asunto de uno de estos bailes era Pasifae, cuyo papel estuvo a cargo de una mujer encerrada en una vaca de madera asaltada por un toro, o al menos así lo creyó ver la multitud. Un Ícaro fue a caer, al primer vuelo, cerca del palco de Nerón, llenándolo de sangre. Al principio, rara vez ocupaba en el espectáculo el puesto de honor, acostumbrando presenciarlo por pequeñas aberturas, pero más adelante ocupó la parte del anfiteatro más distinguida y más visible. Fue el primero que estableció en Roma juegos quinquenales, compuestos, como entre los griegos, de tres géneros de diversiones: música, carreras de caballos y juegos gimnásticos, y a los que llamó Neronianos. En la dedicación de sus baños y de un nuevo gimnasio, hizo presentar el aceite a los senadores y a los caballeros, y quiso que entre los consulares designara la suerte a los que habían de presidir en los asientos mismos de los pretores durante todo el concurso. Descendió después a la orquesta, en medio del Senado, y recibió la corona de la elocuencia y de la poesía latinas, por voto unánime hasta de sus mismos competidores, que eran los ciudadanos más ilustres de Roma. La que le fue otorgada como premio del arpa, la dedicó a Augusto, haciéndola llevar al pie de la estatua de aquel príncipe. En los juegos gímnicos que dio en el campo de Marte, y en el transcurso de los preparativos del sacrificio, se hizo cortar la primera barba encerrándola en un cofrecillo de oro adornado con pedrería, y la consagró al Capitolio. Invitó a las vestales a asistir a los combates de atletas, porque en Olimpia las sacerdotisas de Ceres gozaban también del derecho de asistir a este espectáculo.

XIII. Pondré asimismo en el número de los espectáculos que dio, la entrada en Roma del rey Tirídates. A fuerza de promesas había hecho venir a este rey de Armenia, designado por un edicto el día en que quería presentarlo al pueblo, ceremonia que el mal tiempo obligó a aplazar. Pero en la primera ocasión favorable, ordenó colocar cohortes armadas alrededor de los templos próximos la Foro, y fue a sentarse al lado de los Rostros en una silla curul con traje de triunfador, en medio de las banderas militares y de las águilas romanas.

Tirídates ascendió las gradas del estrado y se arrodilló ante Nerón, el cual lo levantó y abrazó, acogiendo su petición; le quitó la tiara y le colocó la corona en la cabeza, y al mismo tiempo un pretor antiguo explicaba al pueblo, traduciéndolos, los ruegos del extranjero. Desde allí lo llevaron al teatro, donde el emperador, después de recibir otra vez su homenaje, lo colocó a su derecha.

La asamblea saludó entonces a Nerón con el título de *Emperador;* él mismo llevó una corona de laurel al Capitolio, y cerró el templo de Jano, como si no quedase guerra alguna por terminar.

XIV. Fue cónsul cuatro veces: la primera durante dos meses, la segunda y la última durante seis, y la tercera durante cuatro. Su segundo y tercer consulados fueron consecutivos; el primero y el último separados de los otros por intervalos de un año.

XV. No contestó nunca a las demandas de los litigantes sino al día siguiente y por escrito. En sus audiencias prohibió los discursos seguidos, escuchando alternativamente a las partes sobre cada punto del litigio. Cuando se retiraba a deliberar, no opinaba en común ni delante de los otros, sino que, sin decir nada, sin hacer caso de las opiniones escritas de los jueces, pronunciaba la sentencia que más le gustaba como si fuese resultado de la mayoría de votos. Durante largo tiempo no admitió en el Senado a los hijos de los libertos, y no otorgó ninguna dignidad a los que habían hecho ingresar los emperadores anteriores. A los candidatos que excedían del número de las magistraturas les concedía, para compensarlos por la dilación, el mando de algunas legiones. Confería, por lo común, el consulado por seis meses, y habiendo muerto un cónsul cerca de las calendas de enero, no lo reemplazó, censurando el ejemplo dado en otro tiempo en la persona de Canino Rebilo, que fue cónsul un solo día. Otorgó los ornamentos triunfales a antiguos cuestores y hasta a algunos caballeros, y no siempre por servicios militares. Cuando dirigía discursos al Senado sobre un asunto cualquiera, hacía casi siempre que los leyese un cónsul, a pesar de corresponder ello al cuestor.

XVI. Trazó un plan nuevo para la construcción de edificios en Roma, e hizo elevar a su costa pórticos delante de todas las casas, con objeto de que se pudiese atajar los incendios desde lo alto de las plataformas. Tenía también el propósito de prolongar hasta Ostia las murallas de Roma y hacer llegar el mar a la ciudad por medio de un canal. Bajo su reinado se reprimieron y castigaron muchos abusos, dictándose reglamentos muy severos. Puso límites al lujo: las comidas que se daban al pueblo quedaron convertidas en distribuciones llamadas *sportula;* prohibió que se vendiese nada cocido en las tabernas, exceptuando legumbres, siendo así que antes se vendían en ellas toda clase de manjares. Los cristianos, clase de hombres llenos de supersticiones nuevas y peligrosas, fueron entregados al suplicio; puso freno a la licencia de los aurigas, quienes en su vida vagabunda creían que todo les estaba permitido, y que tenían convertido en juego el engaño y el robo. Los que intrigaban en favor o en contra de los mímicos fueron desterrados y con ellos los mímicos que daban ocasión a las intrigas.

XVII. Contra los falsificadores, tomó la precaución de emplear solo tablillas horadadas en muchos puntos, no imprimiéndose el sello hasta después de haber pasado tres veces los cordones por los agujeros. Se decretó que en los testamentos habían de presentarse en blanco a los testigos las dos primeras tablillas, y que solo se escribiría en ellas el nombre del testador; que el que escribiese el testamento de otro no podría asignarse ningún legado; que los litigantes venían obligados a pagar a sus abogados salario equitativo y moderado, y que no darían absolutamente nada por los derechos de presencia de los jueces, debiendo cuidar el Estado de que los juicios fuesen gratuitos; y se dispuso, en fin, que los procesos del Fisco habían de ser llevados al Foro, ante los jueces ordinarios de esta clase de asuntos, y que todas las apelaciones habrían de pasar al Senado.

XVIII. Nunca se desanimó en la esperanza o en la tentación de aumentar y extender el Imperio; ideó hasta retirar las legiones de la Bretaña, y solo lo retuvo el temor de que pareciera que quería debilitar la gloria de su padre. Se contentó, por ello, con reducir a provincia romana el reino del Ponto, que le cedió Polemón, y el de los Alpes después de la muerte de Cotio.

XIX. Emprendió solo dos viajes: uno a Alejandría y otro a Acaya; pero renunció al primero el mismo día de la partida, aterrado por un siniestro presagio; habiéndose, en efecto, sentado en el templo de Vesta, después de haber visitado todos los demás, se enredó en la toga al levantarse y se le oscureció la vista hasta el extremo de no distinguir nada. En

Acaya se propuso abrir el istmo: arengó a los pretorianos para exhortarlos a aquella gran empresa; hizo que una trompeta diese la señal para empezar, y él mismo descargó el primer golpe de azadón y se cargó al hombro una espuerta llena de tierra. Meditaba también una expedición hacia las Puertas Caspianas, a cuyo objeto había levantado una legión de reclutas italianos compuesta de hombres de seis pies de estatura, a la que llamaba falange de Alejandro Magno. He reunido aquí todos sus actos, de los cuales unos son superiores a todo elogio, y los otros a toda censura, con objeto de separarlos de las infamias y crímenes, cuyo relato voy a empezar.

XX. La música era una de las artes en que le habían instruido desde su infancia; ya emperador, hizo venir a su palacio al mejor arpista de la época, sentándolo a su lado durante muchos días después de la comida de la tarde, para oírlo cantar hasta muy avanzada la noche. Poco a poco se dio a meditar sobre este arte y a ejercitarse en él, no omitiendo precaución alguna de las que emplean de ordinario los cantores para conservar la voz y para fortalecerla, como son: acostarse sobre la espalda con el pecho cubierto con una hoja de plomo; tomar lavativas y vomitivos y abstenerse de frutas y de alimentos reputados contrarios. Satisfecho de los progresos que hacía (aunque, en realidad, tenía la voz débil y ronca), quiso presentarse en la escena, y no cesó de repetir a sus cortesanos este proverbio griego: *La música no es nada si se la tiene oculta.* Se exhibió por primera vez en Nápoles, y a pesar de un terremoto que conmovió de súbito el teatro, no dejó de concluir la canción iniciada. Cantó a menudo durante varios días, tomando luego algún descanso para recuperar la voz; impaciente, sin embargo, por hacerse oír del público, corrió de repente al teatro al salir del baño y comiendo en la orquesta en presencia de numeroso público, decía en griego *que cuando hubiese bebido algo produciría tonos delicados.* Gustando en extremo de los aplausos que le tributaron en cadencia los habitantes de Alejandría, a quienes el comercio de granos había traído en gran número a Nápoles, hizo venir a otros muchos. Y no se contentó con esto, sino que eligió jóvenes caballeros y más de cinco mil plebeyos jóvenes y vigorosos, que, divididos en varios grupos, aprendieran las diferentes maneras de aplaudir, llamadas *bom-*

bo, tejas y castañuelas, para que lo animasen siempre que cantara; estos se distinguían por su abundante cabellera, su elegante traje y su anillo en la mano izquierda, y sus jefes ganaban cuarenta mil sestercios.

XXI. Como fuese su principal deseo cantar en Roma, hizo celebrar en ella los juegos Neronianos antes de la época señalada, y habiendo pedido todos insistentemente querer oír *su voz celestial*, contestó que *accedería a este deseo en sus jardines.* Pero como los soldados que estaban de guardia entonces unieran sus ruegos a los de la multitud, les prometió, y era su deseo más vehemente, cantar aquel mismo día en el teatro; y mandó enseguida inscribir su nombre en la lista de los músicos que debían concurrir, hizo ponerle en la urna para que le sacaran por suerte con los otros y entró en escena a su vez; los prefectos del Pretorio le llevaban el arpa; detrás seguían los tribunos militares, y a su alrededor sus más íntimos amigos. Cuando fijó su actitud y terminó el preludio, hizo que el consular Cluvio Rufo anunciase que iba a cantar *Niobe* y permaneció en escena hasta la hora décima. Con objeto de tener nuevas ocasiones de cantar, aplazó para el año siguiente los premios del canto y demás partes del concurso. Este plazo le pareció, no obstante, muy largo y no cesó de presentarse en el teatro. Tampoco vaciló en representar con los actores en los espectáculos que daban los particulares, y un pretor le ofreció un día un millón de sestercios. Representó, asimismo, personajes de tragedia, poniendo por condición que las máscaras de los héroes y de los dioses se le pareciesen, y las de las heroínas y diosas a la mujer que le era más querida. Entre otros papeles, representó: *Canacea en el parto; Orestes asesino de su madre; Edipo ciego; Hércules furioso.* Se cuenta que en la representación de esta última, un joven soldado que estaba de guardia a la entrada del teatro, viéndolo cargado de cadenas, como exigía el argumento, acudió presuroso en su ayuda.

XXII. Desde la edad juvenil le apasionaron los ejercicios de caballos, y su conversación más frecuente versaba sobre las carreras en el Circo, pese a la prohibición que se le había impuesto. Cierto día que deploraba con sus condiscípulos la desgracia de un auriga a quien habían arrastrado sus caballos, reprendido por su maestro, le dijo que hablaba de Héctor. En los comienzos de su reinado se complacía haciendo rodar sobre una mesa de juego cuadrigas de marfil, y desde el fondo de su retiro acudía hasta a las menores solemnidades del Circo: primero en secreto, después públicamente, de manera que nadie dudaba que había de presentarse el día designado para los juegos. Por último, anunció que quería elevar el número de los premios, de modo que, multiplicadas las carreras, el espectáculo duró hasta la noche y los jefes de los diferentes partidos no quisieron en adelante llevar sus aurigas sino para un día entero. Quiso también guiar carros, mostrándose muchas veces en este espectáculo. Tras haberse ensayado durante algún tiempo en sus jardines, delante del pueblo y de la turba, se presentó en el Circo Máximo a los ojos de todos los romanos; un liberto agitó aquel día el lienzo desde el mismo punto en que lo hacen ordinariamente los magistrados. No le bastó haber demostrado en Roma su habilidad, por lo que marchó, como hemos dicho ya, a mostrarla en Acaya, movido principalmente por la razón siguiente: las ciudades en que hay establecidos concursos de música acostumbraban mandarle coronas de todos los vencedores, y tanto le placía este homenaje, que los diputados que venían a presentárselas, no solo eran los primeros a quienes recibía en sus audiencias, sino que los admitía incluso a sus comidas particulares; habiéndole rogado cierto día alguno de ellos que cantase en la mesa y prodigado toda clase de elogios, dijo *que solo los griegos sabían escuchar y eran dignos de su voz.* Partió, pues, sin detenerse y desembarcando en Casiope, cantó delante del altar de Júpiter Casio.

XXIII. A partir de entonces se le vio tomar parte en todos los certámenes de los artistas, con cuyo objeto reunió en un mismo año los espectáculos ordinarios que se daban en largos intervalos; quiso que se repitiesen algunos y ordenó, contra la costumbre, abrir en Olimpia un concurso de música. Nada pudo apartarlo ni distraerlo de este género de placer, y habiéndole informado su liberto Helio que los asuntos de Roma requerían su presencia allí, contestó: *En vano me escribes queriendo que regrese prontamente; mejor es que desees que vuelva digno de Nerón.* Cuando cantaba, a nadie le estaba permitido abandonar el teatro, ni siquiera por las más imperiosas necesidades; así, algunas mujeres dieron a luz en el espectáculo y muchos espectadores, cansados de oír y aplaudir, saltaron furtivamente por encima de las murallas de la ciudad, cuyas puertas estaban cerradas o se fingieron muertos para que los sacasen. Es imposible imaginar el terror y ansiedad que mostraba en los concursos su envidia a sus rivales y su temor a los jueces. Observaba sin cesar a sus competidores, los espiaba y los desacreditaba en secreto como si fuesen de igual condición que él. A veces llegaba hasta a injuriarlos cuando los encontraba y si se presentaba alguno más hábil que él tomaba el partido de corromperlo. Por lo que toca a los jueces antes de comenzar les dirigía una respetuosa y humilde alocución. *Había hecho* —decía— *todo lo que estaba en su mano hacer; pero el éxito dependía de la Fortuna, y a ellos, hombres prudentes e instruidos, correspondía excluir todo lo fortuito.* Cuando le exhortaban a tener confianza, se retiraba algo más tranquilo; mas no pudiendo desterrar toda su inquietud, atribuía a malevolencia y envidia el silencio que algunos de ellos guardaban por pudor, y decía que los tenía por sospechosos.

XXIV. Durante el certamen se sometía hasta tal punto a todas las leyes del teatro, que no se atrevía ni a escupir ni siquiera a secarse con el brazo el sudor de la frente. Habiendo en una tragedia dejado caer el cetro, lo recogió en el acto con mano inquieta y temblorosa: tanto temía que por esta falta se le excluyese del concurso. Para tranquilizarle, fue necesario que su mímico le asegurase que en medio del regocijo y los aplausos del pueblo nadie había advertido aquel gesto. Él mismo se proclamaba vencedor, por cuya razón entraba en pugna en todas las ocasiones con el heraldo. Quiso borrar para siempre toda traza y recuerdo de otras victorias que no fueran las suyas, para lo cual mandó derribar, arrastrar por las calles con ganchos y echar a las letrinas las estatuas y los bustos de todos los vencedores. Disputó también el premio de la carrera de carros, y en los juegos Olímpicos guio uno arrastrado por diez caballos, aunque en sus versos había criticado esta misma pretensión del rey Mitrídates. Fue despedido del carro, recogido y colocado dentro otra vez; no pudo resistir, al fin, y bajó de él antes de terminar la carrera; todo lo cual no impidió que fuese coronado. Antes de partir concedió la libertad a toda la provincia; dio a los jueces una importante cantidad y les concedió al derecho de ciudadanía romana. Él mismo, puesto en el centro del estadio y el día de los juegos ístmicos, anunció al pueblo estos favores.

XXV. De regreso de Grecia entró en Nápoles, teatro de sus primeros triunfos artísticos, en un carro arrastrado por caballos blancos y por una brecha abierta en la muralla, privilegio concedido a los vencedores en los juegos sagrados. Entró del mismo modo en Anzio, Albana y Roma. En esta última verificó su entrada en el carro que sirvió para el triunfo de Augusto, con traje de púrpura, clámide sembrada de estrellas de oro, la corona olímpica en la cabeza y en la mano derecha la de los juegos Píticos. Delante de él eran llevadas con toda pompa las inscripciones en que se decía dónde las había ganado, contra quién, en qué obras y en qué canciones. Detrás del carro se agrupaban los encargados de aplaudir y asalariados, exclamando, como en las ovaciones, *que eran los compañeros de su gloria y los soldados de su triunfo.* Demolieron enseguida una arcada del Circo Máximo y por el Velabro y el Foro se dirigió al monte Palatino y al templo de Apolo. Por todas partes se inmolaban víctimas a su paso, cubrían las calles de polvo de azafrán y soltaban aves y lanzaban cintas y pastelillos. Colgó las coronas sagradas en sus alcobas, alrededor de sus lechos; llenó sus cámaras de estatuas en que estaba representado con traje de músico, e hizo acuñar una medalla representado con el mismo traje. Lejos de enfriarse en él con el tiempo el entusiasmo por su arte y abandonarlo, cuidó, para conservar la voz, de no dirigir proclamas a los soldados sino cuando estaba ausente, o por medio de otro; en cualquier asunto que emprendiese, grave o no, tenía constantemente junto a sí a su maestro de canto, que le advertía cuidase del pecho, para lo cual le hacía tener un lienzo delante de la boca, y muchas veces reguló, en fin, su amistad o su odio por las mayores o menores alabanzas que le tributaban.

XXVI. Primero se entregó solo por grados y en secreto al ardor de sus pasiones: petulancia, lujuria, avaricia y crueldad, que quisieron hacer pasar como errores de juventud, pero que al fin tuvieron que admitirse como vicios de su carácter. En cuanto oscurecía, se cubría la cabeza con un gorro de liberto o con un manto, recorriendo así las tabernas de la ciudad y vagando por todos los barrios y cometiendo fechorías; se lanzaba sobre los transeúntes que regresaban de cenar, los hería cuando resistían y los precipitaba en las cloacas. Destrozaba y saqueaba las tiendas, y tenía establecido en su casa un despacho donde vendía, por lotes y en subasta, los objetos robados de esta manera, para disipar al punto su producto. En estas salidas estuvo muchas veces en peligro de perder los ojos y la vida. Un senador, a cuya esposa había insultado, estuvo a punto de matarlo a golpes. A causa de ello, a partir de este lance, no salió ya a aquellas horas sin que le siguiesen a los lejos y en la sombra los tribunos de su guardia. Durante el día se hacía llevar al teatro en silla gestatoria cerrada, y una vez allí, desde lo alto del proscenio, animaba con el gesto y con la voz los tumultos que promovían los mímicos; cuando, llegados a las manos, se lanzaban piedras y bancos rotos, también él los arrojaba al público, hiriendo una vez en la cabeza al pretor.

XXVII. Pero fortaleciéndose muy pronto sus vicios, desdeñó los placeres secretos, no hizo ya nada para disimular y se atrevió a cosas más importantes. Prolongaba sus comidas desde el mediodía a medianoche, y de cuando en cuando tomaba baños calientes, o bien durante el verano baños refrescados con nieve. Cenaba algunas veces en un sitio público, que cerraban, como la naumaquia, el campo de Marte o el Circo Máximo, haciéndose servir allí por todas las prostitutas de la ciudad y bailarinas de Siria. Todas las veces que iba a Ostia por el Tíber, o que pasaba navegando cerca del pueblo de Baias, se establecía a lo largo de las riberas y las playas hostelerías y lugares de desorden, en los cuales mujeres distinguidas, imitando las maneras incitantes de las posaderas y cortesanas, le invitaban aquí y allá a abordar. Algunas veces se invitaba también a cenar en casa de sus familiares, y a uno de ellos costó más de cuatro millones de sestercios un manjar preparado con miel, y a otro aún más una bebida a base de rosas.

XXVIII. No hablaré de su comercio obsceno con hombres libres, ni de sus adulterios con mujeres casadas; diré solo que violó a la vestal Rubria, y que poco faltó para que se casase legítimamente con la liberta Actea, con cuya idea sobornó a algunos consulares, que afirmaron bajo juramento que era de origen real. Hizo castrar a un joven llamado Esporo y hasta intentó cambiarlo en mujer; lo adornó un día con velo nupcial, le señaló una dote, y haciéndoselo con toda la pompa del matrimonio y numeroso cortejo, lo tomó como esposa; con esta ocasión se dijo él satíricamente *que hubiese sido gran fortuna para el género humano que su padre Domicio se hubiese casado con una mujer como aquella.* Vistió a este Esporo con el traje de las emperatrices; se hizo llevar con él en litera a las reuniones y mercados de Grecia durante las fiestas sigilarías de Roma, besándole continuamente. Se sabe también que quiso gozar a su madre, disuadiéndole de ello los enemigos de Agripina, por temor de que mujer tan imperiosa y violenta tomase sobre él, por aquel género de favor, absoluto imperio. En cambio, recibió enseguida entre sus concubinas a una cortesana que se parecía en gran modo a Agripina; se asegura aún que antes de este tiempo, siempre que paseaba en litera con su madre, satisfacía su pasión incestuosa, lo que demostraban las manchas de su ropa.

XXIX. Tras haber prostituido todas las partes de su cuerpo, ideó como supremo placer cubrirse con una piel de fiera y lanzarse así desde un sitio alto sobre los órganos sexuales de hombres y mujeres atados a postes; una vez satisfechos todos sus deseos, se entregaba a su liberto Doríforo, a quien servía de mujer, del mismo modo que Esporo le servía a su vez a él, imitando en estos casos la voz y los gemidos de una doncella que sufre violencia. Sé por muchas personas que estaba convencido de que ningún hombre es absolutamente casto ni está exento de mancha corporal, sino que la mayor parte de ellos saben disimular el vicio y ocultarlo con cautela; por esta razón perdonaba todos los defectos a aquellos que confesaban francamente delante de él su obscenidad.

XXX. No consideraba que la posesión de riquezas pudiese servir para otra cosa que para dilapidar. Para ser avaro y sórdido a sus ojos bastaba contar los gastos; para ser espléndido y magnífico era necesario arruinarse. Lo que más celebraba y admiraba en su tío Cayo era el haber disipado en poco tiempo los inmensos tesoros reunidos por Tiberio. De modo que no ponía coto a sus gastos y generosidades. Se hace difícil de creer que gastaba para Tirídates ochocientos mil sestercios cada día y que a su partida le dio más de un millón. Al músico Menécrato y al gladiador Espículo les regaló muchos patrimonios y casas pertenecientes a ciudadanos honrados con el triunfo. Celebró funerales casi regios por el usurero Cercopiteco Paneroto, al que había enriquecido con espléndidas propiedades en el campo y en la ciudad. Jamás se puso dos veces el mismo traje. Jugaba a los dados a cuatrocientos sestercios dobles el punto. Pescaba con una red dorada, cuyas mallas eran de púrpura y escarlata. Se asegura que nunca viajaba con menos de mil carruajes, que sus mulas llevaban herraduras de plata, y que sus muleros vestían hermosa lana de camisa, y que, en fin, sus conductores y corredores mazacos iban adornados con brazaletes y collares.

XXXI. En nada gastó tanto, sin embargo, como en sus construcciones; extendió su casa desde el palacio hasta las Esquilias, llamando al edificio que los unía *Casa de Paso;* destruida esta por un incendio, hizo construir otra que se llamó *Casa de Oro,* de cuya extensión y magnificencia bastará decir que en el vestíbulo se veía una estatua colosal de Nerón de ciento veinte pies de altura; que estaba rodeada de pórticos de tres hileras de columnas y de mil pasos de longitud; que en ella había un lago imitando el mar, rodeado de edificios que simulaban una gran ciudad; que se veían asimismo explanadas, campos de trigo, viñedos y bosques poblados de gran número de rebaños y de fieras. El interior era dorado por todas partes y estaba adornado con pedrerías, nácar y perlas. El techo de los comedores estaba formado de tablillas de marfil movibles, por algunas aberturas de las cuales brotaban flores y perfumes. De estas salas, la más hermosa era circular, y giraba noche y día, imitando el movimiento de rotación del mundo; los baños estaban alimentados con las aguas del mar y las de Albula. Terminado el palacio, el día de la dedicación, dijo: *Al fin voy a habitar como hombre.* Había empezado, además, baños totalmente cubiertos, que iban desde Misena al lago Averno, que hubiesen estado rodeados de pórticos y a los que proyectaba hacer llegar todas las aguas termales de Bayas. Quería, en fin, abrir desde el Averno hasta Ostia un canal, evitando de este modo la navegación por mar, canal de ciento sesenta millas de largo y tan ancho que pudieran cruzarse en él dos quinquerremes. Para terminar estas obras mandó traer a Italia los presos de todas las partes del Imperio, y ordenó que las sentencias que se dictasen en lo sucesivo contra los criminales no impusiesen otra pena que la de estos trabajos. Impulsaba a esta furia de gastar, aparte la confianza en su poder, la esperanza, repentinamente concebida, de un enorme tesoro escondido, que cierto caballero romano aseguraba había de encontrarse en inmensas cavernas de África, por haberlo llevado allí en otro tiempo la reina Dido al huir de Tiro, y el cual podría extraerse, según él, sin gran trabajo.

XXXII. Desengañado de esta esperanza, empobrecido y agotados sus recursos hasta el punto de retrasar la paga de los soldados y las pensiones de los veteranos, recurrió a las rapiñas y a las falsas acusaciones. Estableció, en primer lugar, que se le adjudicarían los cinco sextos en vez de la mitad de las herencias de los libertos que, sin razón plausible, hubiesen utilizado el nombre de alguna familia enlazada con él; que los bienes de aquellos que en su testamento se hubiesen mostrado ingratos con el príncipe pertenecerían al fisco y que serían castigados los jurisconsultos que lo hubiesen escrito o dictado, y que se perseguiría, en fin, por delito de lesa majestad a todos aquellos a quienes denunciasen por sus palabras y actos. Obligó a que le devolviesen los regalos que había hecho a muchas ciudades, al otorgarle coronas en los concursos. Había prohibido el uso de los colores púrpura y violeta, y un día de mercado mandó bajo mano a un mercader a que vendiese algunas onzas, con objeto de coger al punto a los demás en falta. Habiendo visto en el espectáculo y mientras cantaba, a una matrona adornada con la púrpura prohibida se dice que se la mostró a sus agentes, y habiendo hecho sacarla en el acto, le confiscó el traje y los bienes. No confirió ya ningún cargo sin añadir: *Ya sabes lo que necesito,* o bien: *Obremos de manera que a nadie le quede nada.* Concluyó por despojar la mayor parte de los templos y fundió todas las estatuas de oro y plata, entre ellas las de los dioses penates, que luego fueron restablecidas por Galba.

XXXIII. Empezó por Claudio sus asesinatos y parricidios, siendo, sin duda, si no autor, al menos cómplice de su muerte. Disimulaba esto tan poco que hacía gala de repetir continuamente un proverbio griego que encomia como manjar divino las setas, vegetal con que Claudio fue envenenado. No hubo ultraje con que no abrumara su memoria en sus actos o en sus discursos, acusándole unas veces de crueldad y otras de locura. Por ejemplo, decía, jugando con la palabra *morari,* cuya primera sílaba alargaba, que Claudio había cesado de morar entre los hombres. Anuló un crecido número de decretos y decisiones de aquel, como actos de estupidez y de demencia, limitándose, por último, a rodear únicamente de una mala tapia el sitio donde quemaron su cuerpo. Celoso de Británico, que tenía mejor voz que él, y temiendo, por otra parte, que por el recuerdo de su padre se atrajese algún día el favor popular, resolvió deshacerse de él por medio del veneno. Una célebre envenenadora llamada Locusta proporcionó a Nerón un brebaje, cuyo efecto defraudó su impaciencia, pues no produjo a Británico más que una diarrea. Hizo traer a aquella mujer, la azotó por su mano, y la reconvino por haber preparado una medicina en vez de un tósigo; como ella se excusase con la necesidad de mantener el crimen secreto: *Sin duda* —contestó con ironía—, *temo la ley Julia,* y la obligó a preparar en su palacio y delante de él mismo el veneno más activo y rápido que le fuese posible. Lo ensayó en un cabrito, el cual vivió todavía cinco horas; en vista de ello lo hizo fortalecer y concentrar más, tras lo cual se lo dio a un cochinillo, que murió en el acto. Mandó entonces llevar el veneno al comedor y darlo a Británico, que comía a su mesa. El joven, apenas probó el veneno, cayó revolcándose, diciendo Nerón que se trataba de un ataque de epilepsia, enfermedad que padecía; a la mañana siguiente lo hizo sepultar con prisas y sin ninguna ceremonia, en medio de una lluvia torrencial. En cuanto a Locusta recibió en premio de su servicio la impunidad, considerables bienes y hasta discípulos.

XXXIV. No tardó en pesarle su madre, la cual, observando sus actos y palabras lo reprendía a veces amargamente. Al principio, para hacerla odiosa, fingió que iba a abdicar el Imperio y a retirarse a Rodas; le quitó luego todos los honores y el poder, retiró los soldados de su guardia germánica, alejándola de su lado y de su palacio; después no hubo vejación que no la hiciese sufrir por medio de sus agentes; cuando estaba en Roma estos le suscitaban multitud de litigios, y cuando se retiraba al campo, pasaban frente a su casa, en carruaje o por mar, abrumándola de injurias y burlas. Asustado, al fin, por sus amenazas y por su violencia, decidió darle muerte. Tres veces ensayó el veneno y vio que ella se había provisto de antídotos. Pensó entonces ocultar en su cámara y sobre su lecho maderos, que por medio de un oculto mecanismo habrían de hacer caer sobre ella cuando estuviese durmiendo; la indiscreción de sus cómplices hizo, sin embargo, abortar este proyecto. Ideó, por último, una nave sumergible, construida de manera que Agripina pereciese ahogada o aplastada en su cámara: fingió, entonces, reconciliarse con ella; la invitó en una carta muy tierna a acudir a Bayas para celebrar con él las fiestas de Minerva; cuidó de prolongar el festín a fin de que los capitanes de las naves tuviesen tiempo de destruir, según las órdenes recibidas y como por choque fortuito, la galera liburnesa que había traído a Agripina, y cuando esta quiso retirarse a Baulos, le ofreció en vez de su nave destruida la que había construido para su pérdida. La acompañó alegremente hasta la nave, la besó en los pechos al separarse y veló una parte de la noche esperando con ansiedad el resultado de su maquinación. Cuando se enteró de lo ocurrido, y de que Agripina había conseguido salvarse a nado, no supo ya qué hacer; pero poco después llegó L. Agerino, liberto de su madre, presentándose regocijado a decirle que Agripina se había salvado. Nerón echó un puñal a su lado, sin que el liberto lo observase, y le hizo prender y agarrotar como asesino enviado por aquella; mandó enseguida matar a su madre y dijo que se había suicidado al ver descubierto su crimen. Se añaden a esto circunstancias atroces y se citan testigos; se sabe que acudió a ver el cadáver, que lo tocó por todas partes, alabó algunas de sus formas y criticó otras, y que sintiendo sed durante el examen, hizo que le sirviesen de beber. A pesar de las felicitaciones del ejército, del Senado y del pueblo, no pudo, sin embargo, librarse de su conciencia: el suplicio que empezó con aquel acto no terminó ya para él jamás; a menudo confesó que lo perseguía por todas partes la imagen de su madre y que las Furias agitaban delante de él látigos vengadores y antorchas encendidas, por lo que trató de aplacar sus manes con un sacrificio mágico. En su viaje a Grecia no se atrevió a hacerse iniciar en los misterios de Eleusis, aterrado por la voz del heraldo que prohibía el acceso a los criminales y a los impíos. A este matricidio añadió aún el asesinato de su tía, la cual estaba entonces enferma de una irritación de vientre; acudió a verla y con la familiaridad ordinaria de las personas de edad madura, le acarició la barba con la mano, y le dijo: *Cuando haya visto caer esta barba, habré vivido suficiente.* Entonces, él dijo, como en broma, a los que estaban presentes, que iba a hacérsela quitar en el acto, y ordenó a los médicos que administrasen a la enferma una purga violenta; se apoderó de sus bienes apenas expiró, y para no perder nada, mandó destruir su testamento.

XXXV. Después de Octavia tuvo Nerón por esposas a Popea Sabina, casada antes con un caballero romano, y cuyo padre había sido cuestor, y a Statilia Mesalina, bisnieta de Tauro, que había obtenido dos veces el consulado y el triunfo; para apropiarse de esta hizo matar a su marido, Ático Vestino, cónsul a la sazón. Disgustado de Octavia, dijo a sus amigos, que le reconvenían por haberse apartado de ella tan presto, *que debían bastarle los ornamentos matrimoniales.* Diversas veces quiso estrangularla, y la repudió por estéril; censurando, sin embargo, el pueblo este divorcio y prorrumpiendo en denuestos contra el emperador, la desterró, haciéndola matar, al fin, como culpable de adulterio; la acusación era tan impudente y falsa, que habiendo protestado de su inocencia todos aquellos a quienes sometió a la tortura, sobornó a su pedagogo Aniceto para que declarase que había gozado de ella por astucia. Doce días después de haber repudiado a Octavia, casó con Popea, a la que amó apasionadamente; su amor no impidió, sin embargo, que la matase de un puntapié, porque, enferma y encinta, le reconvino con viveza viéndole retirarse algo tarde de una carrera de carros. Tuvo una hija llamada Claudia Augusta, que murió muy joven. Sus crímenes no se detuvieron ni ante los lazos más íntimos: acusó, por ejemplo, de conspiración a Antonia, hija de Claudio, que repugnaba casarse con él después de la muerte de Popea, y la hizo matar. Trató de la misma manera a todos aquellos con quienes les unía parentesco o relaciones íntimas, entre ellos, al joven Aulo Plaucio, a quien violó antes de mandarlo al suplicio, diciendo después: *Que mi madre bese ahora a mi sucesor,* porque pretendía que amaba a este joven y le había prometido el Imperio. Popea había tenido antes de casarse con él un hijo llamado Rufio Crispino; supo él que este niño, en sus juegos, se erigía en jefe y emperador de los demás y dispuso que sus propios esclavos lo arrojasen al mar cuando fuese a pescar. Desterró a Tusco, su hermano de leche, porque siendo gobernador de Egipto se había bañado en los baños construidos para la llegada del emperador. Obligó a su preceptor Séneca a darse la muerte; este le había pedido muchas veces permiso para retirarse y hasta le había brindado todos sus bienes; pero Nerón le juró por todos los dioses *que sus temores eran infundados y que preferiría morir a hacerle daño.* A Burro, prefecto del pretorio, que padecía de la garganta, le dijo que le daría un remedio, y le envió un veneno. En cuanto a los libertos que le hicieron adoptar por Claudio y que habían sido sus consejeros y le habían sostenido en el poder, se deshizo de ellos cuando fueron ancianos y ricos, por medio de venenos que les puso en las comidas o en las bebidas.

XXXVI. No desplegó menos crueldad con los extranjeros. Durante muchas noches consecutivas, se presentó una estrella con cabellera que, según la opinión del vulgo, anuncia un cercano fin a los señores de la tierra. Asustado por el fenómeno, consultó al astrólogo Babilo, quien le dijo que los reyes acostumbraban prevenir los efectos de estos funestos presagios por medio de la muerte expiatoria de algunas víctimas ilustres, desviando así sus amenazas sobre las cabezas de los grandes; en esto desplegó Nerón tanta más energía, cuanto que el oportuno descubrimiento de dos conjuraciones le suministraba legítimo pretexto: la primera y más importante, la de Pisón, se urdía en Roma; la segunda, la de Vinicio, se tramó y fue descubierta en Benevento. Los conjurados aparecieron ante el tribunal atados con triples cadenas; algunos confesaron espontáneamente la conjura; otros llegaron incluso a alabarse de ello, diciendo que la muerte era el mejor servicio que podían prestar a un hombre manchado con tantos crímenes. Expulsaron de Roma a los hijos de los sentenciados, muriendo todos de hambre o envenenados. Se sabe también que algunos perecieron con sus preceptores y esclavos en una misma comida, y a otros se les privó de todo alimento.

XXXVII. La vida de Nerón no fue, a partir de entonces, más que una serie de crímenes; nadie estaba libre de sus golpes, y todo pretexto le era bueno. Entre gran número de ejemplos, citaré solo los siguientes: A Salvidieno Orfito le imputó como un crimen que hubiese alquilado a los diputados de algunas ciudades tres habitaciones bajas de su casa, cerca del Foro, para celebrar audiencias en ellas; al jurisconsulto Casio Longino, que era ciego, el haber conservado entre antiguos retratos de familia el de C. Casio, uno de los asesinos de César; a Peto Trasea, el tener frente severa de pedagogo. A los condenados, para morir, les concedía solo una hora, y con objeto de evitar toda causa de dilación, tenía médicos encargados, como él decía, *de ayudar a los rezagados,* es decir, de cortarles las venas. A un egipcio que comía carne cruda y cuanto le presentaban, quiso, según se asegura, ofrecerle hombres para que los desgarrase y devorase vivos. Jactándose de haberlo intentado todo impunemente, sostenía *que ningún príncipe había sabido aún cuánto podía hacerse desde el trono.* Sobre este asunto mantuvo conversaciones muy significativas; dijo que no perdonaría al resto de los senadores; que llegaría un día en que suprimiría por completo este orden; que daría a los caballeros romanos y a sus libertos el mando de las provincias y de los ejércitos. Nunca, ni a la entrada ni a la salida del Senado, se dignó dar el beso de costumbre o devolver el saludo a ningún senador; en la ceremonia de inauguración de los trabajos del istmo, pidió a los dioses, delante de la multitud y en voz alta, *que la empresa redundase en gloria suya y del pueblo romano,* sin mencionar para nada al Senado.

XXXVIII. No respetó tampoco al pueblo romano ni los muros de su patria. Habiendo un familiar suyo citado en la conversación este verso griego:

que todo se abrase y perezca después de mí.

No, le contestó, *más bien viviendo yo,* y cumplió su amenaza. Desagradándole, según decía, el mal gusto de los edificios antiguos, la estrechez e irregularidad de las calles, hizo poner fuego a la ciudad; lo hizo con tal desfachatez, que algunos consulares, sorprendiendo en sus casas esclavos de su cámara, con estopas y antorchas en las manos, no se atrevieron a detenerlos. Los graneros contiguos a la *Casa de Oro,* cuyos terrenos deseaba, fueron incendiados y derribados con máquina de guerra, pues estaban construidos con piedras de sillería. Duraron tales estragos seis días y siete noches, y el pueblo no tuvo durante ellos otro refugio que los monumentos y las sepulturas. Además de gran número de casas particulares, el fuego consumió las moradas de los antiguos generales, adornadas todavía con los despojos del enemigo, los templos consagrados a los dioses por los reyes de Roma o levantados durante las Guerras Púnicas y las de la Galia; todo, en fin, lo que la antigüedad había dejado de curioso y digno de memoria. Nerón estuvo contemplando el incendio desde lo alto de la torre de Mecenas, *encantado,* según dijo, *de la hermosura de la llama,* y vestido en traje de teatro cantó al mismo tiempo *la toma de Troya.* Tampoco dejó escapar esta ocasión de pillaje y robo: se había comprometido a hacer retirar gratuitamente los cadáveres y escombros y a nadie permitió que se acercase a aquellos restos que había hecho suyos. Recibió y hasta exigió contribuciones por las reparaciones de Roma, hasta el punto de haber casi arruinado por este medio a los particulares y a las provincias.

XXXIX. A los ultrajes y males que procedían del príncipe, añadió el hado otros desastres; por esos días se declaró, en efecto, una peste, que en un solo otoño hizo inscribir treinta mil funerales en los registros de Libitina. El ejército sufrió una sangrienta derrota en Bretaña, seguida del saqueo de dos importantes fortalezas y de la matanza de gran número de ciudadanos y aliados; en Oriente se produjeron asimismo vergonzosos fracasos, varias legiones pasaron bajo el yugo en Armenia; y la Siria apenas se mantenía ya bajo la dominación romana. Lo que puede sorprender y es digno de notarse, es que nada soportó con tanta paciencia como las sátiras e injurias, y que con nadie mostró menos rigor que contra aquellos que, por medio de versos o discursos, le dirigían sus ataques. Contra él publicaron muchos epigramas en griego y latín, como los siguientes:

Sobrepasando los delitos de Alcmeón y Orestes, al parricidio Nerón añadió todavía el incesto. Como Eneas llevó en otro tiempo a su padre Nerón, su descendiente, acaba de llevar a su madre.

El Parto tiende el arco, Nerón empuña la lira. Cuando tengamos que marchar a la defensa del Imperio este será Apolo cantor, aquel Apolo ar-

quero. Roma será muy pronto un solo hombre; Quírites, huye a Veios, si es que él no lo ocupa también.

No buscó en absoluto a los autores, y hasta se opuso a que se castigase con severidad a los que fuesen denunciados al Senado. Isidoro el Cínico, lo apostrofó en público, censurándole en alta voz *que cantase tan bien los males de Nauplio y que tan mal usase de sus bienes.* Dato, actor de atelanas, comenzando una canción con estas palabras: *Salud a mi padre, salud a mi madre,* hizo sucesivamente ademán de comer y de beber, aludiendo a la muerte de Claudio y de Agripina; y al decir, al final de la pieza: *Pronto irán al Orco,* señaló con el dedo al Senado. Nerón se contentó con desterrar de Roma y de Italia al filósofo y al cómico, ya fuese que no se creyese injuriado, ya porque temiese atraerse mayores ultrajes mostrándose ofendido.

XL. Después de haber soportado cerca de catorce años a tal príncipe, el mundo le hizo al fin justicia; la señal de la sublevación fue dada en la Galia, donde mandaba como propretor Julio Vindex. Algunos astrólogos habían predicho tiempo antes a Nerón que algún día se vería destituido; él pronunció al oírlo esta frase célebre: *El artista vive en todas partes,* para justificar su entusiasmo por el estudio de un arte en el que el príncipe debía encontrar una distracción y el particular un recurso. Otros adivinos le habían prometido, sin embargo, que después de su deposición obtendría el imperio de Oriente; otros aun el reino de Jerusalén, y los hubo, en fin, que le anunciaron que recobraría todo su poder. Esta era la esperanza que más le halagaba, y, cuando hubo perdido y recobrado la Bretaña y la Armenia, creyó que había realizado la parte infausta de su destino; pero habiendo consultado en Delfos el oráculo de Apolo, se le dijo que desconfiase del año 73. Convencido entonces de que alcanzaría aquella edad, y muy lejos de pensar en la edad de Galba, se creyó seguro de gozar de larga vejez y de constante felicidad; llegó en esto a tal extremo, que habiendo perdido un día en un naufragio objetos de extraordinario valor, osó decir a su comitiva *que los peces se los devolverían.* En Nápoles le llegó la noticia de la sublevación de las Galias, en el aniversario del día en que mató a su madre; recibió la noticia con tal indiferencia y tranquilidad, que llegó a sospecharse que se alegraba de tener ocasión para despojar, por derecho de guerra, las provincias más ricas del Imperio. Enseguida se dirigió al Gimnasio, presenció luchas de atletas y demostró gran interés por sus ejercicios. Durante la cena le trajeron cartas más inquietantes, y solo entonces prorrumpió en imprecaciones y amenazas contra los sublevados. Durante ocho días no contestó ninguna carta, no dio orden alguna, ni instrucción, ni habló de aquel acontecimiento, como si lo hubiese olvidado.

XLI. Turbado al fin por las continuas e injuriosas proclamas de Vindex, escribió al Senado para exhortarle a vengar al emperador y a la República, excusándose con una enfermedad de garganta de no acudir personalmente. Lo que más, sin embargo, le ofendió en aquellas proclamas fue que lo tratasen de mal cantor y que, en vez de Nerón, le llamasen Enobarbo; a causa de esto, declaró que iba a renunciar a su nombre de adopción y a tomar otra vez el de familia, con el que pretendían ofenderlo. Por lo que toca a las otras imputaciones que le hacían, nada, según él, demostraba mejor su falsedad que el decirle que ignoraba un arte que con tanto afán y tan buen éxito había cultivado, y salía preguntando a todos *si conocían un artista más grande que él.* Entre tanto llegaba correo tras correo, hasta que, asustado, al fin, se dirigió a Roma. Un presagio frívolo ocurrido durante el camino reanimó su valor; consistió el presagio en haber visto en un bajorrelieve un soldado galo, al que un jinete romano arrastraba por los cabellos después de haberlo vencido, escultura que le regocijó hasta el extremo de hacerle dar gracias a los dioses. No obstante, no reunió al Senado ni al pueblo; celebró apresuradamente consejo con algunos ciudadanos ilustres, y pasó el resto del día ensayando ante ellos nuevos instrumentos de música hidráulicos, haciéndolos observar todas las piezas, el mecanismo y el trabajo, y declarando que haría llevarlos al teatro si Vindex se lo permitía.

XLII. Pero cuando supo que Galba y las Españas se habían también sublevado, perdió por completo el valor; se dejó caer y permaneció largo tiempo sin voz y como muerto. Cuando recobró el sentido, rasgó sus vestidos, se golpeó la cabeza y exclamó *que todo había concluido para él.* Para consolarlo, su nodriza le nombraba otros príncipes a quienes habían ocurrido desgracias semejantes, contestando él *que las suyas eran inauditas, sin ejemplo, puesto que perdía el Imperio antes de perder la vida.* Nada cambió, a pesar de todo, sus costumbres de lujo y de molicie; por el contrario, habiendo recibido de provincias noticias favorables, dio un espléndido festín y compuso contra los jefes de la sublevación versos satíricos, que empezó a cantar con grandes gestos, procurando divulgarlos entre el público. Se hizo llevar después secretamente al teatro, y mandó decir a un actor cuya voz era muy celebrada, *que era gran fortuna para él que el emperador tuviese otras ocupaciones.*

XLIII. Se asegura que al primer rumor de la sublevación concibió gran número de proyectos atroces, totalmente de acuerdo con su carácter. Quería, por ejemplo, llamar y hacer degollar a los gobernadores de las provincias y a los jefes de los ejércitos, como si todos estuviesen complicados en la sublevación de Vindex o participasen en sus intenciones. Quería, asimismo, dar muerte a todos los desterrados, dondequiera que estuviesen, y a todos los galos que se encontraban en Roma; a los primeros para que no se reuniesen a los conjurados, a los segundos como cómplices o auxiliares de sus conciudadanos; quería abandonar a los ejércitos el pillaje de las Galias; envenenar a todo el Senado en un festín, incendiar a Roma y soltar al mismo tiempo las fieras contra el pueblo, para impedir que se defendiese de las llamas. Abandonó estos proyectos, menos por arrepentimiento de haberlos concebido que por la imposibilidad de ejecutarlos. Pareciéndole al fin ser necesaria una expedición, destituyó a los cónsules y asumió él solo la autoridad de los dos, con el pretexto de que era destino de las Galias el que nadie las sometiese sino él, con tal que estuviese revestido del consulado. Hizo, pues, que le trajesen las fasces, se levantó de la mesa apoyado en los hombros de sus amigos y diciendo *que al llegar a la Galia se presentaría sin armas ante las legiones rebeldes; que se limitaría a llorar delante de ellas; que su inmediato arrepentimiento le atraería a los sediciosos y que al día siguiente, en medio de la general alegría, entonaría un canto de victoria que iba a componer al momento.*

XLIV. Lo primero que hizo al preparar esta expedición fue elegir carros para el transporte de sus instrumentos de música y hacer cortar el cabello, como a los hombres, a todas sus concubinas, que se proponía llevar, a las que armó con hachas y escudos de amazonas. Llamó luego a las armas a las tribus urbanas, pero no habiendo respondido al llamamiento ninguno de los que se encontraban en estado de empuñarlas, exigió a todos los amos determinado número de esclavos, tomando de cada casa los mejores, sin exceptuar siquiera a los intendentes y secretarios. Obligó a todos los órdenes a que le entregasen una parte de su fortuna; a los locatarios de casas contiguas o separadas los obligó también a llevar al fisco en el acto un año de alquiler, y exigió con sumo cuidado que las monedas fuesen nuevas, la plata pura y el oro contrastado. La mayor parte de los contribuyentes, disgustados con tales exigencias, se negaron resueltamente a dar nada y se pusieron de acuerdo para decir: *Que mejor sería recogiese de los delatores las recompensas que por sus delaciones habían recibido.*

XLV. La carestía de granos hizo crecer aún más el odio que se había atraído con sus rapiñas; ocurrió entonces que precisamente en los días de mayor escasez llegó una nave de Alejandría cargada de arena para las luchas de la corte; la indignación que el hecho produjo fue tan general, que no hubo ya ultraje que no se prodigara al emperador. Sobre la cabeza de una estatua suya colocaron un moño de mujer con esta inscripción griega: *Llegó, finalmente, la hora del combate;* y esta otra: *Que lo libre, pues.* Al cuello de esta estatua suya ataron un saco y escribieron en él estas palabras: *Yo nada he hecho, en cambio tú mereces el saco.* En las columnas escribían *que sus cantos habían despertado a los galos,* y durante la noche gran número de ciudadanos, fingiendo reñir con esclavos, pedían a grandes voces un *vengador (Vindex).*

XLVI. Manifiestos presagios antiguos y modernos, sacados de los sueños, hacían más vivos sus temores. De ordinario dormía tranquilamente, pero después de la muerte de su madre soñó que le arrancaban de las manos el timón de una nave y que su esposa Octavia le arrastraba a espesas tinieblas. Creyó otra vez, en sueños, que se encontraba cubierto de multitud de hormigas aladas, o bien veía las estatuas de las diversas naciones de la tierra, situadas a la entrada del teatro de Pompeya, que le rodeaban, cerrándole el paso.

Le pareció que un caballo de Asturias, al que quería mucho, se trocaba en mono, excepto la cabeza, de la que salían lastimeros relinchos. Las puertas del Mausoleo se abrieron por sí mismas, y salió una voz que llamaba a Nerón. Los dioses lares, adornados solemnemente para las calendas de enero, cayeron de su pedestal, en medio de los preparativos del sacrificio. Cuando iba a tomar los auspicios, Esporo le ofreció como regalo de año nuevo un anillo, cuya piedra representaba el *rapto de Proserpina.* Cuando quiso pronunciar los votos solemnes ante todos los órdenes del Estado reunidos, costó gran trabajo hallar las llaves del Capitolio; al ser leído en el Senado este pasaje del discurso compuesto por él contra Vindex: *Que los culpables serían castigados y darían ejemplo en suplicio digno de sus crímenes,* todos exclamaron: *Tú lo darás, Augusto.* Se observó asimismo que en *Edipo desterrado,* el último papel que representó en público, salió de la escena pronunciando este verso griego:

Madre, esposa, parientes, todo quiere que yo perezca.

XLVII. Se difundió, entre tanto, el rumor de haberse sublevado también los demás ejércitos, y enfurecido rasgó las cartas que le trajeron durante la comida, derribó la mesa, rompió contra el suelo dos vasos, que llamaba homéricos por estar esculpidos en ellos asuntos tomados de los poemas épicos de Homero y a los que tenía en gran estima; acto seguido hizo que Locusta le diese veneno, lo encerró en una caja de oro y marchó a los jardines de Servilio. Una vez allí, mientras sus libertos más fieles iban a Ostia para disponer naves, trató de conseguir que los tribunos y centuriones del Pretorio lo acompañasen en su fuga; unos se excusaron y otros se negaron abiertamente, llegando uno a decirle:

¿Tanta desgracia es morir?

Concibió entonces diferentes proyectos; pensó en huir al territorio de los partos, ir a arrojarse a las plantas de Galba, pensó también en presentarse públicamente en la tribuna de las arengas con traje de luto y pedir allí, con el acento más lastimero posible, que le perdonasen el pasado, o, si los corazones permanecían insensibles, que le concediesen al menos la prefectura de Egipto. Entre sus papeles se encontró después el discurso que había compuesto para este objeto, y se asegura que el único motivo que le impidió pronunciarlo fue el temor de que lo despedazasen antes de llegar al Foro. Aplazó entonces para la mañana siguiente el tomar una decisión, pero habiendo despertado a medianoche se enteró de que sus guardias lo habían abandonado. Saltó del lecho y envió aviso a casa de todos sus amigos; no recibió contestación, y fue entonces con reducido séquito a pedir refugio a algunos de ellos. Todas las puertas permanecieron cerradas y nadie le contestó. Regresó entonces a su cámara: los centinelas habían huido, llevándose hasta las ropas de su lecho y la caja de oro en que tenía guardado el veneno. Pidió enseguida que le llevasen al gladiador Espículo u otro cualquiera para que le diesen muerte, y no encontrando a nadie que quisiese matarle, exclamó: *¿Acaso no tengo amigos ni enemigos?*, y corrió a precipitarse al Tíber.

XLVIII. A pesar de todo, se detuvo y buscó un refugio para meditar lo que podía hacer. Su liberto Faón le ofreció su casa de campo, situada entre la vía Salaria y la Nomentana, a cuatro millas de Roma. Vestido con la túnica y los pies desnudos como se encontraba, montó a caballo; iba envuelto en un manto viejo y desteñido; llevaba la cabeza cubierta y un pañuelo delante del rostro; lo acompañaban cuatro personas, entre ellas Esporo. En cierto momento, sintió temblar la tierra, rasgó un relámpago la tiniebla y le invadió el terror; al pasar cerca del campamento de los pretorianos, oyó los gritos de los soldados que le lanzaban imprecaciones y hacían votos por Galba. Un viajero, al ver el pequeño grupo, dijo: *Estos persiguen a Nerón.* Otro preguntó: *¿Qué hay de nuevo en Roma, con respecto a Nerón?* El hedor de un cadáver abandonado en el camino hizo retroceder a su caballo; le cayó el pañuelo con que se ocultaba el rostro, y un veterano pretoriano lo reconoció y lo saludó por su nombre; llegado a un camino de traviesa, despidió los caballos, penetró entre abrojos y espinas, en un sendero cubierto de zarzas en el que no podía avanzar más que haciendo tender ropas bajo sus pies, y llegó así con gran trabajo a las tapias de la casa de campo en una cantera de la que habían sacado arena, pero él replicó *que no quería enterrarse vivo,* y habiéndose detenido para esperar que abriesen la entrada secreta de la casa, cogió en la mano agua de una charca, y dijo antes de beberla: *He aquí los refrescos de Nerón.* Comenzó después a arrancar las zarzas que se habían enredado en su manto, y hecho esto, por un agujero abierto debajo de la tapia, fue arrastrándose sobre las manos, hasta la habitación más próxima, en la que se acostó sobre un jergón cubierto con una vieja manta. De cuando en cuando lo atormentaban el hambre y la sed, y le ofrecieron pan de mala calidad, que rehusó, y agua templada, de la que bebió una poca.

XLIX. Los que lo acompañaban lo instaron a que se sustrajese sin tardanza a los ultrajes que le amenazaban, y pidió que abriesen un foso delante de él, a la medida de su cuerpo, que lo rodeasen con algunos pedazos de mármol, si se encontraban, y que llevasen agua y leña para tributar los últimos honores a su cadáver; a cada orden que daba se ponía a llorar, y repetía sin cesar: *¡Qué muerte para tan grande artista!* En medio de estos preparativos, llegó un correo a entregarle una carta de Faón; la cogió y leyó en ella *que el Senado le había declarado enemigo de la patria, y lo hacía buscar para castigarlo de acuerdo con las leyes antiguas.* Preguntó en qué consistía este suplicio, y le contestaron que en desnudar al criminal, sujetarle el cuello en una horqueta y azotarlo con varas hasta hacerlo morir. Aterrado, cogió entonces dos puñales que había llevado consigo, probó la punta y volvió a envainarlos, diciendo *que no había llegado aún la hora fatal.* Una veces exhortaba a Esporo a lamentarse y llorar con, él; otras pedía que alguno se matase, para, con su ejemplo, darle valor para morir. También a veces se censuraba su cobardía, diciéndose: *Arrastro una vida vergonzosa y miserable,* y añadía en griego: *Esto no es propio de Nerón; esto no le es propio; en tales momentos es necesario decidirse; vamos, despierta.* Ya estaban cerca los jinetes que tenían orden de prenderlo vivo, y cuando los oyó, recitó temblando este verso griego:

Oigo el paso veloz de animosos corceles,

y se clavó enseguida el hierro en la garganta, ayudado por su secretario Epafrodio. Respiraba aún cuando entró el centurión; quiso vendarle la herida, fingiendo que llegaba para socorrerlo, y Nerón le dijo: *Es tar-*

de; y añadió: *¡cuánta fidelidad!* Al pronunciar estas palabras expiró con los ojos abiertos y fijos, despertando espanto y horror en todos los que lo contemplaban. Había recomendado con vivas instancias a sus compañeros de fuga que no abandonasen su cabeza a nadie, y que fuese como fuese, lo quemasen entero. Icelo, liberto de Galba, que acababa de salir del encierro donde lo arrojaron al comenzar la insurrección, concedió la autorización para hacerlo.

L. Los funerales de Nerón costaron doscientos mil sestercios; emplearon en ellos tapices blancos bordados de oro, de que se había servido el día de las calendas de enero. Sus nodrizas Eclogea y Alejandra, con su concubina Actea, depositaron sus restos en la tumba de Domicio, que se ve en el campo de Marte, sobre la colina de los jardines. El monumento es de pórfido, y está coronado por un altar de mármol de Luna y lo circunda una balaustrada de mármol de Paros.

LI. Era de mediana estatura; tenía el cuerpo cubierto de manchas y hedía; los cabellos eran rubios, la faz más bella que agradable; los ojos azules, y la vista débil; robusto el cuello, el vientre abultado, las piernas sumamente delgadas y el temperamento vigoroso. A pesar de sus desenfrenados excesos, solo se encontró indispuesto tres veces en el espacio de catorce años, y en ellas ni siquiera tuvo que abstenerse del vino, ni que variar nada de sus costumbres. No cuidaba del traje ni apostura, y durante su permanencia en Acaya, se le vio dejar caer por detrás el cabello, que llevaba siempre rizado en bucles simétricos; se presentó muchas veces en público con trajes de festín, un pañuelo en torno al cuello, sin cinturón y descalzo.

LII. Ensayó en su infancia todas las artes liberales, pero su madre lo disuadió del estudio de la filosofía, que, en su opinión, no podía menos de perjudicar a un príncipe destinado a reinar; su preceptor Séneca le prohibió que leyese a los autores antiguos, con objeto de que su discípulo fijara solo en él su admiración. Se aficionó a la poesía, y compuso sin dificultad ni trabajo algunas obras en verso. No es cierto, como se ha pretendido, que diese por suyos los de otro. He tenido en las manos tablillas con versos suyos, fáciles de reconocer y enteramente de su puño. Se veía claramente que no eran copiados ni escritos al dictado de otro, sino que eran laborioso fruto de su pensamiento, tantas correcciones y raspaduras tenían. Mostró asimismo gran afición a la pintura, y especialmente a la escultura.

LIII. Ansioso de popularidad, se hacía al punto rival de todo el que, por cualquier medio, se atraía el favor de la multitud. Era creencia común que, no contento con sus triunfos en el teatro, había de descender en el próximo lustro a la arena olímpica con los atletas. En efecto, se ejercitaba asiduamente en la lucha, y en todas las ciudades de Grecia en las que asistió a los juegos gímnicos, lo hizo a la manera de los jueces, sentándose en el suelo en el estadio, y viendo alejarse del centro una pareja de luchadores, corrió a cogerlos y a traerlos a su puesto. Como le comparaban con Apolo por el canto, y con el Sol por su destreza en conducir carros, quiso imitar también las hazañas de Hércules; y se dice que le habían domesticado un león, con el que debía luchar en el Anfiteatro y matarle con la maza o ahogarlo entre los brazos ante el pueblo.

LIV. Al término de su vida hizo voto solemne, si triunfaba de sus enemigos, de tocar el órgano hidráulico, la flauta y la gaita durante los juegos que se habrían de celebrar por la victoria; prometió también figurar como histrión el último día de ellas y bailar el Turnus de Virgilio. Y no falta quien dice que hizo perecer al cómico Paris como adversario demasiado temible.

LV. Deplorable manía era en él el deseo de perpetuar su memoria, la cual le llevó a cambiar el nombre a muchas cosas y muchos ciudades para sustituirlos con el suyo; llamó Neroniano al mes de abril, y quería que Roma se llamase Nerópolis.

LVI. Mostraba un profundo desprecio por todos los cultos, exceptuando el de la diosa de Siria; pero terminó por burlarse de él también, hasta el punto de orinar sobre su estatua cuando se entregó a otra superstición que fue la única en que persistió. Consistía esta en venerar una muñeca, que le había regalado un hombre del pueblo, a quien no conocía, como amuleto contra las celadas de sus enemigos. Fue descubierta poco después una conspiración, y con este motivo hizo de aquella muñeca su divinidad suprema, la honró con tres sacrificios por día y quiso que se creyese que le presagiaba el porvenir. Pocos meses antes de su muerte empezó a observar las entrañas de las víctimas, sin obtener jamás ningún augurio feliz.

LVII. Murió a los treinta y dos años de edad, en el mismo día en que en otro tiempo había hecho perecer a Octavia. El regocijo público fue tal, que la mayoría de los hombres del pueblo corrían por toda Roma cubiertos con el gorro de los libertos. A pesar de todo, hubo ciudadanos que, mucho tiempo después de su muerte, adornaron su tumba con flores de primavera y verano, que llevaron a la tribuna retratos de Nerón representado con la toga pretexta, y que leyeron en ella edictos en los que hablaba como si viviese aún y hubiera de llegar sin tardanza para vengarse de sus enemigos. Vologeso, rey de los partos, que envió embajadores al Senado para renovar su alianza, pidió sobre todo que se honrase la memoria de Nerón. Veinte años después, durante mi juventud, un aventurero, que se hacía pasar por Nerón, creó entre los partos, a favor de este nombre, que tan querido les era, un poderoso partido, y solo con gran esfuerzo se pudo conseguir que entregaran al impostor.

SERVIO SULPICIO GALBA

I. En Nerón se extinguió la dinastía de los césares; este acontecimiento lo habían anunciado varios presagios, y especialmente dos, con mucha más evidencia que los otros. En efecto, poco después de su boda con Augusto iba Livia a casa de Veyo, cuando un águila, que volaba por encima de ella, dejó caer sobre sus rodillas una gallina blanca que acababa de apresar, la cual tenía todavía en su pico una rama de laurel. Dio esta gallina tantos pollos, que la casa recibió el nombre, que conserva aún, *de las gallinas,* y la planta se desarrolló tan prósperamente que en lo sucesivo cogieron de ella los césares los laureles para sus triunfos, aunque cuidando siempre, una vez terminada la ceremonia, de volver a plantarlos en el mismo sitio. Se observó que poco antes de la muerte de cada emperador, el arbusto plantado por él se marchitaba y durante el último año del reinado de Nerón la planta se secó hasta las raíces y perecieron todas las gallinas. Poco después cayó un rayo sobre el palacio de los césares, cayeron a la vez las cabezas de todas las estatuas y a la de Augusto le fue arrancado el cetro de las manos.

II. Galba, sucesor de Nerón, no estaba unido por ningún vínculo a esta familia, pero pertenecía a muy noble linaje, tan antiguo como ilustre. En las inscripciones de sus estatuas tomaba el título de *bisnieto de Q. Catulo Capitolino,* y siendo emperador colocó en el vestíbulo de su palacio un cuadro genealógico, en el que hacía remontar a Júpiter su origen paterno, y a Pasifae, esposa de Minos, el materno.

III. Sería prolijo enumerar aquí todos los honores otorgados a sus mayores, y me limitaré a decir algo acerca de su familia. No se sabe quién fue el primero de los Sulpicios que llevó el nombre de Galba y con qué motivo. Según unos fue por haber incendiado con antorchas embadurnadas de gálbano una ciudad de España que había resistido un largo sitio; según otros, porque en una enfermedad crónica utilizó a menudo el gálbeo, que se aplicaba ordinariamente envuelto en lana. Dicen otros que, porque era muy grueso, lo que se expresa en galo con la palabra *galba;* y otros, en fin, que, porque siendo por el contrario muy delgado, se le comparó a los gusanillos que nacen en la encina y a los que llaman *galbae.* El auge de esta familia comienza en el consular Sergio Galba, que fue el varón más elocuente de su tiempo. Fue enviado a España después de su pretura, haciendo pasar en ella, a lo que dicen, a treinta mil lusitanos a cuchillo por traición, lo que fue causa de la guerra de Viriato. Irritado su nieto al ver que rechazaba el consulado Julio César, cuyo legado había sido en la Galia, tomó parte en la conspiración de Casio y Bruto, siendo condenado por este hecho en virtud de la ley Pedia. De este proceden el abuelo y el padre del emperador Galba; el abuelo, más ilustre por sus trabajos que por sus dignidades, no ascendió de la pretura y fue autor de una obra histórica bastante voluminosa y no carente de interés. El padre, después de haber sido cónsul, fue abogado laborioso, aunque medianamente elocuente; era bajito y jorobado; tuvo por primera esposa a Mummia Acaica, nieta de Catulo y bisnieta de L. Mummio, el que destruyó Corinto; casó después con Livia Ocelina, tan rica como hermosa, diciéndose que le solicitó ella misma a causa de su nobleza y con más ardor aún desde el día en que, estrechado por sus súplicas, separó sus ropas y le mostró su deformidad, para evitar que después lo acusase de haberla engañado. De Acaica tuvo dos hijos: Cayo y Servio. Cayo, el mayor de los dos, se vio obligado a dejar a Roma, donde se había arruinado; habiéndose opuesto Tiberio a que entrase en sorteo, a su turno, para su gobierno preconsular, se dio la muerte.

IV. El emperador Servio Galba nació bajo el consulado de M. Valerio Mesala y de Cn. Léntulo, el 9 de las calendas de enero, en una quinta situada sobre una colina cerca de Terracina, a la izquierda según se va a Fondi. Fue adoptado por su suegra, y tomó el nombre de Livio y el apellido Ocela. Cambió también el nombre y se hizo llamar Lucio en vez de Servio, hasta su advenimiento al Imperio. Se asegura que cierto día, en que había ido a saludar a Augusto con otros niños de su edad, este príncipe le dijo en griego, acariciándole la mejilla y *tú también, hijo mío, probarás el poder.* Cuando dijeron a Tiberio que Galba habría de reinar, pero en edad muy avanzada: *Qué viva, pues,* dijo el emperador, *no es a mí a quien importa eso.* Estando su abuelo sacrificando para conjurar el rayo, un águila le arrebató las entrañas de la víctima y las llevó a una encina cargada de bellotas. Consultados los augures contestaron que aquel presagio prometía el imperio a su familia, aunque para tiempo lejano: *Sí,* dijo riendo, *cuando paran las mulas.* Por esto, cuando Galba meditó la conquista del trono, lo que más confianza le inspiró fue el presenciar el parto de una mula; mientras todos consideraban funesto aquel presagio, él solo lo aceptó como feliz, recordando el sacrificio y la respuesta de su abuelo. Acababa de vestir la toga viril cuando soñó que la Fortuna le decía: *Estoy cansada de esperar a tu puerta, y si no me recibes pronto, seré presa del primero que se presente.* Al despertar, abrió el vestíbulo y encontró en el umbral una estatua de bronce de más de un codo: era la de aquella diosa. La transportó en sus brazos a Tuscúlum, donde acostumbraba pasar el verano; la consagró en el santuario de sus divinidades domésticas y le dedicó un sacrificio por mes y una velada por año. Siendo todavía joven mantuvo rigurosamente una costumbre abolida por todas parte en Roma, excepto en su familia, la cual consistía en revistar dos veces diariamente a sus libertos y esclavos, que se presentaban reunidos a la hora de levantarse y de acostarse, para darles uno a uno los buenos días y las buenas noches.

V. Una de las ciencias que con mayor asiduidad cultivó fue la jurisprudencia. Se había casado, pero habiendo perdido a su esposa Lépida y dos hijos que tuvo de ella, se mantuvo viudo y no quiso en adelante ocuparse de nuevo matrimonio; ni siquiera la misma Agripina, que había quedado libre por muerte de Domicio y que antes de que enviudase él le había hecho tales indicaciones que la madre de Lépida tuvo que reconvenirle ásperamente en una reunión de mujeres y se irritó con ella hasta golpearla, consiguió que modificase su propósito. Mostró particular estima por Livia, esposa de Augusto, cuyo favor, mientras ella vivió, le dio gran influencia, y cuyo testamento, cuando murió, estuvo a punto de enriquecerlo. Le había inscrito, en efecto, entre sus herederos principales por cincuenta millones de sestercios, pero estando escrita la cantidad solo en cifras y no con todas las letras, Tiberio redujo el legado a quinientos mil sestercios, y ni siquiera cobró esa cantidad.

VI. Galba alcanzó los honores antes de la edad fijada por las leyes. Durante los juegos que celebró como pretor, dio el espectáculo, todavía nuevo, del elefante bailando sobre la cuerda. Gobernó la provincia de Aquitania cerca de un año; fue después cónsul ordinario. Quiso la casualidad que sucediese en esta dignidad a Cn. Domicio, padre de Nerón, y que él mismo tuviese por sucesor a Salvio Otón, padre del emperador del mismo nombre, lo cual era como presagio para el porvenir, estando colocado el reinado de Galba entre los de los hijos de aquellos. Calígula le envió enseguida a Germania para substituir a Getúlico; a la mañana siguiente a su llegada hizo cesar los aplausos que provocaba su presencia en un espectáculo solemne, y en la orden del día a los soldados les mandó *tener las manos debajo de los mantos;* por cuya razón cantaron en el campamento:

Atención, soldados, al oficio;
Galba, manda, y no Getúlico.

Prohibió absolutamente a los soldados la petición de licencias; ejercitó en continuos trabajos a veteranos y reclutas; rechazó a los bárbaros, que habían penetrado hasta la Galia; de tal modo, en fin, lo dispuso todo en esta expedición, que Calígula, que la presenció, quedó tan satisfecho de su ejército y de él, que entre las numerosas tropas levantadas en todas las provincias, fueron las suyas las que recibieron más recompensas y mayores muestras de aprobación. Galba se distinguió notablemente dirigiendo, con un escudo en la mano, las evoluciones militares, y siguiendo en un trayecto de mil pasos el carro del emperador.

VII. Tras la muerte de Calígula, le instaron muchos para que aprovechase aquella ocasión, pero él prefirió el reposo, y Claudio se lo agradeció tanto, que lo consideró entre sus mejores hombres; llegó a tanto su consideración por él, que retrasó incluso la expedición de Bretaña a causa de una ligera indisposición que le sobrevino el día mismo de la partida. Fue durante dos años procónsul de África, habiéndolo elegido sin consultar las suertes para pacificar aquella provincia, perturbada por los bárbaros y las discordias intestinas; consiguió imponer la paz, gracias a la severidad y a la justicia que mostró hasta en las cosas más pequeñas. Escaseando en cierta expedición los víveres y habiendo vendido un soldado por cien dineros un modio de trigo que le restaba de su provisión, Galba prohibió a los otros que le suministrase ningún alimento, por necesitado que lo viesen, y el soldado murió de hambre. Se presentaron a su tribunal dos ciudadanos disputándose la propiedad de una bestia de carga; las pruebas eran equívocas por una y otra parte, los testigos sospechosos y la verdad difícil de descubrir. Galba decidió, en vista de ello, que se llevase al animal con la cabeza cubierta a un lago donde acostumbraba a beber; que una vez allí le descubrieran, y que pertenecería a aquel de los dos a quien el animal se dirigiera espontáneamente.

VIII. Por los servicios que prestó entonces en África y por los prestados antes en la Galia, recibió los ornamentos triunfales y triple sacerdocio, siendo agregado a sus colegios por los quindecenviros, los sacerdotes de Augusto y los Ticios. A partir de esta época hasta mediados del reinado de Nerón vivió casi en un completo retiro, no saliendo nunca de su casa, ni aun para pasear, sin que le siguiese un vehículo cargado con un millón de sestercios en oro. Estaba en Fondi cuando le ofrecieron el gobierno de la España Tarraconense. Al llegar a esta provincia sucedía que estando sacrificando en un templo, a un niño que tenía el incienso se le blanquearon de pronto los cabellos, este prodigio fue interpretado como presagio de un gran cambio, en el que se vería a un anciano suceder a un joven, es decir Galba a Nerón. Poco después cayó un rayo en un lago en el país de los cántabros, encontrándose luego en él doce hachas, signo manifiesto del poder soberano.

IX. Este gobierno duró ocho años, y su conducta en él fue muy desigual. Mostró al principio gran energía, vigilancia y hasta severidad excesiva en la represión de los delitos. Ordenó, por ejemplo, cortar las manos a un cambiante infiel y clavarlas sobre su mostrador; hizo crucificar a un tutor por haber envenenado a su pupilo, cuyos bienes había de heredar; invocó el culpable sus derechos y privilegios de ciudadano romano, y Galba, como para suavizar en algún modo el horror del suplicio, le hizo clavar en una cruz pintada de blanco y mucho más grande que las corrientes. Poco a poco se abandonó, sin embargo, a la inacción y a la molicie, por el temor de despertar suspicacias en Nerón, y *porque* —según decía—, *a nadie se puede obligar a que dé cuentas de su apatía.* Presidía en Cartagena la asamblea provincial, cuando se enteró de la sublevación de las Galias, por haber recibido una demanda de auxilio del legado de Aquitania. Recibió también cartas de Vindex que le instaba *a declararse libertador y jefe del universo.* Su vacilación duró poco, e impulsado tanto por el temor como por la esperanza, accedió a lo que le pedían. En efecto, había sorprendido una orden enviada secretamente por Nerón a sus agentes para que le diesen muerte, y por otra parte le favorecían felices auspicios, presagios ciertos, y de manera especial las predicciones de una virgen perteneciente a una noble familia; estas predicciones le inspiraban tanta más confianza, cuanto que el sacerdote de Júpiter Clunio, advertido por un sueño, acababa de hallar en el santuario el mismo oráculo, pronunciado también por una joven adivina hacía ya doscientos años. El sentido de este oráculo era, *que saldría de España un hombre que había de ser el dueño del mundo.*

X. Subió a su tribunal como para proceder a una manumisión, y haciendo situar frente a él los retratos de la mayoría de los ciudadanos condenados y muertos por Nerón, y mostrando a la multitud un joven de noble linaje a quien había hecho venir expresamente de la más próxima de las Baleares donde estaba desterrado, deploró los males de aquel reinado. Se le saludó *emperador,* y declaró él no querer ser otra cosa que *legado del Senado y pueblo romanos.* Añadió luego que estaba interrumpido el curso de la justicia y reclutó entre el pueblo de su provincia legiones y tropas auxiliares para reforzar su ejército, que solamente constaba de una legión, dos alas de caballería y tres cohortes. Fundó una especie de Senado compuesto de ancianos de gran experiencia para deliberar con ellos, en ocasiones, acerca de los negocios importantes; en el orden de los caballeros designó jóvenes que, sin perder el derecho a usar el anillo de oro, debían, con el nombre de *evocati,* prestar servicio militar en sus localidades. Hizo distribuir también edictos por las otras provincias, exhortando a todos a que se uniesen en el mismo sentimiento y a servir, cada cual según sus medios, a la causa común. Por la misma época, al fortificar una ciudad de la que quería hacer su plaza de armas, se encontró un anillo de labor antigua, cuya piedra representaba una Victoria con un trofeo. Se vio también llegar a Tortosa una nave de Alejandría, cargada de armas, sin piloto, marineros ni pasajeros, y nadie dudó ya que su empresa tenía por causa la justicia y estaba apoyada por los dioses. Pero casi en el acto un acontecimiento imprevisto estuvo a punto de destruirlo todo. Cuando se aproximaba, en efecto, al campamento, uno de los dos cuerpos de caballería, arrepentido de haber violado sus juramentos, resolvió apartarse de él, y solo a costa de gran trabajo pudieron recuperarlo. Además, algunos esclavos, que un liberto de Nerón le había regalado después de instruirlos en el asesinato, iban a darle muerte en una callejuela por la que se dirigía al baño; les oyó exhortarse mutuamente a aprovechar la ocasión, y preguntados sobre la ocasión de que hablaban, se les arrancó por la tortura la confesión de lo que estaban preparando.

XI. A tantos peligros se agregó la muerte de Vindex, que le causó gran consternación, hasta tal punto que, creyéndose perdido irremisiblemente, estuvo a punto de suicidarse. Tranquilizado, sin embargo, por las noticias de Roma, que lo enteraron de la muerte de Nerón y de que todos los pueblos le juraban fidelidad, trocó el título de *legado* por el de *césar.* Se puso entonces en marcha, vistiendo la armadura de los jefes militares, con un puñal colgado al cuello sobre el pecho; pero no tomó la toga hasta después de la derrota de los que le disputaban el Imperio, esto es, del prefecto pretoriano Nimfidio Sabino, en Roma, y de los legados Fonteyo Capitón, en Germania, y Clodio Macer, en África.

XII. Lo precedía la fama de avaricioso y de cruel, a causa de los grandes tributos que había impuesto en las Españas y en las Galias a las ciudades morosas en declararse a su favor; por haber incluso castigado a algunas, destruyendo sus murallas; por haber hecho ejecutar por el verdugo a sus jefes civiles y militares, con sus esposas e hijos: porque, habiéndole ofrecido los tarraconeses una corona de oro de quince libras de peso, sacada de un antiguo templo de Júpiter, la hizo fundir, y habiendo resultado tres onzas menos, exigió el pago de lo que faltaba. Esta reputación se fortaleció y acrecentó desde los primeros días de su entrada en Roma. Quiso, en efecto, reducir a su antigua condición de simples remeros a los soldados de la marina a quienes Nerón había ascendido a la categoría de legionarios: como ellos se resistieron a acatar sus órdenes y reclamaron sus águilas y enseñas con gran energía, los hizo dispersar por la caballería y luego los diezmó. Licenció la cohorte germana formada en otro tiempo por los césares para la guarda de su persona y cuya fidelidad había permanecido inquebrantable en medio de tantas pruebas, y hasta envió aquellos soldados a su patria sin recompensa alguna, acusándolos de ser afectos a Cn. Dolabela, cuyos jardines estaban próximos a su campamento. Se referían de él rasgos de avaricia, verdaderos o falsos, que le exponían al ridículo; se decía, por ejemplo, que había lanzado un profundo suspiro al ver su mesa abundantemente servida; que habiéndole presentado las cuentas un día su intendente, le regaló un plato de legumbres como recompensa de su celo y fidelidad; que queriendo dar al flautista Cano una prueba de su admiración, fue él mismo a sacar de su caja particular cinco dineros, con los que lo gratificó.

XIII. Su llegada no fue por consiguiente demasiado agradable a los romanos, cosa que pudo advertir en el primer espectáculo que se dio. Habiendo, en efecto, comenzado los actores de una Atelana a entonar el conocido cántico: *Habiendo vuelto Simo de su campaña,* todos los espectadores cantaron el resto del coro, repitiendo varias veces el verso.

XIV. Tampoco en el mando encontró el favor y la consideración que podía esperarse, no porque no hiciese cosas que lo acreditaban de buen príncipe, sino porque apreciaban menos sus buenas cualidades que odiaban las malas. Le dirigían tres favoritos que vivían en el palacio, que no se separaban de junto a él y a los que llamaban sus pedagogos. Eran estos T. Vinio, su legado en España, hombre desenfrenadamente codicioso; Cornelio Laco, convertido de asesor en prefecto del Pretorio, y cuya arrogancia y necedad se habían hecho intolerables, y el liberto Icelo, en fin, honrado desde hacía poco con el anillo de oro y con el sobrenombre de Marciano, que aspiraba ya a la dignidad más alta a que puede llegar un caballero. Estos tres hombres, cuyos vicios eran diferentes, gobernaban despóticamente al viejo emperador; se había abandonado a ellos sin reservas, y ya no se parecía a sí mismo, ya excediéndose en la severidad, ya en el ahorro, o bien mostrándose demasiado débil e indulgente para un príncipe de su edad. Condenó sin escucharlos y por ligeras sospechas a ciudadanos ilustres de los dos órdenes. Concedió pocas veces los derechos de ciudadanía romana, y solo a una o dos personas el privilegio de tres hijos y aun esto por tiempo limitado. Rogado por los jueces para que añadiese una sexta decuria a las cinco existentes, no solo se negó a hacerlo, sino que los desposeyó del derecho que Claudio les había concedido de no ser convocados durante el invierno ni al comienzo del año.

XV. Se creía asimismo que era su intención reducir a dos años la duración de los cargos desempeñados por senadores y caballeros, y darlos a aquellos que no lo necesitasen o los rechazasen. Anuló todas las liberalidades de Nerón hasta un décimo aproximadamente y encargó a cincuenta caballeros romanos que persiguiesen la restitución, con derecho, si los actores o atletas habían vendido los regalos que se les habían hecho y no podían reintegrar el valor, para recogerlos a los compradores. Dejó por otra parte a sus libertos y consejeros vender a su gusto todos los oficios, o dispensar todos los favores: la cobranza de impuestos, las inmunidades, la condena de los inocentes, la impunidad de los culpables. Más aún: a pesar de haberle pedido insistentemente el pueblo romano el suplicio de Haloto y de Tigelino, los más crueles de todos los agentes de Nerón, fueron los únicos a quienes dejó impunes, y hasta concedió a Haloto un cargo importantísimo, y en un edicto reprendió todavía al pueblo la crueldad que mostraba hacia Tigelino.

XVI. Semejante conducta le enajenó casi todas las voluntades y no tardó en atraerse, sobre todo, el odio de los soldados. Sus amigos, en su ausencia, les habían tomado el juramento de fidelidad, prometiéndoles donativo más considerable que de costumbre; sin embargo, no cumplió la promesa y hasta repitió muchas veces *que acostumbraba reclutar soldados, pero no comprarlos,* palabras que exasperaron a todo el ejército. Sus injuriosos temores indispusieron asimismo contra él a los pretorianos, la mayor parte de los cuales fueron alejados como sospechosos o como cómplices de Nimfidio. Una profunda indignación animaba por último a las legiones de la Alta Germania, que se veían privadas de las recompensas que esperaban por sus campañas contra los galos y contra Vindex. Por esta causa fueron las primeras que osaron romper todo lazo de obediencia, y en las calendas de enero prestaron solo juramento al Senado, y enviaron enseguida una diputación a los pretorianos para declararles *que no querían al emperador elegido en España, y que ellos mismos debían hacer una elección que pudiese ser aprobada por todos los ejércitos.*

XVII. Enterado de esta trama, creyó Galba que más que por la edad, le despreciaban por no tener hijos, y como desde hacía ya tiempo amaba tiernamente al joven Pisón Frugi Liciano, notable por su mérito y linaje —lo había inscrito siempre en su testamento como heredero de sus bienes y de su nombre—, lo tomó de pronto de la mano en medio de la multitud de cortesanos, lo llamó hijo, lo llevó al campamento y lo adoptó en presencia de los soldados, sin mencionar para nada el donativo ofrecido. Este nuevo rasgo de avaricia ayudó a M. Salvio Otón en la ejecución de la empresa, y seis días después estaba todo consumado.

XVIII. Prodigios manifiestos y en gran número habían anunciado a Galba desde el principio de su reinado el trágico fin que había de tener. En su regreso a Roma se inmolaban víctimas en todas las ciudades por donde pasaba y en una de ellas, un toro, herido de un hachazo, rompió las cuerdas, se precipitó sobre el carro del emperador, y levantándose sobre las patas traseras lo llenó de sangre. En el momento en que Galba se apeaba, un guardia, impulsado por la muchedumbre, estuvo a punto de herirlo con su lanza. A su entrada en Roma, en el palacio de los césares, sintió temblar la tierra y oyó un ruido parecido a un mugido. A estas advertencias no tardaron en seguir presagios más claros y más siniestros. Había elegido en el Tesoro imperial un collar de perlas y piedras preciosas con el cual quería adornar su estatuita de la Fortuna, en Tuscúlum, pero, creyéndole digno de una divinidad más augusta, lo dedicó a la Venus del Capitolio. A la noche siguiente se le apareció en sueños la Fortuna, se quejó del agravio que le había inferido, amenazándole con quitarle al punto todo lo que le había dado. Aterrado por este sueño, apenas amaneció mandó a Tuscúlum a hacer los preparativos de un sacrificio expiatorio, y acudió poco después, pero solamente encontró sobre el altar carbones medio apagados, y cerca de allí vio a un anciano vestido de negro, que tenía incienso en una vasija de vidrio y vino en un vaso de arcilla. Se observó asimismo en las calendas de enero, que, mientras sacrificaba, se le cayó la corona de la cabeza, y que las gallinas sagradas volaron mientras inquiría los auspicios. El día en que adoptó a Pisón, cuando se preparaba a arengar a los soldados, no encontró delante de su tribunal la silla militar que se colocaba en tales ocasiones, y en el Senado habían derribado su silla curul.

XIX. En la mañana del día en que le dieron muerte, le había advertido repetidas veces el arúspice, mientras sacrificaba, que cuidase de sí mismo, que los asesinos estaban cerca. Poco después le informaban de que Otón era ya dueño del campamento. Le aconsejaron que marchase a él sin dilación, ya que su presencia y autoridad podían ser decisivos; sin embargo, prefirió encerrarse en su palacio y fortificarse en él con varias legiones acampadas muy lejos unas de otras; no obstante, se revistió con una coraza de lino, aunque confesando que era débil defensa contra tantas espadas. Falsos rumores, difundidos de propósito por los conspiradores y repetidos por hombres crédulos, fueron suficientes para atraerlo fuera del palacio. Decían, en efecto, que la sublevación estaba sofocada y castigados los culpables; otros acudían en tropel para felicitarlo y asegurarle su fidelidad. Quiso acudir a recibirlos y salió con tanta confianza, que encontrando a un soldado que se vanagloriaba ante él de haber dado muerte a Otón, le preguntó: *¿Por orden de quién?* Avanzó después hacia el Foro, y los jinetes que estaban encargados de matarlo lanzaron sus caballos en aquella dirección, separando a la turba de curiosos; viéndolo desde lejos, se detuvieron un momento y emprendieron otra vez la carrera, hasta que al verlo abandonado de los suyos se echaron sobre él y lo mataron.

XX. Algunos escritores refieren que en los primeros momentos exclamó: *¿Qué hacen, compañeros? Soy de ustedes como ustedes míos,* y que incluso les prometió un donativo. Son más, sin embargo, los que pretenden que ofreció espontáneamente el cuello, diciéndoles *que ejecutasen sus órdenes y lo hiriesen, puesto que lo odiaban.* Lo que más sorprende es que ninguno de los que presenciaban el hecho trató de socorrer al emperador y que todas las tropas a las que mandó venir, excepto un escuadrón del ejército de Germania, desobedecieron sus órdenes. Los soldados del cuerpo germano le eran, en efecto, muy adictos, a causa del cuidado que recientemente había tenido con ellos cuando se encontraban enfermos y extenuados de fatiga. Corrieron raudos, en socorro suyo, pero no conocían los caminos y tomaron el más largo, llegando demasiado tarde. Galba fue degollado cerca del lago Curcio y abandonado en el mismo lugar. Un soldado que volvía de la distribución de granos, habiéndolo visto, arrojó la carga al suelo y le cortó la cabeza; no pudo cogerla por los cabellos, pues estaba calvo, y la ocultó debajo de sus vestidos; se le introdujo el pulgar por la boca, y se la presentó de este modo a Otón. Este la hizo entregar a los vivanderos y criados del ejército, que la clavaron en una lanza, y paseándola alrededor del campamento con grande algazara, decían de cuando en cuando: *Vamos, hermoso Galba, goza de tu juventud.* Este chiste feroz se fundaba en lo que se había dicho pocos días antes, cuando habiéndolo felicitado uno por su buen aspecto y muestras de salud, le contestó en griego: *Todavía me siento con fuerzas.* Un liberto de Patrobio Neroniano les compró la cabeza de Galba por cien dineros de oro y la colocó en el mismo sitio donde mataron a su amo por orden del emperador; y más tarde, en fin, el intendente Argio sepultó la cabeza y el tronco en los jardines particulares de Galba, cerca de la vía Aureliana.

XXI. Era de estatura ordinaria; tenía la cabeza calva por delante, los ojos azules, la nariz aguileña, y pies y manos tan desfigurados por la gota, que no podía soportar calzado ni hojear un libro; además, tenía en el costado derecho una excrecencia tan considerable que apenas podía sostenerla un vendaje.

XXII. Se dice que era desmesurado en la comida, y en invierno comía antes de amanecer. En la cena le servían tantos manjares que hacía pasar los restos de mano en mano hasta el extremo de la mesa para distribuirlos a los que le servían. Uno de sus vicios era la pederastia, pero más que a los jóvenes prefería hombres ya maduros y hasta viejos. Cuando Icelo, uno de sus antiguos compañeros de desórdenes, llegó a España para anunciarle la muerte de Nerón, se dice que no contento con besarlo indecentemente delante de todos, lo hizo depilar enseguida y se lo llevó a solas consigo.

XXIII. Pereció a los setenta y tres años de edad, después de siete meses de reinado. El Senado le decretó, en cuanto pudo, una estatua, que debían colocar sobre una columna rostral, en el mismo paraje del Foro donde fue asesinado. Vespasiano revocó, sin embargo, este decreto, convencido de que Galba había enviado de España a Judea asesinos encargados de darle muerte.

M. SALVIO OTÓN

I. La familia de Otón, antigua y distinguida, y una de las principales de la Etruria, era originaria de Ferentino. Su abuelo, M. Salvio Otón, hijo de un caballero romano y de una mujer de condición humilde, quizá servil, fue nombrado senador por influencia de Livia, esposa de Augusto, en cuya mansión había transcurrido su infancia, pero no pasó de la pretura. Por lo que toca a su padre, L. Otón, cuya madre era de ilustre cuna que estaba unida por numerosos lazos con las familias más ilustres de Roma, fue tan querido del emperador Tiberio y de tal manera se le parecía, que fue tenido en general por hijo suyo. Desplegó gran severidad en las varias funciones que se le encargaron en Roma, en un preconsulado de África y en muchos gobiernos extraordinarios. En la sublevación de Camilo contra Claudio, varios soldados, arrepentidos de haber tomado parte en ella, dieron muerte a sus jefes como autores de la insurrección, a pesar que no ignoraban que Claudio los había ascendido por este mismo hecho a los grados superiores; Otón no vaciló en hacerlos decapitar a todos en Ilíria, en medio de la plaza de armas presenciando él las ejecuciones. Esta conducta aumentó su reputación, pero disminuyó su influencia, la que no tardó, sin embargo, en recuperar, al dar parte al emperador de una conspiración urdida contra su existencia por un caballero romano, que había sido denunciado por sus propios esclavos. El Senado le votó entonces una distinción muy rara; pues le mandó erigir una estatua en la cima del monte Palatino. Claudio, después de agregarle a los patricios, lo elogió pomposamente, y añadió aún: *Tal es su mérito, que ni siquiera puedo desear hijos que le superen.*

Tuvo de Albia Terencia, mujer de esclarecido linaje, dos hijos, L. Ticiano y Marco, que llevó el mismo sobrenombre que él; tuvo también una hija, la cual casó, apenas núbil con Druso, hijo de Germánico.

II. Nació el emperador Otón el 4 de las calendas de mayo, bajo el consulado de Camilo Arrancio y de Domicio Enobarbo. Desde su infancia fue tan pródigo y precoz que su padre tuvo que castigarlo con mucha frecuencia. Se dice que vagaba de noche por las calles, se lanzaba sobre los débiles y sobre los ebrios que encontraba, los tendía sobre un manto y los lanzaba al aire. Más adelante, después de la muerte de su padre, intimó, para conseguir favor, con una liberta de la corte, que gozaba de mucho prestigio, de la cual llegó a fingirse enamorado a pesar de ser vieja y casi decrépita. Por mediación de ella se introdujo entre los familiares de Nerón, que muy pronto lo situó en el número de sus más íntimos amigos, gracias a la conformidad de sus gustos y, se añade aún, a la costumbre de prostituirse mutuamente; llegó a ser tan poderoso que, habiéndose encargado, mediante una crecida suma, de hacer restablecer a un varón consular condenado por agitación, no vaciló, antes aún de obtener la reintegración por el Senado, en llevarlo a él para que diese las gracias.

III. Fue confidente de todos los designios y secretos de Nerón, y cuidó, el mismo día en que este había de hacer perecer a su madre, de dar a los dos, y con el fin de evitar sospechas, una cena muy suntuosa. Nerón le había confiado provisionalmente a su amante Popea Sabina, a la que acababa de quitar a su esposo, recibiéndola Otón en su casa como para casarse con ella. Pero no contento con seducirla, llegó a mostrarse celoso hasta tal punto que no consintió ni a Nerón por rival y negó la entrada a su casa a los que el emperador enviaba por ella; llegó incluso a dejarlo a él mismo un día en la puerta reclamando su depósito y mezclando amenazas y súplicas inútilmente. Por estas causas se deshizo el matrimonio, y Otón fue alejado con la apariencia de una misión a Lusitania. Nerón creyó suficiente este castigo, pues temía que otro más severo revelase el escándalo de aquella comedia (finalmente, Popea Sabina se convirtió en la segunda esposa de Nerón); sin embargo, estos dos versos que circularon después la dieron a conocer con claridad:

Cur Otho mentito sit, quaeritis, exsul
honore? Uxoris moechus, coeperat ese suae.•

Administró su provincia durante diez años como cuestor, y con tanta moderación como desinterés.

IV. Con la empresa de Galba vio al fin llegada la ocasión para vengarse, y fue el primero que se declaró por él. Desde aquel instante concibió también la esperanza de reinar, esperanza fundada por una parte en el estado a que habían llegado las cosas, pero fortalecida sobre todo por la terminante promesa del astrólogo Seleuco. Este astrólogo, que en otra época le pronosticó que sobreviviría a Nerón, había ido entonces, en efecto, a buscarlo inopinadamente, y le aseguró que no tardaría en ser emperador. Por este motivo no omitió nada, con el fin de atraerse por todas partes amigos y partidarios. Cuantas veces recibía al general a cenar daba una moneda de oro a cada individuo de la cohorte de guardia y variaba hasta lo infinito sus medios de seducción para con los soldados. Así sucedió, que, habiéndole uno de ellos elegido por árbitro en una cuestión que tenía con un vecino suyo cerca de unos linderos, compró todo el terreno en litigio y se lo dio libre de proceso. Con todo esto, no había casi nadie que no le creyese y proclamase el único digno de la sucesión imperial.

V. Había creído siempre que Galba lo adoptaría, y diariamente esperaba que así lo hiciese. Pero cuando se vio defraudado en su esperanza por la preferencia concedida a Pisón, resolvió apelar a la fuerza, impulsado a la vez por el deseo de venganza y la autoridad de sus deudas. Confesaba, en efecto, *que no le quedaba otro recurso que el Imperio, y que prefería sucumbir en el combate ante sus enemigos, a caer bajo la persecución de sus acreedores en el Foro.* Pocos días antes había recibido un millón de sestercios de un esclavo del emperador, por haberle hecho conseguir un cargo de intendente; esta fue la base de su grande empresa. Al princi-

• Preguntas por qué ha sido desterrado Otón con el pretexto de un cargo honorífico. Porque había empezado a ser el marido de la esposa.

pio confió su proyecto a cinco conjurados, después lo comunicó a otros diez, habiendo traído dos cada uno de los primeros. Les entregó diez mil sestercios por persona, prometiéndoles cincuenta mil. Estos le reclutaron además otros partidarios, aunque en número reducido, no dudando que encontrarían más en el momento de la acción.

VI. Fue su primera idea apoderarse del campamento inmediatamente después de la adopción de Pisón, y atacar luego a Galba en el palacio mientras estuviese a la mesa. Renunció a ello por consideración a la cohorte que estaba entonces de guardia; no quería hacerla demasiado odiosa por ser la misma que había dejado matar a Calígula y abandonado a Nerón. Presagios contrarios y consejos de Seleuco lo contuvieron por otra parte algún tiempo más. Fijado al fin el día, dijo a sus cómplices que lo aguardasen en el Foro, delante del templo de Saturno, cerca de la Miliaria de Oro, y por la mañana fue a saludar a Galba, que le acogió dándole el beso acostumbrado. Asistió asimismo al sacrificio celebrado por el emperador y oyó las predicciones del arúspice. Llegó entonces un liberto a decirle que habían llegado los arquitectos, que era la señal convenida. Otón se retiró como para ver una casa que estaba en venta, saliendo en el acto de palacio por una puerta situada en la parte de atrás, para acudir enseguida a la cita. Dicen otros que fingió padecer un acceso de fiebre, y que encargó a los que le rodeaban que si el emperador preguntaba por él, le diesen esta excusa. Montó en una litera de mujer, que mantuvo cerrada, y tomó el camino del campamento; pero faltaron las fuerzas a los portadores, y bajó de ella echando a correr. Se le rompió el calzado y se detuvo, y casi en el acto, impulsados por su misma impaciencia, los que lo acompañaban le subieron sobre sus hombros y le saludaron *emperador*. Llegó así hasta la plaza de armas del campamento, entre las aclamaciones y rodeado de espadas desnudas, declarándose por él todos aquellos a quienes encontraba, como si perteneciesen a la conjuración. Empezó por hacer matar a Galba y a Pisón, por atraerse enseguida con promesas la fidelidad de los soldados, insistiendo en su arenga *en que solo conservaría lo que le dejasen.*

VII. Declinaba ya el día cuando entró en el Senado; expuso en él brevemente su conducta, mostrándose como apresado entre la multitud y obligado a aceptar el Imperio, en el cual, dijo, no le guiaría otra regla que la voluntad general. Desde allí marchó al palacio; entre las felicitaciones y alabanzas que le prodigaban; se oyó a la plebe llamarlo *Nerón,* sin que él diese muestras de disgusto; se dice incluso que añadió este nombre al suyo en los primeros diplomas y en las primeras cartas que escribió a los gobernadores de las provincias. Lo cierto es que permitió restablecer las estatuas de este emperador; que repuso en sus cargos a sus intendentes y libertos y que el primer uso que hizo de su autoridad fue dedicar cincuenta millones de sestercios a la terminación de la *Casa de Oro.* Se dice que en la noche siguiente tuvo un terrible sueño que le arrancó quejas y gritos; que los que acudieron lo encontraron tendido en el suelo al lado del lecho; y que les dijo que había creído ver a Galba derribarlo del trono y arrojarlo del palacio. Por este motivo recurrió a toda suerte de expiaciones para aplacar sus manes. Cuando a la mañana siguiente interrogaba los auspicios, se levantó una tempestad, y viéndose derribado violentamente, murmuró varias veces este proverbio griego: *¿Conviene la flauta a mis manos temblorosas?*

VIII. Por este tiempo los ejércitos de Germania prestaron juramento a Vitelio; cuando Otón se enteró del hecho, propuso al Senado mandar legados a aquellos ejércitos para notificarles que se había elegido un emperador y exhortarlos a la paz y concordia. Por su parte, mandó correos a Vitelio y le escribió ofreciéndole compartir con él el Imperio y proponiéndose para yerno suyo. Pero la guerra era inevitable, y se acercaban ya los generales y las tropas que Vitelio mandaba delante. Los pretorianos dieron entonces a Otón una prueba de su fidelidad y valor, que estuvo a punto de producir el degüello del primer orden del Estado. Se había mandado, en efecto, llevar armas a las naves, encargando de ello a los marineros; introducían estas armas en el campamento al oscurecer, cuando algunos soldados, sospechando una traición, promovieron un violento tumulto y en el acto corrieron sin jefes al palacio pidiendo a gritos la muerte de los senadores, rechazaron a los tribunos que intentaban reprimir el movimiento, mataron a algunos, y cubiertos con su sangre buscaron por todas partes al emperador; penetraron hasta el comedor, donde estaba él a la mesa, no calmándose hasta que lo vieron por sus ojos. Otón se dispuso a la guerra con ardor y precipitación increíbles, sin tener en cuenta los usos religiosos ni tomarse tiempo para colocar en el templo de Marte los escudos sagrados, que habían paseado solemnemente, negligencia considerada desde remota antigüedad como funesto presagio; pero hizo todavía más: entró en campaña el mismo día en que los sacerdotes de Cibeles dan comienzo a sus cantos fúnebres. Arrastró, por último, hasta los peores auspicios, pues la víctima sacrificada a Plutón ofreció únicamente signos favorables, cuando, para ser felices, los signos en aquel sacrificio debían ser contrarios. Se desbordó el Tíber, retrasando su marcha desde el primer día, y a veinte millas de Roma encontró interceptado el camino por ruinas de gran número de edificios.

IX. Con idéntica temeridad, en vez de llevar despacio la guerra, como todos juzgaban necesario, y de destruir por grados a sus enemigos, que luchaban con la escasez y se veían comprometidos en posición desventajosa, resolvió dar inmediatamente el combate, ya fuera porque no pudiese soportar más tiempo la incertidumbre y esperase conseguir grandes ventajas antes de la llegada de Vitelio, ya porque le fuese imposible contener el ardor de sus tropas, que pedían a gritos la batalla. No estuvo presente, sin embargo, en ninguna acción: estaba en Brixéllum mientras sus delegados derrotaban al enemigo en tres encuentros sin importancia, cerca de los Alpes, en los alrededores de Plascencia y en el sitio llamado Cástor. Pero en Betriácum, donde se trabó el último encuentro y el decisivo, fue vencido por la astucia. Se había, en efecto, propuesto una entrevista; los ejércitos habían salido de sus campamentos como para presenciar las negociaciones, cuando el enemigo cargó de improviso, viéndose Otón obligado a combatir en el mismo momento en que acababan de cambiar los saludos militares. Al verse vencido, decidió darse muerte con la única idea, como han pensado muchos con razón, de no exponer más tiempo las legiones y el Imperio en interés de su grandeza. No tenía en efecto, motivos para desesperar de su causa ni para sospechar de la fidelidad de sus tropas; todas las que había mantenido en reserva para el caso de un nuevo ataque, estaban entonces a su lado; llegaban otras de Dalmacia, de la Panonia y de la Misia, y hasta las mismas que habían sido vencidas no lo habían sido tanto que no se mostrasen aún dispuestas a arrostrar solas todas los peligros y vengarse de la derrota.

X. A mi padre, Suetonio Lenis, que tomó parte en esta guerra como tribuno del augusticlavio en la décimotercia legión, le oí decir muchas veces que Otón, no siendo más que un simple particular, había manifestado ya aversión a la guerra civil; que habiendo un día hablado uno en la mesa del fin de Bruto y Casio, mostró profundo horror; que jamás se hubiese sublevado contra Galba si no esperase que todo terminaría sin combate; y, finalmente, que lo que le inspiró de pronto disgusto de la existencia, fue la muerte de un soldado que, habiendo venido a anunciar la derrota del ejército y no encontrando más que incrédulos que lo acusaban, unos de embustero y otros de cobarde desertor del campo de batalla, se traspasó con su espada cayendo a los pies de Otón. El príncipe, decía mi padre, exclamó al verlo *que no expondría en adelante la vida de tales defensores.* Exhortó, pues a su hermano, a su sobrino y a cada uno de sus amigos en particular a atender a su seguridad, los estrechó en sus brazos, les dio el último beso y los despidió. Una vez solo redactó dos cartas, una para su hermana, para consolarla; otra para Mesalina, la viuda de Nerón, con la que se proponía casar, para recomendarle su memoria y el cuidado de sus funerales. Quemó después todas sus cartas, para que no perjudicasen a nadie ante el vencedor, y repartió entre sus criados todo el dinero que poseía.

XI. De este modo se preparaba para la muerte, único objeto de sus cuidados, cuando llegó hasta él el ruido de un tumulto y observó que detenían como desertores a los que, abandonándolo, se alejaban del campamento. *Añadamos otra noche más a mi vida,* dijo entonces (fueron sus mismas palabras), y prohibió que se hiciese a nadie la menor violencia. Su habitación permaneció abierta toda la noche y en ella recibió a cuantos quisieron hablarle. En cierto momento, teniendo sed, bebió agua fresca, cogió dos puñales cuya punta examinó, ocultó uno debajo de la almohada, ordenó cerrar las puertas y durmió con sueño profundo. No despertó hasta el amanecer y apenas despertado se hirió de un solo golpe debajo de la tetilla izquierda. Acudieron apresuradamente a sus primeros gemidos, pero no tardó en expirar, ocultando y descubriendo alternativamente la herida. En el acto, y según sus deseos, fueron celebrados sus funerales. Se encontraba entonces en los treinta y ocho años de su edad y en el día noventa y cinco de su reinado.

XII. La estatura y exterior de Otón no respondían al valor que mostró en esta ocasión; se dice que, en efecto, era pequeño, que tenía los pies contrahechos y torcidas las piernas. Era cuidadoso de su traje, casi tanto como una mujer; se hacía depilar todo el cuerpo y cubría su cabeza, casi calva, con cabellos postizos, fijados y arreglados con tanto arte que nadie lo conocía. Se afeitaba todos los días con sumo cuidado y se frotaba con pan mojado, costumbre que había adquirido desde jovencito, con objeto de no tener nunca barba. Se le vio en muchas ocasiones celebrar en público, con toga de hilo y ornamento sacerdotales, las ceremonias del culto de Isis. Sin duda por este motivo sorprendió más su muerte, que se parecía tan poco a su vida. Se vio a muchos de sus soldados que presenciaron sus últimos momentos besarle los pies y las manos, derramar copiosas lágrimas, y llamarlo *el más grande de los hombres y modelo de emperadores,* matándose después al lado de su pira. Otros de los que no lo vieron, agobiados por el dolor de la noticia, lucharon entre sí con sus propias armas hasta morir. Así, este príncipe, que durante su vida había sido profundamente odiado por casi todos, fue colmado de elogios después de su muerte, llegándose a decir *que si había hecho perecer a Galba, había sido menos por reinar en su lugar, y más por restablecer la República y la libertad.*

AULO VITELIO

I. Muchas y muy diversas tradiciones existen acerca del origen de Vitelio. Unas pretenden que fue antiguo y noble; dicen otras que reciente, oscuro y hasta abyecto. Me atrevería a atribuir esta diversidad de opiniones a la adulación o a enemistad, si no remontase a una época muy anterior al reinado de Vitelio. Hay una obra de Q. Vitelio, cuestor del divino Augusto, en la que se afirma que los Vitelios proceden de Fauno, rey de los Aborígenes, y de Vitelia, que en muchos lugares fue adorada como divinidad; que reinaron en todo el Lacio; que sus sucesores pasaron del país de los sabinos a Roma, quedando aquí agregados a los patricios; que subsistieron por mucho tiempo rastros de su existencia, tales como la vía Vitelia, desde el Janículo al mar, y una colonia del mismo nombre, cuya defensa contra los equículos emprendió en otro tiempo esta sola familia; por último, se dice que en la época de la guerra con los samnitas, muchos Vitelios, enviados de guarnición a la Apulia, se establecieron en Nuceria y que sus descendientes, regresados a Roma mucho tiempo después, recuperaron su puesto en el orden de los senadores.

II. Por otra parte, algunos autores señalan como tronco de esta raza a un liberto, Casio Severo y otros muchos dicen que este liberto fue un zapatero, un hijo del cual, después de haber ganado algún dinero en ventas y tráficos, casó con una mujer de mala vida, hija de un panadero llamado Antíoco, de la que tuvo un hijo que llegó a ser caballero romano. No quiero discutir tales contradicciones; lo cierto es que P. Vitelio, ya procediese de rancia estirpe, ya de familia despreciable, fue caballero romano y administrador de los bienes de Augusto. Dejó cuatro hijos, que alcanzaron las dignidades más elevadas, y que llevando el mismo apellido, se distinguieron solo por el nombre, y fueron Aulo, Quinto, Publio y Lucio. Aulo murió siendo cónsul con Domicio, padre del emperador Nerón; era un hombre pródigo, que se hizo célebre por la esplendidez de sus comidas. Quinto, fue eliminado del Senado cuando, a propuesta de Tiberio, se excluyó a todos los que no debían pertenecer a esta orden. Publio, compañero de armas de Germánico, acusó e hizo condenar a Cn. Pisón, enemigo y asesino de aquel joven príncipe; después de su pretura, lo prendieron como cómplice de Seyano, y sometido a la custodia de su hermano, se abrió las venas con un buril; cediendo, sin embargo, a los ruegos de su familia, mucho más que al temor a la muerte, se dejó vendar y curar las heridas, y murió de enfermedad en la prisión. Lucio, después de su consulado, gobernó la Siria, y a fuerza de habilidad decidió a Artabano, rey de los partos, a ir a visitarlo y hasta a rendir homenaje a las águilas romanas. Fue luego dos veces cónsul ordinario y más adelante censor con el emperador Claudio, llegando hasta quedar encargado del Imperio en su ausencia, durante la expedición a Bretaña. Era un hombre desinteresado, activo, pero completamente deshonrado por su pasión hacia una liberta, cuya saliva bebía mezclada con miel, como remedio contra una enfermedad de la garganta; y no hacía esto en secreto o rara vez, sino cotidianamente y delante de todos. Tenía, por otra parte, maravilloso talento para la adulación; siendo él el primero que imaginó adorar a Calígula como dios; al regresar de Siria este emperador, no se atrevió a acercarse a él sino cubriéndose la cabeza, y después de girar varias veces sobre sí mismo, arrodillándose a sus pies. Viendo a Claudio gobernado por sus mujeres y libertos, y no desdeñando ningún artificio para asegurarse su favor, solicitó un día de Mesalina, como gracia excepcional, permiso para descalzarla; le quitó la sandalia derecha, que llevó constantemente entre la toga y la túnica, besándola de tiempo en tiempo. Entre sus dioses domésticos estaban colocadas las estatuas de Narciso y de Palas, y cuando Claudio celebró los juegos seculares, le dijo: *que los celebres muchas veces.*

III. Un ataque de parálisis lo llevó al sepulcro en dos días. Dejó dos hijos nacidos de Sextilia, mujer de severa virtud y de ilustre nacimiento, y a los dos vio cónsules en el mismo año, habiendo sucedido por seis meses el menor al mayor. El Senado decretó los funerales públicos, haciéndole levantar frente a los Rostros una estatua con esta inscripción: *A la fidelidad inquebrantable hacia el príncipe*. Su hijo, Aulo Vitelio, que fue emperador, nació el 8 de las calendas de octubre, o según otros el 7 de los idus de septiembre, bajo el consulado de Druso César y de Norbano Flaco. El horóscopo que de su nacimiento obtuvieron los astrólogos asustó de tal manera a la familia, que su padre hizo durante su vida increíbles esfuerzos para sustraerlo a los honores, y su madre, al verlo al frente de un ejército y saber que había sido saludado emperador, comenzó a llorar como si ya lo viese perdido. Pasó la infancia y la primera juventud en Capri entre las prostitutas de Tiberio, y fue marcado con el afrentoso nombre de *Spintria,* llegándose incluso a atribuir a sus repugnantes complacencias con el príncipe el favor que gozaba su padre.

IV. En la edad siguiente continuó manchándose con toda suerte de infamias; consiguió el primer lugar en la corte, llegando a ser favorito de Calígula, con el que guio carros en el Circo, y de Claudio, jugando con él a los dados. Pero satisfizo mucho más a Nerón por las mismas complacencias, y especialmente por un mérito singular, y era que estando presidiendo los juegos Neronianos y viendo que el emperador, con vivos deseos de competir con los tocadores de lira, no se atrevía a hacerlo a pesar de las instancias de la multitud, saliendo incluso del teatro, él fue a buscarlo como encargado de expresarle el ardiente anhelo del pueblo, de oírlo también, y le proporcionó de este modo el placer de dejarse convencer.

V. El favor de estos tres príncipes lo elevó a la cumbre de los honores y hasta a las primeras dignidades del sacerdocio. Obtuvo el proconsulado de África y después la intendencia de los trabajos públicos. Su conducta, en estos dos cargos, fue muy distinta, como la reputación que adquirió en ellos. En su gobierno, que duró dos años consecutivos, dio pruebas de extraordinario desinterés, y sirvió como legado bajo el mando de su hermano, que lo sucedió. En cambio, durante su administración en Roma, sustrajo, según se dice, las ofrendas y ornamentos de los templos, colocando cobre y estaño en el lugar del oro y la plata.

VI. Casó con Petronia, hija de un varón consular, que le dio un hijo, Petroniano, a quien faltaba un ojo. Instituido heredero por su madre, a condición de que no permaneciera bajo la autoridad paterna, lo emancipó Vitelio, aunque poco después lo hizo perecer acusándolo de parricidio, y pretendiendo que, agobiado por los remordimientos, había bebido el veneno dispuesto para el crimen. Casó después con Galeria Fundana (a quien Tácito consideraba de "especial virtud"), cuyo padre había sido pretor; de esta tuvo un hijo y una hija, pero el varón balbuceaba hasta el punto de ser casi tenido por mudo.

VII. Contra la opinión general, Galba le concedió el mando de la Germania Inferior. Se cree que debió este empleo a la influencia de T. Vinio, omnipotente a la sazón, y cuyo favor se había granjeado mucho antes, por razón de su común predilección por el bando de los azules. Entonces dijo Galba, que no hay personas menos peligrosas que las que solo piensan en comer y que Vitelio necesitaba las riquezas de una provincia para satisfacer su insaciable glotonería; por lo cual se ve evidentemente que en la designación de este príncipe entró más el desprecio que la consideración. Cosa sabida es que ni siquiera poseía el dinero preciso para el viaje. Estaban sus negocios tan mal parados, que su esposa y sus hijos, que quedaron en Roma, se fueron a vivir en una casucha con objeto de alquilar su casa por el resto del año y que para los gastos del camino tuvo que empeñar una perla de los zarcillos de su madre. Por todas partes se veía perseguido por un tropel de acreedores que querían detenerle, entre otros los enviados de Sinuesa y de Formio, cuyos impuestos había retenido en provecho propio; estos cesaron solo de perseguirlo ante el temor de verse acusados por él de calumniadores, pues lo había hecho ya con un liberto que reclamaba una deuda con obstinada tenacidad. Vitelio le procesó en efecto, por ultraje, con el pretexto de que le había dado un puntapié, y no cedió hasta después de haber obtenido de él cincuenta sestercios de oro. El ejército que iba a mandar, mal dispuesto hacia el príncipe, y pronto a emprenderlo todo, lo acogió con manifestaciones de regocijo y como presente de los dioses, considerándolo hijo de un hombre que había sido cónsul tres veces, jefe joven, complaciente y disipador. Acababa de dar nuevas pruebas de su conocido carácter, besando en el camino a cuantos había encontrado, incluso a simples soldados, bromeando en todos los descansos y en todas las posadas con los caminantes y muleteros, preguntando a cada uno, desde el amanecer, si había almorzado ya, y eructando ante ellos para demostrar que él ya lo había hecho.

VIII. Cuando entró en el campamento no negó nada a nadie y por autoridad propia perdonó la ignominia a los soldados degradados; a los acusados, perdonó la vergüenza del traje, y a los condenados el suplicio. Por este motivo, apenas transcurrido un mes, los soldados, sin tener para nada en cuenta el día y el momento, lo sacaron una noche de su cámara de dormir y en el sencillo traje en que se encontraba lo saludaron emperador. Lo pasearon luego por los barrios más populosos, empuñando la espada de Julio César, que habían arrebatado del templo de Marte y ofrecido a él por un soldado durante las primeras aclamaciones. Cuando regresó al Pretorio, el comedor estaba ardiendo, por haberse incendiado la chimenea, presagio que consternó a todos: *Valor* —dijo entonces— *la luz brilla para nosotros.* Esta fue la arenga que dirigió a los soldados. Habiéndose manifestado enseguida por Vitelio las legiones de la Germania Superior, que habían ya abandonado a Galba por el Senado, tomó el sobrenombre de *Germánico,* que por aclamación unánime se le confirió; no aceptó, sin embargo, al mismo tiempo el de *Augusto,* y rehusó para siempre el de *César.*

IX. Al enterarse de la muerte de Galba puso en orden los asuntos de Germania y dividió sus huestes en dos cuerpos: uno que se adelantó marchando contra Otón y otro cuyo mando se reservó. El primero partió bajo felices auspicios, pues cuando lo hacía, se presentó de pronto un águila por la derecha, giró alrededor de las enseñas y precedió a la legión por el camino que había de seguir. Pero cuando Vitelio puso en movimiento su ejército, las estatuas ecuestres que le habían erigido en muchos sitios, cayeron todas a la vez y se les rompieron las piernas; la corona de laurel que, con todas las ceremonias de la religión, se había colocado en la cabeza, se le cayó en un río, y en Viena, en fin, mientras administraba justicia sentado en su tribunal, se le posó un gallo en el hombro, pasándole de él a la cabeza. Los sucesos posteriores confirmaron tales presagios: sus legados le dieron, en efecto, el Imperio, pero él no pudo mantenerlo.

X. Se encontraba todavía en la Galia cuando se enteró de la victoria de Betriácum y de la muerte de Otón. Licenció, entonces, por edicto, a las cohortes pretorianas, por haber dado un funesto ejemplo, y se les mandó librar las armas a los tribunos. Hizo perseguir y castigar con la muerte a ciento veinte soldados, de los cuales había encontrado memoriales dirigidos a Otón pidiéndole recompensas por la parte que tomaron en el asesinato de Galba. Esta acción era hermosa, magnánima y en ella se anunciaba un gran príncipe, pero la continuación respondió más a las costumbres de su pasada existencia que a la majestad del Imperio. Durante todo el camino atravesó las ciudades montado en carro triunfal y los ríos en las más espléndidas barcas, cuidadosamente adornadas con flores y coronas y cargadas con el aparato de espléndidos festines. No se veía rastro de disciplina en su servidumbre, ni tampoco entre los soldados, y las violencias y robos que cometían eran para él objeto de risa. No contento con los festines que les brindaban todas las ciudades, ponía en libertad a los que quería, y el que se oponía a sus caprichos era al punto acometido a latigazos, herido a veces y hasta muerto. Llegado a la llanura donde se dio la batalla, vio a algunos de los suyos que retrocedían con horror ante los cadáveres en putrefacción; entonces dijo esta frase execrable: *El enemigo muerto siempre huele bien, y mejor aún si es ciudadano.* No obstante, para defenderse del hedor empezó a beber copiosamente vino puro al frente de sus tropas, haciendo distribuir del mismo a todos. Al ver la sencilla piedra donde estaba escrito: *A la memoria de Otón,* henchido de arrogancia y vanidad, exclamó: *¡Mausoleo digno de él!* Envió a la colonia de Agripina, para consagrarlo a Marte, el puñal con que se dio muerte Otón, y en conmemoración de este acontecimiento celebró un sacrificio nocturno en las cumbres del Apenino.

XI. Entró al fin en Roma, al sonido de las trompetas, vestido con el manto de general, ceñida la espada y en medio de las águilas y los estandartes. Los de su comitiva llevaban el traje de guerra, y los soldados iban con las armas en la mano. Mostró constantemente profundo desprecio por las leyes divinas y humanas; tomó posesión del pontificado máximo el día del aniversario de la batalla de Alia; dio las magistraturas por diez años y se estableció cónsul perpetuo. A fin de que se viese con claridad qué modelo había elegido para gobernar, envió al campo de Marte a todos los pontífices del Estado e hizo ofrendas fúnebres a los manes de Nerón. En medio de un festín solemne dijo en alta voz a un músico, cuya voz le había entusiasmado, que cantase también algunos pasajes de los poemas del maestro, y apenas hubo comenzado el canto llamado Neroniano cuando Vitelio se puso a aplaudir con calor.

XII. Tales fueron los principios de este emperador, que en adelante no tuvo otra norma que los consejos y caprichos de los histriones más viles, de los aurigas y, especialmente, del liberto Asiático. Había este permanecido en su juventud unido a Vitelio por comercio de mutua prostitución, pero no tardó en separarse de él disgustado. Hallado luego por su amo en Puzzola, donde vendía vino malo, lo mandó prender, le puso en libertad enseguida y se sirvió de él como antes para sus placeres. Cansado de su carácter áspero y regañón, lo vendió a un jefe de gladiadores ambulantes; lo arrebató de nuevo en el momento en que iba a presentarse en la arena al final de un espectáculo, y nombrado más adelante para el gobierno de una provincia, lo perdonó. El primer día de su reinado, estando a la mesa, le dio el anillo de oro a pesar de que aquella misma mañana había contestado indignado a los que le pedían aquel favor para Asiático, que no quería manchar el orden ecuestre con semejante nombramiento.

XIII. Sus vicios principales eran la glotonería y la crueldad. Comía ordinariamente tres veces al día y a veces cuatro, designándolos almuerzo, comida, cena y colación. Podía hacer todas estas comidas por la costumbre que había adquirido de vomitar. Se hacía invitar para un mismo día en casa de diferentes personas y ningún festín de estos costó menos de cuatrocientos mil sestercios. El más famoso fue la cena que le dio su hermano el día de su entrada en Roma; se dice que sirvieron en ella dos mil peces de los más exquisitos y siete mil aves. Su hermano colmó aquel día su esplendidez con la inauguración de un plato de enormes dimensiones, al que llamaba fastuosamente *escudo de Minerva protectora.* Habían mezclado en él hígados de escaro, sesos de faisanes, lenguas de flamencos y huevos de lampreas. Barcas y trirremes habían ido a buscar estas cosas desde el país de los partos hasta el mar de España. Su voracidad no solo no tenía límites, sino que era también sucia y desordenada, no pudiendo contenerse ni durante los sacrificios ni en los viajes. Comía sobre los mismos altares carnes y pastelillos, que mandaba cocer en ellos, y por los caminos tomaba en las tabernas platos humeando aún, o que, servidos el día anterior, estaban medio devorados.

XIV. En todo momento se hallaba dispuesto a ordenar asesinatos y suplicios, sin distinción de personas y por cualquier pretexto; así hizo morir de diferentes maneras a nobles romanos, en otro tiempo condiscípulos suyos y compañeros, traídos a su lado por toda clase de agasajos y a los que hubo como si dijéramos asociado a él en el ejercicio del poder. Llegó hasta envenenar a uno de ellos por su propia mano, en un vaso de agua fresca que le pidió durante un acceso de fiebre. No perdonó a casi ninguno de los usureros y acreedores que en otro tiempo le habían exigido en Roma las cantidades que les debía, como tampoco a los recaudadores que en sus viajes le habían hecho pagar la tasa. A uno de ellos que se presentó a saludarlo, lo envió al suplicio; pareciendo arrepentirse hizo que lo volvieran enseguida, y cuando todos celebraban ya su clemencia, mandó matarlo en presencia suya, *queriendo,* según decía, *dar satisfacción a sus ojos.* Mandó ejecutar con otro a dos hijos suyos *Tú eres mi heredero;* quiso él entonces ver el testamento, y leyendo que un liberto de aquel caballero debía compartir con él la herencia, mandó degollar a los dos. Hizo matar a algunos hombres del pueblo por el delito de haberse manifestado en público contra el bando de los azules, audacia que significaba, según él, desprecio a su persona y esperanza de cambio de reinado. Odiaba especialmente a bufones y astrólogos, a los cuales condenaba a muerte por denuncia de cualquiera y sin quererlos oír. Su furor contra ellos llegó al colmo cuando, después del edicto en que ordenaba a los astrólogos salir de Roma y de Italia antes de las calendas de octubre, se publicó esta parodia: *Salud a todos. Por orden de los caldeos, se prohíbe a Vitelio Germánico estar en ninguna parte del mundo para las calendas de octubre.* Se sospechó también de él que había hecho morir de hambre a su madre enferma, porque una mujer del país de Cata, a la que prestaba fe como a un oráculo, le había anunciado un largo y tranquilo reinado si sobrevivía a su madre. Según otros testimonios, disgustada ella del presente y asustada por lo por venir, le pidió el veneno, que él le proporcionó sin dificultad.

XV. En el octavo mes de su reinado, se sublevaron contra él los ejércitos de Misia y de Panonia; se sublevaron asimismo los de Judea y de la Siria, al otro lado de los mares, y prestaron juramento a Vespasiano, presente o ausente. Vitelio, para asegurarse entonces la adhesión del resto de las tropas y del favor público, prodigó sin medida dinero y honores en nombre del Estado y en el suyo propio. Hizo levas en Roma, prometiendo a los voluntarios no solo la licencia después del triunfo, sino también las recompensas de los veteranos y las ventajas del servicio regular. Estrechado por sus enemigos por mar y tierra, les opuso, por un lado, a su hermano con una flota, milicias nuevas y un ejército de gladiadores, y por otro, a los generales y legiones que habían vencido en Betriácum. Pero vencido o traicionado en todas partes, trató con Flavio Sabino, hermano de Vespasiano, no reservándose más que la vida con cien millones de sestercios. Desde las gradas del palacio, declaró en el acto a los soldados reunidos *que renunciaba al Imperio, del que se había hecho cargo contra su voluntad.* Levantándose por todos lados oposiciones vehementes a semejante determinación, accedió a aplazarla, dejó pasar una noche y al amanecer, vestido con traje de luto, se dirigió a la tribuna de las arengas, donde, llorando, hizo la misma declaración, pero esta vez leyéndola en un escrito que tenía en la mano. El pueblo y los soldados lo interpelaron de nuevo exhortándolo a no dejarse vencer del abatimiento y prometiéndole todos a porfía ayudarle con todas sus fuerzas hasta el final. Recobró con esto su valor, atacó repentinamente a Sabino y a los otros partidarios de Vespasiano, que estaban confiados, los rechazó hasta el Capitolio, y allí los hizo perecer a todos incendiando el templo de Júpiter Óptimo Máximo; entre tanto, él, sentado a la mesa en casa de Tiberio, estuvo presenciando el combate y el incendio. Muy pronto dándose cuenta de su error, se arrepintió de esta atrocidad, la culpa de la cual imputó a otros, sin aceptar jamás su responsabilidad. Convocó al pueblo, e hizo jurar a todos y juró el primero *no considerar nada tan sagrado como la tranquilidad pública.* Desprendió entonces la espada que pendía de su cinto, la presentó primero al cónsul, y luego, por negativa de este, a los demás magistrados y por último a cada senador; no quiso ninguno aceptarla, y cuando iba ya a depositarla en el templo de la Concordia, le gritaron muchos *que él mismo era la Concordia.* Volvió entonces sobre sus pasos, y declaró que conservaba la espada y aceptaba el sobrenombre de Concordia.

XVI. Invitó a los senadores a que enviasen legados con las vestales a pedir la paz, o cuando menos el tiempo necesario para deliberar. A la mañana siguiente, mientras esperaba la respuesta, llegó un explorador anunciando que se aproximaba el enemigo. Se ocultó en el acto en una silla gestatoria y acompañado solo de su panadero y su cocinero se dirigió ocultamente al Aventino, a casa de sus padres, con la intención de pasar de allí a la Campania. Pero habiendo circulado enseguida el rumor, vago e incierto, de que se había hecho la paz, se dejó conducir de nuevo a palacio. Viendo allí que estaba todo desierto y que incluso los que le acompañaban desaparecían de su lado, se ciñó un cinturón lleno de monedas de oro, se refugió en la garita del portero, ató el perro delante de la puerta y la atrancó con una cama y un colchón.

XVII. Entraban ya los exploradores del ejército enemigo, y algunos, no encontrando a nadie, lo registraron todo según acostumbraban a hacer. Lo sacaron de su escondrijo y como no lo conocían, le preguntaron, *quién era y dónde estaba Vitelio.* Trató de engañarlos con mentiras, pero viéndose al fin reconocido, suplicó ardientemente que le dejaran en vida, aunque fuese en una prisión, pues tenía que revelar secretos de que dependía la existencia de Vespasiano. Lo llevaron casi desnudo al Foro, con las manos atadas a la espalda, una cuerda al cuello y las ropas destrozadas, prodigándole los peores ultrajes por todo el trayecto de la vía Sacra: unos le tiraban de los cabellos hacia la espalda para levantarle la cabeza, como se hace con los criminales; otros, le empujaban la barba con la punta de la espada para obligarle a mostrar la cara; algunos le arrojaban fango y excrementos; otros lo llamaban *borracho e incendiario;* parte del pueblo hacía burla hasta de sus defectos corporales, porque era, en efecto, extraordinariamente alto y tenía el rostro encendido y manchado por el abuso del vino, el vientre abultado y una pierna más delgada que la otra, a consecuencia de una herida que se infirió en otro tiempo en una carrera de carros, sirviendo de auriga a Calígula. Cerca ya de las Gemonias lo desgarraron, en fin, a pinchazos con las espadas y por medio de un gancho lo arrastraron hasta el Tíber.

XVIII. Murió con su hermano y su hijo a los cincuenta y siete años de edad. El prodigio que le ocurrió en Viena y del que hemos hablado, se interpretó en el sentido de que algún día caería en poder de un galo. El suceso justificó la predicción, pues fue vencido por Antonio Primo, uno de los generales del ejército enemigo, nacido en Tolosa, y que había llevado en la infancia el epíteto de *Becco,* palabra que significaba pico de gallo.

TITO FLAVIO VESPASIANO

I. El poder imperial, que estaba entonces como perdido en manos de tres príncipes, cuyas rebeliones y violento fin lo habían quebrantado durante largo tiempo, se fijó finalmente y se fortaleció en las de la estirpe Flavia. Esta era una familia oscura y sin ninguna distinción, pero no por eso menos querida de los romanos, aunque produjo a Domiciano, cuya avaricia y crueldad recibieron justo castigo. Un individuo llamado Tito Flavio Petro, del municipio de Reata, sirvió bajo Pompeyo como centurión o soldado distinguido, durante la guerra civil. En la batalla de Farsalia huyó, retirándose a su patria, donde, después de obtener el perdón, fue inspector de subastas. Su hijo, denominado Sabino, no sirvió en el ejército, a pesar de que afirman algunos autores que fue centurión primipilario, y otros que, estando aún en posesión de este grado, se le dispensó del servicio militar por su falta de salud. Fue este recaudador del cuadragésimo en Asia, y por muchos años existieron las estatuas que muchas ciudades de aquella provincia le erigieron con esta inscripción en griego: *Al recaudador íntegro.* Tuvo luego banca en Helvecia, y falleció dejando dos hijos de su mujer Vespasia Pola: el mayor, llamado Tito Flavio Sabino, llegó a ser prefecto en Roma, y el segundo, Tito Flavio Vespasiano, emperador. Pola descendía de una honrada familia de Nursia; su padre, Vespasiano Polión, había sido tres veces tribuno militar y prefecto de los campamentos, y tenía un hermano senador que había regentado la pretura. Aún existe hoy en la cumbre de una montaña, en la milla sexta o el camino que va de Nursia a Egipto, un paraje que lleva el nombre de Vespasia, y en el que se ven gran número de monumentos de los Vespasios, que atestiguan la distinción y antigüedad de esta familia. Es cierto que se ha pretendido que el padre de Petrón, nacido al otro lado del Po, era capataz de esos trabajadores que pasan todos los años de la Umbría al país de los sabinos para el trabajo de las tierras, que se estableció en la ciudad de Reata y allí contrajo matrimonio. Pero a pesar de las minuciosas investigaciones que he llevado a cabo no he podido encontrar vestigio de este hecho.

II. Vespasiano nació en el país de los sabinos, al otro lado de Reata, en una aldea llamada Falacrina, el 15 de las calendas de diciembre, hacia el atardecer, bajo el consulado de Q. Sulpicio Camerino y de C. Popeo Sabino, cinco años antes de la muerte de Augusto. Se educó en casa de su abuela paterna Tertula, en sus posesiones de Cosa, motivo por el cual, aun siendo emperador, visitó a menudo aquellos parajes donde pasó su infancia y dejó la casa tal como estaba, no queriendo cambiar nada en la disposición de los objetos que sus ojos tenían costumbre de ver allí. Tan cara le era la memoria de aquella abuela, que toda su vida, hasta en los días solemnes, continuó bebiendo en una copita de plata que le había pertenecido. Revestido de la toga viril, Vespasiano experimentó durante mucho tiempo aversión a la lacticlavia, aunque su hermano la había recibido ya; solo su madre consiguió decidirle a solicitar tal distinción; pero fue una victoria tardía, que no debió tanto a sus ruegos o a su autoridad como a las burlas y humillantes reconvenciones que no cesaba de dirigirle, llamándole batidor de su hermano. Sirvió en Tracia como tribuno militar. Siendo cuestor recibió por suerte la provincia de Creta y de Cirene. Candidato para la edilidad y luego para la pretura, solo con grandes esfuerzos consiguió la primera, después de muchos fracasos y en sexto lugar, mientras que llegó rápidamente a la segunda, figurando entre los primeros. Durante su pretura procuró por todos los medios atraerse la simpatía de Calígula, que estaba entonces irritado contra el Senado; solicitó juegos extraordinarios para celebrar la victoria conseguida por este emperador sobre los germanos; propuso añadir al suplicio de los ciudadanos condenados por conjuración la ignominia de que se les privase de sepultura, y le dio gracias en pleno Senado por el honor que le había dispensado invitándole a su mesa.

III. Por este tiempo contrajo matrimonio con Flavia Domitila, en otro tiempo amante de Statilio Capela, caballero romano, de la ciudad de Sabrata, en África. No poseía esta los derechos de ciudadanía latina, pero una sentencia de reintegración le devolvió sin tardar la libertad completa, y el derecho de ciudadanía romana por reclamación de su padre Flavio Liberal, de Francia, que era un simple escribiente de su cuestor. Tuvo tres hijos, Tito, Domiciano y Domitila. Sobrevivió a su esposa y a su hija, a los que perdió antes de llegar al Imperio. Muerta su esposa recibió otra vez en su casa a su antigua amante Cenis, liberta de Antonia, a la que servía de secretaria; y hasta siendo emperador recibió siempre a su lado las consideraciones de una esposa legítima.

IV. Durante el reinado de Claudio y por el favor de Narciso le destinaron a Germania, como legado de legión. Pasó de allí a la Bretaña, donde tomó parte en muchos combates contra el enemigo. Redujo a la obediencia a dos pueblos de los más belicosos, se apoderó de más de veinte ciudades y sometió la de Vecta, cercana a la Bretaña, luchando unas veces a las órdenes de Aulo Plaucio, legado consular, y otras a las del mismo Claudio. Por estas hazañas recibió en poco tiempo los ornamentos triunfales, doble sacerdocio, y nombrándosele además cónsul por los dos últimos meses del año. A partir de esta época hasta su preconsulado vivió retirado y en sosiego, temiendo a Agripina, que conservaba todavía gran dominio sobre su hijo, y que, aún después de la muerte de Narciso, perseguía implacablemente a los que habían sido amigos suyos. Le asignó la suerte el gobierno de África y administró esta provincia con gran integridad, granjeándose el respeto de los pueblos, lo cual no fue obstáculo para que en una sedición en Adrumeta le arrojasen nabos. No regresó más rico que se fue y hasta se vio obligado poco tiempo después, agotado ya su crédito, a hipotecar todas sus tierras a su hermano; para mantener su rango tuvo entonces que descender al oficio de mercader, por lo que le llamaron *muletero*. Se dice que se le probó, además, el haber estafado a un joven doscientos mil sestercios por hacerle obtener la lacticlavia contra la voluntad de su padre, excepción que le valió severa censura. Acompañó a Nerón en su viaje a Acaya, pero habiéndole ocurrido muchas veces, estando en el teatro, el quedarse dormido mientras cantaba el emperador, cayó en desgracia irremediable y no solo lo excluyó de su trato íntimo, sino que lo condenó a no presentarse jamás ante él. Se recluyó entonces en un pueblecillo casi ignorado, y en aquel retiro, en el momento en que más temía por su vida, llegaron hasta él para ofrecerle el mando de un ejército. Era una antigua y arraigada creencia extendida por todo el Oriente, que el imperio del mundo pertenecía por aquel tiempo a un hombre salido de la Judea. Este oráculo, que como demostraron los sucesos, se refería a un general romano, se lo aplicaron a sí mismos los judíos; se sublevaron, y después de matar a su gobernador, hicieron retroceder al legado consular de Siria, que acudía a socorrerlo, y le arrebataron un águila. Para reprimir este movimiento se necesitaba un ejército bastante nutrido y un general decidido y a quien pudiera encargarse sin desconfianza empresa tan importante. Nerón designó entre todos a Vespasiano, que gozando de cualidades de las que podía esperarse todo, era, a su parecer, por su origen y nombre, uno de los hombres de quien nada podía temerse. Fue reforzado, pues, el ejército con dos legiones, ocho alas de caballerías y diez cohortes, y Vespasiano partió llevando consigo entre sus legados a su hijo mayor. Desde su llegada supo captarse la estimación de su provincia así como la de las provincias vecinas; restableció la disciplina militar, combatió por todas partes a la cabeza de sus tropas, y con tanto ardor que en el asedio de un fuertecillo fue herido en una rodilla de una pedrada, recibiendo numerosas flechas en el escudo.

V. Después de Nerón y de Galba, mientras Otón y Vitelio se disputaban el Imperio, concibió Vespasiano la esperanza de alcanzarlo él mismo, esperanza que alimentaba desde antiguo y que fundaba en los siguientes prodigios: en una finca de campo perteneciente a los Flavios, situada cerca de Roma, existía una encina vieja consagrada a Marte; cada vez que Vespasia dio a luz allí, la encina produjo un retoño, indicio cierto de los destinos del niño que había nacido; el primero fue débil y se secó rápidamente: así la niña nacida no pasó del año; el segundo, robusto y grande, prometía gran prosperidad; el tercero fue tan fuerte como un árbol. Sabino, padre de Vespasiano, fue, a lo que dicen, bajo la fe de un arúspice, a anunciar a su madre *que le había nacido un nieto que llegaría a emperador;* de lo que rio la mujer, *asombrada* —contestó— *de que su hijo chochease ya cuando ella conservaba su razón.* Más adelante, cuando Vespasiano fue edil, furioso C. César porque no había mandado barrer las calles, hizo arrojarle fango, lo que ejecutaron los soldados. Una parte del fango le cayó por dentro de la toga hasta el pecho, y testigos del caso, interpretaron el hecho diciendo que algún día, hollada la República, desgarrada por la guerra civil, se refugiaría bajo su protección y como en su seno. En otra ocasión, mientras estaba comiendo, un perro vagabundo entró hasta allí, trayendo de la calle una mano humana, que dejó bajo la mesa. Cierta noche, mientras cenaba, habiendo roto el yugo un buey de labor, se precipitó en el comedor, ahuyentó a todos los esclavos, y dejándose caer de repente como vencido por el cansancio, a los pies de Vespasiano, bajó la cabeza ante él. En el campo de su abuelo, un ciprés que fue arrancado de raíz y echado al suelo, sin que ocurriese esto por violencia de tempestad, a la mañana siguiente apareció plantado en el mismo sitio y más verde y robusto. En Acaya soñó Vespasiano que empezaría para él y los suyos una era de prosperidad el día en que extrajesen una muela a Nerón; a la mañana siguiente, cuando entró en la cámara de este príncipe, el médico le mostró una muela que acababa de extraerle. Mientras cerca de la Judea, consultaba el oráculo del dios del Carmelo, las suertes le contestaron que, por más grande que fuera la empresa que meditase, podía estar seguro del éxito. Josefo, uno de los prisioneros judíos más distinguidos, no cesó de afirmar mientras le cargaban de cadenas que no tardaría en devolverle la libertad el mismo Vespasiano. Vespasiano emperador. También de Roma le anunciaban presagios favorables; le decían, por ejemplo, que Nerón, en sus últimos días, había sido advertido en sueños para que sacase del santuario la estatua de Júpiter Óptimo Máximo, que la trasladase a casa de Vespasiano y desde allí al Circo; que poco tiempo después, cuando Galba reunía los comicios para su segundo consulado, la estatua de Julio César había dado la vuelta por sí misma hacia Oriente; y, que antes de la batalla de Betriácum, dos águilas habían peleado en presencia de los dos ejércitos y que después de haber vencido una de ellas, otra llegada de la parte de Oriente ahuyentó a la vencedora.

VI. No obstante y a pesar del ardor y de las instancias de sus partidarios, se necesitó para decidirlo que el azar hiciera que se declarasen por él tropas lejanas y que ni siquiera le conocían. Dos mil hombres extraídos de las legiones del ejército de Misia y enviados en socorro de Otón, se enteraron por el camino de la derrota y muerte de este príncipe; sin embargo, no dejaron de avanzar hasta Aquileya, como si no hubiesen creído la noticia. Allí se entregaron por holganza a toda clase de excesos y rapiñas, y temiendo que al regreso se los obligase a dar cuenta de su conducta y se los castigase, adoptaron el partido de elegir un nuevo emperador; pues ¿eran ellos menos que las legiones de España que habían elegido a Galba? ¿Que los pretorianos que habían proclamado a Otón? ¿Que el ejército de Germania que había coronado a Vitelio? Pasaron, por lo tanto, revista a los nombres de todos los legados consulares, a cualquier ejército que perteneciesen entonces, y ya los habían rechazado por una u otra razón, cuando soldados de la tercera legión, que había pasado de la Siria a la Misia por el tiempo de la muerte de Nerón, nombraron a Vespasiano, haciendo de él grandes elogios. Aplaudieron todos, y el nombre de Vespasiano quedó grabado en sus enseñas. Esta elección no tuvo sin embargo consecuencias, porque aquellas cohortes volvieron a poco a la disciplina. Pero habiendo circulado la noticia, Tiberio Alejandro, prefecto de Egipto, fue el primero que hizo prestar a sus legiones juramento a Vespasiano; ocurrió el hecho en las calendas de julio, día que a partir de entonces se festejó religiosamente como el de su advenimiento. El ejército de Judea le juró fidelidad el 5 de los idus de julio. Muchas circunstancias favorecieron a la vez su empresa: la copia, repartida con profusión, de una carta verdadera o supuesta de Otón a Vespasiano, en la que le encargaba al morir el cuidado de vengarle, manifestando a la vez su deseo de que acudiese en socorro de la República; el rumor que se difundió de que Vitelio, vencedor de Otón, proyectaba un cambio en los cuarteles de invierno de las legiones, haciendo pasar a Oriente las de Germania a fin de proporcionarle servicio más cómodo y reposado; el auxilio que encontró, en fin, en un gobernador de provincia, llamado Licinio Muciano, y en Vologeso, rey de los partos. El primero de estos, en efecto, adjurando la antigua y ruidosa enemistad que la envidia había hecho nacer entre ellos, le prometió entonces el ejército de Siria, mientras el otro le ofreció cuarenta mil arqueros.

VII. Se decidió, pues, Vespasiano, a empezar la guerra civil, y habiendo enviado sus legados a Italia con tropas, marchó él a Alejandría a fin de apoderarse de las fronteras del Egipto. Quiso allí consultar los oráculos sobre la duración de su reinado, y entró solo en el campo de Serapis, haciendo salir antes a todos. Después de hacerse propicio el dios, se volvió y creyó ver al liberto Basílides que le presentaba, según la costumbre del templo, tallos de verbena, coronas y pastelillos. Nadie, sin embargo, había introducido a Basílides, a quien una enfermedad nerviosa impedía andar hacía ya mucho tiempo, y a quien sabían todos muy lejos de allí. Recibió luego cartas anunciándole que las tropas de Vitelio habían sido vencidas en Cremona y este príncipe muerto en Roma. Una circunstancia particular vino a imprimir a la persona de Vespasiano el sello de grandeza y majestad que faltaba a este príncipe, nuevo aún, y en cierta manera improvisado. En efecto, dos hombres del pueblo, ciego el uno y cojo el otro, se presentaron juntos ante su tribunal, suplicándole los curase, pues decían que, estando dormidos, les había asegurado Serapis, al uno que recobraría la vista si el emperador le escupía en los ojos; al otro que caminaría recto si se dignaba tocarlo con el pie. No podía creer en el éxito de aquel remedio, y ni siquiera se atrevía a intentarlo, pero al fin, vencido Vespasiano por las instancias de sus amigos, probó a hacer lo que le pedían delante de la asamblea, y los dos hombres fueron sanados. Por el mismo tiempo ordenaron los adivinos hacer excavaciones en Tegeo, en Arcadia, encontrándose enterrados en paraje sagrado vasos antiguos en los que estaba grabada una figura que se parecía a Vespasiano.

VIII. Con todo, la reputación de Vespasiano, cuando volvió a Roma y celebró su triunfo sobre los judíos, era ya muy grande. Añadió ocho consulados al primero que obtuvo y ejercitó también la censura. Durante su reinado, fue su principal empeño afirmar la República quebrantada y vacilante y asegurar luego su prosperidad. Los soldados, unos por el ardor de la victoria, otros por el despecho de la derrota, habían llegado al colmo de la licencia y de la audacia; en provincias reinaba un gran desorden, así como también en las ciudades libres y en algunos reinos. Vespasiano licenció gran parte de los soldados de Vitelio y reprimió a los otros. En cuanto a los que habían venido bajo su mando, estuvo tan lejos de concederles ninguna merced extraordinaria, que hasta les hizo esperar largo tiempo las recompensas que se les debían. No perdía ocasión para reformar las costumbres. Así, habiéndose presentado muy cargado de perfumes un joven a darle gracias por la concesión de una prefectura, se volvió disgustado y le dijo con severidad: *Preferiría que olieses a ajos*, y revocó el nombramiento. Los marineros que, por turno, venían a pie desde Ostia y Puzzola a Roma, pedían *que se les concediese en adelante una indemnización para calzado*, Vespasiano no consideró bastante que se los despidiera sin respuesta y dispuso que en adelante recorrieran el camino descalzos, y así lo hacen todavía. Privó de la libertad a la Acaya, la Licia, Rodas, Bizancio y Samos, que redujo a provincias romanas, así como también la Tracia, la Cilicia y la Comagena, gobernadas hasta allí por reyes. Aumentó el número de las legiones de Capadocia, a causa de las continuas incursiones de los bárbaros, y envió, en vez de un caballero romano, un gobernador consular. Las ruinas e incendios antiguos daban a Roma un desagradable aspecto; Vespasiano prometió los terrenos abandonados a quien quisiera ocuparlos, y edificar en ellos si los propietarios descuidaban hacerlo. Emprendió por sí mismo la reconstrucción del Capitolio; puso la primera mano a la obra de descombro y acarreó piedras de bronce destruidas en el incendio del Capitolio, en las cuales estaban grabados, desde la fundación de Roma, los senadoconsultos y los plebiscitos sobre las alianzas, los tratados y privilegios concedidos a cada pueblo. Hizo, en fin, buscar por todas partes copias y reconstruyó así el monumento más hermoso y más antiguo del Imperio.

IX. Emprendió asimismo nuevas construcciones, entre ellas el templo de la Paz, cerca del Foro; el del emperador Claudio, sobre el monte Celio, que había sido empezado por Agripina, pero casi completamente destruido por Nerón, y mandó levantar un anfiteatro en medio de Roma, según los planos que había dejado Augusto. Matanzas sin cuento habían agotado los primeros órdenes del Estado y antiguos abusos habían empañado su esplendor. Vespasiano depuró y completó estos diferentes órdenes, estableciendo el censo de los senadores y de los caballeros; expulsó a los más indignos y admitió a los ciudadanos de Italia y de las provincias que gozaban de mejor reputación. Queriendo, en fin, que se comprendiese que la diferencia entre estos dos órdenes consistía menos en la libertad que en la dignidad, en una querella entre un senador y un caballero sentenció *que no estaba permitido dirigir injurias a los senadores, pero que era justo y legal reprenderlos.*

X. Había crecido por todas partes y en manera espantosa el número de procesos; los pleitos antiguos estaban suspendidos por motivo de la interrupción de la justicia y la perturbación de los tiempos había producido sin cesar otros nuevos. Vespasiano estableció, en vista de ello, una comisión de jueces, elegidos por sorteo, con encargo de hacer restituir lo que se había arrancado por fuerza durante las guerras civiles, de tramitar rápidamente y reducir todo lo posible el número de los pleitos llevados ante los centunviros, que eran, tan numerosos que parecía que había apenas de bastar para ellos la vida de los litigantes.

XI. No encontrando represión en parte alguna, el lujo y el desorden habían hecho rápidos progresos. Vespasiano hizo decretar al Senado que toda mujer que se casase con esclavo de otro sería considerada esclava, y que los usureros que prestasen a hijos de familia, no podrían en ningún caso exigir el pago de sus créditos ni siquiera después de la muerte de los padres.

XII. Mostró en todo lo demás gran moderación y bondad desde el principio hasta el fin de su mandato. Jamás ocultó lo humilde de su origen y aun a veces se vanaglorió de ello; ridiculizó a algunos aduladores que querían hacer remontar el origen de la casa Flavia a los fundadores de Reata, y hasta a un compañero de Hércules del que se ve todavía un monumento en la vía Salaria. Era tan poco inclinado a cuanto se refiere a la pompa exterior, que el día de su triunfo, fatigado por la lentitud de la marcha y cansado de la ceremonia, no pudo menos de decir *que era un justo castigo por haber deseado neciamente, a su edad, el triunfo, como si aquel honor correspondiese a su nacimiento, o como si hubiese podido esperarlo alguna vez.* Solo mucho más *adelante consintió* en aceptar el poder tribunicio y el título de *Padre de la Patria.* En cuanto a la costumbre de registrar a los que iban a ver al emperador, la había suprimido desde el tiempo mismo de la guerra civil.

XIII. Soportaba con gran paciencia la franqueza de sus amigos, los atrevidos apóstrofes de los abogados y los denuestos de los filósofos. Licinio Muciano, cuyas costumbres infames eran harto conocidas, pero a quien habían enorgullecido sus servicios, le mostraba muy poco respeto; no obstante, el emperador nunca lo reprendió más que en privado, y cuando hablaba de Licinio con alguno de sus amigos comunes, se contentaba con decir: *Yo, cuando menos, soy hombre.* Felicitó a Salvio Liberal por haberse atrevido a exclamar en la defensa de un rico cliente: *¿Qué importa a César que Hiparco tenga cien millones de sestercios?* Cierto día halló sentado a su paso al cínico Demetrio, al que acababan de condenar los jueces; este, en vez de levantarse a su presencia o de saludarle, empezó a ladrar injurias contra él; Vespasiano se contentó con llamarle *perro.*

XIV. No tenía memoria ni resentimiento para las ofensas y enemistades. Casó espléndidamente a la hija de Vitelio, enemigo suyo, la dotó y le hizo magníficos presentes. En tiempos de Nerón, en los días en que le estaba prohibida la entrada en la corte, un servidor de palacio, a quien preguntaba temblando qué haría o adonde iría en adelante, le replicó, poniéndole en la puerta: *Vete a Morbonia.* Habiéndosele presentado después este hombre a pedirle perdón, Vespasiano le dio, poco más o menos, la misma respuesta, y se creyó con ello bastante vengado. Incapaz de sacrificar a nadie a sus temores o sospechas, hizo cónsul a Mecio Pomposiano, de quien sus amigos le habían aconsejado desconfiar, porque, según decía, su horóscopo le llamaba al Imperio; si es así, decía el emperador, recordará los beneficios que le he dispensado.

XV. Difícilmente podría citarse un inocente castigado bajo su mando, a no ser en ausencia suya o sin saberlo él, y siempre contra su voluntad o porque lo engañaron. Cuando regresó de Siria, Helvidio Prisco fue el único que saludó, llamándole solo *Vespasiano,* y luego, durante su pretura, afectó no rendirle ningún homenaje ni nombrarle jamás en sus edictos. Vespasiano no se irritó hasta después de verse puesto en el último extremo y rebajado a la última clase de ciudadanos por la desenfrenada insolencia de sus denuestos. Es cierto que al pronto lo desterró, que después mandó matarlo, pero también lo es que hizo luego cuanto pudo por salvarlo; que despachó enseguida correos encargados de detener a los ejecutores de la orden, y seguramente lo hubiese salvado si no se le hubiera hecho creer que era ya tarde. Por lo demás, lejos de regocijarse por la muerte de un hombre, deploraba hasta los suplicios aplicados con gran justicia.

XVI. Lo único que se le censura, con razón, es su avidez de dinero. No satisfecho, en efecto, con restablecer los impuestos abolidos en tiempo de Galba, de crear otros y de los más gravosos, de aumentar los tributos de las provincias y de duplicarlos algunas veces, realizó a menudo tráficos deshonrosos hasta para un particular, comprando, por ejemplo, ciertas cosas en conjunto, con el único objeto de venderlas más caras al menudeo. Vendía las magistraturas a los candidatos y las absoluciones a los acusados, fuesen inocentes o culpables. Se pretende, asimismo, que concedía los mejores empleos a sus agentes más rapaces, con objeto de condenarlos cuando se hubiesen enriquecido. Se decía, generalmente, que eran para él *como esponjas que sabía llenar y estrujar sucesivamente.* Dicen algunos que esta avaricia era ingénita en él, y se la censuró un día cierto viejo vaquero, que, no pudiendo obtener gratuitamente la libertad, después de su advenimiento al Imperio, exclamó: *que el zorro podía cambiar de piel, pero no de costumbre.* Opinan otros, por el contrario, que la extrema penuria del Tesoro y del Fisco hicieron para él una necesidad del pillaje y la rapiña. Por este motivo había dicho al principio de su reinado, *que necesitaba el Estado, para sostenerse, cuatro mil millones de sestercios.* Esta opinión me parece tanto más verosímil cuanto que empleó muy bien lo que había adquirido mal.

XVII. Sus liberalidades se extendían a todos sin distinción; completó, en efecto, el censo de algunos senadores; estableció una renta anual de quinientos mil sestercios para los consulares pobres, y en todo el Imperio hizo reconstruir, más hermosas de lo que eran antes, gran número de ciudades destruidas por terremotos o incendios.

XVIII. Protegió de modo especial a los ingenios y las artes; fue el primero, en efecto, que constituyó sobre el Tesoro público una pensión anual de cien mil sestercios para los retóricos, griegos y latinos. Concedió, asimismo, crecidas gratificaciones y magníficos regalos para los poetas célebres y artistas famosos, como, por ejemplo, al que hizo la Venus de Cos (la escultura fue rechazada por los habitantes de Cos, por no vestir de manera más "púdica y severa"), y al que reparó el Coloso. A un mecánico que se había comprometido a transportar con poco gasto al Capitolio columnas inmensas, Vespasiano le hizo abonar una importante suma por su proyecto, pero aplazó la ejecución, diciendo: *Permitan que primero alimente al pobre pueblo.*

XIX. En los juegos celebrados por la reapertura del teatro Marcelo, restaurado por él, hizo representar también obras antiguas. Regaló al trágico Apolinar cuatrocientos mil sestercios; a los músicos Terpno y Diodoro les dio doscientos mil; cien mil a otros, y a algunos hasta cuarenta mil, sin contar un crecido número de coronas de oro. Daba con frecuencia comidas, y las encargaba suntuosas y magníficas para proporcionar beneficios a los vendedores de comestibles. Hacía regalos de mesa a los hombres el día de las Saturnales, y a las mujeres el día de las calendas de marzo. Pero no pudo, a pesar de tales liberalidades, librarse de ser censurado de avaricia, y los habitantes de Alejandría lo llamaron siempre *Cybiosacto,* del nombre de uno de sus reyes famoso por su avaricia. El día de sus funerales el jefe de los mímicos, llamado Favor, que representaba la persona del emperador, y parodiaba, según la costumbre, sus modales y su lenguaje, preguntó públicamente a los intendentes del difunto *cuánto habían costado sus exequias y pompas fúnebres,* y cuando le contestaron *diez millones de sestercios,* exclamó: *Denme cien mil, y arrójenme, si quieren, al Tíber.*

XX. Era de complexión cuadrada, miembros fuertes y robustos y el rostro como el del que hace violentos esfuerzos. Así sucedía que un satírico, al que estrechaba para que dijese sobre él un chiste, le contestó alegremente: *Lo diré cuando acabes de descargar el vientre.* Gozó siempre de excelente salud, aunque no hizo, para conservarla, otra cosa que frotarse por sí mismo, en una sala de gimnasia, el cuello y los miembros cierto número de veces y observar dieta un día al mes.

XXI. Este fue, aproximadamente, el orden de su vida: Desde su advenimiento al poder se levantaba siempre antes del amanecer y empezaba su trabajo. Una vez leídas todas las cartas y examinados los partes de los empleados de palacio, hacía entrar a sus amigos, y mientras recibía sus saludos, se calzaba y vestía por sí mismo. Después de despachar todos los asuntos, paseaba en litera; volvía luego a descansar un poco, teniendo a su lado, en el lecho, alguna de las numerosas concubinas, elegidas por él después de la muerte de Cenis para reemplazarla. De allí pasaba a la sala de baño y desde esta al comedor. Se asegura que este era el momento en que se le veía de mejor humor y el que cuidaban de aprovechar las personas de su servicio para dirigirle sus peticiones.

XXII. En sus conversaciones usaba de gran familiaridad, principalmente a la mesa, donde continuamente decía chistes; era muy cáustico y hasta a veces descendía a groseras bufonadas, no conteniéndose siquiera de emplear las palabras más sucias. No obstante, se han conservado de él algunas agudezas como estas: Al consular Mestrio Floro, que le había advertido un día que dijese *plaustra* (carretas) y no *plostra*, Vespasiano lo saludó a la mañana siguiente con el nombre de *Flaurus*. A una mujer que había triunfado de sus desdenes, se la hizo llevar y le dio por una noche cuatrocientos mil sestercios; preguntado por un intendente cómo debía inscribir aquel gesto en sus cuentas: *Por Vespasiano amado*, le contestó.

XXIII. Citaba con gran oportunidad versos griegos. Así el que aplicó a uno muy alto, a quien, en cierto sentido, había tratado con generosidad la naturaleza: *Avanza a grandes pasos, blandiendo un largo dardo.* Un liberto muy rico, llamado Cérulo, pretendía ser de condición libre, con objeto de defraudar más adelante los derechos del fisco; empezaba ya por esto, abandonando su nombre, a hacerse llamar Laches; Vespasiano exclamó en griego: *¡Oh, Laches, cuando estés muerto te encontraras Cérulo como antes!* Buscaba sobre todo chistes a propósito de sus vergonzosas exacciones, con objeto de ocultar con rasgos de ingenio lo que tenían de odiosas y de unir a ellas el recuerdo de una agudeza. Por ejemplo, uno de sus criados a quien más quería, solicitaba una plaza de intendente para uno que decía ser su hermano; Vespasiano aplazó la contestación, llamó al mismo aspirante, se hizo entregar la cantidad que este había ofrecido a su protector, y le concedió el empleo. Cuando el intermediario le recordó el asunto, le contestó: *Busca otro hermano; el que creías tuyo, se ha convertido de pronto en mío.* Durante un viaje vio detenerse de repente su muletero para hacer herrar las muías; sospechó Vespasiano que con ello había querido dar tiempo a un litigante, a quien acababa de encontrar, para que le hablase de su asunto, y le preguntó *cuánto había recibido por las herraduras,* haciéndose entregar una parte de la cantidad. Su hijo Tito le censuraba un día haber olvidado un impuesto hasta sobre la orina. Vespasiano le presentó delante de la nariz el primer dinero cobrado por aquel impuesto y le peguntó si olía mal. Contestándole Tito que no, *sin embargo es orina,* le dijo Vespasiano. Fueron unos diputados a anunciarle que sus conciudadanos le habían decretado la erección de una estatua colosal de mucho valor, y les contestó, señalándose el hueco de la mano: *Que la coloquen aquí; preparado está el pedestal.* Ni el temor de la muerte ni siquiera la proximidad del momento fatal pudieron impedirle bromear. Entre otros prodigios que anunciaron su fin, el Mausoleo se abrió de repente y apareció en el cielo una estrella con cabellera; Vespasiano pretendía que el primero de estos presagios se refería a Funcia Calvina, que era de la familia de Augusto, y el otro al rey de los partos, que tenía larga cabellera. Al principio de su última enfermedad dijo: *¡Ay de mí, me parece que me hago dios!*

XXIV. Era cónsul por novena vez, y se hallaba en Campania cuando experimentó ligeros accesos de fiebre; en el acto regresó a Roma y desde allí marchó a Cutilias y a sus tierras de Reata, donde solía pasar el verano. Allí se le fue agravando la enfermedad, a causa del inmoderado uso de agua fría, que le destruía el estómago. No por esto dejó de cumplir los deberes de su cargo con tanta exactitud como antes, recibiendo hasta en el lecho las comisiones que le enviaban. Pero sintiéndose de pronto desfallecer a causa de un flujo de vientre, dijo: *Un emperador debe morir de pie,* y en el instante en que procuraba levantarse expiró entre los brazos de los que le ayudaban, el 9 de las calendas de julio, a la edad de sesenta y nueve años, siete meses y siete días.

XXV. Todos concuerdan en decir que tenía tal confianza en los destinos prometidos a sus hijos y a él que, a pesar de las frecuentes conspiraciones contra su vida, no vaciló en afirmar en el Senado *que tendría por sucesores a sus hijos o a nadie.* Se dice también que en sueños vio una balanza suspendida en perfecto equilibrio en el vestíbulo del palacio; en un platillo estaban Claudio y Nerón, y en el otro sus hijos, igualdad que se encuentra en el cómputo de los años, puesto que unos y otros reinaron el mismo tiempo.

TITO FLAVIO

I. Tito llevaba el mismo nombre que su padre, y por sus cualidades, destreza y fortuna, que le granjearon el afecto universal, fue llamado amor y delicias del género humano. Lo más asombroso de este príncipe fue que, adorado en el trono, antes de subir a él fue objeto de la censura pública y hasta de odio durante el reinado de su padre. Nació el 3 de las calendas de enero del año 794, célebre por la muerte de Calígula, en una habitación tan estrecha como obscura, que se enseña todavía en nuestros días tal como era y que formaba parte de un edificio de aspecto triste, cerca del Septizonio.

II. Se crio en la corte con Británico, recibiendo la misma educación y de los mismos maestros que él. Un adivino hecho llamar por Narciso, liberto de Claudio, para que le revelase los destinos de Británico, afirmó que aquel príncipe imperial no subiría nunca al trono, pero que Tito (estaba él presente) llegaba con seguridad a él. Vivían los dos príncipes en tanta intimidad, que se cree que Tito probó el veneno de que murió Británico, pues estaba en aquel instante sentado a su lado en la mesa y padeció luego larga y peligrosa enfermedad. En memoria de aquella íntima amistad mandó erigirle más adelante una estatua de oro en su palacio, y le ofrendó como a un dios una ecuestre de marfil, que todavía hoy es paseada en las solemnidades del Circo.

III. Así en lo físico como en lo espiritual, las mejores cualidades lo adornaron desde su infancia; cualidades que se desarrollaron más y más con la edad. Tenía, en efecto, hermoso exterior, que revelaba tanta gracia como dignidad, aunque no era muy alto y tenía el vientre algo grueso; poseía una fuerza extraordinaria, admirable memoria, singular aptitud para todos los trabajos de la guerra y de la paz, para destreza en el manejo de las armas, siendo, a la vez, un consumado jinete; poseía, además, facilidad prodigiosa, que llegaba hasta la improvisación, para componer en griego y en latín discursos y poemas, y bastantes conocimientos músicos para cantar con gusto y acompañarse con habilidad. He sabido también, por algunos, que se había acostumbrado a escribir con rapidez, hasta el punto de competir algunas veces en velocidad con los más hábiles secretarios. Sabía, asimismo, imitar todas las firmas, por cuya razón decía *que podía haber sido excelente falsificador.*

IV. Sirvió como tribuno militar en la Germania y la Bretaña, con tanta modestia como distinción, atestiguando suficientemente sus hazañas el inmenso número de estatuas de todos los tamaños que le erigieron estas provincias y las inscripciones que figuran en ellas. Terminadas sus campañas se dedicó al Foro, en el cual brilló más por su rectitud que por su asiduidad. Contrajo matrimonio con Arricidia Tertula, hija de un caballero romano que había sido prefecto de las cohortes pretorianas; fallecida esta, casó con Marcia Furnila, que pertenecía a una ilustre familia, y de la cual se divorció después de tener de ella una hija. Colocado después de su pretura al frente de una legión, se apoderó de Tariquea y de Gamala, las dos plazas más fuertes de la Judea. En una de las batallas en que tomó parte le mataron el caballo, montando en el acto el de un soldado que acababa de caer muerto luchando a su lado, continuó combatiendo.

V. Cuando Galba ascendió al Imperio, Tito fue invitado para felicitarlo y por todas partes por donde pasó se le prodigaron grandes muestras de afecto, siendo la opinión general que el emperador le llamaba a Roma para adoptarlo. Pero enterado de que de nuevo se complicaban los asuntos, volvió atrás, consultó sobre el éxito de su navegación al oráculo de Venus en Pafos, el cual le prometió un mando, promesa que no tardó en realizarse, pues poco después lo dejaron en la Judea para acabar de someterla. En el sitio de Jerusalén mató de doce flechazos a doce defensores de la ciudad; se apoderó de la misma el día en que celebraba el aniversario del nacimiento de su hija; el júbilo de los soldados fue indescriptible, y tan favorable para él sus disposiciones, que en los vítores le llamaron todos a una voz *imperator.* Más adelante, cuando tuvo que dejar aquella provincia, intentaron retenerlo con toda suerte de súplicas y hasta con amenazas, conjurándolo *a permanecer con ellos o a que los llevase a todos con él.* Tales demostraciones dieron sospechas de que quería abandonar la causa de su padre y crearse un Imperio en Oriente, sospechas que él mismo fortaleció, presentándose con una diadema en la cabeza durante la consagración del buey Apis, en Menfis, por donde pasaba dirigiéndose a Alejandría. Es cierto que aquel uso pertenecía a los ritos de la antigua religión, pero no por eso dejaron de interpretar en este sentido su conducta. Se apresuró, pues, a regresar a Italia, abordó a Regio y a Puzzola en una nave mercante y marchó sin dilación a Roma, adelantándose a su comitiva. Al ver a su padre profundamente sorprendido de su llegada, le dijo, como para desmentir los rumores que se habían difundido acerca de él: *Heme aquí, padre, heme aquí.*

VI. A partir de entonces compartió el poder supremo y fue como el tutor del Imperio. Celebró el triunfo con su padre y con él ejerció la censura. Fue también colega suyo en el poder tribunicio y en siete consulados. Quedó encargado del cuidado de casi todos los negocios y dictaba las cartas a nombre de su padre, redactando los edictos y leyendo los discursos del emperador al Senado en vez de hacerlo el cuestor, siendo, asimismo, prefecto del Pretorio, funciones todas que hasta entonces solo se había encargado a caballeros romanos. Se mostró duro y violento; haciendo perecer sin vacilar a cuantos le eran sospechosos, apostando en el teatro y en los campos gente que, como a nombre de todos, pedían en voz alta su castigo. Citaré entre todos al consular A. Cecina, a quien había invitado a cenar, y al cual, apenas salido, se le dio muerte por orden suya. Verdad es que Tito había cogido, escrita de su puño, una proclama dirigida a los soldados y que el peligro era inminente. No obstante, semejante conducta, asegurándole el porvenir, lo hizo odioso en el presente; de suerte que pocos príncipes han llegado al trono con tan pésima reputación y tan señalada hostilidad.

VII. Además de cruel, se le acusaba de intemperante, porque alargaba hasta medianoche sus desórdenes de mesa con sus familiares más viciosos. Se temía, incluso, su afición a los deleites en vista de la muchedumbre de eunucos y de disolutos que lo rodeaban y de su célebre pasión por la reina Berenice, a la que se decía que había prometido hacer su esposa. Lo acusaban, en fin, de rapacidad, porque se sabía que en las causas llevadas ante el tribunal de su padre vendió más de una vez la justicia. En una palabra, se pensaba y se decía por todas partes que sería otro Nerón. Pero esta fama se volvió al fin en su favor, siendo ocasión de grandes elogios, cuando se le vio renunciar a todos sus vicios y abrazar todas las virtudes. Hizo entonces famosas sus comidas, más por el recreo que por la profusión; eligió por amigos hombres de quienes se rodearon después los príncipes sucesores suyos y fueron empleados por aquellos como los mejores sostenes de su poder y del Estado; despidió de Roma en el acto a Berenice, con gran pesar de los dos, y dejó de tratar tan liberalmente como lo había hecho y hasta de ver en público a aquellos de su comitiva que no se distinguían más que por sus habilidades frívolas, a pesar de haberlos entre ellos a quienes quería profundamente y que danzaban con una perfección que fue aprovechada al punto por el teatro. No hizo daño a nadie; respetó siempre los bienes ajenos y ni siquiera quiso recibir los regalos de costumbre. Sin embargo, no cedió en magnificencia a ninguno de sus predecesores; así, después de la dedicación del Anfiteatro y de la rápida construcción de los baños próximos a este edificio, dio un espectáculo de los más prolongados y más hermosos, en el cual hizo representar, entre otras cosas, una batalla naval en la antigua naumaquia; dio también un combate de gladiadores y presentó en un solo día cinco mil fieras de toda especie.

VIII. Inclinado, naturalmente, a la benevolencia, fue el primero que prescindió de la costumbre, seguida desde Tiberio por todos los césares, de considerar nulas las gracias y concesiones otorgadas antes de ellos, si ellos mismos no las ratificaban expresamente; en un solo edicto declaró, en efecto, que eran todas válidas y no permitió que se solicitase aprobación para ninguna. En cuanto a las demás peticiones que podían hacerle, tuvo por norma no despedir a nadie sin esperanzas. Sus amigos le hacían la observación de *que prometía más de lo que podía cumplir*, y contestaba, *que nadie debía salir descontentó de la audiencia de un príncipe*. Recordando en una ocasión, mientras estaba cenando, que no había hecho ningún favor durante el día, pronunció estas palabras tan memorables y con tanta justicia celebradas: *Amigos míos, he perdido el día.* En todas ocasiones mostró gran deferencia por el pueblo. Así, habiendo anunciado un combate de gladiadores, declaró, *que todo se haría según la voluntad del público y no la suya.* Llegada la hora, lejos de negar lo que pedían los espectadores, él mismo los exhortó a que pidiesen lo que quisieran. No ocultó su preferencia por los gladiadores tracios y con frecuencia bromeó con el pueblo excitándolos con la voz y el ademán, pero sin comprometer nunca su dignidad ni excederse de lo justo. Para hacerse aún más popular, permitió muchas veces al público la entrada en las termas donde se bañaba. Tristes e imprevistos acontecimientos perturbaron su reinado: la erupción del Vesubio, en la Campania; un incendio en Roma, que duró tres días y tres noches, y una peste, en fin, cuyos estragos fueron espantosos. En estas calamidades demostró la vigilancia de un príncipe y el afecto de un padre, consolando a los pueblos con sus edictos y socorriéndolos con sus dádivas. Varones consulares, designados por suerte, quedaron encargados de reparar los desastres de la Campania; se emplearon en la reconstrucción de los pueblos destruidos los bienes de los que habían perecido en la erupción del Vesubio sin dejar herederos. Después del incendio de Roma, Tito hizo saber que tomaba a su cargo todas las pérdidas públicas, y en consecuencia de ello dedicó las riquezas de sus palacios a reconstruir y adornar los templos; con objeto de dar más impulso a los trabajos, hizo que gran número de caballeros romanos vigilasen la ejecución. Prodigó a los apestados toda suerte de socorros divinos y humanos, recurriendo, a fin de curar a los enfermos y aplacar a los dioses, a toda suerte de remedios y sacrificios. Entre las calamidades de aquella época se contaban los delatores y sobornadores de testigos, restos de la antigua tiranía. Tito los hizo azotar con varas y palos en pleno Foro, y en los últimos tiempos de su reinado hizo que los bajasen a la arena del Anfiteatro, donde unos fueron vendidos en subasta, como los esclavos, y otros condenados a la deportación a las islas más insalubres. Con objeto de refrenar para siempre la audacia de aquella gente, estableció, entre otras reglas, que nunca podría perseguirse el mismo delito en virtud de diferentes leyes, ni turbar la memoria de los muertos pasado cierto número de años.

IX. Aceptó el pontificado máximo con el único objeto, según dijo, de conservar puras sus manos, y así lo cumplió, porque a partir de entonces no fue ya autor ni cómplice de la muerte de nadie; no le faltaban, en verdad, motivos de venganza, pero decía *que prefería morir él mismo a hacer perecer a nadie.* A dos patricios convictos de aspirar al Imperio, se limitó con aconsejarles que renunciasen a sus pretensiones, añadiendo, *que el trono lo daba el destino,* y les prometió concederles, por otra parte, lo que anhelaban. Envío incluso correos a la madre de uno de ellos, que vivía lejos de Roma, para tranquilizarla acerca de la suerte de su hijo y comunicarle que vivía. No solo invitó a los dos conjurados a cenar con él, sino que al día siguiente, en un espectáculo de gladiadores, los hizo colocar expresamente a su lado y cuando le presentaron las armas de los combatientes, se las pasó, tranquilamente, para que las examinasen. Se añade que habiendo hecho estudiar su horóscopo, les advirtió *que los amenazaba a los dos un peligro cierto, aunque lejos aún, y que no vendría de él,* lo que confirmaron los acontecimientos. En cuanto a su hermano, que no cejaba en prepararle asechanzas, que minaba casi abiertamente la fidelidad de los ejércitos y que quiso, en fin, huir, no pudo decidirse ni a hacerle perecer, ni a separarse de él, ni siquiera a tratarle con menos consideración que antes. Continuó proclamándole su colega y sucesor en el Imperio, como en el primer día de su reinado; y algunas veces incluso le rogó en secreto, con lágrimas en los ojos, *que viviese en fin con él como un hermano.*

X. En medio de sus cuidados le sorprendió la muerte, para desdicha del mundo más todavía que para la suya. Al terminar un espectáculo, en el que había llorado abundantemente en presencia de todo el concurso, partió para el país de los sabinos. Iba algo entristecido, pues había visto escapar la víctima de un sacrificio y había oído retumbar el trueno con cielo sin nubes. En el primer descanso le acometió la fiebre; prosiguió el viaje en litera y se dice que, separando las cortinas, miró al cielo y se quejó de *morir sin haberlo merecido, puesto que en toda su vida solo había realizado una acción de la que tuviese que arrepentirse.* No dijo a qué acción quiso referirse, y no es fácil adivinarla; se ha creído que era su trato íntimo con Domicia, la esposa de su hermano, pero esta juró por todos los dioses que nada había habido entre ellos, y no era mujer para negar aquel comercio si hubiese existido, y hasta es seguro que se habría vanagloriado de él como de todas sus infamias.

XI. Murió el emperador en la misma casa de campo que su padre, en los idus de septiembre, a los cuarenta y un años de edad, tras un reinado de dos años, dos meses y veinte días. Al difundirse la noticia de su muerte, se hubiera dicho, viendo el dolor público, que cada cual lloraba por uno de su propia familia. Los senadores acudieron, antes de ser convocados, a la sala de sus sesiones, cuyas puertas estaban cerradas aún. Abiertas prestamente, colmaron al príncipe muerto de tantas alabanzas y honores como jamás le habían prodigado vivo y presente.

TITO FLAVIO DOMICIANO

I. Nació Domiciano el 9 de las calendas de noviembre. Su padre había sido designado cónsul y había de entrar en funciones al mes siguiente. Su nacimiento se produjo en la sexta región de Roma, cerca del punto llamado la Granada, en una casa convertida más adelante por él en templo de la familia Flavia. Se afirma que pasó su infancia y su primera juventud en la indigencia y en la infamia; no tenía siquiera un vaso de plata y es sabido que el prestamista Clodio Polión, contra el que tenemos un poema de Nerón, intitulado *El tuerto*, había conservado y exhibía muchas veces una carta de Domiciano en la que este le ofrecía una noche. Se afirmó también que tuvo el mismo comercio obsceno con Nerva, su inmediato sucesor. Durante la guerra de Vitelio se había encerrado en el Capitolio con su tío Sabino y una parte de las tropas, pero habiéndose apoderado el enemigo del templo y habiéndole puesto fuego, él se refugió en casa de un guardián, donde pasó la noche; por la mañana, disfrazado con el traje de los sacerdotes de Isis, consiguió escapar, mezclándose con los ministros subalternos de esta vana religión. Se retiró al otro lado del Tíber, acompañado de una sola persona, a casa de la madre de un condiscípulo suyo, hallando en ella tan excelente refugio que los emisarios que seguían sus huellas no pudieron encontrarlo. Salió finalmente después de la victoria, siendo saludado césar. Se le honró incluso con la dignidad de pretor de Roma con autoridad consular, pero solo conservó el título y transmitió la autoridad al primero de sus colegas, mostrando, por el abuso que hizo del poder, lo que había de ser algún día. Fuera largo enumerar todas sus bajezas. Sedujo, en primer lugar, a las esposas de gran número de ciudadanos, robó y tomó en matrimonio a Domicia Longina, que estaba casada con Elio Lamia; distribuyó en un solo día más de veinte oficios para la ciudad y para las provincias, diciendo Vespaciano, con este motivo, *que se extrañaba de que su hijo lo nombrase también sucesor.*

II. Emprendió sin necesidad una expedición a la Galia y la Germania, desoyendo los consejos de los amigos de su padre, con el único objeto de emular las hazañas y la consideración de su hermano. Vespaciano le reprendió con dureza, y a fin de que no olvidara en adelante su edad y condición, lo obligó a vivir con él. Siempre que el emperador se presentaba en público con Tito, Domiciano seguía en litera la silla curul, y el día en que se celebró su triunfo sobre la Judea los acompañó montado en un caballo blanco. De sus seis consulados únicamente uno fue regular, y su hermano fue quien se lo cedió y solicitó para él. Domiciano supo fingir entonces gran moderación, y sobre todo viva afición a la poesía, de la que no había hecho nunca el menor caso y por la que mostró más adelante profundo desprecio; entonces llegó, sin embargo, incluso a leer versos compuestos por él. Cuando Vologesio, rey de los partos, pidió un refuerzo mandado por un hijo de Vespasiano, para luchar contra los alanos, Domiciano hizo cuanto pudo para ser elegido, y habiendo resultado vanos sus esfuerzos, trató de incitar con dones y promesas a los otros reyes de Oriente para que hiciesen igual petición. Tras la muerte de su padre vaciló algún tiempo sobre si ofrecería a los soldados un donativo doble del ordinario, con el fin de sublevarlos, y no dudó hacer correr *que Vespasiano le había dejado una parte del Imperio, pero que habían falsificado su testamento.* A partir de entonces, no cesó de conspirar en secreto y hasta abiertamente contra su hermano. Cuando lo vio gravemente enfermo ordenó sin esperar a que expirase, que le abandonaran como si estuviese muerto. Tributó a su memoria solamente los honores de la apoteosis y hasta algunas veces le censuró indirectamente en sus edictos y discursos.

III. Al comienzo de su reinado se encerraba solo todos los días durante horas enteras para cazar moscas, a las que enristraba con un punzón muy agudo. Semejante costumbre dio motivo a un chiste de Vibio Crispo, el cual, preguntado un día si había alguien con el emperador contestó: *No ni siquiera una mosca.* Repudió Domiciano a su esposa Domicia, que le había dado un hijo durante su segundo consulado, y que al año siguiente había recibido de él el título de Augusta, pero que estaba locamente enamorada del histrión Paris. No pudo, sin embargo, soportar esta separación, y poco después volvió a llamarla, como cediendo a las instancias del pueblo. Su conducta en el gobierno del Imperio fue al comienzo muy desigual y mezclada de mal y de bien, pero poco a poco hasta sus virtudes degeneraron en vicios; puede conjeturarse que las circunstancias ayudaron también a desarrollar sus malas inclinaciones: la pobreza le hizo codicioso, y el miedo, cruel.

IV. Dio a menudo en el Anfiteatro y en el Circo espectáculos tan dispendiosos como magníficos. En el Circo, además de las carreras acostumbradas de bigas y cuadrigas, dio un combate de caballería e infantería, y en el Anfiteatro una batalla naval. Las cacerías de fieras y los combates de gladiadores se verificaban de noche, a la luz de las antorchas, viéndose luchar en la arena, no solo a hombres, sino también a mujeres. Los cuestores habían dejado caer en desuso desde hacía ya mucho la costumbre de dar combates de gladiadores a su entrada en el cargo: Domiciano la restableció, asistió siempre a tales espectáculos y permitió cada vez al pueblo pedir dos parejas de sus propios gladiadores, que presentaba siempre en último lugar y vestidos con trajes dignos del dueño del Imperio. Mientras duraban los juegos tenía constantemente a sus pies un enano vestido de escarlata, cuya cabeza era de una prodigiosa pequeñez; Domiciano hablaba continuamente con él, y algunas veces de cosas serias; un día se le oyó, por ejemplo, preguntarle *si sabía por qué había dado en la última promoción el gobierno del Egipto a Mecio Rufo.* En un lago abierto cerca del Tíber y rodeado de gradas, hizo representar batallas navales, en las que combatieron flotas, por decirlo así, completas; y ni siquiera una fuerte lluvia sobrevenida durante uno de estos espectáculos le impidió presenciarlo hasta el fin. Celebró asimismo los juegos seculares, tomando por fecha los últimos del reinado de Augusto, y no los de Claudio. El día de los dioses en el Circo, decidió reducir a cinco las siete vueltas, a fin de facilitar la terminación de las cien carreras de carros. Fundó en honor de Júpiter Capitolino un certamen quinquenal de música, de carreras de caballos y de ejercicios gimnásticos, en los que se distribuían más coronas que en nuestros días. Se disputaba, asimismo, en ellos el premio de la prosa griega y latina; había, además, premio para canto y arpa, otro para los coros de arpa y de canto, y otro, por último, para arpa sola; y se vio, incluso, a doncellas disputarse en el estadio el premio de la carrera. Domiciano presidió personalmente tales juegos, con calzado militar, toga de púrpura a la griega y en la cabeza una corona de oro en la que estaban grabadas las imágenes de Júpiter, Juno y Minerva; a su lado tenía el gran pontífice de Júpiter y del colegio de los sacerdotes flavianos, vestidos todos como él, pero llevando en sus coronas, además de las imágenes citadas, el retrato del emperador. Celebraba todos los años en el monte Albano las fiestas de Minerva, divinidad para la cual había establecido un colegio de sacerdotes. Entre estos, designaba la suerte al pontífice, estando obligados a dar magníficos combates de fieras, juegos escénicos y premios de elocuencia y poesía. Distribuyó tres veces al pueblo dádivas de trescientos sestercios por individuo; y durante las fiestas de su cuestura hizo servir un festín de los más espléndidos. En la fiesta de las Siete Colinas hizo distribuir a los senadores y caballeros raciones de pan y al pueblo canastillos llenos de viandas, de las que empezó a comer el primero. Al siguiente día hizo arrojar entre los espectadores regalos de toda clase; como la mayor parte de aquellos obsequios cayeron en los bancos del pueblo, señaló otros cincuenta lotes para cada banco de senadores y caballeros.

V. Restauró gran número de hermosos edificios que habían sido destruidos por las llamas; entre otros, el Capitolio, que se había incendiado otra vez, pero siempre inscribiendo su nombre, y sin hacer mención del antiguo fundador. Construyó sobre el Capitolio un templo nuevo, dedicado a Júpiter Custodio. Se le debe también el Foro que lleva hoy el nombre de *Nerva,* el templo de la familia Flavia, un estadio, un teatro lírico, y, por último, una naumaquia, cuyas piedras sirvieron más adelante para la restauración del Circo Máximo, del que se habían consumido dos costados.

VI. En cuanto a sus expediciones militares, unas las emprendió espontáneamente, como la que decidió contra los catos; otras por necesidad, como la de los sármatas, que habían degollado a toda una legión con su jefe. Así fueron también sus dos campañas contra los dacios: la primera para vengar la derrota del consular Opio Sabino; la segunda para vengar la de Cornelio Fusco, prefecto de las cohortes pretorianas, a quien había investido del mando en jefe. Después de varios combates, ni favorables ni adversos, contra los catos y los dacios, festejó un doble triunfo; pero tras su victoria sobre los sármatas se contentó con ofrendar una corona de laurel a Júpiter Capitolino. Dio fin sin salir de Roma y con singular fortuna, a la guerra civil suscitada por L. Antonio, gobernador de la Alta Germania; en efecto, en el momento mismo del combate, los témpanos del Rin, arrastrados por el deshielo, impidieron a las tropas de los bárbaros que se uniesen a las de Antonio. Los presagios de esta victoria precedieron en Roma a la noticia, pues el mismo día de la batalla un águila gigantesca rodeó con sus alas la estatua del emperador, lanzando alegres chillidos, y pocos instantes después tomó tal consistencia el rumor de la muerte de Antonio, que muchos aseguraban incluso haber visto pasear su cabeza.

VII. Introdujo muchos cambios en las costumbres establecidas; suprimió la de las *sportulas* públicas y restableció la de las comidas regulares. Añadió dos partidos a los cuatro del Circo, y los distinguió con trajes de púrpura y oro. Prohibió la escena a los histriones y solo les permitió representar en casas particulares. Prohibió castrar a los hombres y disminuyó el precio de los eunucos que estaban aún en venta en las casas de los mercaderes. Habiendo observado en el mismo año gran abundancia de vino y mucha escasez de trigo, dedujo en ello que la preferencia otorgada a las viñas hacía olvidar los trigales; prohibió entonces plantar nuevas viñas en Italia y dejar subsistir en las provincias más de la mitad de las antiguas; pero abandonó la ejecución de este edicto. Hizo comunes a los hijos de los libertos y a los caballeros romanos algunos de los cargos más importantes del Estado. Prohibió la reunión en un mismo campamento de muchas legiones y recibir en la caja de depósitos militares más de mil sestercios por soldado, por creer que L. Antonio, que había aprovechado para sublevarse contra él la reunión de dos legiones en los mismos cuarteles de invierno, tuvo también en cuenta la importancia de este depósito. Finalmente, concedió a los soldados un cuarto término de paga de tres áureos.

VIII. Desplegó en la administración de la justicia gran celo y diligencia, y algunas veces hasta concedió en su tribunal del Foro audiencias extraordinarias. Dejó sin efecto las sentencias de los centunviros dictadas por favor. Exhortó, a menudo a los jueces recuperadores a no acceder a liberaciones reclamadas sin graves motivos. Tachó de infamia a los jueces corrompidos, así como a sus consejeros. Supo también contener a los magistrados de Roma y a los gobernadores de las provincias que nunca fueron más desinteresados ni más justos, pues que vemos a la mayor parte de ellos acusados después de él de los peores delitos. Encargado de las funciones de la censura, abolió el uso abusivo de sentarse indistintamente en el teatro en los bancos de los caballeros y destruyó los libelos repartidos al público contra los ciudadanos principales; expulsó del Senado a un antiguo cuestor que mostraba excesiva pasión por el arte de la pantomima y del baile; prohibió a las mujeres deshonradas el uso de litera y el derecho a recibir legados o herencias; eliminó de la lista de jueces a un caballero romano que, después de repudiar a su esposa y llevarla ante los tribunos como adúltera, la había recibido de nuevo; condenó, en virtud de la ley Scantinia (ley que regulaba el comportamiento sexual, incluyendo la pederastia, el adulterio y la práctica pasiva de la homosexualidad), a muchos ciudadanos de los dos órdenes; estableció castigos diferentes, pero siempre severos, contra los incestos de las vestales, ante los que su padre y su hermano habían cerrado los ojos. Estos castigos fueron primero la muerte, y más adelante el suplicio ordenado por las leyes antiguas. Permitió, sin embargo, a las hermanas Ocelata, y después de estas a Varronila, que eligieran el género de muerte, y se limitó a desterrar a sus seductores; pero a la gran vestal Cornelia, que había sido absuelta en otra ocasión, acusada de nuevo y convicta, la hizo enterrar viva y azotar a sus cómplices con varas hasta hacerlos morir, en el Comicio, excepto a un antiguo pretor, contra el que no existía otra prueba que una declaración incierta arrancada por la tortura, por lo que fue solo desterrado. Vigiló con especial cuidado que no se violase impunemente el respeto debido a los dioses; hizo que los soldados destruyesen una tumba que un liberto suyo había elevado a su hijo con piedras destinadas al templo de Júpiter Capitolino y mandó arrojar al mar las cenizas y huesos que había en ella.

IX. En sus primeros años experimentaba tal horror por la sangre, que recordando cierto día, en ausencia de su padre, este verso de Virgilio:

Impia quam caesis gens est epulata juvencis.•

quiso prohibir que se inmolaran bueyes. Ni antes de llegar al Imperio ni en los primeros tiempos de su reinado, hizo sospechar en él ninguna inclinación a la avaricia y avidez; antes, por el contrario, dio muchas pruebas de desinterés y hasta de liberalidad. Colmaba de presentes a las personas de su comitiva y nada les recomendaba con tanta insistencia como la aversión a la avaricia. No aceptaba las herencias de los que tenían hijos, e incluso anuló un legado del testamento de Rusco Cepión, consistente en cierta cantidad que el heredero debía dar todos los años a cada senador a su entrada en el Senado. Declaró libres de toda persecución judicial a los deudores cuyos nombres estaban inscritos en el Tesoro desde más de cinco años, no permitiendo contra ellos la renovación sino dentro del mismo año y aun esto con la condición que impuso al acusador de pena de destierro en caso de perder la causa. Perdonó, por lo pasado, a los escribientes de los cuestores que traficaban según su costumbre y contra la ley Clodia. Dejó a los antiguos poseedores, como por derecho de prescripción, los terrenos que no habían sido destinados tras el reparto efectuado a los veteranos. Reprimió la furia de las persecuciones fiscales, señalando severas penas para los acusadores, y se cita esta frase suya: *El príncipe que no castiga a los delatores, los alienta.*

X. No perseveró, sin embargo, en su clemencia ni en su desinterés, antes por el contrario, se inclinó rápidamente a la avaricia y a la crueldad. Hizo matar a un discípulo del histrión Paris, que era muy joven aún y estaba entonces enfermo, por la única razón de que se parecía a

• Antes de que gente impía se diese un banquete con terneras degolladas. Georg. II, 537.

su maestro en la figura y el talento. Hizo también perecer a Hermógenes Tarsense por algunas alusiones contenidas en su historia, y los copistas que lo habían escrito fueron crucificados. A un padre de familia, porque gritó en el espectáculo *que un tracio podía luchar contra un mirmilón, pero no contra el odio del que daba los juegos,* ordenó que lo arrancaran de su sitio, que lo arrastrasen a la arena, y lo obligó a luchar en ella contra dos perros, con un cartel que decía: *Defensor de los tracios, impío en sus palabras.* Muchos senadores, alguno de los cuales habían sido cónsules, como Cívico Cerialis, procónsul en Asia, Salvidieno Orfito y Acilo Glabrión, desterrados a la sazón, fueron condenados a muerte como conspiradores. Otros muchos fueron muertos por leves pretextos; entre ellos Elio Lamia por antiguas bromas que, a pesar de ser perfectamente inocentes, lo habían hecho sospechoso; por haberle dicho, por ejemplo, después del rapto de su esposa, a algunos que le alababan la belleza de su voz: *Es el premio de mi continencia;* por haber contestado a Tito, que le exhortaba a tomar otra esposa: *¿Acaso quieres casarte tú también?* Dio también muerte a Salvio Coceyano por haber celebrado el nacimiento del emperador Otón, tío suyo; a Mecio Pomposiano, por haber nacido bajo una constelación que al decir algunos, auguraba el Imperio, porque llevaba a todas partes con él un mapa del mundo y los discursos de reyes y grandes capitanes, extractados de Tito Livio, porque había, en fin, dado a esclavos los nombres de Magón y Aníbal; a Salustio Lúculo, legado en la Bretaña, por haber permitido que llamasen *luculenas* unas lanzas de forma nueva; a Junio Rústico, por haber escrito el elogio de Peto Traseas y de Helvidio Prisco y haberles llamado *los más virtuosos de los hombres,* delito que fue causa de que Domiciano expulsase de Roma y de Italia a todos los filósofos. Hizo también perecer a Helvidio hijo, con el pretexto de que en una representación intitulada *Paris y Enone* había censurado el divorcio del príncipe, y a Flavio, primo suyo, porque el día de los comicios consulares, el pregonero, después de elegido Sabino, le proclamó, en vez de *cónsul, emperador.* Fue, sin embargo, mucho más cruel después de su victoria sobre Antonio. Para descubrir, en efecto, los cómplices secretos de su adversario, sometió a la mayor parte de los otros a un nuevo género de tortura, consistente en hacerles quemar los órganos sexuales y cortar las manos. Solo a dos perdonó, entre los más conocidos: a un tribuno del orden de los senadores y a un centurión, los cuales alegaron, como prueba de su inocencia, la infamia de sus costumbres, que había debido desposeerles de toda influencia sobre el espíritu de su jefe y de los soldados.

XI. La crueldad no le bastaba, y gustaba aún de astucias y golpes repentinos. Cierto día hizo acudir a su alcoba a un recaudador, lo obligó a sentarse a su lado en el mismo almohadón, lo despidió luego alegremente y sin inspirarle el menor recelo, enviándole a su casa platos de su mesa, y a la mañana siguiente mandó crucificarlo. Había decidido la muerte del cónsul Arretino Clemente, familiar y agente suyo, a pesar de lo cual, continuó tratándole tan bien o mejor que de ordinario, hasta que un día, paseando con él en litera y viendo a su delator, le dijo: *¿Quieres que oigamos mañana a ese mal esclavo?* Jugaba cruelmente con los sufrimientos de los hombres, y nunca pronunciaba una sentencia de muerte sin un preámbulo en el que ensalzaba su clemencia, de suerte que el indicio más seguro de trágico fin era la indulgencia del príncipe. Había hecho conducir ante el Senado a algunos ciudadanos acusados del delito de lesa majestad, diciendo *que en aquella ocasión experimentaría el celo de la asamblea por su persona,* en vista de lo cual fueron condenados al suplicio que determinaban las leyes antiguas. Asustado él mismo por la atrocidad del castigo, quiso prevenir su mal efecto e intercedió por ellos en estos términos, pues no es indiferente repetirlos: *Permitan, padres conscriptos, que reclame de su afecto una cosa que bien sé han de concederme difícilmente y es que los condenados puedan elegir su género de muerte. Así ustedes se librarán de presenciar un espantoso espectáculo, y todo el mundo comprenderá que asistía yo al Senado.*

XII. Arruinado por los enormes gastos de las construcciones que realizaba, por los espectáculos y por el aumento de estipendio a los soldados, ideó entonces para aliviar el Tesoro militar disminuir el número de estos; vio que esta medida lo exponía a las invasiones de los bárbaros y entonces, sin aligerar las otras cargas, no buscó ya más que ocasiones de rapiña. Por todas partes se confiscaban los bienes de vivos y muertos, cualquiera que fuese el delator, cualquiera que fuese la acusación; bastaba ser acusado de la menor acción, de la palabra más insignificante contra la majestad del príncipe. Confiscaba para él las herencias que más extrañas le eran, con tal de que una persona, una sola, asegurase haber oído decir en vida al difunto *que el césar era su heredero.* El impuesto que con más rigor se perseguía era aquel de que se componía el Tesoro judaico; por todas partes se denunciaban al Fisco a aquellos que, sin haber hecho profesión, vivían en la religión judía, o que, ocultando su origen, no hacían efectivo el tributo impuesto a su nación. Recuerdo haber visto en mi juventud a un recaudador reconocer ante un crecido número de testigos a un anciano de noventa años, a fin de saber si estaba circuncidado. Domiciano mostró en su juventud gran presunción, orgullo y mucha falta de moderación en su conducta y sus palabras. A Cenis, la concubina de su padre, que a su regreso de Istria le ofreció el beso de costumbre, él le tendió simplemente la mano. Le parecía muy mal que el yerno de su hermano tuviese también criados vestidos de blanco, por lo cual exclamó en griego: *No es bueno que haya muchos amos.*

XIII. Ascendido al trono, osó jactarse ante el Senado *de haber dado el Imperio a su padre y a su hermano, que no habían hecho otra cosa que devolvérselo.* Cuando después del divorcio recibió a su esposa, se sirvió, para decir que compartía su lecho, de la expresión consagrada para la unión de los dioses. Cierto día en que daba un festín al pueblo se mostró en gran manera complacido al oír que gritaban en el Anfiteatro: *Felicidades a nuestro señor y a nuestra señora.* En los juegos Capitolinos le fue solicitada por todo el concurso la rehabilitación de Palfurio Sura, expulsado en otro tiempo del Senado y que acababa de obtener el premio de la elocuencia; él ni siquiera se dignó contestar y mandó que callasen por medio del heraldo. Llevó su arrogancia al extremo de dictar para el servicio de sus intendentes una fórmula epistolar concebida en estos términos: *Nuestro amor y nuestro dios lo quiere y lo ordena.* A partir de entonces fue regla general no llamarlo de otra manera cuando tuviesen que escribirle o hablarle. No permitió que se elevasen en el Capitolio más que estatuas de oro o plata de determinado peso. Hizo levantar en todos los barrios de Roma un número tal de puertas monumentales y arcos de triunfo, carros y trofeos militares, que alguien escribió en griego en uno de aquellos monumentos: *Basta.* Fue cónsul diecisiete veces, cosa hasta entonces sin ejemplo, y especialmente siete veces seguidas, aunque casi siempre lo fue solo de nombre. De todos sus consulados no conservó ninguno más allá de las calendas de mayo, y muchos solo hasta los idus de enero. Después de sus dos triunfos tomó el dictado de Germánico y llamó con sus dos nombres, Germánico y Domiciano, los meses de septiembre y octubre; el primero porque era la época de su ascensión al trono, el segundo por ser el mes en que había nacido.

XIV. Odiado y temido por todos, sucumbió al fin bajo una conspiración de sus amigos, de sus libertos íntimos y hasta de su esposa. Mucho tiempo antes le habían asaltado presentimientos acerca del año y del día en que había de morir y hasta sobre la hora y la clase de muerte. Desde su juventud le habían predicho los caldeos todas las circunstancias; viéndole un día su padre rechazar en la mesa un plato de setas, se burló de él en voz alta, diciéndole que más bien debía temer al hierro, si conocía su destino. Inquieto y temeroso a todas horas, por la menor sospecha experimentaba espantosos terrores, y el principal motivo que le impidió hacer cumplir el edicto mandado de talar las viñas, se afirma que fue la lectura de cierto escrito difundido por Roma, en el que se leían estos dos versos griegos: *Aunque cortes todas las vides, no podrás impedir que haya bastante vino para celebrar tu muerte.* Al mismo temor se debió que rehusara un honor extraordinario imaginado por el Senado, que lo sabía ávido de este género de distinciones. Consistía este honor, según el decreto, en que *cuantas veces fuese cónsul, caballeros romanos designados por suerte le precederían, revestido con la trabea y la lanza militar en la mano, entre los lictores y batidores.*

A medida que se acercaba el momento del peligro, sentía Domiciano redoblar su espanto. Hizo guarnecer la galería en que paseaba de esas piedras transparentes llamadas *phengitas*, cuya superficie pulimentada, reflejando los objetos, le permitía ver todo lo que pasaba a su espalda. Ordinariamente interrogaba a los prisioneros solo y en secreto y hasta teniendo en las manos el extremo de sus cadenas. Con objeto de demostrar a los que le servían que nunca debe atentarse contra la vida del señor, ni siquiera con intención laudable, condenó a muerte a su secretario

Epafrodito, del que se decía haber ayudado a Nerón a darse la muerte, cuando estaba el emperador abandonado ya de todo el mundo.

XV. En fin, apenas esperó que Flavio Clemente, su primo hermano saliese del consulado, para hacerlo perecer por la más fútil sospecha a pesar de ser hombre de notoria incapacidad, y a pesar de que había adoptado para sucesores a sus hijos, todavía niños, obligándolos a dejar sus nombres con este propósito, dando al uno el de Vespasiano y al otro el de Domiciano. Semejante crueldad contribuyó en gran manera a acelerar su fin. Durante ocho meses consecutivos tronó con tanta asiduidad en todos los puntos del Imperio, que, oyendo el fragor del rayo, acabó por exclamar: *¡Pues bien, que hiera a quien desee!* Cayeron rayos sobre el Capitolio, sobre el templo de la familia Flavia; también sobre el palacio del emperador, y hasta en su dormitorio. La tormenta arrancó, asimismo, la inscripción de su estatua triunfal, arrojándola sobre una tumba próxima. El árbol, que derribado por el viento, se alzó de nuevo al acercarse Vespasiano antes de su advenimiento al trono, volvió a derrumbarse de pronto con estrépito. La Fortuna de Preneste, a la que durante su reinado se recomendó al principio de cada año y que siempre le había dado respuestas favorables, se las dio aterradoras su último año, hasta habló de sangre. Soñó que Minerva, diosa a la que había hecho objeto siempre de un culto especial, salía de su santuario, diciéndole que no podía ya protegerlo, porque Júpiter le había quitado las armas de las manos. Nada le causó, sin embargo, tan profunda impresión como la respuesta y la suerte del astrólogo Ascletarión, que había predicho la muerte del emperador. Él lo mandó llamar, y no negando Ascletarión haber divulgado lo que su arte manifestaba su fin, Domiciano le preguntó cuál sería el fin del mismo astrólogo, a lo que contestó este, *que muy pronto lo destrozarían los perros.* Domiciano mandó degollarlo en el acto y para demostrar mejor cuán vanas eran sus predicciones, ordenó que se sepultara con el mayor cuidado. Cuando estaban ejecutándolo sobrevino una tempestad que desbarató los preparativos fúnebres, y unos perros aparecidos entonces destrozaron el cadáver medio quemado. El mismo Latino, a quien la casualidad hizo testigo del suceso, lo refirió durante la cena a Domiciano, entre las otras noticias del día.

XVI. La víspera de su muerte le sirvieron trufas y las mandó guardar para el día siguiente, diciendo: *Si aún existo;* luego, dirigiéndose a los que lo rodeaban, añadió, *que al día siguiente la luna quedaría ensangrentada en el signo de Acuario y que ocurriría una acontecimiento del que hablaría toda la tierra.* A medianoche lo sobrecogió tal espanto, que saltó del lecho. A la mañana siguiente oyó y condenó a muerte a un arúspice que le habían enviado de Germania, por haber predicho, sobre la fe de un relámpago, una revolución en el Imperio. Al rascarse con demasiada fuerza una verruga que tenía en la frente, brotó sangre, y él exclamó al verla: *¡Rogaría al cielo que esta fuese bastante!* Preguntó entonces la hora, y en vez de la quinta, que temía, cuidaron de decirle la sexta, por lo que mostró gran alegría, como si hubiese pasado el peligro; iba ya a entrar en el baño cuando Partenio, dedicado al servicio de su cámara, se lo impidió, diciéndole que un hombre, que tenía que revelarle cosas importantes, solicitaba verlo en el acto. El emperador ordenó que se retiraran todos, entró en su cámara y allí fue muerto.

XVII. He aquí lo que se supo después acerca de esta conjuración y del modo como murió Domiciano. No sabían los conjurados dónde ni cómo lo atacarían, si en la mesa o en el baño, cuando Esteban, intendente de Domitila, acusado entonces de malversación, les brindó sus consejos y su brazo. Para alejar sospechas fingió este tener una herida en el brazo izquierdo, llevándolo durante muchos días envuelto en lana y en vendajes. Llegado el momento, ocultó en él un puñal e hizo pedir una audiencia al emperador, diciendo que quería denunciarle una conspiración. Fue introducido en su cámara, y mientras Domiciano leía aterrado el escrito que acababa de entregarle, le hundió el puñal en el bajo vientre. El emperador, sintiéndose herido, trató de defenderse, pero entonces Clodiano, legionario distinguido, Máximo, liberto de Partenio, Saturio, decurión de los cubicularios, y algunos gladiadores, cayeron sobre él y le dieron siete puñaladas. El joven esclavo encargado del cuidado del altar de los dioses lares en la cámara imperial, que se encontraba allí en el momento del asesinato, refirió que Domiciano, al recibir la primera herida, le gritó que le trajese un puñal que tenía oculto bajo su almohada y que llamase a los guardias, pero que llegado allí había encontrado en la cabecera del lecho el mango de un puñal, y puertas cerradas por todas partes; que entre tanto Domiciano, que había cogido y derribado a Esteban, sostenía con él una lucha encarnizada, esforzándose, a pesar de tener los dedos cortados, ya en arrancarle el arma, ya en saltarle los ojos. Lo asesinaron el 14 de las calendas de octubre, a los cuarenta y cinco años de edad, y en el décimo quinto de su reinado. Los mercenarios que llevan por la noche los cadáveres de los pobres, llevaron en pobre féretro el del emperador. Su nodriza Filis le tributó, sin embargo, los últimos honores en su casa de campo de la vía Latina; condujo en secreto sus restos al templo de la familia Flavia y los juntó con las cenizas de Julia, hija de Tito, a la que también había criado ella.

XVIII. Era Domiciano de elevada estatura, modesto el semblante, piel sonrosada y ojos grandes, aunque débiles; era hermoso y apuesto, sobre todo en la juventud, aunque tenía los dedos de los pies muy cortos. A este defecto se unieron más adelante otros; se volvió, efectivamente, calvo; se le hizo el vientre enorme y las piernas extraordinariamente delgadas, más debilitadas todavía por una larga enfermedad que padeció. Estaba tan convencido de la ventaja que podía obtener del aspecto de modestia impreso en su semblante, que un día dijo en el Senado: *Hoy mi rostro y mi carácter han debido sin duda agradaros.* Le disgustaba tanto estar calvo, que tomaba por ofensa personal las bromas o críticas que dirigían en presencia suya a los calvos en general. Sin embargo, en un breve tratado sobre *El cuidado del cabello,* que con una dedicatoria un amigo suyo publicó, en el que procuraba consolarle con él, le decía después de citar este verso griego:

¿No ves cuán alto y hermoso soy en la estatura?

Pero la misma suerte está reservada a mis cabellos, y los veo con resignada tristeza envejecer antes que yo; convéncete de que no hay nada tan agradable, y tan fugaz a la vez, como la belleza.

XIX. No podía soportar la menor fatiga, por lo cual no iba nunca a pie en Roma; por el mismo motivo, en la guerra y en las marchas no iba casi nunca a caballo, sino en litera. Sin ninguna afición por el manejo de las armas, la tenía, sin embargo, muy grande por el ejercicio del arco, y con frecuencia se le vio en las inmediaciones de Albano matar con sus flechas centenares de animales y hasta clavar con mano segura en la cabeza de algunos de ellos flechas que asemejaban cuernos. También algunas veces hacía colocar un niño a gran distancia, con la mano derecha extendida a guisa de blanco, y con maravillosa destreza hacía pasar las flechas entre los dedos sin herirlo.

XX. Descuidó en el trono los estudios liberales, aunque reparó con grandes desembolsos bibliotecas incendiadas, hizo buscar por todas partes nuevos ejemplares de las obras perdidas y envió gente a Alejandría a fin de obtener copias esmeradas. Nunca leyó un libro de historia o de poesía, ni cuidó su estilo, ni siquiera en ocasiones de importancia. Fuera de las Memorias y las actas del emperador Tiberio, no leía nada, y encargaba a otro la redacción de sus cartas, discursos y edictos. Su lenguaje no estaba, a pesar de todo, desprovisto de elegancia, ni su conversación de frases notables. *Quisiera,* dijo un día, *ser tan hermoso como cree serlo Mecio.* En otra ocasión, de uno cuyos rojos cabellos encanecían, dijo: *Eso es vino dulce sobre nieve.* Y a menudo exclamaba: *¡Qué miserable condición la de los príncipes! No se le da crédito sobre las conspiraciones de sus enemigos hasta que son asesinados.*

XXI. En sus horas de ocio jugaba a los dados, haciéndolo también los días de fiesta y desde la mañana. Se bañaba al amanecer, y comía abundantemente en su primera comida; de suerte que por la de la tarde no tomaba, ordinariamente, más que una manzana y bebía una botellita de vino añejo. Daba banquetes con frecuencia, y eran espléndidos, pero breves; nunca los prolongaba más allá de la puesta del sol, y en vez de hacer luego la colación de la noche, paseaba solo, hasta que llegaba la hora de su segundo sueño, en retirado paraje.

XXII. Era extraordinariamente inclinado a los placeres lascivos, llamándolos *clinopalen,* y contándolos en el número de los ejercicios corporales. Se entretenía, según se afirma, en depilar por sí mismo a sus concubinas, y se bañaba con las prostitutas más viles. Casado con Domicia, rechazó obstinadamente desposarse con la hija, todavía virgen, de su hermano, pero la sedujo en cuanto fue la esposa de otro, viviendo todavía Tito. Al perder ella a su padre y a su esposo le mostró él encendida pasión y hasta fue causa de su muerte obligándola a que abortase.

XXIII. La muerte de Domiciano, de la que el pueblo se enteró con indiferencia, llenó de ira a los soldados, que en el acto quisieron hacerle proclamar *divino,* y solo les faltaron, para vengarle enseguida, jefes que quisieran conducirlos. Se cerraron, sin embargo, obstinadamente, en exigir el suplicio de los asesinos, y no tardaron en conseguirlo. Los senadores, por el contrario, se regocijaron en extremo; acudieron todos a la sala de sesiones y cada cual le prodigó, entre aclamaciones de los demás, las peores injurias. Haciendo llevar luego escalas, arrancaron sus bustos y los escudos de sus triunfos, haciéndolos pedazos contra el suelo y decretaron, por último, que en todas partes fueran borrados sus títulos honoríficos y abolida su memoria. Poco antes de su muerte, una corneja posada sobre el Capitolio había dicho en griego *Todo irá bien;* prodigio que hizo escribir luego los versos siguientes:

El ave que se posó sobre la roca Tarpeya no ha dicho que todo va bien, sino todo irá bien.

Se asegura que el propio Domiciano soñó que le aplicaban detrás del cuello una joroba de oro; dedujo que el Imperio había de ser después de él un Estado feliz y floreciente, lo que no tardó en realizarse, merced a la generosidad y moderación de los príncipes que le sucedieron.

* * *

TÍTULOS DE ESTA COLECCIÓN

Ana Karenina. *León Tolstoi*
Cartas de relación. *Hernán Cortés*
Crimen y castigo / El eterno marido / La mujer de otro. *Fedor Dostoievski*
Cumbres borrascosas. *Emily Brontë*
Divina comedia. *Dante Alighieri*
David Copperfield. *Charles Dickens*
Divina comedia. *Dante Alighieri*
Doce historias y un sueño. *H. G. Wells*
Drácula. *Bram Stoker*
El amante de lady Chatterley. *D. H. Laurence*
El conde de Montecristo. *Alejandro Dumas*
El Corán
El gatopardo. *Giuseppe Tomasi Di Lampedusa*
El idiota. *Fedor Dostoievski*
El origen de las especies. *Charles Darwin*
El suicidio. *Emile Durkheim*
Eudemonología o el arte de ser feliz / Ensayos e ideas. *Arthur Shopenhauer*
Grandes esperanzas. *Charles Dickens*
Guerra y paz. *León Tolstoi*
Historia de dos ciudades. *Charles Dickens*
Historia verdadera de la conquista de la Nueva España. *Bernal Díaz del Castillo*
Ilíada. *Homero*
La dama de blanco. *Wilkie Collins*
La madre / La buena tierra. *Pearl S. Buck*
La montaña mágica. *Thomas Mann*
La República. *Platón*
La voluntad de poder. *Federico Nietzche*
Las mil y una noches. *Anónimo*
Las uvas de la ira. *John Steinbeck*
Los bandidos de Río Frío. *Manuel Payno*
Los demonios de Loudun. *Aldous Huxley*
Los hermanos Karamazov / Humillados y ofendidos / El ladrón honrado. *Dostoievski*
Los miserables. *Víctor Hugo*
Los tres mosqueteros. *Alejandro Dumas*
México bárbaro / México insurgente. *John Kenneth Turner / John Reed*
Moby Dick. *Herman Melville*
Muerte en la tarde / París era una fiesta. *Ernest Hemingway*
Nana. *Émile Zola*
Oliver Twist. *Charles Dickens*
Por quién doblan las campanas. *Ernest Hemingway*
Sinuhé el Egipcio. *Mika Waltari*
Viejo muere el cisne / La isla. *Aldous Huxley*
Ulises. *James Joyce*
Vida de los doce Césares. *Suetonio*

Esta obra se Imprimió
En los talleres de
IMPRESOS MEGAUNIÓN S. A. de C.V.
Calle 10 № 1 esq. Av 6 pte
Col. Renovación Deleg. Iztapalapa
C. P. 09209 México D. F.
Tel: 15 46 31 62

QUICK GUIDE TO FINANCIAL SKILLS

QUICK GUIDE TO
RENTING

by Marne Ventura

BrightPoint Press

San Diego, CA

BrightPoint Press

an imprint of ReferencePoint Press, Inc.
Printed in the United States

For more information, contact:
BrightPoint Press
PO Box 27779
San Diego, CA 92198
www.BrightPointPress.com

LIBRARY OF CONGRESS CATALOGING-IN-PUBLICATION DATA

Name: Ventura, Marne, author.
Title: Quick Guide to Renting / by Marne Ventura.
Description: San Diego, CA: BrightPoint Press, Inc., 2025 | Series: Quick Guide to Financial Skills | Includes bibliographical references and index. | Audience: Grades 7 to 9
Identifiers: ISBN: 9781678209124 (hardcover) | ISBN: 9781678209131 (eBook)
The complete Library of Congress record is available at www.loc.gov.

CONTENTS

AT A GLANCE

- A first step in renting is deciding on a budget. Renters should consider other bills, such as car payments and groceries.
- Thirty percent of gross income is a good rule of thumb for a rent budget.
- Renters can choose different types of homes. Whether or not to have roommates is also an important decision.
- Other things to consider are amenities and nearness to work, shops, and restaurants.
- Renters should read and understand the lease agreement before signing it. They should ask the landlord questions about rules and fees.

- Before moving in, renters can take photos of the empty apartment. This provides proof that any damage was already there, and not caused by them.

- Renters insurance can protect tenants in case of damage or theft.

- Just like landlords, tenants have rights. These vary by state and can be found online.

RAY'S FIRST APARTMENT

Ray untied his apron and washed his hands. He was done with his shift at Isabela's Italian Restaurant. Ray started working there as a busboy when he was 16. He worked his way up to prep cook. He graduated high school and started working full time. Then he was promoted to line cook. Ray planned to go to culinary school in the evenings. He had saved enough money to move out of his parents' house.

People moving into their own place for the first time often consider moving in with friends.

His friend Joe was a server at Isabela's. Ray and Joe were going to look for an apartment. As roommates, they could split the cost of the rent.

Joe met Ray at the coffee shop next door. The friends were ready to search for apartment listings. First, they made a checklist of things they wanted. They hoped to move in on the first of April. That was two months away. They also talked about their commute. They wanted to be under 15 minutes away from work. Ray wanted a kitchen with good appliances and workspace. Joe wanted a building with a gym. They both wanted the building to have a laundry room. They agreed on how much they could afford for rent. Then they started looking at listings online.

Some apartment buildings have features such as gyms.

Some roommates share costs such as food, decorations, and furniture. Others keep purchases separated.

They found a two-bedroom apartment in a new building. It had a gym. The kitchen was incredible. The place was a 30-minute drive from the restaurant. That was farther than they had wanted. But the rent was lower than closer apartments. Ray and Joe were willing to compromise. They contacted the **landlord** to apply for the apartment.

To be approved, they would each need a **credit score** of at least 620. They would need to show the landlord their pay stubs to prove how much money they earned each month. The landlord explained that Ray and Joe would need to pay for their own electricity, gas, and internet. Water would be included. They'd need to pay a security deposit. It would be equal to one month's rent. They would also have to pay the first month's rent when they signed the **lease** agreement. The lease was for 1 year. They would need to get renters insurance.

Furnished apartments are usually more expensive than unfurnished apartments. But they can help renters save on furniture costs.

THINKING IT OVER

Joe's older brother had been living in his own place for a few years. He offered to look over the lease agreement. He told Joe and Ray to make a list of questions for the landlord. What if something in the apartment needed to be fixed? What if Ray or Joe wanted to leave before the lease was up? Was the apartment furnished? If not, Ray and Joe would need to think about buying furniture.

The friends were surprised by all the steps involved in renting an apartment. They had a lot to think about! They agreed to meet after work the next day to talk through everything.

WHAT'S THE BUDGET?

First-time **tenants** have many decisions to make when looking for a place to live. One of the biggest is how much to pay for rent. Sophia Bera Daigle is a financial planner in Austin, Texas. She says that people should look at their whole financial picture when making a budget. "People need to tally up their current expenses. Do they have any monthly expenses, like student loans, credit card debt, or car

People should consider all of their bills and expenses when determining a rental budget.

payments?"[1] She suggests using an online rent calculator to come up with a budget. Online rent calculators are tools. Renters enter their income and expenses. The calculator helps them figure out how much rent they can afford.

Rental units sometimes use signs to advertise availability.

Housing costs can be high. But there are ways to reduce them. Sharing a place with one or more roommates can help. Moving in during an off-season can also lower the cost of rent. In a college town, off-season might be the middle of the school year. In a tourist town, it would be when tourists are not likely to visit. This would be winter in a beach town or summer in a ski town. The length of a tenant's lease can also affect rent. Landlords may reduce rent on a longer lease.

CREATING A BUDGET

Yara lived at home with her parents after high school. She attended a school to learn to be a firefighter. The training cost $4,000. Yara got a student loan to pay for it.

After graduation, Yara was hired by her local fire station. She wanted to get an apartment. Her salary was $44,830 per year. Her **gross** monthly pay was $3,736. After taxes, her monthly pay was $3,159. She paid $75 per month on her student loans. Yara kept track of her other expenses for a month. She spent $500 on her car payment, gasoline, and car insurance. She spent $450 on food, $150 for her phone, and $50 for a gym

Renting Timeline

Most people start looking for an apartment 2 to 3 months before their move-in date. This gives them time to look at different places and complete the rental application. Availability is likely to be more accurate in this time frame.

membership. Yara's total expenses were $1,225. Her **net** pay minus her expenses left $1,934. But Yara didn't want to spend that all on rent. Sometimes she needed money for other things. She also wanted to build up her savings.

Yara's older sister told her that rent should be no more than 30 percent of her gross income. That would be $1,121. This would leave $813 each month for other expenses and savings. This seemed reasonable to Yara.

MAKING THE BUDGET WORK

Yara started looking at listings for one-bedroom apartments. She found that most were around $1,700 a month. She might be able to afford that. But she wouldn't have much left over. She decided to look for ways to stay in budget.

Yara noticed that there were two-bedroom apartments listed for $1,900. Her longtime friend Carly had also become a firefighter. Yara knew Carly was looking to move, too. She asked Carly about becoming roommates. They could share a two-bedroom apartment and split the rent. Carly agreed.

The friends found a place near the fire station. The apartment building often rented to students at a nearby university. Students usually moved in September. Since it was January, it was off-season. The landlord lowered the rent from $1,900 to $1,850 to get it rented quickly. Students usually signed a 1-year lease. But Yara and Carly

Living with roommates helps cut housing costs.

planned to stay longer. They agreed to an 18-month lease. The landlord lowered rent to $1,800 a month, or $900 each.

Yara knew Carly well. She trusted Carly to pay the rent and take care of the place. Yara knew that Carly liked to keep her room neat and clean. Yara was the same way. They agreed about how they would like to decorate the living room. They talked about sharing chores such as cleaning and taking out the trash. Yara was lucky to have a friend who wanted to be her roommate. But sometimes renters need to pick a roommate they don't know well. This can be tricky. Jessica Reid writes a lifestyle blog for college students. She says, "Finding someone who shares your home values will help you both thrive as roommates and get the most out of your apartment living experiences."[2]

OTHER WAYS TO CUT COSTS

Not everyone is willing to live with roommates. But there are other ways to cut costs. Landlords might need snow removal or landscaping. Tenants willing to mow the lawn and shovel snow might get a discount

Roommates who disagree about cleaning standards or noise may have difficulty living together.

on rent. So might tenants willing to do small repairs.

People should also think about possible compromises when looking for a place.

Living near public transportation can be convenient, but it can also be noisy.

Can they get by with a smaller space? Do the appliances *have* to be brand new? Could they look at more affordable neighborhoods? People who don't mind noise might find apartments that are being renovated. Construction usually lasts only a few months. But landlords often offer deals for the whole year. Units near trains, airports, or busy roads might cost less than those in quieter areas. There are many creative ways for tenants to reduce rent costs.

PICKING A PLACE

When deciding where to live, people must consider many factors. The size of the place, its location, and its **amenities** are important choices. Renters can pick a house or an apartment. They might want to be close to or away from shops and services. They can look for special amenities. These could include a big backyard or a garage for their car.

Some apartment complexes include amenities such as outdoor areas, gyms, pools, and more. These buildings are often more expensive than those without amenities.

Miriam Caldwell writes about budgeting and personal finance. She advises first-time renters, “You need to determine the best place for you. This should include factors such as finding a neighborhood you like with attractions and businesses you enjoy.

Some large homes are turned into multiple apartments. Duplexes, condos, and other attached homes are common rental units, too.

Another major factor in determining the best area for you should be its proximity to your work."[3]

HOUSE OR APARTMENT?

One of the first decisions for renters is whether to find a house or an apartment. In some locations, there might not be much choice. For example, rural areas might not have many apartments. A downtown city area might have only apartments. But in midsize cities, both might be available. There are pros and cons to each.

Apartments are often the choice of first-time renters. They are typically less expensive than houses. This is because they are often smaller spaces. This makes it cheaper to heat or cool them. Smaller spaces are easier to keep clean. Apartment complexes may have features such as swimming pools or gyms. Tenants in apartments are usually not responsible for keeping up a lawn or garden. Renters who work in city centers can often find an apartment near their job. They might also enjoy being near restaurants, shops, or transportation. Some features of apartment living might be less attractive to first-time renters. Having lots of neighbors nearby means more noise and less privacy. Small apartments might not have much living or storage space. There could be no outdoor space.

Tenants in houses usually have more privacy than apartment dwellers. A house might have more space than an apartment.

When renting homes with outdoor space, tenants should ask if they are responsible for maintenance. They should also be aware of rules about parties or gatherings.

A house is more likely to have a backyard or garden. The rent for a house is usually higher than an apartment. But it might be possible to share the cost with more roommates. However, the advantages come with more responsibility. Tenants might be required to take care of the yard. More space is more expensive to heat, clean, and furnish. In cities, houses tend to be farther away from the center of town.

Alison Bentley is a real estate writer for Redfin. She says,

> *Choosing between renting a house or apartment is largely up to your lifestyle and financial circumstances. If you have a more flexible budget, you're looking for more indoor and outdoor space, and don't mind being [farther] away from the city center, a house*

Private or Corporate Landlord?

Sometimes an individual person owns a rental. Other times the building is managed by a company, or corporation. Renting from a private landlord can be more personal. On the other hand, it might be easier to find reviews from other tenants about a corporate landlord.

rental might be the right choice. If you want to keep your budget under a certain price, want to live closer to the city, and don't need as much space, then an apartment may be the better option.[4]

AMENITIES

Renters can make a checklist of features that are important to them. Pet owners need to find a place that welcomes animals. Many rental properties charge extra for animals. Some have breed or size restrictions. Dog owners might want a backyard or nearby park where their pet can run around. Renters with cars will need a safe place to park. Renters should also consider the climate. Is an air conditioner needed? What about a fireplace?

Some units have a washer and dryer included. Others have a shared laundry room for the whole building. Still others have no laundry facilities. Tenants should keep these factors in mind when making housing decisions.

Tenants should think about their hobbies and activities. Lots of closet or storage space might be important. A hobby like sewing or building might require extra workspace. Someone who likes to cook or bake will want a nice kitchen. Renters must weigh amenities with their budget. Some features add to apartment costs. A place with a pool or fitness center might cost more. But it could save renters money on a gym membership. Renters will have to determine their wants versus their needs. Each renter's situation is unique.

UNDERSTANDING THE RENTAL LEASE AGREEMENT

A rental lease agreement is the contract that explains what the landlord and tenant agree to. It describes the property that will be rented. The lease says how long the tenant will live in the property. It lists the cost of rent. It explains other fees. There are rules about who pays for expenses such as utilities. The agreement explains what happens if rules are broken.

Renters usually sign a lease agreement before moving in.

A lease agreement could include rules about lighting candles, handling pests, and more. Tenants should carefully read their agreements so they understand all the rules.

Deborah Kearns is a finance expert who writes for Bankrate. She says, "Signing a rental lease agreement for the first time can be exciting. However, interpreting these legally binding contracts can be slightly confusing, and what you don't know can come back to bite you later."[5]

Carefully reading a rental lease agreement is important. Renters should make sure they understand everything in the agreement before they sign it. They should ask questions until they are clear on what they are agreeing to. They must understand what they should expect from the landlord.

TERMS IN A LEASE AGREEMENT

Brendan applied to rent a one-bedroom apartment near his job. He filled out the application. There was a $50 application fee. The landlord ran a credit and background check. Brendan's credit score was 700. He had been using a credit card for three years. He always paid his balance on time. Brendan's background check was also clean. It told the landlord that Brendan had not lied about his address or income. It also showed he had never been evicted. Landlords evict tenants when they haven't paid rent.

The landlord asked for references. Brendan had never lived in an apartment before. But he was still in touch with his Resident Assistant (RA) from college.

References

Not all landlords ask for references. But some do. Personal references tell a landlord how responsible or trustworthy a person is. Past landlords make great references. Bosses, coworkers, coaches, or teachers can also be used. People should not use close friends or family members. They should ask their references if it's OK to give their contact information to a landlord.

He asked his RA if he would be a reference. Brendan also asked a professor and his boss. They had never lived with him. But they could speak to his responsibility and trustworthiness.

The landlord presented Brendan with a contract. The rental term was 1 year. Rent would be $2,000 per month. It was due on the first day of each month. If rent was more than 3 days late, there would be a 5 percent fee. Brendan would need to pay a security deposit of $4,000. This was equal to his first and last month's rent. The landlord will use the money to repair any damage Brendan causes. When Brendan moves out, the money will be returned to him if there isn't damage. The contract said Brendan needs to tell the landlord 60 days before the lease ends if he plans to move out.

WHAT IF?

Brendan's dad had given him a list of things to ask the landlord. These things might not be in the contract. Brendan asked if he could have a pet. The landlord agreed. Brendan asked if there were any fees for parking, utilities, trash, or anything else. The landlord said no. Brendan asked to add that information to the contract.

Brendan's list had lots of "what if?" questions. What if something broke in the apartment? The contract should say that the landlord will keep the apartment in good condition.

A lease agreement sets rules for the landlord and the tenant.

People should do research before signing a lease agreement and moving into a rental property.

Brendan also asked what would happen if he needed to move out early. Or what if he wanted to get a roommate? Could he **sublet**? Landlords have different rules for this. They should be spelled out in the contract.

Lease agreements are an important part of the rental process. Writers for apartmentlist.com advise,

> *When moving into a new apartment, few renters are dying to dig deep into their lease agreements. But they're hugely important and can make or break your experience. Study your lease to set yourself up for a smooth transition.*[6]

SMART RENTING

Moving into a new place is exciting for first-time renters. They've made a budget and found a place. They've carefully read the lease agreement and paid their security deposit. The next steps are also important. Renters should document the condition of the apartment before moving in. While living there, they should take good care of the place. They should know their

Moving takes a lot of work and preparation.

rights as a tenant. When it's time to move out, they should leave on good terms.

Freddie Mac is a government-run agency that helps first-time renters and home buyers. Its website says, "Moving is both exciting and stressful. Whether you're a seasoned renter or getting set up in your

Rental Scams

When using sites like Craigslist to look for an apartment, it's important to watch out for scams. A scam is a dishonest scheme used to get money. Fake listings are common. Scammers post photos of a rental. But they do not own it. They make excuses for why the tenant can't visit. Scammers might say the landlord is out of the country. Renters should never send money to hold an apartment they can't verify. If a listing seems too good to be true, it probably is.

first apartment, taking a few proactive steps can help you stay organized and ease your nerves so you can have peace of mind and feel at home faster."[7]

GETTING READY TO MOVE

Some landlords require renters to have insurance. Others do not. Either way, renters insurance is a smart way for tenants to protect their belongings. A tenant's furniture or belongings could be stolen or damaged. Insurance helps cover the cost to replace them. Sometimes fire or water damage can make a home uninhabitable. Renters insurance might pay for a hotel or meals during repairs. Real estate expert Marissa Crum writes, "Always be sure to review your policy carefully. It's a good idea

Renters insurance protects a tenant's possessions. The landlord's insurance covers damage to the building itself.

to create an inventory of your personal belongings so that you both have a record of what you own and ensure your coverage limits are high enough to protect you in the event of a total loss."[8]

Renters can get a form at the post office website to change their address. They should also update the address on their voter registration and driver's license. Setting up utilities is also something to think about. Water, electricity, gas, and trash may not be included in the rent. If they are not, renters will need to set up those accounts. The same might be true for cable and internet.

On move-in day, renters can make an appointment with the landlord to do an inspection together. They can both note any damage, such as scratches on the wall. Renters can turn on faucets, flush the toilets, and check the light switches. They can make sure the kitchen appliances and heater work. Tenants should record any preexisting damage. They should tell the landlord in writing. Tenants can take photos of damage. These can be uploaded to a shared online drive. Google Drive and Dropbox are examples. The photos will have a timestamp. A tenant can prove damage existed before moving in.

TENANTS' RIGHTS AND MOVING ON

It's a renter's responsibility to keep his unit clean and free from new damage. Renters must pay their rent on time. They must meet

Having timestamped documentation of damage helps settle disputes over who caused the damage.

any other requirements spelled out in the contract. Landlords have responsibilities, too. It's important for renters to know their rights. They should know what to expect from their landlord.

Josephine Nesbit is a real estate and finance writer for *US News & World Report*. She says,

> *All tenants have a right to be provided with a space considered habitable that includes working plumbing, electricity and heat. Beyond these basic details, it varies by state how a landlord is required to provide them and what tenants may do when their needs are not met.*[9]

Stairways and elevators should be safe and clean. There should be secure locks on doors. Landlords should make sure the place is free from pests.

Federal and state laws forbid landlords from discrimination. Landlords cannot refuse tenants due to factors such as race

Activists have worked to secure protections for tenants.

or religion. They cannot enter the property without telling the renter ahead of time. If a renter tells the landlord something needs to be fixed, the landlord must fix it within a certain period. This period varies by state.

Moving out of a property also requires preparation. Tenants can read their lease agreement. This tells them when and how

HOW TO BE A SMART RENTER

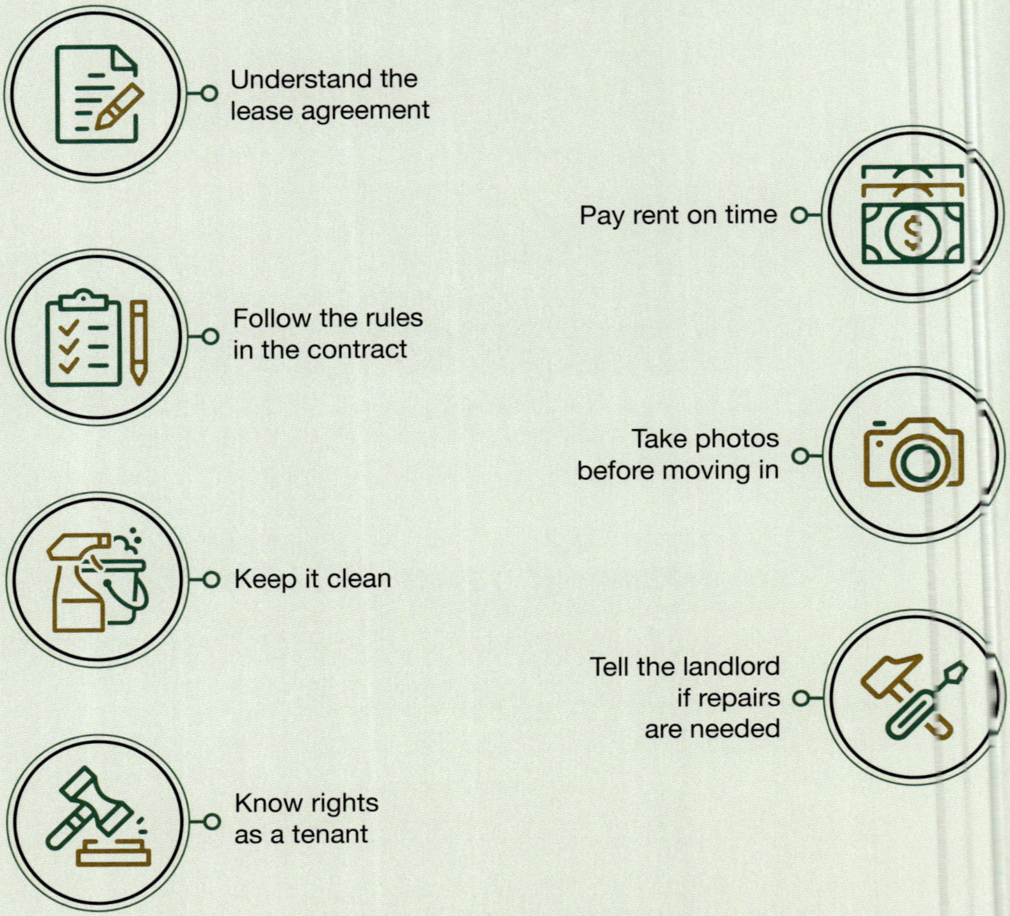

Tenants can take steps to help create a smooth renting experience.

to tell the landlord they're leaving. If they leave the place clean and undamaged, they will get their security deposit back. Landlords typically return security deposits by mail. They also need to send an explanation in writing if a tenant will not be receiving the security deposit. For this reason, tenants should give the landlord their new address. Finally, the tenant can ask to use the landlord as a reference.

RENTAL SUCCESS

There are lots of things to consider when renting for the first time. Renters need to determine an affordable budget. They have to decide what features their home should have. Tenants who understand their leases and know their rights are set up for rental success.

GLOSSARY

amenities

desirable or useful features, such as a gym or a pool

credit score

a number used to summarize a person's credit history, including loans and bill repayment

gross

a person's income before taxes, insurance, and other deductions are taken out

landlord

the owner of a property that is leased or rented to a tenant

lease

a contract spelling out the agreement between the landlord and the tenant for a certain period of time

net

a person's income after taxes, insurance, and other deductions are taken out

sublet

when a tenant rents out some or all of a property to someone else, often if the tenant cannot fulfill the lease

tenants

people who pay rent to live in a property owned by a landlord

SOURCE NOTES

CHAPTER ONE: WHAT'S THE BUDGET?

1. Quoted in AJ Horch, "Renting an Apartment or Home? Here Is What Real Estate Experts Say You Need to Know," *CNBC*, April 10, 2022. www.cnbc.com.

2. Quoted in Chibuzo Ezeokeke, "6 Essential Tips to Consider When Choosing a Roommate," *Redfin Blog*, November 3, 2022. www.redfin.com/blog.

CHAPTER TWO: PICKING A PLACE

3. Miriam Caldwell, "How to Get Your First Apartment," *Balance*, December 27, 2021. www.thebalancemoney.com.

4. Alison Bentley, "How to Decide Between Renting a House vs. an Apartment," *Redfin Blog*, June 28, 2022. www.redfin.com/blog.

CHAPTER THREE: UNDERSTANDING THE RENTAL LEASE AGREEMENT

5. Deborah Kearns, "Know What Your Lease Means and How to Get Out of It," *Bankrate*, January 25, 2021. www.bankrate.com.

6. Katherine Blake, Tristian Brown, and Susan Finch, "First Time Apartment Renter's Guide: 20 Step Checklist," *Apartment List Blog*, January 12, 2024. www.apartmentlist.com/blog.

CHAPTER FOUR: SMART RENTING

7. "7 Things to Do Before Moving into Your Apartment," *My Home by Freddie Mac*, October 19, 2023. http://myhome.freddiemac.com/blog.

8. Marissa Crum, "8 Key Tips for First-Time Apartment Renters," *Redfin Blog*, September 13, 2023. www.redfin.com/blog.

9. Josephine Nesbit, "What You Should Know About Tenant Rights," *US News & World Report*, December 18, 2023. http://realestate.usnews.com.

FOR FURTHER RESEARCH

BOOKS

Ruth Owen, *Budgeting*. Minneapolis, MN: Bearport, 2023.

Kris Erickson Rowley, *Quick Guide to Insurance*. San Diego, CA: BrightPoint Press, 2025.

Marne Ventura, *Quick Guide to Loans and Credit*. San Diego, CA: BrightPoint Press, 2025.

INTERNET SOURCES

"6 Tips for First-Time Renters," *Freddie Mac*, September 13, 2022. myhome.freddiemac.com/blog.

Shannon Jones, "Rental Lingo for Beginners," *Apartments.com Renterverse*, December 12, 2018. www.apartments.com/blog.

"What Is Renters Insurance?" *Progressive Answers*, n.d. www.progressive.com/answers.

WEBSITES

Apartment List

www.apartmentlist.com

In addition to browsable apartment listings, Apartment List includes renter tools such as calculators.

Experian

www.experian.com

Experian is one of the three major credit bureaus in the United States. The Experian website allows users to check their credit score for free. It also has articles about banking, credit, loans, and more.

How Money Smart Are You?

http://playmoneysmart.fdic.gov

The FDIC is a government agency that oversees financial institutions. This suite of resources includes fourteen games to help educate people on various financial skills.

INDEX

IMAGE CREDITS

Cover: © Krakenimages.com/Shutterstock Images
5: © Andy Dean Photography/Shutterstock Images
7: © Monkey Business Images/Shutterstock Images
9: © Keith J. Finks/Shutterstock Images
10: © Blanscape/Shutterstock Images
12: © Andrey_Popov/Shutterstock Images
15: © Ground Picture/Shutterstock Images
16: © DC_Slim/Shutterstock Images
21: © Antonio Guillem/Shutterstock Images
23: © Wavebreak Media/Shutterstock Images
24: © Around the World Photos/Shutterstock Images
27: © Artazum/Shutterstock Images
28: © Susan Law Cain/Shutterstock Images
31: © Joshua Resnick/Shutterstock Images
34: © hedgehog94/Shutterstock Images
37: © Pormezz/Shutterstock Images
38: © Ralf Kleemann/Shutterstock Images
43: © BearFotos/Shutterstock Images
44: © Prostock-Studio/Shutterstock Images
47: © Dmytro Zinkevych/Shutterstock Images
50: © Andrey_Popov/Shutterstock Images
53: © Maxim Vasiliev/Shutterstock Images
55: © Steve Sanchez Photos/Shutterstock Images
56 (lease agreement, rent, contract, rights): © Jane Kelly/Shutterstock Images
56 (photos, repairs, cleaning): © justone/Shutterstock Images

ABOUT THE AUTHOR

Marne Ventura is the author of more than one hundred books for young people. A former elementary teacher, she holds a Master's Degree in Reading and Language Development from the University of California. Ventura's nonfiction titles cover a wide range of topics, including finance, careers, STEM, arts and crafts, food and cooking, biographies, health, and survival. Ventura and her family live in California.

PASTORAL PREACHING

Sermons at Erwin Church

WIPF & STOCK · Eugene, Oregon

Wipf and Stock Publishers
199 W 8th Ave, Suite 3
Eugene, OR 97401

Parish Preaching
By Hill, Robert A.

ISBN 13: 978-1-4982-9745-5
Publication date 5/15/2016
Previously published by Self Published, 2016

In 1989, some ministers are daring again to think of themselves as preachers of the gospel. Not hawkers of the gospel, or salesmen of the church, or administrators, pastoral counselors, youth workers, community leaders, politicians, fundraisers, or the "glue" that holds the congregation together. Some few across the land have placed their lives in the service of an active, simple, local, friendly, piercing word of truth. This is not common. Nor is it the case with many who would want to claim this of themselves. It is not true simply of those who attend liturgy study groups, or work through exegetical outlines. It is true of a few who still believe that God can speak in a human voice, the humbler the better.

Since 1889, Erwin Church has been blessed with such preachers. Herein, some of the words spoken from this pulpit through the years.

Robert A. Hill

Compilation: Robert Hill
Graphics: Rodney Freeman
Nancy Miller

The God In A Box

John F. Beeson

Text: I Samuel 5:1-6,9

Six books of the Old Testament--the two books of Samuel, the two books of Kings, and the two books of Chronicles--are the early history of the Israelites as a nation in the Promised Land. Unfortunately, the history was written entirely by the Israelites and is thus somewhat lacking in objectivity. It was more idealistic in places than accurate.

The Israelites operated on the assumption that since they were God's special darlings God would want them to have whatever they wanted; thus the land they found occupied by other people was theirs by divine right. It was, therefore, their religious obligation to take it by force and to butcher as many of the original occupants as possible in the process. They saw the hand of God involved in all their slaughter and in all the devastation they wrought in their holy cause, the taking for themselves of what others had built. In reality, the Israelites were the barbarians, the wandering desert nomads who came in and ravaged the existing Canaanitish civilization, a rather high level of civilization, having been influenced by the civilizations of Egypt and Mesopotamia. As with all history it seems to depend on who writes it.

Unfortunately the ancient Israelites were not the last people to convince themselves that what they wanted was God's will for them to have. In the early days of our own country we operated on the same principle. There were people living on this land and in harmony with the land when our ancestors arrived and simply took what they wanted by the same method used by the ancient Israelites, the slaughter of the original inhabitants. Human arrogance apparently knows no bounds, nor is it limited to any time in history. As Mark Twain said, "Columbus didn't discover America, he only discovered his own ignorance." There were, indeed, people living here who knew perfectly well that this land existed.

It was not until centuries passed that the Israelites caught even a glimmer, through the teachings of the later prophets, that God could possibly care for any other human beings than themselves. Even in the early Christian era the big argument in the church was whether the salvation of the Messiah was for the Jews only or might be offered to the Gentiles as well.

Perhaps it's a personal quirk, but I find some of the stories of the Old Testament, apparently written in all seriousness, to be hilarious. Our scripture lesson for today is one of those stories.

During their days as desert nomads the Israelites had a portable church, a rather elaborate tent for worship, that they moved about with them. In the most sacred spot in this portable church, the Holy of Holies, they kept a box called an Ark, not to be confused with Noah's ark, which was a boat. This box was two and one-half by two and one-half by three and three-quarter feet. It was made of hard wood and was lined and overlaid with gold. In the box was Moses' tablets of The Law, a piece of manna, and Aaron's rod that had become a serpent when cast down before Pharaoh back in Egypt. At least, that's what was thought to be in it, since no one ever dared to open it. For the Israelites this Ark symbolized God's presence with them. They developed the habit of carrying it into battle with them, to assure them of God's presence with them on the field of battle, and thus their success in battle. The ultimate weapon, "God in a Box!"

It soon dawned on their favorite enemies, the Philistines, that without their "God in a Box," the Israelites might be more easily defeated. And so, in the midst of a pitched battle, they stole the Ark. Sure enough, the Israelites were demoralized and fled in terror from the field of battle.

The Philistines thought this was great; now they had the God in a Box, and reasoned that with that box they were now undefeatable. They stored the Ark in their temple. The next morning they found that their own god, Dagon, the fish god, had fallen off his pedestal and lay prostrate before the Ark. They put him back on his pedestal, but found the next morning he had fallen off again, this time breaking his head and his arms off.

The Philistines moved the Ark from city to city in

their country, but everywhere it went calamity and sickness befell the people. Finally in desperation they reasoned that they had to get rid of the thing. Having the God in a Box around was getting to be a real pain. They hitched up a team of cows to a cart, put the Ark on the cart, and pointed the cows in the general direction of Israel. They reasoned thus: If the cows take the Ark home, then the hand of God has been in all our troubles. If, on the other hand, the cows just wander off and get lost, then the whole thing has nothing to do with God and we have just by chance had a run of bad luck. Well, the cows did take the Ark back to Israel. There was great rejoicing in Israel; they had their God in a Box back. For their part in this drama, the cows were offered up as a burnt offering, the cart having been chopped up for fuel.

This story makes it rather obvious that God in a Box is not an unmixed blessing and can, as in the case of the Philistines, be a real pain. The Philistines had no desire to worship or serve the God in a Box. They just wanted to use him; and when they tried to use him they found that he was a pain. Their god was destroyed, their people became sick. They did not desire to know this God. They were not interested in his commandments or his demands on the lives of people. They just wanted to use him for their own ends. They found out they couldn't. They tried to make God partisan; he wouldn't be. They really didn't want to be bothered with him at all. They wanted him to stay in his box and be quiet until they needed him. He wouldn't do it and under those circumstances he became a pain rather than a pleasure.

Hopefully in the last 3,500 years we have learned something about God. I would hope, for instance, that we have learned that we can't put God in a box, can't keep him away from all of life and only take him out when we feel we have some specific need for him. I would hope that we have learned that we can't put God in a box to use or market as we see fit. I would hope that we have learned that he won't be made into the God of our causes, a rubber stamp for our programs, our exclusive property. I would hope that we have learned that this is not our God, but rather the God of all people, of all life.

I would hope all this, but I wouldn't be too optimistic. I am afraid that too many of us still entertain the childish God in a Box concept of religion. We see God as a sort of divine bellhop to answer to our beck and call, to do our bidding, to smooth out the wrinkles in our petty lives.

I would suggest that God won't be used, by us, or anyone else. He won't go into our little boxes. He won't let us make him into the God of white, Anglo-Saxon, Protestants. He won't be the American God. Abraham Lincoln was once asked in the midst of the terrible Civil War if he thought God was on his side. With his usual humility and keen insight he answered, "I am far more concerned with whether I am on God's side." Lincoln saw the truth that we don't measure God by our standards, rather we ought to seek to measure ourselves, our causes, our programs by his standards. The scriptures tell us that we were created in God's image, and we have no business trying to create him in ours.

We can't expect God to assist us in wiping out our enemies. He won't involve himself in that sort of a program. We can't use him as a rubber stamp of approval on our programs. We simply can't use God in any way. He won't be used.

Even in the church I am afraid we sometimes try to use God, to put him in our own little boxes. I have seen programs sold with streaming eyes as the will of God, thus something that cannot be opposed, and wondered just how much God had been consulted in devising those programs. Not even the church had better try putting God in its little boxes.

We can't put God in the box of status quo. About the time we think we have him in that box we find him at work in confrontation, change and ferment.

How much wiser we would be to seek to make our lives, our programs, our plans conform to what we know the will of God to be through Holy Scripture, through the teachings and example of Jesus Christ.

In sharp contrast to the childish God in a Box concept, we find the words of the prophet Isaiah. What a vastly different understanding of God we have here! Listen to Isaiah:

In the year that King Uzziah died I saw the Lord sitting upon a throne, high and lifted up; and his train filled the temple. Above him stood the seraphim; each had six wings: with two he covered his face, with two he covered his feet, and with two he flew. And one called to another and said:

Holy, holy, holy is the Lord God of Hosts;
The whole earth is full of his glory!

And the foundations of the threshold shook at the voice of him who called, and the house was filled with smoke. And I said, woe is me! For I am lost; for I am a man of unclean lips and I dwell in the midst of a people of unclean lips; for my eyes have seen the King, the Lord of Hosts! (6:1-5)

No sane person would try to put that God in a box! Isaiah saw God high and lifted up over all the earth, to be praised and worshipped. Isaiah saw God in all of his might and majesty and holiness, and he didn't try to shove that God into a box. Rather, he fell down and worshipped. And Isaiah judged his own life and that of his people against the standard of God's holiness and he prayed for forgiveness.

Isaiah's God won't fit anyone's box; the very foundations of the earth tremble at the sound of those who sing his praise, and all mortals of reason hide their faces in humility and examine, in the pure light of his holiness, their own inner beings, and then turn to him for mercy.

Gracious Father, give us, we pray, a vision like unto Isaiah's, that we too might leave behind our childish God in a Box religion and move on to higher planes. Let us too sense your might and majesty and before the light of your holiness let us examine our own uncleaness. Have mercy on us for Christ's sake. Forgive us for seeking to use you for our own ends. In Christ's name we pray, Amen.

February 21, 1971

Love that Frees

The Rev. Donald W. Rush

Text: Luke 15:11-24
I Corinthians 13:5
Psalm 118:5

"What will people think?" you ask your daughter. "What will people say? That kind of thing just isn't done around here, not by our kind of people. I don't want to hear any more about it."

You see frustration turning to anger in your daughter's eyes. She's up against the old wall of, "What will people think?"

Then you yourself remember banging your head against that wall all your life. In every decision you first considered, "How will it look to others? What will it do to our family name?" How you feel or what you believe matters little when the final choice hangs on others' values.

In a rare moment of understanding and honesty, you ask yourself, "Is that what I want for my daughter? Blind obedience to others' expectations? What has it done for me?"

"Joanie," you say, "it doesn't matter that much

what people will say. Let me hear what you want again. I don't think I was really listening before."

When others' approval determines your actions you are always on trial. Your conscience acts as judge when you're alone. Freud was right on target at this point. What he called the superego is when we internalize the expectations of others and they become our own conscience. Our conscience too often reflects only what others expect. It may be your wife (husband) who occupies the bench. Or for you it may be a neighbor, a friend, a relative. At work, the boss picks up the gavel. At lunch, perhaps it is a friend who will preside. One judge follows another.

Or maybe you're the type always sitting in the court's chair. On trial, or always holding court. Life is one big courtroom. You put yourself on trial or are always putting others in the dock.

Let's quit handing out gavels. **Love does not insist on its own way!** Dr. Frank Kimper confesses, "Claiming love for yourself is the real secret. There was a time," he says, "when, though I was loved, I didn't have the courage to accept it. Depressed, lonely, I felt no one cared about me. It wasn't really true, but I lived as though it were; and as a result, I was sick at heart and sick in body. I worked for praise, thinking that love had to be earned. I assumed that to be praised was to be loved, and to be criticized was to be rejected. So I was always on trial."

When we measure our own worth, or feel ourselves persons of worth only when the respect is coming in, we are giving others far too much power over us.

Think of the persons, for a moment, whose approval is all-important to you. See their approving or judging faces before you. Now, in your mind, go to each one of them and say, "I have given you the power to reject me. When you reject me, I reject myself. When you approve of me, I approve of myself. My happiness, my well-being, my self-respect depend on your approval." Doesn't it sound foolish to actually say this? Yet we do just that.

Now, say to those important others in your life, "I reclaim my responsibility for me. I am no longer giving you the power to reject me, and cut me off from love, joy, and happiness. I am no longer going to let your approval be the only approval I have of myself."

Perhaps at some time you've watched "Mister Rogers' Neighborhood" on public television. What about the song he sings?

> "I like you as you are--exactly and
> precisely.
> I think you turned out nicely."

Love does not insist on its own way! "Love affirms the absolute right of the beloved to exist!" (John Austin Baker, Foolishness of God.) Love does not say, "I affirm your absolute right to exist so long as you come up to my expectations."

Of course, in infancy and childhood parents can't give such freedom. But as the child grows, so love steadily enlarges the area of freedom. In the very act of creating a child and helping it grow is involved the promise, in due time, to remove one's power over that which has been created. To continue to enlarge the area of freedom even when we know that freedom may be abused. Even when, in their maturing, they will get hurt. And we, as their parents, will hurt too.

The message I feel constrained by God to give you this morning is this: **His** love is like the good parent's love, only more so. **His** love frees. **His** love does not insist on its own way. It tries to win us, attract us, to His way. But there is no forcing! Of course, He hurts when we hurt, when we use our freedom irresponsibly; but still He says to us: "You are accepted as you are; you are loved for what you are; you are respected in spite of what you are not."

The parable of the Prodigal Son is such a rich story. There are many things it says to us. This morning I'd like to underscore what I've said by referring to only two, one at the beginning of the parable, one at the end.

When the son asks for his share of the inheritance, the father probably has a pretty good idea how it will get spent. But the "love that frees," the "love that does not insist on its own way," lets the son go, lets the son have his share. How differently we would have acted! "Well, go off and make a fool of yourself if you want to, but you're not going to get any of my money to do it with!"

Then, when the son returns with his "I'm sorry" speech all made up, the father doesn't sit in his house with the attitude, "I'll wait here until he confesses what a mess he's made of his life and asks my forgiveness." No. When he sees the son "afar off," he runs to him and embraces him and kisses him. He seems to hardly hear the son's confession. Instead, only joy and acceptance serve as the pattern for the Heavenly Father's love--the love that frees! The love that does not insist on its own way!

October 16, 1977

Credo

George Y. Benton, D.D.

You have listened over the years to hundreds of sermons from your various pastors. I do not propose to add to that number. I want to bring to you what old fashioned Methodists would call a testimony. Therefore, please allow me to talk to you a bit about my personal faith. Let me make clear that this is not a formal academic discussion, nor is it a religious or philosophic dissertation; it is a simple statement, necessarily abbreviated, of a faith that has been wrought out in the crucible of the years, a faith by which I have tried to live, though far from perfectly, a faith which has brought to me a measure of comfort and strength in the days of my journey. This faith rests upon three major affirmations.

The first affirmation is this: I believe in an <u>Intelligent Cause.</u> When you stop to think seriously about the mystery of human life, and who does not at times, I believe that ultimately you will come to the conclusion that life is the product of one of two things. It is the product either of intelligence or of chance. I cannot accept the theory that there is no meaning or purpose or reason in the wide universe. I cannot believe that all we see about us everywhere is nothing more than the fortuitous concourse of atoms wandering aimlessly about in space. I cannot believe that life is "a tale told by an idiot, full of sound and fury, signifying nothing." I cannot believe that the supreme masterpieces of music, art and character are nothing more than blind chance. I cannot accept the idea that Beethoven's symphonies or Michelangelo's Moses or the Christ of the New Testament are only the outcome of mindless matter. And so while I recognize that I cannot demonstrate the authenticity of this, my faith, in any laboratory of earth, I still believe it is a more satisfactory conclusion that somehow intelligence is back of all things rather than chance. And if you ask, as you're bound to do, if you think about this matter, "What is the nature, sir, of that supreme intelligence which you postulate?", the Christian answer is fairly simple. It is this: the eternal spirit, that we worship in an hour like this, is likened to the spirit of Christ. It's the spirit of understanding, patience, good will, forgiveness, mercy. It is love that suffers long and is kind. For this reason, I find myself in agreement with Browning. You recall his words. He says, "I say the acknowledgement of God in Christ, accepted by thy reason, solves for thee all questions in the earth and out of it."

The second major affirmation upon which I rest my personal faith is this: I believe that <u>the kingdom of heaven is within.</u> Through all the years it seems that man has ever tried to find the ideal state outside himself in a changed environment. And yet the kingdom of God is not meat and drink, but righteousness and peace and joy in the Holy Spirit. The prime business of the church, as I conceive it, is to build that kingdom in human hearts. All attempts that we find evidenced, particularly in our generation, to change the environment are secondary. The Church has always had its homes for the aged and for children, its hospitals, its educational institutions, its missions to the far corners of the earth. These are great and noble and Christian undertakings. But it is basically true that the prime function of the Church is to change the spiritual climate in human hearts. It is still true that if ever we find the kingdom of God, we shall not find it outside ourselves in the remodeled or readjusted or changed environment. We shall find it somehow in the garden of our hearts where the skies are blue and the birds are singing and we walk roads of peace with God himself. And so I believe with Billy Graham that it's basically true in this sophisticated era that men must be born again, must receive a new direction to their lives, must find an inner tranquility, must discover something deep within their being, a confidence that says, "I know Him whom I have believed and I am persuaded that He is able to guard that which I have committed unto Him against that day." And so I believe that it's still true that "except ye be converted and become as little children, ye shall in no wise enter the kingdom of God."

As I look upon the current scene in the Christian Church, it seems that there is an overemphasis upon social concerns and an underemphasis upon personal regeneration. Our insistence on the redistribution of wealth, on proper housing, on improved education will not bring in an ideal society, unless first the citizens of that society have something like the kingdom of heaven in their hearts. So I believe that what the Great Master said is profoundly true. "The kingdom of heaven is within you." My friends, I think you will concede that it will little matter in the long run whether you're rich or poor, whether you're highly educated or poorly educated, whether you're honored among men or soon forgotten, unless within your heart, you know something of the peace of God which passeth understanding; unless deep within you, there's a kind of glorious assurance that finds expression in those familiar lines of Whittier: "I know not where His islands lift their fronded palms in air; I only know I cannot drift beyond His love and care." This is the victory that overcometh the world, my friends, and it's the only victory that ultimately will overcome any kind of world in which you and I may live.

The third major affirmation upon which I rest my faith is this: I believe in the dignity and the everlastingness of the human spirit. Man was made in the image of his Creator and therefore he is entitled to respect. He will receive respect if he is worthy. Men differ in their capacities, in their color and in their environment, but they are alike in their desire for freedom and in their wish to live in peace and to fulfill their destiny. Men are not just insects that crawl for a short time over the face of the planet and then are ruthlessly crushed underfoot and forgotten.

Men are not that. You and I are not that. We are individual personalities, registering something of the Divine from whence we came and destined for all the timeless tomorrows.

Many years ago on a lovely May morning . . . I remember it very well . . . the sky was a beautiful blue with little white clouds floating in it; the trees were just bursting into leaf and birds were singing ever so sweetly in the trees. That May morning I stood in the little cemetery in the Catskill mountains, beside an open grave, to say the last words that a minister says above the dead. It was the grave of my mother. I believed then, as a young minister, that I shall see her again. Many years have passed and I am no longer young, but I still hold to that faith. Of course, I cannot demonstrate it in any laboratory on earth, but still I think that it's a reasonable faith. Will you let me ask you a question? Would you build a house, embellish it with works of art, and then after a few days suddenly tear it down? Or would you paint a masterpiece, and when you had finished it, take a knife and rip it into shreds? Would you, with your finite intelligence, act in such a capricious fashion? I'm sure you would not. By what right do we mortals think that a Higher Intelligence would thus act arbitrarily? If the Lord God has spent millions of years evolving man, bringing him to his present point of development, does it seem likely that He has done so in order to consign him to oblivion in a grave after a few uncertain years traveling this earth? No, my friends, I believe that I shall greet again those that "I have loved long since and lost awhile." Of course, if I'm wrong, at least, as an ancient worthy pointed out once, "No dead philosopher will arise to say, 'I told you so!' "

Not long ago I was rereading Cicero's "De Senectute" and I came across this lovely sentence, which I think the Christian may appropriate as he draws close to the end of the journey. Cicero says this: "As I draw nearer to death, I seem, as it were, to be sighting land and to be coming to port at last after a long voyage."

The hymn writer Phoebe Cary has put it into words of a more biblical nature when she says, "One sweetly solemn thought comes to me o'er and o'er; Nearer my home today am I than e'er I've been before. Nearer my Father's house, where many mansions be; Nearer today the great white throne, nearer the crystal sea. Nearer the bound of life where we lay our burdens down; Nearer leaving the cross, nearer gaining the crown."

This, then, my friends, is my simple faith. I believe that intelligence undergirds, supports and activates the wide universe, including this trifling portion that we call the earth. I believe the kingdom of heaven may be in human hearts, even yours, today, if you wish. I believe in the superlative importance and the immortality of the human spirit. In this faith, I try to live. In this faith, I expect to die.

June 7, 1970

(At Central Park United Methodist Church, Buffalo)

Thirty Years a Minister

Glenn Alty Crafts

As the writer of Ephesians said of himself, "I was made a minister according to the gift of God's grace" (Ephesians 3:7), so I would have to say of myself: "According to the gift of God's grace, I, too, was made a minister."

Answering the call of God I felt in my heart, thirty years ago this month I entered seminary. I accepted appointment to the Mount Morris and Ridge Methodist Churches and, as best I knew how, and looking back at it that was none too good, I began to preach the gospel--according to the gift of God's grace. And today, though it is Laymen's Sunday, I want to mark that anniversary, not so much in terms of what it means to me personally but rather in terms of the cause of Christ and the church of which we are a part. In terms of those thirty years--the thirty years I know from first-hand experience--I want us to look, first, at the world, second, at the church, and third, at the future.

First, then, we look at the world. And what a thirty years it has been. There hasn't been a dull moment--never. I wonder if in all the history of the world there has ever been a more momentous period.

My thirty years in the ministry started with the

Second World War with its horrors--Pearl Harbor, and blitzes, and Buchenwald, and the Bataan death march, and Licide, and Essen, and Hiroshima--horrors unending. And, it seems, in one way or another we have been living in a context of conflict ever since--the cold war, the Korean War, Vietnam.

Further, we have been undergoing in our cities and on our campuses a social revolution marked by strident speeches, clenched fists, unnegotiable demands, bloody confrontations, unrelenting clashes and massive reprisals.

Minority groups long denied full rights as citizens have arisen to demand them. Large sements of our society--and to our horror mostly white, middle class--are openly defying sex standards that have stood since Sinai. Taboos are now taboo.

Authority, from top to bottom, is everywhere widely questioned and openly defied, whether it be the authority of the government of the United States, or the right of a university to impose regulations, or of teachers to teach or of parents even to exist.

I am not now so much making judgments as I am describing, as I see it, the world in which I, as a minister, and you, as Christians, have functioned. It has been thirty years of events so momentous that they have shaped our lives and destinies.

Never before have we had to deal with hydrogen bombs so powerful that they can--and already have--blow an island out of the sea or a city from the face of the earth, or intercontinental missiles that can deliver them anywhere. Never before, except perhaps for Islam, has the world seen such an effective and ruthless missionary force as communism. Never before have men traveled in space or landed on the moon.

It simply is not the same world it was thirty years ago when first I tried to preach. American blacks, in the greatest migration in human history, moved from the rural South to the urban North while whites moved from the cities to the suburbs. And the social implications--and problems--are all about us. We saw the rise and fall of the belief that the United States, seemingly with enough power and wealth to do anything and everything anywhere and everywhere, was the savior of the world. How pathetic that now appears.

And all the while, often unnoticed, all around us problems were multiplying. At the same time the pressures upon us increased to the point that they became well-nigh unendurable. Almost without our knowing what happened life became so utterly complicated and just existing so frustrating that many of us--just to save our sanity--stopped trying to keep up with it or to understand it. We gave up. We dropped out.

Mind you, I'm not scolding. I'm only saying I understand. I'm simply stating that for better or worse these are the days of our years and that my ministry has been, and still is, in that kind of world.

Second, we look at the church which, of course, has been affected by all of this. The church simply does not stand alone. It is ever surrounded by, and at times almost overwhelmed by, the society in which it exists.

We once went to a worship service in Egypt. Strictly speaking the church was illegal. It was surrounded by a hostile Moslem culture that was backed up by a repressive authoritatian government. And that makes a difference. Of course it does.

It wasn't hard to be at least a professing Christian in the middle ages or in puritan New England. Indeed it was hard not to. Society demanded it. Well, just so, too, the confusion and the turmoil through which we have gone--and are still going--inevitably has affected the church. There was, to be sure, the religious boom of the 1950s with statistics that made your head swim. In those years the Methodist Church alone formed one new congregation every day. Think of it. "Those were the days, my friend, We thought they'd never end."

Well, that surge toward the church and the church school in the fifties, somewhere in the sixties ebbed away. Something happened that left us bewildered, confused, and discouraged. In the world there were riots, assassinations, strident demands, vicious backlash, the Vietnam war, confusion, frustration, fear, hatred. And the confusion of the world poured into the church. And the divisions of society--and everyone was violently for or against something--divided the church and took their toll. And the church, reacting to the confusion, the pain, the tumultuous change, often seemed to get sucked into it. For example, on any given Sunday I could be sure of losing half the congregation no matter what. If I spoke out against the Vietnam war--which I did--I would lose one half. But if I had spoken in favor of it I would have lost the other half. Or if I had ignored the issue completely I would, for failing to meet the issues of the day, have lost another half. And if you say, but that doesn't make sense, that's three halves--well, that's the way it was.

The church tried to "get with it." The Roman Catholic Church, for example, that most conservative of all institutions, started to shed the encrusted traditions of its past and to modernize, only to compound the confusion of the faithful. While to be "the church in the world" ministers marched in civil rights demonstrations, nuns to "be relevant" shed their medieval habits and put on mini skirts. And behold . . . they were human.

Catholics heard the mass said in English and sang Luther's reformation hymn and read of priests getting married. Jazz bands and rock groups performed at Grace Cathedral. Bishop James Pike said he didn't believe in the Virgin Birth of Christ. And a few, far-out theologians said that God is dead. Small wonder Christians were often confused and deeply discouraged.

And in all that, the parish minister was the man in the middle.

No, I'm not asking your sympathy. I don't need it. I enjoy being a minister but I want you to understand why so many ministers have dropped out and to realize, too, that I understand why so many lay people feel so deeply the distress we as a people have been going through.

What I am saying is that we, as Christians, do not live in a vacuum and that we have, through all my thirty years in the ministry, lived in a context of confusion, conflict, and change. And to those who say, "But you shouldn't let that get into the church," all I can answer is, "Well, that confusion, conflict, and change gets into us and we, in turn bring it into the church." Anyway, there is no way we can turn off the world. No way. It's here. And my ministry has been in that world.

Third, we look at the future. I don't pretend to know what lies ahead but I do see certain things emerging, of which I want to mention five.

First, in the future there will be fewer Christians, but better Christians. Those we used to call "nominal Christians" who had never really committed themselves to Christ will drop out. The lines between "we" who profess the Lord Jesus Christ, and "they" who don't, will be more sharply drawn.

Second, in our smaller but more committed congregations there will be manifested a deeper love for these our brothers and sisters in Christ. The church will emerge, once again, as a family of faith. We will learn, as the Bible commands, to greet one another with a holy kiss. We will find that, truly, "we are one in the Spirit, we are one in the Lord."

Third, I see coming an emphasis on a more personal relationship with Jesus Christ. The church will be more evangelical in tone, calling persons to a personal, saving relationship with Christ. All around me I hear the ancient cry, "What must I do to be saved?" Oh, so many empty people, so many discouraged people, frightened people, overwhelmed people crying, "Help!" And we will, I believe, be hearing more: "There is help. Believe on the Lord Jesus Christ and thou shalt be saved. He, and he alone--one way--is the way, the truth, and the life." In the past, at times, surely the emphasis has seemed to be that God is calling us to save the world for Christ. I feel that we are now coming to a time when we will seek to be saved from the world by Christ.

Fourth, I see coming a new gentle fundamentalism not based on "believe this or go to hell," but rather based on the personal experience of God in Jesus Christ, so that we will believe the Bible as the Word of God, not because we are told we must but because the Holy Spirit opens up to us the truth that is there so that we can believe.

This gentle fundamentalism I see coming will be orthodox but not censorious. It will be more concerned with bearing witness--"Come, we have seen the Lord"--and less prone to point fingers of guilt. Its chief note will be joy: joy of soul because through Jesus Christ we have been saved--from all that confusion, hostility, and fear; joy because we know the Lord; joy because we have experienced the Spirit.

And fifth, we will find anew the note of authority we seem to have lost. It really is very old--an authority not based on a book, the Bible, or on an institution, the church, but on the personal experience of God in Christ. It will be a case, once again, of "What we have seen and heard declare we unto you."

We in the church have been asked to listen to the voices of the world and the voices of our young. And we have listened. And we have learned. Among other things, we have learned that the answer is right there where it always was, in the Gospel of Jesus Christ.

We have learned that we really do have something to say and that we'd better be about our business of saying it loud and clear. "We have seen the Lord. Praise his holy name."

October 10, 1971

Lift Every Voice and Sing

The Rev. Robert A. Hill

Text: John 2:1-11, The Revised Standard Version

Today again, you are faced with a decision, a choice between dreams. A choice between an independent dream and a dependent dream; between your own personal dream and Christ's dream of you and for you; between the water of the Law and the wine of the Gospel; between what you can do on your own and what Christ, right now, can do with you, through you. To lift your voice and to sing so that earth and heaven ring, you may need to let go of one dream and to grab on to another, and that's a fair trade. Trading your own heavenly dream for heaven's dream of you. Dream on. Dream on.

Persons and groups and nations all have dreams. Tom's dreams changed as he grew older. They had no choice; dreams wither when they are outwitted by life. Tom's life looked to him like someone else's. Tom's early dreams had mostly fled in the face of his life, and he keenly felt their loss. Step by step, he felt he had walked down the path of someone else's life.

He left high school, back in 1964, with a brush

cut and a love of science. His mom and dad proudly packed him off to a southern college, the first of his family to graduate from high school. He knew that he wanted to study dentistry. His neighbor and friend had given Tom a part-time job in the clinic and Tom had found his niche in life. But in March, his dad died. Without sickness, without warning and without premonition, the death occurred, leaving a homemaker wife and two other teenage children. So Tom left his A's and his athletics and he returned home. He worked for a year in construction, binding the family together, caring for his mother. The next year he began course work, full of hope again, part-time at the community college, and dental school was out there and it waited. But the war years came and Tom found himself adrift in confusion and alone. Should he enlist? protest? What would dad have said? His grades held and he decided to continue.

But then, love turned on him, joining forces with the dream-killing side of life, and he found a girlfriend. Never very social, Tom yet found himself severely involved with a young woman. She needed and received his financial support and tutorial help. He dropped two courses and he took on a night job. But they married, and they were happy. Dental school was still out there, but children started coming from heaven above, and Tom felt glad to get through college with a liberal arts degree prior to taking a job in business. One day, looking at his desktop calendar, he realized that it was 12 years since he had graduated from high school, and dental school still lay ahead.

Then mother and mother-in-law fell ill at the same time, and that summer Tom and the family took them in and remodeled the side room and added an extra bath. Over a barbecue that September, with two kids in school, his wife asked him, "Did you ever dream it would turn out this way?"

"No," said Tom, "I never did."

Life has jaws that can carve up the sweetest dreams. Tom had a sour hurt in the deepest part of his soul. His life looked like someone else's. And in his own way, he prayed about it.

And then one day in church, something happened. From the back pew, half listening to the sermon and half dreaming, Tom suddenly saw another dream, and it was half completed. He saw a man burying a father. He saw a young man counseling and grieving with a lonely mother. He saw a young man caring for two teenage siblings. He saw a young man honoring his parents and shouldering an unexpected burden. He was loving and raising children, blending his life with that of a wife. Love was showing Tom another dream, by faith Tom's very own. More truly his, and more truly exciting, than anything he graduated from high school with. He found that there was joy in hearing the Master's call bit by bit, and following. He had left so many nets behind, back on the beaches of youth; so many dreams left behind. But look! Here, only half knowing it, he had stumbled into a divine dream. Water had changed to wine for Tom.

If you are here today because there is a sour hurt down in the deepest part of your dream world, then hear the Gospel: Another dream is unfolding through you, the dream of Jesus Christ for your life; water become wine. He's there, spinning his mysterious dream out of the disappointments of times past.

Taste: God has a purpose for your life in Christ. See and seize it today.

Christ needs people who are not water people, not hardened and presumptuous and hypocritical, full of fear and dread, but wine people. God requires another person than the one naturally you; he requires Christ in you. Another dream by another dreamer.

Generations and groups have dreams, too. I think often of the story of Ruth, how important it is in the Scripture, because dreams die when a partner dies. Whether it's by divorce or death, or the less visible but equally harrowing loss of affection which can bring about the spiritual if not the formal death of a marriage, when you lose your partner you lose a dream. I have attended to a generation of us these past five years as we have lost our lovers. You have shown such grace and poise that the utter devastation of such dream death might escape notice. But, for a generation of us, the Ruth generation, dreams have withered in front of loneliness and sorrow. One by one, I have seen hope deferred that makes the heart sick. And I hear the voices . . . Just, Lord, one more Christmas . . .
Just one more day at work . . .
Just one more boat ride . . .
Just one more season of golf . . .
Just one more sunset walk . . . Just one more trip south . . .

Just one more bridge to cross . . . Just one more--
Lord, won't you give us just one more?

And I asked one sister, "Did you ever dream it would turn out this way?" And she said, "No, I never did."

Words can take us only so far toward this truth. Life, I know, ruffles our feathers and changes our dreams, but look again, just for a moment: in the change, hard as it is, if we kneel, we can perceive another dream and another Dreamer, dreaming through us. This is none other than Jesus Christ fantasizing your life; you, in another world, born in the church. It is water become wine. It is God's purpose mysteriously working itself out in your life.

You know, those who lost loved ones built the first church, the early church. We know this from Acts 6 and I Corinthians 16 and Romans 16: The church found its first divine dreams lived out by those whose own dreams had been shattered.

Hear the Gospel: Water still is changing to wine. Your dream cart may have been overturned and all those golden apples splattered in the mud. But today, look again; look higher up, look deeper down, and look with love, because you are the object of divine affection. God loves you; God is loving you right now and is dreaming something utterly new, and something costly, and something significant for the rest of your life, and that is good news.

Nations have dreams, too. One sparkling memory for many here today is of the year 1963 and a march to Washington to hear Mr. King speak at the Lincoln

Memorial, truly the stuff of which dreams are made. Jane Wilemon said in discussion this past fall, "It's good that Martin Luther King didn't say, 'I have a really good idea.' He said, 'I have a dream,' and that's why it sticks with us." Heady stuff, wasn't it, to think that the crimes and sins of 300 years might be rectified in nine short years, spaced between one little courthouse in Little Rock and another in Birmingham. William Faulkner knew better and now, so do we.

Nations, too, can dream. Life withers and defers many of our dreams, to prepare the way for another. Christ's dream. Life disposes, and yes, racism lives on, all our heady dreams to the contrary. Primarily a matter of dollars and cents, racism makes this world a fearful place for many of the children of God. It makes this neighborhood a no-man's-land of safe and dangerous places for persons of color. John Wesley reminds us, "Christ does not take away human society, but sanctifies it." And that is our calling, to work in His dream.

You know, there is a place for every voice in the angelic choir. We need Tony's voice as well as yours and mine. I have known Tony for almost 20 years. We played basketball together in high school, in the days when Donnie Allen led the Nottingham Bulldogs. Tony and I warmed approximately the same place on the bench, you know, way down at the end where Father Charles sits. Tony and I hadn't seen each other for many years. I saw him one summer at the park. And then one day, just below this sanctuary, I ran into him again. Tony has a child in the Wesley Day Care Center. I knew him immediately. It was summer, he had on his shorts, and I'd recognize those knobby knees anywhere. I learned that he lives nearby and that he has no church home, so I invited him to join us on Sunday mornings. But we haven't seen him yet.

I thought, and I wish I'd asked, "Tony, did you ever dream that it would turn out this way?" And I can hear him saying, "No, Bob, I never did." Somehow the Day Care is safe, but the sanctuary is not. Why? I'm still not sure. Dreams wither when they can't outwit life. And now we have two countries, and two neighborhoods, separate, and unequal.

I don't have the answers, and I have fewer suggestions than I did five years ago. I know that a long day's journey lies before our country, yet, water is changing to wine, even as we speak. Voices are being trained for the heavenly choir.

You know, attend once this winter, if you can, a public school choir concert. I did this Friday morning, and I heard the Levy choir sing. Now, most of these choirs aren't very good in terms of musical ability, the Huntington choir being the exception, I'm sure. But if you go and if you listen, you will hear what Walt Whitman heard 100 years ago--America singing, in all our pain and glory, singing. Who is to say what God will do with us before the year 2000? Be patient, be patient: Only the devil has no time to let things grow. Christ is dreaming another dream, for persons and generations and even our nation.

So I thank goodness for this church and for its

willing witness before a divided community, a witness to a unity purchased and found only at the cross. And I thank God for Martha Bonney, and Neena Mitchell, and Ruth Coffin, and Rob DeWalt, and Jan Hill, and Elon Wagoner, and Kay White, and Lisa Gillespie, and Mike Robert, and so many others, who week by week in little ways are making a difference for the good, toward the dream of racial equality in this great land.

Hear and taste: God has a dream for this nation that crisscrosses all our noble illusions and brings peace where there is no peace. May we see and may we seize his dream today. Even today.

February 15, 1989

The United Methodist Church
In the 21st Century

THE UNITED METHODIST CHURCH
IN THE 21st CENTURY

Papers Delivered at a Colloquium
on April 25, 1992
at Syracuse, New York

Sponsored by "Methodist College,"
A Continuing Education Project of
Erwin United Methodist Church
Syracuse, New York
Dr. Robert A. Hill, Minister

Participants:

Dr. Young Joon Cho

Dr. Robert A. Hill

Mr. Richard T. Speck

Nancy Gridley Miller, manuscript editor

TABLE OF CONTENTS

THE GROWING EDGE OF THE UNITED METHODIST CHURCH: MISSION STRATEGY FOR THE KOREAN-AMERICAN COMMUNITY IN THE 21st CENTURY

Dr. Young Joon Cho

When I was a pastor in Poughkeepsie, New York, some years ago, Dr. Yoon, one of the parishioners, invited me to ride in his car one day. He took me to a very prosperous shopping area of the city, stopped his car in the parking lot, and then slowly turned to me and said with a very serious look, "Rev. Cho, when I came to Poughkeepsie IBM as a junior engineer 15 years ago, I could buy 10 acres of this land at the cost of $30,000. I had $15,000 in my savings account, and I could have easily borrowed the rest from a friend or a bank. You know, I was hesitant, however. And while I was thinking and thinking, somebody else bought the land. Do you know, Rev. Cho, how much it would cost if I wanted to buy 10 acres of this land now?"

Young Joon Cho was born in Korea. He graduated from Methodist Theological College in Seoul; earned a B.D. degree at Candler School of Theology, Emory University; and earned a Ph.D. in Systematic Theology at Drew University Graduate School. He has been a pastor, teacher, and author; he is presently Superintendent of the Connecticut Central District and Korean Coordinator in the New York Conference.

I said, "I have no idea." He said, "Well, it would cost at least $1 million." I said, "Is that right?" And I could see a lot of agony and pain on his face.

Somebody said, "Hell is to know that you have lost a great opportunity." If you do not know, it would be all right. But because you know, it hurts you very much.

Opportunity does not come that often. That's why it's called opportunity. As the author of Ecclesiastes says, "For everything there is a season and a time for every matter under heaven."

So it is with mission opportunity, church growth opportunity!

Since the merger of The United Methodist Church and the Evangelical United Brethren Church in 1968, our denomination has been consistently losing members--about 5,000 members a month. From 11 million members in 1968, now we have under 9 million. About a month ago, the *Newscope* reported that 1990 had the smallest *loss* of membership in recent years! I am not sure whether I should be happy or sad. Does it mean a change of direction toward church growth? Loss is loss however you look at it; and I don't see any positive sign that we are moving into an era of church growth.

However, there is one sector in the United Methodist Church that has been growing very rapidly. That is the Korean-American United Methodist Church. In the New York Conference alone, we have been ushering in one or two new Korean-American congregations every year for the last five years. At present there are 54 appointed Korean-American pastors and 33 organized congregations. In the Northeastern Jurisdiction, there are approximately 100 churches, and nationally there are about 300 churches and more than 350 Methodist clergypersons.

This tremendous growth has occurred in the last 20 years. The first mission work among Korean-Americans began in Hawaii in the early 1910s, but because of the small number of Korean-Americans in the general population, there were only six United Methodist churches in the United States until the mid-1960s. It was then that the law allowing the immigration of Koreans was passed, and since then, 750,000 Koreans have settled in the United States. The influx of Koreans is still continuing, and it is expected that there will be more than a million Korean-Americans by the beginning of the 21st Century. Along with the growth of the Korean-American population, not only the United Methodist Church but also other denominations have grown tremendously. At the moment, it is estimated that 80 percent of all Koreans have some relationship with Christianity.

There are several reasons behind the rapid growth of the church among Korean-Americans.

1. A large percentage of Korean immigrants were Christians back home. Thirty percent of the Korean population is Christian. The percentage of Christians among the immigrants is a lot higher, which provides a favorable impetus toward establishing new churches in this land.

2. The Korean church had developed a very effective three-point church-growth strategy from the early years: self-support, self-government, and self-propagation. These three principles were immediately applied to the mission churches here.

3. The Korean churches introduced a holistic discipleship principle. The Bible and prayer occupy the center of Christian life. When a person is converted to Christianity, from that moment, that person is expected to practice faithful stewardship and to become an evangelist. Tithing is expected to be the standard giving of the people. The laity is very much involved in evangelistic visitation. Especially, when a lay person is consecrated as a lay elder, a lay exhorter, or a lay deacon, expectations are very high. Therefore, a small number of people can support the ministries of the church very effectively.

4. In addition to these, we cannot ignore the fact that there is a psycho-sociological need among Korean-Americans conducive to forming churches. Loneliness, homesickness, language and cultural differences, frustrations, low self-esteem, risk-taking lifestyle--all of these elements drive them to look for or found a faith community in which they feel a sense of belonging.

While I was serving an Anglo church in the Poughkeepsie area, I founded the Mid-Hudson Korean United Methodist Church in 1973 with only 10 people, mostly non-Christians. In 1980, we bought a church building and a parsonage, and now they have bought a five-acre piece of land for a new church building. The total membership is only 136. Another example is the bilingual ministry I was engaged in in 1982 to 1983 in Queens, New York. When I went there the Korean-speaking congregation had only 40 people. By the time I left for a Nashville staff position one year later, the attendance was about 130. Now, with 800 members, it is one of the strong churches in the New York Conference.

Reflecting upon the membership situation of the United Methodist Church since 1968, Bishop Richard Wilke writes in *Are We Yet Alive?* as follows:

> Among Asian Americans the great increase primarily is among Koreans. They are growing in number of members, number of churches, and in participation in the total church life. Asian membership (in ethnic churches) jumped from 11,484 in 1974 to 26,153 in 1982, an increase of 127.7 percent. More than 100 new congregations have been started. Participation in Anglo churches has more than doubled. The greatest potential for church growth among ethnic minorities in the United States right now lies with the Korean United Methodists.

There is a wide recognition of the Korean-American community as a fertile ground of evangelism, but at the same time it is to be said that there has not been a really serious attempt to fully take advantage of the opportunity on the part of our denomination. Bishop Wilke writes:

> The Korean congregations are growing in the United States, but we cannot locate, coordinate, or communicate with many of them. Some are Methodist, some are United Methodist, some are Korean Methodist, some are independent Methodist, some are house churches. Our task is an immediate effort to know, to understand, and to encourage them. (page 49)

A lot of things have been done for the Korean-American community by the Conferences, Boards, and Agencies. But there has been a lack of clear policies and commitment on the part of our denomination. Efforts have been sporadic, not consistent, and there has been unwillingness to commit significant human and material resources for this task. I dare say that the Korean-American United Methodist Churches have grown not so much because of denominational effort but because of the spontaneous work of Korean-American Methodists and because they have chosen to make the United Methodist Church their spiritual home.

There has been a consistent complaint on the part of some Korean leaders that the United Methodist Church is lukewarm in evangelism among Korean-Americans. And I am afraid that a result of this persistent complaint is the establishment of the Korean Mission District by the Korean Methodist Church. It is very likely that this mission district will be a mission conference very soon. Therefore, at the moment, we have an undesirable competitor in reaching out to the Korean-American community. However, we still have a tremendous opportunity if we are willing to take the challenge.

Looking ahead to the 21st Century with the certainty that the Korean-American community will still be a fertile ground for evangelism, I would propose to look into these areas:

1. **Ethno-demographic study.** Have a national study made to identify where Korean-Americans are, as well as their special characteristics and needs. When I was with the General Board of Higher Education and Ministry, I consulted with Korean-American pastors in the Southeastern Jurisdiction, and we identified 22 places where we could start new churches immediately if there had been available pastors.

2. **Enlistment.** At present, a large percentage of the student body of Drew

Theological Seminary and The School of Theology at Claremont are Korean students. In light of this, the prospect of supplying pastoral leadership for the Korean-American churches is good. However, most of these students are immigrants or Koreans studying in this country temporarily. We need to develop leadership among the one-and-a-half and second generation Korean-Americans.

When I was with the General Board of Higher Education and Ministry, we developed a bilingual M.Div. program at Claremont to fill the immediate need for Korean clergy, but after four years of that experiment, the program finished, because there is no need of it now.

The Chinese and the Japanese churches have a longer history of mission than Koreans. After World War II, gradually the number and the strength of these churches have declined, mainly because they could not enlist ministerial candidates among themselves. We cannot allow the same thing to happen among the Korean-Americans.

3. **Facility sharing**. At present, the most difficult thing in starting a new Korean-American congregation is to find a church that is willing to share its facilities. It is not that there is no United Methodist Church in that location. There are many reasons for this, and one of them is surely racism. I have discovered that consultation with the Administrative Board alone is not effective. At times, it is important to use Cabinet power as well as persuasion.

4. **Cross-conference appointment**. Cross-conference appointment is practiced to a limited extent in our connection, but with some reluctance. Although we are a connectional church as a denomination, in

practice, we act like a federation of annual conferences. However, when it comes to the Korean-American community, the difficulty of cross-conference appointment poses an enormous problem. There are some pastors who have been at the same place more than 15 years who need and want to move. Some of us suggested that the Council of Bishops facilitate this, but it has not been successful. It is imperative that a national structure dealing with this matter be established.

5. **Full participation.** It is often said that the Korean-American churches do not actively participate in the conference or in denominational life. At the same time, we must say that unless significant opportunity to participate in the leadership and life of the denomination is created, the Korean-American community will always feel isolated and detached. There are three Korean-American district superintendents at the moment, and six general board staff persons, but only five General Conference delegates. It is justifiably imperative that the Council of Bishops has a representative from the Korean-American community to show the truly inclusive character of our connection.

6. **National mission strategy.** In response to a request from the Korean-American community, the 1984 General Conference entrusted the National Program Division of the General Board of Global Ministries with the task of developing a mission structure for the Korean-American community. As a result of this, Korean-American mission superintendents were appointed in three Jurisdictions: Northeastern, South Central, and West. This has proved very successful in developing new congregations. In the Northeastern Jurisdiction alone, more than 15 new congregations have been developed since 1987.

However, they need substantial material support from the full connection. I have not seen even one case in which the church supports the entire pastoral salary. Most of these pastors receive less than the minimum salary, without health insurance and pension benefits. We cannot expect a good harvest without planting good seeds and taking care of the growing process. I believe that our denomination should have a master plan for developing Korean-American congregations, backed up by substantial funds.

Strengthening evangelism among Korean-Americans is not just for the good of the Korean-American community, but also for the good of the entire United Methodist Church. It not only takes advantage of the tremendous opportunity for evangelism and mission among a significant sector of our population, but also would be a prelude to revitalizing the entire United Methodist Church. Again, Bishop Wilke said:

> In spite of the Ethnic Minority Local Church emphasis, we have begun a mere handful of Hispanic, Native American, and black congregations. Finally, if it were not for the Koreans, who are basically self-starters, we would not have made a significant trend adjustment yet. (page 24)

There is a feeling of silent resignation in the United Methodist Church when it comes to the question of church growth. We talk about it often, but very few seem to believe in it. What we need is evidence that it can be done! And the Korean-American churches show that evidence. Church life spiritually centered on Bible study and prayer, strong emphasis on evangelism and mission, uncompromising giving of material and time to the service of God: this is holistic stewardship. When this enthusiastic Christian life is added to The United Methodist Church's service, social consciousness, tolerance, and inclusiveness, certainly our church will be a great church. American United Methodists need to learn vision and passion from the Korean-American United Methodists, and Korean-American United Methodists need to learn rational approach and social outreach from American United Methodists.

"For everything there is a season and a time for every matter under heaven." I hope we do not lose a valuable opportunity to strengthen the United Methodist Church in the 21st Century.

ONE THING IS NEEDFUL: PREACHING IN THE METHODISM OF THE 21st CENTURY

Dr. Robert A. Hill
Text: Luke 10:38-42

Some years ago, it was in the winter, my stepfather-in-law died of a heart attack. His funeral service was planned for a Sunday afternoon and set to be held in a United Methodist Church, four hours to the south. Dear, truly loving lay leaders insisted on taking my Sunday services, and prayed us a safe drive down the icy road home. We looked down into Canada as we left, early on a crisp February Sunday. The temperature the night before had fallen to 38 degrees below zero on the Fahrenheit scale.

Beneath a fiery sun and over an icy road we drove, hurrying toward the funeral. This drive took us down through the outback of the Northeast, and thus the outback of America. We shivered and slipped from Malone to Potsdam to Gouveneur and on to the south, passing by a country that time has, for the

---

Robert A. Hill is pastor of Erwin United Methodist Church in Syracuse, New York. He graduated from Ohio Wesleyan University; earned a M.Div degree at Union Theological Seminary; and earned a Ph.D. in New Testament at McGill University, Montreal. He is a teacher and writer as well as a pastor, and has served pastorates in Ithaca and Burke, New York.

time being, passed by.

Thoughts en route to a funeral can be heart deep and "cosmic," too. It is a time to think deep and wide thoughts.

We crossed through more than 30 towns, following old Route 11. Every one of them had a United Methodist church, coming alive for Sunday morning. Brother Bergh was sweeping snow off the front walk in Malone. Brother Parnapy, lay leader in the next town, crossed the street with his Bible in his left hand. In Potsdam I knew Russell Clark, at age 67, was preparing a fiery sermon. Our District Superintendent lived (and worked) in Canton, and we caught a glimpse of him buying the *New York Times*. Church had just ended when we hit Gouveneur, and the streets were full of Methodist, Baptist, and Catholic cars. In Philadelphia, an elderly man was already posting next week's sermon title on the sign board of the little church there. We heard a taped portion of a service from Watertown. We hurried on to our rendezvous, hoping the snow would not fall, and noticing the many Methodist churches which dotted our trail. What a joy to be free on a Sunday morning! What pride to pass by these sister churches and to overhear and oversee their gathering! What camaraderie we felt with the 30 preachers and congregations coming to hear God's word for the week and to pray with each other and to "watch over one another in love." One sermon title read, "Be Still and Know that God is God."

Methodism has been and still fundamentally is, only, a connection of preaching points. Methodism was built and continues to live as a string of moments and spots where, Sunday by Sunday, explosions of Word and Love may occur. Combustion of this sort may happen with the mixture of congregational gasoline and homiletical wind and spiritual spark. Each of the 30 old churches we passed that frosty morning held the potential for such an explosion.

My wife was that winter carrying our third child, who would be born in July. It may have been, I suppose, the overwhelming emotional winds of father's sudden death and son's imminent birth and genuine love at our backs in the church left behind which caused the vision of that bleak Sunday (Luke 1:22). Still, I saw a vision that day.

For seven years, since entering seminary and taking my first preaching assignment, I had listened to and read from the leadership of our church, our Methodist connection. And I am a Methodist of the Methodists: born in a Methodist parsonage; circumcised by a Methodist doctor; baptized, according to the tradition of the elders, by a jovial superintendent. Taught in MYF, given summer tutelage at a camp called "Aldersgate," attending Annual Conference by the age of 15, employed by Methodist summer camping, a graduate of Ohio Wesleyan, and a sometime reader of *Together* magazine. Yes, a Methodist of the Methodists, though at Union Seminary I learned to count it all as dross for the surpassing joy of knowing Biblical Greek and Feminist Theology. I learned to pray to God with the proper reverence, "O God, our non-authoritarian parenting being."

Since my first remembered Annual Conference in 1967, our church leadership had been anxious and fretful over many things. Nettled, I suggest, by much serving. For a while, youth ministry was to be our offering to God. Then, for a season, campus ministry became the favored son. I recall somewhat later an emphasis on world hunger. Ethnic churches also received attention. A certain remarkable understanding of lay ministry then was to be our Lord and Savior. I even remember a stirring exhortation, delivered at one district conference, on the absolute priority of the cradle roll. We have made room, in our serving, for almost everything. We advocate for all: "Let us represent you, let us make you smile." Fortunately the history of these fragments of Methodist work is well written by others as it culminates in the creation of (our latest interest) the so-called diaconal ministry, a church program sure to warm the cockles of Martha's heart.

On the road to father's funeral one has both the mind of Christ and the soul of Hamlet. Revenge and resurrection cuddle together under the afghan in the back seat. I saw a vision, like the ghost of Hamlet's father, moaning on the castle parapet. I tell you I saw a vision and heard a voice. In the vision I saw a new church heaven and earth, wherein the former things had passed away.

Methodism for 30 years has been majoring in minors. Methodism for 30 years has been distracted with much serving. Methodism for 30 years has neglected the one thing needful. Methodism has exchanged its birthright for pottage. Methodism, a connection of preaching points, moments, and places where, Sunday by Sunday, explosions of Word and Love may occur, has forgotten the love it had at first, distracted by much serving.

Forty minutes before arriving at the funeral we passed yet another rural, crossroads, dying bead on the denominational string. This one we paused before, since we had been inside some years earlier. Then we had visited the old church with a builder assigned to repair it. I had despaired. An old building, bad roof, dark interior, no landscaping, small and elderly congregation. I remembered, passing by on the road, what I had said before to my friend the builder. "How can a church this far gone be restored?" He smiled and, after a sharp remark about preachers who have little faith, did answer: "Look at the design, Bob. The design is solid, the design is good. They knew what they were doing 150 years ago. It is the design that counts. It can be fixed. I can fix it. And I will." And he did.

The design, forgotten and neglected and abused and unappreciated in our 30 years of minor-league play, is still there. Hidden under the leaky financial roof, and behind the poorly-chosen programmatic shrubs, and the darkened special-interest theological interior, and the absence of ministerial housecleaning, the grand design remains from the mind of Wesley and the hand of Coke and the Spirit of Jesus. We are the children of Asbury. We are the children of Lincoln. We are the children of God. The design is very good.

What design?

The design in Methodism is for preaching. In our bones and in our old deep structures we know that the one thing needful in our church today is preaching. Like Mary, the one who selected the good portion, we too have the opportunity, with our connection, to sit at Jesus' feet. To hear his Word, to attend to his Body, to acclaim his Presence.

Others have lately described the predicament of our denomination. I am heartily grateful for these words. Another stage in the diagnostic work needs now to be done at the Annual Conference level, and then at the local church level. However, most of these books have been long on diagnosis and very short on prognosis. What follows here is, if nothing else, a very specific suggestion about future happiness and joy in Methodism. Our future, to the extent we have a future, lies with our preaching alone. To proclaim, interpret, and apply the good news of Jesus Christ is our only vocation as a church. The rest is window dressing. I accept and affirm the other recommendations. One calls for spiritual renewal. Another champions the local church. Still another calls for refreshment of the clergy. Another suggests theological retooling. The average reader, however, of these insightful works is left largely at sea when the foundational questions (what to teach, how to teach, what to do) are posed.

Here the response may be very simple, but it is clear. We need to return by the year 2000 to the posture of Mary, who sat at the Lord's feet and listened to his *logos*. Yes, let us have spiritual renewal. Let us have emphasis on the local church. Let us have better clergy and clear theology. Why not? None of these will we have until we first attend to the one thing needful, and that is the very hard work of preaching the gospel well.

If we preach well we have a reason for being and we have a future. Otherwise, we have neither (Mark 14:6). It is our only job, the basis for our design as a church, the calling to us for the 21st century.

Shocking, then, is our inattention to the Lord. We are just too busy with our own serving. Who is teaching homiletics well today? What books and articles on preaching are there? Where can one turn for help?

Further, here argued is the thesis that a very particular kind of preaching, that fit for the new millennium, is our hope. Apocalyptic preaching, lost in wonder, love, and praise, is our hope.

In the ice of February, nearing the hour of death, still on the outback roads, I had a vision of a Methodism renewed, a preaching church, a people alive for a new millennium. Let us be sober and watchful. The time is short. The hour of judgment is at hand. The word of revelation beckons. Let us persevere. The renewal of all things awaits us. May we resist the forces of harm. We shall praise our Maker while we have breath. Preaching, of a decidedly apocalyptic stamp, is the one thing needful.

Apocalyptic Preaching

My suggestion is that the future of Methodism lies with careful, scriptural, personal, well-prepared, well-delivered, exciting weekly preaching. This has been and needs again to be our first offering to God and to our neighbor. At present only a small percentage of our pastoral time, our local church attention, our District and Conference agendas, our seminary class hours, our Board of Ministry attention, our Bishop's time, our common life, is devoted to preaching. We have become so busy with many other things that this central project lies largely unattended.

When was the last time your District Superintendent visited worship to check on the sermon quality? When recently has your Bishop asked for a tape of your sermon in order to assess your work? When has any of our Boards of Ministry earnestly refused ordination on the basis of inability in the pulpit? When have our seminaries in their own self-assessment placed preaching at the top of the priority list and then asked how their graduates measure up? How actively do our elders help and challenge each other with regard to pulpit work? How often when a committed layperson comes to offer extra help have we suggested she might simply devote herself to lay preaching, as the most important aspect of lay ministry?

Preaching well on a regular basis is very hard work. One can preach well only with great difficulty. The development of a capacity for careful preaching, and the concomitant development of one's own preaching "voice," is a massive undertaking, an all-consuming life work. It cannot be had on the cheap, it cannot be done with a lick and a promise, it cannot be considered merely part of a larger work. It is the thing itself.

What else are we asked really to do than as a church to proclaim the pardoning love of God, to interpret the meaning of this pardon for our time, to apply the interpretation to particular times and persons, and to do so consistently with excellence?

Yet to have good preaching on a regular basis is an expensive proposal. Look at some of the basic necessities:

1. A commitment to a clear understanding of the freedom of the pulpit, lived out in church discipline and doctrine.

2. A matching respect for and practice of this precious freedom on the part of the ministers and laity primarily involved.

3. Funding and other support to make the preaching ministry a sustainable vocation for a lifetime, during which time, like fine wine, solid preaching may at last cure.

4. Funding for adequate undergraduate, seminary, and supervised study (nine years of tutelage).

5. Funding for ongoing continuing education.

6. Personal freedom for the preacher for meditation, reading, writing, thinking, homiletical practice, and review of past efforts. Easily this can take on average 30 hours a week of our best energies. You cannot have it for less, and yet we as preachers and we as churches will not face and count this cost. We keep our preachers pinned down with all of the other immediate concerns of church life.

7. A willingness to reward good preaching, preaching that bears fruit and commands respect. Such reward is not only financial, but if we are to expect preachers who value education, then we will want to pay them at least enough so that their children can receive an education. Otherwise, they will not stay. Other awards and rewards could include sabbatical time, grant monies, trips, recognition, and gifts. Certainly the appointment process could be more judiciously used to support and affirm good preaching.

8. A clear statement about what constitutes a good sermon would also help. A good sermon is about God and about 20 minutes, has a clear connection with Scripture on the one hand and life on the other, is delivered without notes from memory, includes at least two vital and memorable illustrations, and concludes with a challenge, a call to discipleship, a question to be answered in the next week, or an invitation to join the church. A good sermon, like a Bach cantata,

resonates with joy. A good sermon announces good news. A good sermon is personal enough so that blood is flowing from the veins of the preacher. A good sermon plumbs the depths of life. A good sermon is low enough for the hogs to eat from it and high enough to scorch the angels' wings. A good sermon ends too soon. A good sermon handles a great theme. A good sermon is a message too hot to handle, too cold to hold, too searing to be silenced, too important not to deliver. A good sermon, said Ben Franklin, turns you upside down so that money falls out of your pockets. A good sermon is true to experience, rings true to life. A good sermon is not a stranger to humor. A good sermon must have a good design. A good sermon is not flashy, has no gratuitous sizzle, and unlike Chinese food, still nourishes several hours later. A good sermon energizes the preacher to produce another good sermon. A good sermon preaches Jesus Christ, and him crucified. A good sermon, like good cheese, is the product of an out-of-the-way village or time. A good sermon is a ladder stretching from eternity to time. A good sermon interprets itself. A good sermon is better delivered the second time. A good sermon is the right word at the right time in the right way. A good sermon is taken from the Bible and spoken from the heart. A good sermon invites the hearer back next week, and suggests that the hearer bring a friend. A good sermon is hard to define, but you know one when you have heard it. A good sermon is faithful to the text. A good sermon can be practically helpful. A good sermon shows wisdom. A good sermon joins the circle of such sermons from over the centuries. A good sermon dares to offend and dares not offend. A good sermon is the only thing that will make the preacher's life happy for the next six days. A good sermon has good rhythm. A good sermon restores forgiveness to the center of life. A good sermon has some wonder, some vulnerability, some self-mockery. A good sermon has three points and a good quote. A good sermon has integrity. A good sermon maintains interest throughout. A good sermon offers pardon and new life. A good sermon sails the Seven Seas. A good sermon argues a case, successfully. A good sermon is never merely a story. A good sermon crackles with the fire of faith. A good sermon evokes the *Mysterium Tremendum*. A good sermon is a seamless robe. A good sermon makes a vital point. A good sermon is a rare commodity.

9. The freedom of time that can be built into the ministry is also what needs to be converted into good preaching. This time can and should be used by the preacher, first to develop his interest and ability in writing and second to develop his interest and ability in speaking.

10. There is an audience out there for good preaching.

11. In sum, good preaching is very expensive. Do we want to pay the price?

Practically speaking, this would mean, among other things, that the District Superintendent's job description needs to be changed to read, simply, "homiletics teacher."

My suggestion is, further, that the future of Methodist preaching lies with a rediscovery of the apocalyptic themes, language, and imagery in the New Testament.

Preaching for a New Age
Apocalyptic Preaching
Apocalyptic Modes and Themes in Preaching For the 21st Century

The red sports car had been parked, with one foot over the curb, just in front of grampa's house. At 88, without legs to use and without friends left to share, the old man still resisted the demons of monotony and loneliness and pain. His daughter drove up once a month from Virginia. She of the red sports car bore the image of her mother, and at a distance looked like her mother brought back from the dead. Accustomed to cry with ease, she always brought a wet greeting to her beloved, ancient father. Who had time to park the car with perfection?

As the pastor left for another visit he walked past the red sports car. He envied its sharp look and its cleanliness. He wondered whether, after kids and after savings, he would drive sometime such a car. He noticed the tapes on the front seat and the leather seats. The preacher paused to muse about the statements made by automobiles about their owners, and vice-versa.

Rounding the back of the car he noticed the license plate, Virginia State, and the letters: L.I.N.A.D.R. A voice from the porch called out: "My motto: 'Life is not a dress rehearsal'."

The little death in each moment, with its slight momentary affliction, a foretaste of judgment, for heaven or hell, does not go unnoticed in the post-Christian world. Life itself affords and requires a capacity for discussion of the last things, of ultimate realities.

In the New Testament, these last things,

the eschatological core of the gospel, are presented in apocalyptic language. Death is personified, mythically described as a being, and called the "last enemy." Judgment comes as part of the end-time events, expected soon, but in any case surely expected. Heavenly bliss and eternal punishment are presented as the consequences of one's encounter with the preaching of Jesus Christ. It is in the clothing of apocalypticism that the New Testament message presents itself.

We have yet, even in Christian theology, to emphasize sufficiently the apocalyptic nature of the Biblical tests. How much less, then, has such an understanding permeated homiletics.

Ironically, our time, our post-Christian world, is much closer to the world which the gospel writers addressed than any other since Constantine (312 A.D.). We can appreciate the cultural ghettoization of the early church, for such now is increasingly our fate. We can appreciate the difficulty with which the early teachers tried to convey the resurrection word to a natural world, for we have the same problems. We can sympathize with the bearers of an apocalyptic word carried to a platonic world, and how hard the translation was, for again in our time the symbols of the Christian faith have "grown cold" for the culture at large.

It may be that a return to the form of ancient preaching, apocalyptic language and imagery, will aid us in preaching today in a fresh way.

The good seed of the gospel meets defeat in three ways, according to Scripture (Matthew 13:18-23). Some runs headlong into lack of understanding. A certain understanding of the gospel, preliminary not profound, is needed for the seed to take root. Without the soil of understanding, the seed withers and dies. Some other seed finds not rootage, lacks any depth dimension, any history, any family heritage, and so also fails and dies. Some developed life and character also are required for the gospel to flourish. Without depth of this personal kind, the seed has no chance. Then also, some of this seed does not grow for lack of resistance. Lack of staying power further harms the good seed. No understanding, no roots, no resistance: such are the spiritual enemies of the gospel.

Apocalyptic preaching, in Scripture and in our time, addresses these woes head-on. Meeting the need for understanding is the apocalyptic theme of revelation. Meeting the need for rootage is the apocalyptic theme of judgment. Meeting the need for resistance is the apocalyptic theme of perseverance. Spiritual revelation, personal judgment, and ethical perseverance are themes at the heart of the gospel and also, surprisingly, at the front gate of the post-Christian world in which the gospel is now preached.

A spiritual renewal of our local churches which highlights pastoral ministry, and especially preaching, proceeds best under an apocalyptic banner wherein the themes of revelation, judgment, and perseverance are trumpeted. The teaching of the Lord, the record of Scripture, the early history of the church, and also the need of our own time all encourage us to look again at the "dustbin of history," apocalypticism, and there find hidden treasure.

Ministry

Paragraph 439 of the 1988 *Book of Discipline of the United Methodist Church* describes the responsibilities and duties of a pastor. Herein one finds 85 lines and 811 words devoted to a kind of understanding of the work of the minister. One may still overhear in this paragraph a basic three-part view of ministry in relation to Word, Sacrament, and Order. The presentation, however, militates against any oversimple statement. Three gerunds are employed as category headings: "ministering," "equipping," "supervising." The parallel gerund "administering" is for some reason left aside in favor of the actual noun, "administration."

Two extensive lists of duties are also presented. Fourteen duties are listed under "ministering," seven under "equipping," and three under "administration." No "ordering" (to stay for a moment with the gerunds) of these is apparently indicated. That is, "to administer the Sacraments" is placed on the same shelf with "to seek out opportunities for cooperative ministries." "To preach the Word" is on a par with "to counsel concerning military service." "To be the administrative officer" and "to participate in denominational training opportunities" are given equivalent status within the lists.

The current statement in the *Discipline* both mirrors and fosters our current malaise and confusion about ministry. Perhaps no other passage in the *Discipline* so clearly illustrates our current predicament. Our present organization and leadership have their roots in a period of Methodist history that has long since departed. The paragraph on ministry has grown like cucumber, adding and expanding "options" for ministry, describing the points on the "ministerial arch," stretching to include any and all points of view. Such a posture comes from our history in the 1960s, a period of numerical strength, cultural prominence, and ecumenical merger. Since 1968 Methodism has shrunk, aged, and weakened at a fierce velocity. Torn by regional, moral, and theological differences, our dwindling areas of consensus further exacerbate our physical problems. We have neither the common mind nor the money we once had. Still we are fastened to an important but nonetheless very curious commitment to "pluralism." Pluralism holds a central place in our soteriology. Consequently, the plurality of approaches to an understanding of ministry, found in the *Discipline*, is not only consonant with our reigning ideology, but representative of a whole host of other difficulties.

The future of the church lies with a return to the basic ministry of the church. God will use our church as long as there is fruit. Otherwise not. Would we want it otherwise? The basic ministry of the church is located, as Wesley taught, where the Word of God is rightly preached, the Sacraments properly administered, and service then rendered to neighbor. For this ministry again to flourish, the locations of preaching and fellowship need rebuilding. For this rebuilding to occur, strong leadership and a clear description of the work of ministry are needed. To recruit and retain excellent leaders we will need to spend money and to focus our attention on the primary needs of the church (preaching, sacraments, service). I believe a revision of paragraph 439 is in order. Before offering such a possible revision, I would like to recall a few passages from the *Discipline* of 1904. I heartily recommend a full reading of paragraphs 103 to 144 of his now superannuated tract. It compares to our current *Discipline* somewhat in the way that the rhetoric of Mario Cuomo compares to that of Paul Tsongas. It is alive, and true.

Here are examples of what we once thought the ministry was about:

1. "Tell everyone under your care what you think wrong in his conduct and temper."

2. "Observe, it is not your business only to preach so many times and to take care of this or that society, but to save as many as you can; to bring as many sinners as you can to repentance; and with all your power to build them up in that holiness without which they cannot see the Lord."

3. "The duty of a Preacher is: 1) To preach. 2) To meet the Societies and Classes. 3) To visit the sick."

4. Five instituted and three prudential means of grace are listed. (How many of us can name them today?)

5. "As often as possible, rise at four."

6. "The best general method of preaching is: 1) To convince. 2) To offer Christ. 3) To invite. 4) To build up. And to do this in some measure in every sermon."

7. "Our religion is not sufficiently deep, universal, uniform; but superficial, partial, uneven. It will be so until we spend half as much time in visiting as we now do in talking uselessly . . . We must, yes, every Traveling Preacher must, instruct the people from house to house."

8. "We have a base, man-pleasing temper, so that we let people perish rather than lose their love; we let them go quietly to hell lest we should offend them."

9. *"We ought to throw by all the libraries in the world, rather than be guilty of*

the loss of one soul."

10. "The sum is, Go into every house in course and teach everyone therein, young and old, to be Christians inwardly and outwardly."

I was given my copy of the 1904 *Discipline* by a funeral director in this manner: One Sunday, a young woman made her first visit to our country church. After service she lingered and then came over to the parsonage for coffee. It was winter, and when she was ready to leave, her car would not start. I remember leaning over her motor as we fixed the machine. My tie picked up a little dirt, which greatly, greatly troubled Laurie. Too greatly. Something was wrong. I had much schoolwork that week, along with the pastoral duties. On Friday, I drove to the nearby library in the afternoon to work on a book report on a book by Robert Grant, the church historian from Chicago. I passed by Laurie's house on the way, and for a moment thought about stopping in to visit. In the early evening, I passed again coming home, and more clearly considered going in to say hello, as I had a few days earlier. But I had other things on my mind. When I got home the phone rang. Laurie had killed herself that afternoon. She had taken her father's hunting rifle, loaded it, put the barrel of the gun in her mouth, and pulled the trigger.

The funeral home that handled most of the Protestant burials was run by an eccentric fellow, alcoholic, who nonetheless had a deep reservoir of kindness and a love of children. he helped Laurie's family greatly as they grieved her loss. I have never seen grief so sharp and so bitter. I share this one memory, which is one I will never forget. As the family sat and prepared for the service,

I waited in the office, and went over the service again. On the shelf, there stood a 1904 *Book of Discipline*. I took it down and began leafing through the pages. Just before I put the book down to pray and to lead the funeral, I was arrested by this passage: *"We ought to throw by all the libraries in the world, rather than be guilty of the loss of one soul."*

I offer this memorial recommendation. Perhaps we could see our way clear to change the *Book of Discipline* at paragraph 439. I recommend we delete the paragraph, all 85 lines and 811 words, and in its place put the following 10 lines, 57 words:

<u>The Duties of a Preacher</u>

1. The pastor is ordained to a ministry of Word, Sacrament, and Order, as generally understood in Christianity, and in the history of Methodism.

2. The pastor will preach an excellent sermon once a week.

3. The pastor will make 50 visits every week of his/her ministry, including at least two calls for every hour spent in a meeting.

IT'S TIME TO 'DISESTABLISH' METHODISM

Richard T. Speck

I suppose I should say at the outset that I am not as such a church historian. My area of interest since I decided to leave parish ministry full time is Colonial American history, the early national period, which really runs, the way historians work this, from 1607 to 1865. I have settled down somewhere in the middle of that period.

I have had occasion to look in on the history of our denomination in those early years, and the history of other denominations as well, and I've spent a fair amount of time in looking at my own area, in looking at the establishment, the growth, the decline, the secularization, the disestablishment, and the resurrection of most of America's Protestant denominations in this period while they attempted to improve and rearrange American society. This was particularly true during the early national period, and by that I mean the 1810s and 1820s and 1830s.

Believing as I do that de Toqueville was

Richard T. Speck is an historian and professor of church history at Syracuse University, Syracuse, New York, where he is working on a Ph.D in Colonial American history. He is a member of the North Central New York Annual Conference, and has served as pastor to several churches in central and northern New York.

correct when he said that the past informs the present, and by so doing gives us an outline as to what the future might look like, I am going to take us back for awhile to the early 19th Century, and see whether or not it might suggest the outline for a vigorous, a growing, and a spiritually vital United Methodism in the 21st Century.

Social historians who have studied the early national period, at least those social historians who have studied the early 19th Century in the last two decades, have come to classify that generation of religious leaders right after the American Revolution as being conservative, self-serving individuals. Fearful of the rising currents of secularism that they found around them, and the egalitarianism in the new nation, these (and they were primarily Congregational churches in the early 19th Century who had this difficulty) newly disestablished--that is to say, kicked out of the nexus and from the support of the state, which is what it means in an historical sense to be an established church--these newly disestablished Congregational churches mounted a campaign of religious evangelism, and created a system of local, religious, benevolent societies in order to preserve their membership, in order to preserve clergy status, and in order to boost lay and clergy morale. Ministerial members and lay members alike in that period began to network with other churches, and created a series of interdenominational societies. They founded Bible societies and tract societies, promoted temperance (even before the Methodists got hold of the issue), promoted Sabbath observance, and tried to aid the urban poor.

But some social historians believe that what many of these churches wanted was not social improvement, was not a great concern for the moral temper of society, but was a means whereby their churches, now disestablished and kicked out onto their own, could find a way to halt or reverse their declining membership and prove their social relevance to their society by controlling the unruly poor, if they were urban churches, or showing that they were relevant in terms of quieting the moral perverseness of individuals like alcoholics. These early 19th Century churchmen lay caught, according to these social historians, in the last dying grasp of an old denominational order and had no vision yet as to how to be heralds of a new one. Their institutional forms had become obsolete. Their former spiritual vitality had been squandered on fighting a growing denominational crisis which finally came to a head in the early national period. And they had also squandered their spiritual vitality on fighting a rear-guard action against the breakup of what we call the organic community, which was typified by (does any of this sound familiar?) rising incidences of urban crime, growing use of drugs, a high divorce rate, a large and significant demographic shift in who the church was ministering to and the nature of our urban areas, the lack of parental authority, the alienation of children, and a growing recognition of the problems of racism and sexism in society. Their influence was negligible, and their motives were suspect.

Now a great deal of what historians have to say about these old, formerly established Congregational and Presbyterian churches as they entered the 1820s in the early national period is largely true. There were certain institutional motivations at work. They had become obsolete as a solution for the changing character of American society. They did no longer retain institutional forms of sufficient vigor which might enable them, both in terms of their local churches and at the national level, to take decisive action, either to stem membership decline, to boost lay and clergy morale, or to make themselves relevant. An increasing number of their membership saw them as part of the problem and not part of the solution in addressing issues of local congregational growth and spiritual vitality.

But I would submit that at this point those social historians who see the early efforts of Congregationalists as being solely guided by a cynical attempt to bolster their status and to shore up their denomination have missed the point somewhat. Acts of good works, benevolence, which is what Congregationalists used in order to bail themselves out from their institutional doldrums, and to bolster clergy status, and to halt the precipitous membership decline, were not merely an attempt to establish some sort of theocratic or therapeutic control over society and politics. Disestablishment had kicked them out of the state support nexus, and had freed them of old institutional forms and arrangements, and had allowed them to organize for social improvement at a local and a national level, and in the process of so doing, empowered local congregations to participate in a national vision. Thus they had come up with a humanitarian response to a growing list of local and national problems. Now they had the means to organize concerned ministerial and lay members to effectively develop one national voice, and addressed the decline of the local church by so doing.

Congregationalists and Presbyterians found themselves in this state in the early 1800s because their ministers had become largely settled, the basic institutional structure was several generations old; in short, they had reached, by the end of the 18th Century and the beginning of the 19th Century, a complex stage of institutional development. New leaders in a new century faced a growing list of social problems, and were desirous in using those social problems not only to advance the denomination and to shore it up, but also to advance themselves. They were also interested in countering massive defections to the Baptist church, to the liberalism of their own age, and to a number of moral and secular philosophies and movements in their own time. These new leaders searched for ways both to rebuild the denomination and to sustain the enthusiasm of the present membership that was yet committed to the church. Organizational innovation plus new broadened religious objectives became a way to translate piety into action, and to regain new respect and influence for the church at home, locally, and at large.

How did they achieve this relevance, this vitality?

They did it by making benevolence primarily, fundamentally, a local matter. By founding local benevolent societies that relied on local congregations to make improvements in American society, again locally, they made benevolence a congregational responsibility which informed, gave impetus to and direction to, and supplied leadership for the national church's witness. The main energy, then, came from the congregation in these efforts and not from above. Instead of social and political reform concerns being directed from above, and the priority and the agenda established above, with requests for support (almost always financial) being directed downward, the vision, the leadership, the tactics, the range of possible strategies, and the basic vitality for these efforts, always came from the congregation, in other words, from the bottom up. Indeed this somewhat self-interested institutional motivation for institutional self-preservation, had, by operating in this way, the most salutary effect on local church empowerment. They grew in membership, and in the number of projects which became part of a broad movement of religious humanitarianism and that revitalized these local churches.

The question now is, where was Methodism in this period, while Congregationalists and Presbyterians were undergoing this transformation?

Methodism had appeared on the American continent about 1767. In the early 1800s, the Methodists still preserved a high degree of unified sectarian zeal. Within its centralized and hierarchical structure, conflicts of opinion had not yet appeared. There was no discontent with Methodist programs for enlisting and retaining church membership through preaching. In short, the denomination in the early 19th Century had not experienced a sense of failure, and certainly had not experienced the kind of failure that Congregationalists and Presbyterians had. Because Methodist ministers kept aloof from secular affairs, because they did not preach political sermons, because they did not have settled pastorates, they did not make the kind of local connections that might have increased interest in local need for benevolence or tied it to a national advocacy. Nor was Methodism in the early 19th Century strong in urban areas; it had not become connected with, if you will, the large amount of suffering that was concentrated in urban areas. So Methodist preachers missed out on the kind of cosmopolitan influences which were informing their Congregationalist and

Presbyterian brothers. And they also, by missing out on those contacts, missed out on the kinds of change and institutional or denominational experimentation that city clergy brought to their denominations. Like Baptists and like Congregationalists and like the Presbyterians, Methodists did hold revivals, very successful revivals. But instead of forming religious and benevolent societies out of those new members recruited through the revivals, what Methodists did was take their membership and connect them directly to a local congregation.

Oh, that those days existed yet.

I'm sure all of us are aware that the organization of individual Methodist churches was always directed toward piety, not social improvement. Individuals met in groups called classes or bands, not to discuss social problems, not to discuss missions, not to give Sunday School instructions, but to seek for a state of personal holiness called Christian perfection. The duty of the early Methodist sect and the early Methodist was to perfect himself or herself to obtain sanctification, not to engage in benevolence or social improvement, because society would be perfected when the individual was perfected.

The Methodist Episcopal Church as it made the transition from being a sect to being a denomination followed virtually the same form of development as a denomination that the Congregationalists had followed some time before. By the early 1820s the sectarian zeal which had earlier typified Methodism, as it became a denomination, as so often happens historically, had begun to wane, and its development began to parallel that of its other sister denominations in American history. Its ministers demanded to stay longer in particular places. Conflicts with the bishop began to appear. And a group of young ministers from New York City began to demand that the church meet compelling human need in urban areas, and that the bishops of the church allow these young Turks, as they referred to themselves, to connect and network with other denominations within the urban area to meet that need. It was not, incidentally, until 1832 that the bishops of the Methodist Church allowed us to do that, to talk to other denominations about these needs that we found in our given areas.

After this, Methodists began to exhibit a strong interest in temperance and abolitionism. And this is what I think is interesting, that temperance and the anti-slavery cause spread so rapidly between 1829 and 1839 where they had previously met largely with absolute indifference among a large portion of the American population. It has much to do with the ability of the Methodist Church to make itself in a 10-year period from the fourth largest denomination to the largest denomination in America.

Now I think one could make a strong case that Methodists took up the cause of social improvement and tried to meet compelling human need as it became a national church, that is, addressed itself to basic questions of benevolence as it adjusted to what it meant to be part of the religious life of America, as it began to respond to the needs of this new nation.

It could also be said that Methodists took up the cause of enslaved African-Americans, and of the disadvantaged, and of a whole host of issues having to do with deviancy and dependency in American society as they became cosmopolitan, which is to say, as they connected to the environment in which they found themselves. And that connection with their environment is what had revitalized Congregationalism and Presbyterianism in the early national period. But doing that meant, when those churches were disestablished, that they were allowed to have and allowed to keep and allowed to develop the necessary financial resources to do the job at the local level.

Methodists came to view these efforts, local religious societies, as perfect means whereby the moral temper and the moral quality of society might not only be improved, but also as ways in which the national government would be kept from getting dangerous powers, powers that were not aided in meeting these local needs. Helping a human being, for Methodists in that period, was largely not a governmental responsibility. It was the responsibility of the local church, guided by a national vision. It was a community concern even after the idea that the organic community had begun to break apart. Religious benevolent societies, growing out of and established within congregations, served as intermediaries with government and overseers of government to ensure that democracy would actually function within a republican framework, bringing together in harmony people of various competing classes and sections and providing stable organization and a sense of community within a society that was continually in flux.

In sum, Methodist leaders planned their religious benevolent societies and the activities of their local churches in this regard as workshops that could band together as with a cord of love the citizens of this great country. In so doing, they believed that they were laying the groundwork for public virtue, which is to say moral excellence in society.

Congregationalism was considered established because in the years before and in the years immediately after the Revolution, it had become state supported, and Congregationalist ministers--there is no strong hierarchy here as such; the hierarchy was composed of those pastors who filled the pulpits of the largest churches--those opinion leaders always knew that in an established setting, there was a floor beneath which the denomination could not fall, that salaries would continue to be paid, and that for the most part the doors of Congregationalist churches would remain open. In short, there were a series of in-place, institutional subsidies, which also kept them from taking risks. The structure was quite comfortable.

In the two generations before Congregationalism is kicked out of the nest of the state, one reads in diary after diary of Congregationalist pastors the cry of, "We're losing it as a church. Our local congregations do not have the vitality they once had, and we are increasingly irrelevant to the society in which we find ourselves." In 10 years, in 20 years after they're kicked out of the nest, what do you read in the diaries of Congregationalist pastors? "Thank God we were disestablished, that we gave up the old comfortable structure."

Their basic structure was changed only because of the American Revolution, which was in essence and fundamentally a social, not a political, revolution. But I would argue that the Methodist Church is as established in its own way as Congregationalism was in its time.

Was does it mean to be established?

The basic denominational structure of a church is several generations old. In and of itself, it has become an icon, divorced from the larger issues of lay and clergy morale and declining membership. Indeed the solution to the problem and the inability to come to grasp with the problem may even be made worse by the structure itself. The final denominational crisis that congregations experience is usually a couple of generations old before it comes to a head, and has been preceded by membership decline in the neighborhood of at least five percent, lost to other more dynamic, institutionally leaner denominational structures, and, as I noted before, some liberal or secular philosophies of various descriptions and kinds. The final denominational crisis centers on a call for re-established relevance, usually followed by disestablishment, where the denomination enters a period of institutional experimentation.

In the case of Congregationalism, autonomous churches were lifted from their spiritual and social lethargy by becoming joined to a national vision, that is to say, by giving up a measure of their autonomy in order to receive a measure of vitality and empowerment at the local level. It may be that United Methodists in the 21st Century might want to contemplate moving the process in a somewhat different direction, giving churches more autonomy at the local level, all revolving around the concept that benevolence is going to be, given the changes in the political nature of American society over the generations, much more a local responsibility, and that social and spiritual improvement is more meaningful when it is developed at the local level and when the foundation is built there and has some strength.

Finally, in the early history of Methodism, the chain of events and causality for the denomination and for its agenda was set at the local level and not at the national level. The agenda resided there, be it spiritual or social concerns. They came from the bottom up.

I was struck by something that Frank Fukiama said in an article that set historians on their ear. It was an article that appeared in *National Interest* magazine in 1989. Fukiama, who was a Sovietologist in the State Department until he quit to discover the joys of writing and thinking, has also written a book along the same line, called *The End of History and the Last Man*, pardon that sexist term. But he said, you know, democracies thrive and institutions thrive when the basic movement is not from the top down, but from the bottom up, and when that process stops, then institutional vitality wanes. And of course the application of the analogy he meant for what is happening to American society right now. But he goes on to extend it to institutional strength and vitality.

When Methodism was its strongest, when it maintained its sectarian zeal, the impetus and the spiritual strength came from the bottom up.

Now let me give you one last example. Abolitionism--the state of African-Americans who were held as chattel labor--was not a concern of the Methodist bishops. Abolitionism did not come from the hierarchy. And all of the reform commitment--and remember this about Methodism: Methodism took the religious benevolence societies, the tract societies, the Bible societies, the temperance societies, all of which had been loosely organized--and made these part of a national agenda and a reform commitment that in some respects is with us today. We institutionalized concern for society's compelling needs. That is who we are as a church. And I suspect that that's who we want to be in the 21st Century as well.

Abolitionism then was not a concern of the hierarchy. It was a concern of Methodists in local congregations who came up against that sin and said, "We ought to do something about that." They made it part of the national agenda. And when the church steadfastly resisted, as it did, from going too far with that issue and demanding the full emancipation and freedom of all blacks, a lot of them left the church. And that was the first real institutional crisis that we experienced, in the breakup of the Methodist Episcopal Church North and South.

Methodists made this connection even though they were on paper, I realize, hierarchical and centralized all through this period. Methodists had an understanding of the local church in the network of the church that, I say, practically speaking, is different from what we operate with today.

Local churches had a sense of themselves as truly important to the denomination. They knew that the agenda was being set by them and not from above. They knew that they contributed the vision, they contributed the skill, and they contributed the leadership for the church, and thus they had a sense of importance that translated into a sense of empowerment and direction and strength. They knew what I hope that the Methodist Church in the 21st Century and local congregations can know, that the fate of the church, its strength, its relevance, and its vitality, lay truly in their and our collective hands.

"An Addressable Community"
Asbury First United Methodist Church
The Rev. Dr. Robert A. Hill

Sept. 2002 – Nov. 2002

Asbury First United Methodist Church

1050 EAST AVENUE . . . ROCHESTER, NEW YORK 14607-2293

"What Have We Learned?"
Text: Matthew 18: 15-20
Sermon preached Rev. Dr. Robert A. Hill
Asbury First United Methodist Church
September 8, 2002

My friend mentioned that this had been a splendid summer, hot and sunny, warm and exciting, splendid, with one exception. Exception? It ended.

We go home in the summer. Home to past associations, home to tangled relations, home to memories, home. I spend some of each summer walking along a village green, attended by ghosts. We talk. It makes for some confusion among the ordinary population. The ghost of Marilyn Loop greeted me. There must have been some trouble there, I thought. In the fifth grade, she asked the teacher, Mrs. Klingensmith: "If God created everything, who created God?" A long pause. A pregnant silence. The clearing of the throat. "I guess we will have to ask the minister about that". I have been waiting 40 years for the answer, with none apparent, and now I AM THE MINISTER. Hurt makes us ask things.

We deposited our last financial dependent at college. In the morning he met a classmate who had been in the same school for second grade. What brought Dad to Syracuse in 1988? I went that fall to work with the study abroad program. Oh, oh, oh my goodness. Yes, I still write to the families for my own sake. I agree. The Chancellor never recovered. There are so many questions about Lockerbie, about life. Hurt makes us ask.

Jan and I had dinner with Elie Wiesel in 1978, before he was famous. He spent 10 years silent after Buchenwald, and then wrote his *Night*. He tells about a few of the deaths in the camps, out of millions. I tried to copy in his scene about the boy's death, but somehow the words would not stick to the page of the sermon. You will remember the scene anyway, the hanging of a young boy. Tragic, evil, wrong. And how it ends: "Behind me I heard the same man asking: Where is God?" Hurt makes us ask.

And now Lockerbie has become 9/11 and the Syracuse 200 plus the New York 200plus. What have we learned?

1. *Have we learned to revere freedom?*

In the past twelve months we have recovered a deeper respect for the temporal freedoms we have inherited in this great land, as citizens here: freedom from the tyranny of kings, from the bondage of slavery, from the threat of dictatorship, from the despotism of ideology, from the fear of terrorism. We continue to have before us our President's fine phrase, "We shall meet violence with patient justice."

In the past twelve months we have also recovered a deeper respect for the spiritual freedoms of our faith: freedom from the tyranny of religion, from the bondage of flesh, from the threat of judgment, from the despotism of defeat, from the fear of the future. In W. Crossland's verse, we are free to do "the best things in the worst times and to hope them in the most calamitous".

In the past twelve months we have also recovered a finer sense of the divine gift of freedom, from God who loves us into love and frees us into freedom. Desmond Tutu: "God must surely love freedom, for God will allow us freely to go straight to Hell if we so choose."

2. *Have we learned to recognize sin?*

Sin may be out of our lexicons, but it is not out of our lives. The bitter biblical truth is clearer to us: there is something radically wrong with a world in which young mothers from Rockaway Beach and Union City go to work on time and plummet to their deaths. We get lost. It is our nature, east of Eden. We get lost in sex without love: lust. We get lost in consumption without nourishment: gluttony. We get lost in accumulation without investment: avarice. We get lost in rest without weariness, in happiness without struggle: sloth. We get lost in righteousness without restraint: anger.

We get lost in desire without ration or respect: envy. And most regularly, we get lost in integrity without humility: pride. If you have never known lust, gluttony, avarice, sloth, anger, envy or pride you are not a sinner, you are outside the cloud of sin, and you need no repentance.

But sin is not only personal. Sin is pervasive. Sin has a corporate, expansive, even institutional reality. We mistake its power, if we see only, say, several dozen individuals acting to destroy property and life in lower Manhattan. That of course is real, and true. But sin is the power of death, throughout life. Sin is the condition of life under which such treachery takes place. Sin is the absence of God. Sin is an orb of confusion in the world. Sin is the advance or retreat of a great thunderstorm, a frontal advance, though theological not meteorological. Sin is like a city blacked out, a power far beyond any individual lamp turned down, any individual light switch hit. Sin is a shadow, the one great shadow. Whatever is not of faith, is sin.

3. Have we learned to regard suffering?

Wiesel's scene in the camps, following the question, about divine absence, ends with the retort: "Where is He, Here He is- He is hanging here on this gallows." Jewish theologians - Fackenheim, Greenberg, others, have known for a generation that any real talk about God, after Auschwitz, centers on silence and suffering. They have long ago been driven to second Isaiah, to Lamentations, to Job. Now we too, in the Christian communion, will walk more readily toward the passages in Scripture that speak of divine passion. Can one speak of God after profound suffering? Where was God? Hurt makes us ask. If we are to speak truly to another generation we shall have to be brutally honest about God's absence and presence. Where was God? By God's choice, present in the broken hurt of the dying. By human choice, absent in the violence that begets more violence.

There is much of Good Friday in this world on every day, and those of us who worship before a cross find God not in redemptive violence but in redemptive suffering.

The real question, we could add, for every preventable catastrophe, is not Where was God, but where were we?

- Where was love? Buried in hatred.
- Where was joy? Underneath the rubble of pride.
- Where was peace? Awash in desire.
- Where was patience? Forgotten in the race to vengeance.
- Where was kindness? Given up for power and wealth.
- Where was goodness? Transfigured into willpower.
- Where was faith? Replaced by a faith in redemptive violence.
- Where was gentleness? Where indeed.
- Where was self-control? Lost in ideology.

God has chosen the way of the cross to bring love and freedom. In stark terms, that means that there is no divine goalie out there to stop the slap shot of nuclear misjudgment. We shall have to work out our own earthly nuclear salvation in fear and trembling. We have no time to waste.

4. Have we learned to hold out hope?

The Gospel of Matthew, which we shall follow this year, and beginning with today's lesson, holds out a great, high hope for human life, especially expressed in the life of the church. The gift to us of God, in Christ, is expressly this wondrous gift of the church. The very existence of the church, including this church, is a sign of divine confidence in what yet may be, divine confidence in our human capacity to untangle relationships and restore justice, divine confidence in an open and promising future.

We think of Ernest Freemont Tittle, who more than most in his generation fifty years ago, saw the contours of the future. Tittle: *...We of this generation are confronted with the revelation of divine purpose given in a human interrelatedness and interdependence that justifies the term "one world"...We find ourselves in a situation where no one nation can prosper unless all prosper, no one people can dwell secure unless security is assured to all ...we have got to act with due consideration for the rest of mankind if we ourselves are to prosper and dwell secure... Something beyond us, a superhuman purpose and power, is working in history, bringing about the increasing interdependence of men and nations, so that our sheer survival becomes ever more contingent upon the establishment of justice and fair play in all our relations to one another."*

Unlike the terrorists of 9/11, our hope is for the reign of God on earth as it is in heaven. Our children just offered that same prayer.

For us. One Day

The wolf shall live with the lamb
The leopard shall lie down with the kid
The calf and the lion and the fatling together
And a little child shall lead them.

The cow and the bear will graze
Their young shall lie down together
The lion shall eat straw like the ox
The nursing child shall play over the hole of the asp
And the weaned child shall put its hand on the adder's den.

They will not hurt or destroy on all my holy mountain
For the earth will be full of the knowledge of the Lord
As the waters cover the sea.

"Where is Your Passion?"
Text: Matthew 18: 21-35
Asbury First United Methodist Church
Rochester, New York 14607
September 15, 2002
Sermon preached by Rev. Dr. Robert A. Hill

1. Jim's Passion

Thirty years ago I was *invited.*

I was that morning invited out of a European History class into an adventure called the future. I met that day a college admissions recruiter. With our best, all our heart and mind, we all represent something. In breath, in mind, in body, today, you represent something, someone. Who? What?

Jim was perhaps 25, blond and tanned, dressed by the prep school model of the day, happy and easy, and he spoke quietly to me about college.

What, he asked, was my interest? He asked, straight, as later I will ask you, straight, about your passion. Where was I interested in going? Tufts - academic strength. Air Force Academy - western and different. Syracuse - Methodist (sort of). He listened, and then quickly, joyfully, happily explained how I could have them all, on a full scholarship, at a small Methodist college in Ohio. He neither pressed, nor pushed, nor persuaded. But he did make an invitation: "Why not come to Ohio Wesleyan?" A small private, academically strong, midwesternly awake, and Methodistically straight. (As my friend's daughter says, "A small Methodist school for small Methodists"). Kindly, honestly, with a real and cool passion for his mission, he invited and welcomed me. In a simple 30-minute talk, my life changed for the better, and that of my family for the better, and that of my children for the better.

No one I knew had ever been there, none of my relatives were OWU graduates, nor any of my friends. But when the letter came, a month later, with the promised scholarship, and a note in red ink at the bottom, "Bob, I loved your essay - come to Ohio Wesleyan" - I just sent the card back in a moment, and accepted, in fact - see how nonchalant we were back then before the search for a college became the quest for the holy graille - I accepted though I had not even seen the place, or heard any other voice but Jim's.

I asked Jim that day if the school had a sailing club. O yes, he said, I am the advisor. You know a sailing club in mid-Ohio, where there are no lakes and very little water, is like a snow skiing club in Alabama or a mountain climbing troop in Iowa. Yet, for a month, until I found another sport, I paddled around with Jim and others in the brown mud of the Oletangy. At Thanksgiving, headed for Connecticut, Jim offered a ride and dumped me out at the Carrier Circle.

Even then, somewhere down under, I knew I had been given a gift. And later my sister, now a lawyer, came too. And later my sister, now a mid-wife, came too. And later my daughter and son and son came too. All out of a cool passion and one simple invitation. And now with three children in Delaware, Ohio Jan and I should probably buy a house there and rent an apartment here.

And a month ago, 30 years within weeks of my talk with Jim, our daughter took a new job, doing something for which she has real passion. Oh, I wish I could say that she has Jim's desk, office, route, territory and sailing club duties. She hasn't, much as that would have helped the sermon, which always needs as much help as we, in love, can give it. But she has something of his. She has his passion. And this week she will sit with high schoolers in Cleveland and Chicago, and with a cool passion she will ask about theirs, as I will today ask you one thing about yours. In just a moment. While I believe this word for you, plural, to be a divine word, that belief is not based on my so-called insight, imagination, experience or wisdom (Of which there is plenty to be sure!!!). The divine invitation to your passion emanates from this year's evangelist, St. Matthew, from the long history of his Gospel in the church, and from your life today, potential though rather than kinetic. That is, this invitation to you plural, to you as a congregation, excitedly to unwrap the divine gift of a new passion, comes from text, from tradition, from today.

2. *The Passion of St. Matthew in the Text of the Gospel*

St. Matthew's fiercest passion, hidden from you in this sermon for a moment in order to build some interest and suspense, wells up out of the scripture for these weeks in September. Matthew holds a very high view of the church, far higher than we expect, far higher than yours and mine, I could add. In waxing religion today, the church is largely an expedient - to be used, often for good causes, but to be used to be sure, and then, if there is time, to be loved. If the horse is dead, dismount, says one. In waning religion, the church is often also an expedient - though here for causes more progressive than traditional, interests more mental than physical - to be used, often for good causes, but to be used to be sure, and then perhaps loved. This the fundamentalists and radicals have in common. What did Augustine say? We use what we should love and we love what we should use. Yet for Matthew, the church is empowered: with the means of lasting forgiveness (emphasized in today's harsh parable), with a mind for sound ethics, and especially with the real presence of Christ: did we really hear the word last Sunday, "wherever two or three are gathered together in my name, there I am in the midst of them"?

Matthew trusts this risen Christ and this voice of the risen Christ to free him to follow his bliss, to succumb to his passion. And what is Matthew's passion? What passion pulses through the parchment of this popular gospel? What force of energy is on the "kiviev" on the lookout, on the wing, hanging ten, parachuting in, ready to climax here today? It is the passion of an evangelist who finds every blessed possible way to connect a Jewish Jesus with a Greek world. It's the passion of an evangelist who enlists an old missionary teaching tract ("Q") to spread inspiration, truth, and joy. It is the passion of an evangelist who portrays your Savior among pagans, amid harlots, appended to the cross, about the resurrection work of compassion. It is the passion of an evangelist who sums up his Gospel this way: "Go make of all disciples". Here is this year's Gospel: the point of St Matthew the blessed evangelist is that he is an evangelist. *The whole point of the gospel of St Matthew the evangelist is that he is an evangelist.* He it is, not me, he it is, not we, who points you, Asbury First, to a new passion, one you plural have not intimately known. Matthew's passion? Seeking the lost! Churching the unchurched! Expanding the communion of saints, the only real circle of divine love!

3. This Passion in Tradition

So Matthew has been read, now and then. I turn the historians among you to the poetry of Dionysius the Aeropagite, the archaeological preservations of St.Helena, the mystic fervor of St. Theresa of Avila, the fecundity of Susanna Wesley, the marvelous zeal of Sojourner Truth, the compassion of Jane Addams, the alacrity of Berta Holden, the diligence of Margaret Wilcox, the voluminous voice of Violet Fisher. Some men helped along the way too.

This same passion moved Wesley from the Anglican Tree, shipped Asbury out from Brittany, placed the Gospel in a far country, and saved the souls of you and me.

One outstanding fact: by far and very far, Matthew is the most frequently quoted gospel in the first three centuries of the church's life.

I know the taste - I have savored it before. I can recall the landscape -I have seen it before. I want you to come with me. It is a long way from here and many days journey, some at night, and some in the rain. There are mountains to ascend and rivers to ford. Some grasshoppers will look, for a time, like giants. It may take up to 40 years. You will feel like you are in a wilderness. I cannot do it for you and I will not do it to you. But I can do it with you. You will have to follow, because as a church you have not been there before. You have been in many great lands - we have been in them together. The land of fine music, passionately played. The mountain range of excellent preaching, passionately presented. The high sea of fervent learning, passionately engaged. The broad river of mercy, in soup and socks, passionately provided. The stately garden of architectural splendor, passionately defended. The broad plain of investment, passionately guarded. The principality of excellence of care, passionately promulgated. The sphere of citizenship, passionately prepared. Yes, you are a great church, God's chosen people.

But have you forgotten the love you had at first? Have you begun with the Spirit to end with the flesh? Hear the Gospel! St. Matthew the evangelist, all this fall, will invite you to succumb to another passion, one you have not yet fully known. Not in the guilded age of progress? Not in the poetic artistry of Cushman? Not in the grand style of Crossland? Not in the programmatic varieties of the eighties? Not in the steady though stodgy growth of the last few years? No.

There is a divine disappointment and, embedded there, a divine invitation to us, here today at Asbury First: Come to the land of milk and honey, the milk of compassion and the honey of welcome. Discover, careful now as you unwrap the gift, the pure joy of a passion for compassion, a desire, of the first water, to welcome the stranger.

5. *An Invitation*

Where is your passion?

Here is a divine gift, Matthew's evangel. Come to church having looked all week for a chance to invite another along. Come to prayer having prayed through the week for someone alone. Come sing having recruited another singer and having sung the praise of Christ. Come to enjoy those happy in God by making someone else happy too. You talk too much to people already well known to you and Jesus. Here: invite, invite, invite, invite, invite. You only truly have what you possess well enough to give away. You only truly know what you have the desire to share.

This church is a rocket ready to take off. What is a rocket for? To polish and protect? To admire and praise? To dust off and inspect? To consider and critique? A rocket is meant for flight, and there is hardly anything in life more fun than the feeling of the rocket launched and sailing, on a saving trajectory, and we are on the edge, the cusp, the shoreline of such a launching! Houston, we are ready for the ignition that comes, and will come to this poised church rocket, when you risk with cool passion, an invitation to another. Let us agree, across the board, not to come to church again until we have invited someone else to come, too.

"What Are Our Patterns of Welcome?"
Asbury First United Methodist Church
September 22, 2002
Text: Matthew 20: 1-16
The Rev. Dr. Robert A. Hill

A. The Generosity of Divine Welcome

It is the generosity of the divine welcome that has placed us here this morning. The whole lesson today, and in fact much of the Gospel for everyday, can be stated as St. Matthew, at the end of this parable which he alone records, so states: "Do you begrudge me my generosity? Are you envious because I am generous?"

Only a sense of pure excitement, biblical or personal, will do to announce the outset and onslaught of this autumn, this year, this high moment in which, for the first time in its nearly 200 years of life, Asbury First may become, by God's grace, a welcoming community.

A welcoming community is ready to receive divine joy, eager to accept divine help, hungry to be addressed by divine truth, prepared to accept divine discipline. A welcoming community is honestly committed to engage in divine service. We are boldly set to go where none has gone before.

I feel sorry for those who sit, but not in church; who hear music, but not of this choir; who receive news, but not Good News. On Sunday I feel what Sondheim placed on the lips of Bernstein's Maria (before he had gone down the dark paths of Sunset Boulevard): "I pity any girl who isn't me tonight!"

The Gospel according to Matthew, *The Evangelist*, by which we shall tour the Gospel this year, while not the earliest gospel (said honor belonging to Mark), and not the kindest gospel (said honor belonging to Luke), and not the oddest gospel (said honor belonging to two dozen documents which the church rightly left out of the Bible), and not the most spiritual gospel (said honor belonging to John), Matthew was the most popular Gospel. Hence its place first in the canon, its obvious presence in the earliest Christian writings, and its place of honor in church history. Matthew exudes confidence in divine grace: open, lively, and embracing.

God is generous. Liberally so. Or so this parable teaches. Agathos is the word - generous, giving, good, loving. God is generous, even past the point of our grudging, reluctant belief.

The churches use little bits of Bible, lectionary passages, like the one read earlier, on Sunday morning. There is much to commend this practice, which for a second year we are using too. But it has been the death of Methodist preaching, to some degree, because it focuses on the mouse and not the elephant in the room. So these weeks I have been interpreting Matthew, and his lectionary bits, from the bird's eye view.

The main point is that Matthew has a passion: invitation. He invites you to share the divine generosity.

The main point is that Matthew is opening a gift wrapped package for this church, the relatively undiscovered passion for compassion, for sharing good news.

The main point is that Matthew, in this parable as in virtually all, celebrates the generosity of the divine welcome. So, this parable is about that generous welcome, made in the teeth of economic justice. But aren't they all, all the parables, really about this same announcement? God is like a man who goes out and sows bushels of seed. God is like a fisherman who casts out a net, wide and open, and catches the kingdom of heaven. God is like a patient king who forgives. God is like pearl giving, treasure finding hunter. God is like a boss who appreciates talents. God is like a shepherd hunting for a lost sheep. All these in Matthew! And when we add a prodigal son, a good samaritan, a lost coin - a Lukan parable set to match, it is the same astounding word: generous, generous, generous to a fault is the gospel of divine welcome. If we read Matthew right, in the large, he would rather learn from one bird how to sing, than to teach 10,000 stars how not to dance.

Methodism is at a crossroad. What is our passion, our reigning desire? We were born out of two proverbs: "the world is my parish", and "go on to perfection". Breadth and depth. Wesley said them both. They both have biblical merit, and traditional root, and reasonable appeal. But, in shove and push, which matters more? Breadth or depth? We have many deep passions: history, liturgy, architecture, music, education, service, through which are going on to wholeness, that rounded wholeness that is a sign of the holy, the perfect. Is this the love we had at first? Is this the spirit that conquers flesh? Is this the work of which Wesley said: spend and be spent in it?

I asked Jane Amey, whose mother carted her around the creation of the unified Methodist Church in the 1930's. Which is it Jane, which is the more important? World or perfection? She thought a minute and, blessedly, said: ""the world is my parish" is the more important, if you have that you may get the other." So right, so good, so true.

B. The Promise of Human Welcome

1. Welcome Space

Therefore, we do believe in God whose gracious love is open, lively, and embracing. Hence we want to become a welcoming community, and to take the next step toward making our church home as fully welcoming as possible - welcome space, gathering space, youth space, family space.

Let me pause to relate a short, possibly humorous story. Last winter an older man, a first time visitor, talked with a greeter and a pastor in the cloister. "Can you direct me to the rest room?" he asked. We started excitedly to speak to him about some future possibilities, including the hope that a new rest room might be located between where we stood and the parking lot. We began to describe the other welcoming characteristics of this new space:

greeting area, places for coats, washrooms, space for fellowship and coffee, a library table, a movable altar for informal services, places for meeting and intimate conversation. He offered an elfin grin, complimented the plans, and said: "That sounds great. I'm impressed. *But I really can't wait that long - where is the men's room?"* To welcome the stranger is as central a joy, task, and calling as there is in the Christian life.

We have experienced God's lavish, uncritical, personal love for us, in the passion and presence of Jesus Christ, and we want to share that love as regularly and warmly as possible. The church leaders who have been assigned to address space issues for the future think that the time may have come to prepare our campus for the 21st century, especially in accessible welcoming, gathering, youth and fellowship space. In other words, it may be time for Asbury First United Methodist Church to add a welcoming area, a "family room" to our church home. Our house already has a "formal parlor" (sanctuary), a "dining room and kitchen" (Fellowship Hall) and "bedrooms" for individual groups (adult classes, Sunday School, choirs, campus based ministries, staff, denominational offices). We lack what is essential for welcoming, fellowship and family life: ample, gracious, open, lively, embracing space in which to welcome the stranger.

People come to church with many needs and questions. Two are regular and primary. 1. "Can you help me find meaning in life?" 2. "Can you help me raise my kids?"

Regarding our current plans, it seems to me that the welcoming space addresses the first of the above questions, and the youth space addresses the second.

The gathering or welcoming area, in particular, allows the church space to "be", to live together, to discover meaning in the simple and direct way of sharing one another's life journey's and life stories. Guided by the Holy Spirit and focused on the Lord Jesus Christ, we can help one another find meaning in life: in fellowship time on Sundays, in gatherings after and before services, in receptions occasioned by particular life moments, in smaller group sessions, in some devotional moments, in the interstitial connections that occur coming and going as a church, in enjoyment of art work, in the powerful experiencing of meeting another soul in the confines of a beautiful space. The new welcoming space would meet these needs.

2. *Gathering Space*

Our mission at AFUMC is to develop disciples through worship, education and care. This plan is designed squarely to address that mission as so stated. In ***worship,*** for instance, potential advances in the Sunday morning experience of worship as it is intertwined with fellowship are addressed in this plan: simply put, we would not build a church today without connecting the sanctuary with ample gathering space, so that vertical expression of God's transcendence and horizontal trust in God's immanence are both affirmed. Whether or not this plan meets that dual need, the congregation will need to say. Whether the need so met is worth the price, the congregation will also have to say. But the plan is directly aimed at the *mission* of the church at this worship/fellowship point. Likewise ***education,*** particularly youth discipleship, is addressed here, downstairs. Likewise ***care***, especially in the full use of accessible spaces, certainly the gathering space for funerals, weddings, meals, small groups, is addressed here. In short, the whole plan was consciously and systematically created around the clearly stated mission of the church. Said one leader, "I think the basic issue is whether as a church family we want to add a family room or not. The last two places we have lived, as a family, one parsonage, and one our own house, we have done so. We have been glad we did, though we would not have ever gone into debt to add them."

Some general, further thoughts about our campus master plan (most of this most have heard before, or many times before):

a. The building serves the mission of the church (see above), and supports the ministry of the congregation. We want a ministry centered building, not a building centered ministry. "A mighty fortress is our God", not "our God is this mighty fortress". Hence, any physical property issue is always a level B issue, not a level A issue.

b. Our first priority is people: their health, nurture, safety, forgiveness, growth, discipleship, salvation, and eternal rest. *Within this, our first priority is new people, those who are starting their course in faith, and beginning their walk as disciples.*

c. Further, as this plan comes forward, it is clear that we "could" do this. The question is, when and how does the needle move toward, "we should do this". It is not a must. It is a may. When does it become a should?

d. This plan is a high B. It touches the heels of level A issues like generosity, stewardship, welcoming, fellowship, evangelism. To enact it, we would have to become a tithing church. This is good. To desire it, would have to become an inviting church. This is good. To construct it, we would have to become a united church. This is good. All good, and all hard.

e. On stewardship. For this plan to work well into the future discipleship of AFUMC, we would need to model good stewardship: no debt, every home committed, carefully planned, 50% of the money in hand before the full appeal to the congregation. At a minimum, this plan would cost the average giver 6 times the gift made for the roof.

f. Then we could live the dream: We would walk in peace and joy along the *Village Green* of life. Here, take a lantern. It is nightime. We leave the sanctuary. We walk through the spacious, open welcome area. Then (for this is only a start), we tour the expanded grounds of our ministry. At every turn, in this dream, there is a lamp lit. Look: just here is a new United Methodist conference office, for a combined upstate conference. Look: just here is a pastoral counseling center which specializes in the needs of women, created and guided by a retired pastor. Look: just here you find a lamp lit on the porch of an Urban Retreat Center, spiritually led by a spirited minister committed to this cause. *(And each of these projects tithes from their own budget back to the mother church that created them, thus providing the possibility of further growth. They learned to do so, over time, from the Storehouse, Dining Center, Nursery School, Daycare and others)* Look: just here there is the lamp of the porch of the county wide Wesley Foundation, a center for student ministry. Look: just here a lamp is lit over the door of a Hemispheric Hispanic ministry Center, from Emmanuel to Amor Fe y Vida. Our lamp leads us further: just here you find a religious drama center, K-12, and an elder care program, and…..Behold Asbury First United Methodist Church, The Lamp of the Poor!

3. Youth Space

There is no one who appreciates and needs welcome and welcoming space more than a new teenager. Listen to the following testimony from one of our former youth group members:

"Good Morning. Hopefully you have noticed so far that the theme of this service is the concept of a journey. If you haven't, I'm telling you now. A journey can take on many forms: A journey is taking a trip, or finishing a novel. A journey is running in a cross-country race. For any of you that have run cross-country, you know that it is physically painful, and emotionally straining. Similarly, a journey is staying awake through an entire sermon on an early Sunday morning. Everyone encounters opportunity to journey every day. In thinking about this topic, I came to the conclusion that my life is basically a series: some good, some not so good, but all with something to offer. I want you all to look back about four years to the summer of 95. Ben Hill as a pre-freshman 14-year old. It may astonish some of you to know that I was not the robust man you see before you. I was about 5 feet tall with big glasses and a baseball cap. It was at the beginning of that summer that my parents told me that I was to go on a mission trip with 25 of the youth from our soon to be new church. Now, it's not to say I wasn't grateful for the invitation, but the idea of spending a week with 25 kids, mostly older than me that I had never met before, was not exactly appealing. Nonetheless, my parents insisted, and comforted me by saying "Everything will turn out all right". Well I was glad that they believed that, because I sure didn't. I remember arriving, and having an awkward conversation with Chris Zimbelman, who is now a close friend, while carrying boxes that I thought were pretty heavy, down to the youth room. I remember being embraced by one of the parents of a youth on the trip. For the sake of confidentiality, we will call her R. Barrett. The week that followed was one of the most interesting weeks of my life. For me it was like going to summer camp for a week, except that everyone else there had known each other for years. I couldn't tell you who the first friend I made was on that trip, I don't remember. It was as if I had been absorbed into the group through osmosis. I cannot begin to describe to you the importance of that journey. It increased my comfort in a new place, and allowed me to know someone in the hallway at school. When I look back, I can't think about my start in Rochester, without thinking about that trip." (For the sake of confidentiality, we will call the author Ben Hill)

4. Family Space

It may be that the time has come for Asbury First United Methodist Church to add a family room to our church home. As we said earlier, our house already has a "formal parlor" (sanctuary), a "dining room and kitchen" (Fellowship Hall) and "bedrooms" for individual groups (adult classes, Sunday School, choirs, campus based ministries, staff, denominational offices). We lack what is essential for fellowship and family life: gracious, open space, welcoming and inviting space, a space to meet and greet and watch our children grow, a place where men younger and older, women newer and more veteran, people single and married, children and grandchildren and great grandchildren can get to know each other, and where, before and after and outside worship, the people of God can justly welcome newcomers. Is it time to add on a welcoming, family room?

5. Supporting Advantages of the Project

1. The project advances our mission of developing disciples through worship, education and care. Our worship of the transcendent God can occur in tandem with devoted intimacy with one another. Our education of youth can receive needed new space. Our care of one another finds a place where we can, as a full congregation, "watch over one another in love".
2. The project enhances our vision of becoming a spiritual village green, the religious epicenter of the county.
3. The project teaches good stewardship to another generation by encouraging tithing, rejecting debt, requiring 100% involvement, and perhaps using up to 10% for missions or for a missions endowment.
4. The project is unifying for a broad and diverse congregation that needs more unity.
5. The project helps us continue to grow, as churches across the country testify.
6. The project expands our youth space.
7. The project is difficult, and will cause us to stretch and use new muscles, and to get in good shape.
8. The project builds on the care and maintenance of the last 7 years (new roofs, parking lot paved twice, Campus Care Coordinator hired, new sidewalks, Teak Room, new porch 1050, improved entrances to 1010 and 1050, upgrades in education wing, Dining/Caring Center expansion, refurbishment of 1010 and 1050 interiors, computer network installation and upgrades, 1010 apartment rehab, sound system twice, organ enhancements, carillon replacement, landscaping work, youth room improvement, etc.).
9. The project meets three primary needs as identified by the congregation: accessibility, expanded youth area, and welcoming space.
10. The project provides for a gathering space envisioned in the 1950's, approached in the 1980's and imagined again in the later 1990's to be used for: welcoming newcomers on Sunday morning, deepening fellowship across generations,

interests, and groups on Sunday and during the week, settings for informal fellowship weekend and weekday, place for alternative worship space for non-Sunday services, and in general open space like that provided by a village green in a small town.

11. The project comes at a time of significant growth in worship attendance, membership, and ministry.
12. The project honors and enhances the architecture of the past while addressing the emerging needs of the future.
13. The four primary risks of the project are debt, discord, deflection, and decay. Debt can be avoided by raising the money before spending it. Discord can be avoided through laborious, careful and lengthy processes of discourse. Deflection from our mission can avoided by keeping the project in perspective. Decay in our future ministry will be avoided depending on the kind of leadership, primarily clergy leadership, in the next generation, which this kind of forward thinking project may rightly inspire.

6. Thoughts on the Process Moving Forward

1. As a subcommittee of the Board of Trustees, who corporately bear responsibility for our physical plant and invested funds, the proposed plan from the Master Plan Implementation Committee (MPIC) goes first to them for their consideration, rejection, approval, or emendation. It goes without saying that they may do what they want, as and when they want, with our work. I believe they both need and deserve to take ample time to analyze this plan that is fifty years in coming and will have 50 years of effect. (Completed 2001)
2. Ad Cab next needs to see whatever report, in any shape they desire, that the Trustees would like to provide. Ad Cab too, from a broader programmatic and ministerial perspective, will want and need time to pray and think through the plan, as proposed to them. (Completed 2001).
3. At the direction of the Ad Cab, an Advisory Council meeting could then perhaps be convened, for full church advice and counsel. Such a meeting could either initiate or

culminate a traveling presentation of the plan, for consideration, comment and alteration, throughout the adult classes and group life of the church. The full leadership staff would provide one of these settings. (Completed 2002)

4. At this point, a time of prayer, personal and congregational, well-developed and well-practiced, is crucial. Perhaps our Spiritual Life Committee could help guide us here. I have in mind a congregational letter, seasonal prayer vigils, and active work by the Intercessory Prayer Group, so that the whole process will continue to be immersed in serious prayer. The 'MPIC' devotions, so well crafted over these months, might at this point be compiled, printed and distributed for fuller use. (Informally addressed)

5. If consensus seems to be building after steps 1-4, then a feasibility study (approximately 2 months, and $8,000) would be appropriate to test what real, measurable financial support, from the inside the existing congregation, is present and has developed. For a campaign of this size, scope and moment, I would not personally choose to proceed without a professional, experienced, autonomous feasibility study (a kind of 'future audit'). The recent Sunday reading from Luke 14, on counting the costs and resources for projects, seemed to be oddly appropriate for us. (In process, Autumn 2002)

6. Our District Committee, and the District Superintendent and Bishop, would need to review and approve, modify or reject the plan (assuming the cost of the work exceeds 10% of the current property value). I do not see this as a lengthy or difficult step, but it is an important one to keep in mind. (tbd)

7. If at this point, the questions of "if", "what", "when", and "how" have responses that carry solid consensual congregational support, then a plan, including a plan for funding, and a plan for building, would rightly come before a Church/Charge Conference, heavily communicated, and perhaps further prepared by another Advisory Council meeting, and other smaller group sessions. Such a conference would be at the request of the Pastor-in-Charge,

and at the direction or discretion of the District Superintendent. There may be still other process issues (Preservation Board, etc), and some of these suggestions noted above may prove to be inappropriate, once we are underway. (tbd)

8. In the end, whatever we do or do not do, may those looking back from 2010 or 2020 on our process marvel together: "See how they loved one another through it all, and see how the project further enhanced the church's growth".

7. A Personal Word

I believe that our plans, to the best of our ability to judge this sort of matter, are the right thing in the right way, and close to the right time. I support, personal and pastorally and publicly, the plan to add this welcoming space. Now it may take us a while to get finished. After all, in some sense this plan has been on the map for 60 years. So we shall have to gauge the time as we go. But let us make our start. As you well know, I cannot do this for you and I will not do it to you. Here is what I mean. I can think of a church that built a great building, but relied on their pastor to raise the money. He did. He did it for them. They missed the chance to learn to tithe, and went forward with generations of weakened stewardship. It will not help to do it for you. I also can think of a church whose minister made peremptory choices about symbols, choices that may have been right. He did. He did it to them. They continued for generations to harbor a resentment about and a distrust of pastoral leadership. It will not do to do it to you. But I am eager, and I believe we are eager, to do it with you. We can do it. We should do it. So let us begin. Let us this week, individually and in our groups, set apart times for discerning prayer about this question: "What are our patterns of welcome?"

"BY WHAT AUTHORITY?"

Text: Matthew 21: 23-32
Asbury First United Methodist Church
September 29, 2002
The Rev. Dr. Robert A. Hill

A Biblical Question…

The other day I stopped at the Seven Eleven for a paper. Three of us waited while a new cashier, perhaps from India or Pakistan, grappled with the mysteries of her computerized register. Her customer was not pleased. He had asked for a pack of cigarettes, which she haltingly produced. The computer did not cooperate. She apologized. He fumed. At last the register registered his bill. He did not have, or could not locate easily in his jeans, enough money. Angry, nettled, embarrassed, he hurled the cigarettes back, scooped up what money he had, and raged on out. The pick-up truck squealed as he shouted and gestured a form of valediction. Our service provider returned to her struggles. The day *inched* forward. Somewhere, though, the question lingered about our angry white male customer: who died and left him boss? By what authority does one hurl judgement at another? And what one of us has not done so?

The Gospel of Matthew, we understand, was composed, part by part, to meet the needs and answer the questions of the third generation church. Now Jesus has gone. Now Paul has died. Now those whom Jesus gathered have gone. Now those whom Paul inspired have died. Tell us, Matthew, the good news in truth about living together as a church. Tell us about your passion for compassion. And tell us, too, about children and their place in life; about marriage and divorce; about money and its ills and blessings; about heaven; about leadership; and, so today, about authority. What Jesus has said Matthew has noted in ways that are helpful to his church.

At the end of the first century, when this Gospel was written, the still new Christian church, spread out across the Mediterranean, needed answers to big questions. Is the gospel meant for some or all? How shall we determine the truth about this and other issues? Where can we locate the authentic words of Christ? Who will have authority in the church and of what kind will that authority be? Matthew teaches about authority a dozen times in the course of his gospel. Today we traverse the path of one point in his teaching.

A Personal Question…

After the Seven Eleven paper debacle, I was reluctant to enter another store. Shopping, in any case, for me is stepping into the forecourt of hell. I need little excuse to avoid it. In any case, I had a sermon to imagine. I had agreed, though, to pick up some more paint. We are painting our empty nest. It is good therapy in an odd season. For the first time in twenty years I can get a good night's sleep on Saturday night. You would think the sermons would improve. Entering Sherman Williams, I paused to let another fellow, clearly a professional and experienced painter, or at least an energetic and swashbuckling painter, in any case, one self-painted from head to toe, pass by as we headed for the counter. I needed two gallons of the interior latex paint on sale for $18.00. I knew this coming in. It was my only planned and only needed purchase. A two minute deal. One attendant greeted us. Who is first, his eyes asked. I deferred, to my contestant, in the way you do when you know that both of you know that you were there first. Of course though out of courtesy, you are giving way you know and the other knows that you were first and he will of course readily say so and demur, deferring back. He did not. I waited as 5 different gallons of specially mixed, exotic paints were prepared over many minutes. I fumed. I paced. I glared. I looked up and outside, and there, working in the hot tar and paving the parking lot, was the disappointed cigarette purchaser, and colorful valedictorian, of the Seven Eleven. Now he was outside, calm, pouring tar, and I was inside, pacing, nettled. 25 minutes later my contestant, the professional painter, paid the bill, still looking down, not sheepishly, or at least not sheepishly enough. Somewhere amid brushes and drop cloths and rollers, though, a question lingered. Who died and left him first? By what authority? By what authority, too, did I silently hurl judgment upon him? Who made me judge and jury?

The lectionary harms us again this week. Following from the two parables read September 16 and September 23 comes this dark tale of unresolved authority. With only our public reading of the gospel, you would never know that St. Matthew has just a moment ago, in Chapter 20, delivered a remarkable sermon about authority. It bears frequent repetition. It might well happily, that is, have been included in the lectionary. But no. We shall have to cut and paste.

You remember that in Matthew 20 the mother of the sons of Zebedee asks that they be given special position, when Jesus brings the kingdom. But Jesus takes aside James and John to say that it is to be different among his people. They are not to lord it over one another. They are not to find authority in power, but power in authority, not authenticity in power, but power in authenticity. They are to watch over one another in love, but to remember that responsibility shared easily becomes responsibility shirked. Everyone's business is no one's. As Paul told the Galatians in verse 2 of his last chapter, "love one another and so fulfill the law of Christ"; or, as he then interpreted himself in verse 6: "each man must bear his own load". They are to define authority by hardworking service, by responsible self-giving. Who would be greatest, must be servant of all - slave of all, with a little self-awareness thrown in. As T. S. Eliot wrote: "who would serve the greater cause may make the cause serve him". Authority raises a personal question.

A Religious Question…

My Saturday continued, unaware that its unsuspecting contours would later be fitted to the flow of a narrative sermon. Using the historic present: I park for a moment to be inspired again by the spire of this church. I wonder if the congregation will take the preacher at his word the next day and invite someone to come along, whether or not the invitation is accepted. 24 hours later I am to be jubilantly impressed at how many have done so. It is good exercise. Asbury First is like Bermuda, an enchanting combination of physical visual beauty, and personal verbal courtesy, the best of nature and architecture and culture and posture. An oasis, of sorts.

There is a rising tide of discourtesy flowing over us, to be sure. But it is what comes out of a man, said Jesus earlier in Matthew, that defiles him. I suppose I am too sensitive to this question about authority. In the well nigh radical sphere of freedom that is the open expanse called church, there are hourly authority issues. By what authority? A firmly and rightly posed question. The Protestant churches have hundreds of years of experience trying to balance the needs for order on the one hand and the inevitable corrupting influence of ordering power on the other. So Luther split the church in twain, over authority. So Calvin retranslated and reinterpreted the Scripture, over authority. So Wesley ordained Coke and Asbury, to work in this country, over authority (telling them never to call themselves bishops). So in our time, the endless struggles over theology and order devolve so often into contests over authority. We rightly, from the perspective of the tradition of this church, delicately weigh all assertions about authority.

Otherwise we fall victim to a form of religious blindness. See: like the lectionary, the Pharisees have missed the whole point. Jesus knows they are trying to trap him, to see if he will commit blasphemy. Jesus here falls in behind John, as he did in their births to Elizabeth and Mary, as he did later along the Jordan river at the outset of baptism, as he did in the prophetic preaching of the 1st century in recollection of the prophets of old, as he did in avoiding the charge of madness ("he has a demon—behold a glutton and a drunkard"), as he did at last in death, the baptist beheaded well before the crucifixion.

But the church for which these words were meat and drink, Matthew's church, and the many others who used his collection, did not miss the point. Jesus had something to say to them about authority. He had known and dodged the dangerous challenges of political and religious authorities. He slips out, slips by, at least for now. It would not be hard to imagine how encouraging and inspiring the scene might have been, remembered in the year 90ad.

If nothing else, as practical help this week, let us with Matthew and his church admire and smile and chortle at the creativity, imagination and enterpreneurial cunning with which Jesus evades the cops. The middle gospels, Luke and Matthew, are written near and during the reign of Domitian, a Caesar who sent out an empire wide persecution of atheists, that is of Christians, and of others who did not worship the Roman Gods. They also were dodging and weaving in the face of civil and not so civil authority. Some were perhaps being taken, and some dying.

Here is how our gospels came to life:

Faced with the care of widows and orphans, Matthew remembered Jesus' teaching about the poor and the young.

Faced with the need to raise another generation with discipline and compassion, Matthew remembered Jesus' teaching about a house built upon the rock.

Faced with inevitable dilemmas related to money and resources, Matthew remembered Jesus' parables and sayings about God and mammon.

Faced with the desire to share his own fierce passion - saving the lost, reaching the outsider, welcoming the stranger, churching the unchurched—Matthew remembered Jesus' own parables and manners and patterns of welcome.

Faced with the vital questions of how to arrange and manage the affairs of a nascent organism, a church body, Matthew remembered that Jesus had something to say as well about authority, and that Jesus had run his own risks in the face of authority. Authority raises a religious question.

A Political Question…

Meanwhile, along the roads in Rochester, my shopping duties done, I had finally meandered into the office. Coffee on, e-mail dispatched, desk cleared, ah, a moment to meditate and to write.

Writing and visiting, two joys that keep me in the ministry. Another of the real joys of ministry with you is the thrill of anticipating our gathering on Sunday. From the layer beneath the skin, in the old bone structure of this church, there is a physical mind that is ever alert, ready to sense, beneath all our pageantry, a full sacrament of love. A Presence. All of the symbols of our common life, even in the great and beautiful space of this sanctuary, are symbols of servant authority. A pulpit: filled by a servant of the Word. An altar: prepared for the eucharistic sacrifice of praise and thanksgiving. A robe and stole: worn to signify the yoke of Christ, a burden and light. A cross, a cross, a cross....GONG! My reverie was suddenly interrupted. The Saturday doorbell rings, and in comes an unknown neighbor to comment on the playing of the chimes—*is there something wrong with your bells*? No. Apparently we were playing some unfamiliar hymns. (Like our sermon hymn today.) We would love to see you in church. *Oh, I am distant from religion.* Even so, he listens, and stops to question the ringing authority that somewhere, somehow means something to him. He leaves, and in the quiet of a Saturday I am again left alone to murmur and ponder the people of God in worship, to see the faces uplifted in hymn and affirmation, to sense the hidden struggles, to admire the silent courage under duress, to be humbled again by the individual acts of kindness and goodness embodied on the Lord's day. Here you are. You are beautiful.

I lollygag. The paper bought at the outset of the day and the onslaught of this narrative episodic sermon lies unread. I flip - now a habit—to the op-ed page. I skim - now a habit - the last two paragraphs of each editorial. A Yale teacher is wondering about authority. Can one nation act alone and unilaterally? Now, paper before me and a sermon for eight days hence to consider, I can see and overhear an anxious concern in the hearts of our people. It is related to the question of authority. In August our staff committee met and I listed three concerns I could see on the horizon for the fall: staff development, building issues, war and peace.

War and peace. Ah, yes. Coffee brewed, radio tuned, here is what I wrote last Saturday. Over time, I would covet your responses: *In most of our churches, people of faith have usually assumed one of two traditional positions in the face of armed conflict, or as is often the case, a kind of wisened situational combination of the two: pacifism or just war. Often, too, the chief job of the pastor in such a time is to help the congregation think clearly, and also to maintain space for a variety of views within one body. There is much space here at Asbury First. Think of it as an expansive village green. The pacifist position depends upon Matthew, in verses like Chapter 5: 38: You have heard that it was said, "An eye for an eye, a tooth for a tooth". But I say to you, do not resist one who is evil. But if anyone strikes you on the right cheek, turn to him the other also." The activist position does too, in verses like Matthew 10: 34, "Do not think that I have come to bring peace on earth; I have not come to bring peace, but a sword...he who does not take his cross and follow me is not worthy of me." How shall we think about this?*

I know, given the stature and venerability of this pulpit, that many of you have heard these points rehearsed many times, and engaged wisely and sensitively in the past. Perhaps there is little that I can add. You remember that there have been five basic criteria, from Augustine to Aquinas to us, in the so-called just war theory: just cause in response to serious evil; just intention for restoration of peace with justice, not self-enrichment or devastation of another; last resort; have legitimate authority; have a reasonable hope of success, given the necessary constraints of discrimination and proportionality. I am indebted to my friend Phil Amerson for this summary in a recent Oxford paper, available in our church office. These are difficult times and serious questions. Shakespeare: "Who the sword of heaven will bear must be as holy as severe."

Response...Restoration...Last...Authority...What has caught me, at least, unprepared this fall, is that it seems that our current course as a country moves in a third way, apart from both the pacifist and activist positions in the history of Christian thought. It seems, at least, that some of our moral debate has now taken leave of the history of Christian ethics altogether, leaving behind both the pacifist and the activist, both the non-retaliatory and the just war positions. What Congress now debates, and is apparently ready to approve, is not a response but a preemption; not a restoration but a dislocation; not a last but an initial resort; not an act based on a communal authority, but a nearly unilateral act. We are told that this is a new age, that patience must be balanced with realism about the threat at large, that in due time we shall be shown the proof for the need of this new doctrine. But let us be clear: preemption, destruction, initiation, usurpation—these have little basis or foothold in the history of Christian thought, to this point. None, in fact, that I can locate, though am eager to learn from you and others. (No proof more profound can be found to show that truly we live in a post-Christian age). We are left, as disciples of Jesus Christ, either to redefine the expanse of Christian ethics developed over 2000 years, or to reconsider our current debate. Let me ask us in the coming week to assess what we think is true by the mysterious measure of today's scripture: "By what authority?"

And So…

The rest of this one day in the Day of God was consumed in the act of painting, together, across the quieter expanse of a now empty home. I had no illusions about the authority under which I was set to work. Like the children of Israel I labored a bitter yoke, struggling to accomplish what had been ordered. Mercifully the day ended as we had been invited to two social dinners, both by adult classes of our church and in our church. In the fellowship of this autumn evening we were again connected to our roots in faith. The welcome of a happy gathering, a good meal, a thoughtful program, a generous greeting, a confident service - all these greeted the end of this day. Particularly charming were the clear evidences, in both classes, of active and effective welcoming to newcomers, strangers, new friends. There is a form of authority that is not authoritarian at all. It is the authority of service, to which we are drawn as to our truest home. "Whoever would be great among you must be your servant… Even as the Son of man came not to be served but to serve."

The servant welcome of the adult classes came to mind again in our men's group as it studied Service Tuesday early in the morning (ex libris Dallas Willard), "service":

"What Voice Do You Hear?"
Text: Matthew 22: 1-10
Asbury First United Methodist Church
October 13, 2002
Rev. Dr. Robert A. Hill

Presence in an ordered service of divine worship, your presence here today for instance, is one sign of trust that in this life we are being addressed from beyond. Your presence this morning is an indication, a witness if you will, to your intimation or confidence or something in between, that you are hearing voices, that you are called, spoken to, addressed. What voice do you hear? What characterizes the voice you sense from beyond the bounds of time and space?

By the way, this sensibility created Methodism. Our movement was given voice in this question. Wesley put it a little differently: "Do you know God to be a pardoning God?" What voice do you hear in the reading today? The parable of the wedding banquet, retold in Matthew from a kinder Lukan version, rests on this conviction of a divine beckoning and calling. Here the call is part invitation, part warning, and part summons.

Invitation

Do you hear a voice of invitation?

I think we seldom recognize what a powerful thing an invitation can be. In composing this point I had to stop for a while to let the flood of memory subside along the riverbank of understanding.

In late 1978 we were beginning to adjust to the thought of a first child on the way. Some of you are adjusting to that thought today. Later that winter Jan fell ill and was hospitalized at six months. Surgery was required to remove an ovarian cyst. We were very frightened - at such invasive action, at the prospect of a child lost, at the possibility of even greater danger. We relied on families and friends and young faith. We prayed like you do when you have nothing else. In the time that followed, in the weeks of recuperation, I had a call from an old friend, Bill Swales. He had been thinking about our condition. He called to invite us to take a church in Ithaca. "You can finish school long distance. Forest Home is not much of a church, but it is open. And we want you to come home." On the strength of that invitation, carried along the veteran voice of trusted superintendent, we changed our plans, and 25 years later the formative power of that humble human beckoning looms very large indeed.

We know the power of an invitation when we hungrily receive one heartily desired. Nothing in all the world ever happened between persons without invitations. Every sermon is in some way an invitation to decision for Christian discipleship.

You receive today, again, a personal invitation. The invitation is meant for you, sent to you, an event for you. You are invited to attend the wedding of heaven and earth, to lead a godly life, to lead a life worthy of God, to live in faith and by a conviction, which is a trust, faith is a personal commitment to an unverifiable truth, if we had all proof we want we would not have all the faith we need. Will you come to the banquet?

The voice of invitation is an enticement, a coaxing, a luring, a courting. The board is spread, the meat and drink are prepared. All is well in the house. This open invitation is the mark of Christianity at its best. This invitation is a sign of respect for the diversity of the creation, lived out in tolerance of differences. And what is tolerance but to listen, listen, listen? This church, for all our faults, exemplifies such an openness and tolerance of difference. All too often a church is made up of "moral people who have not time for Jesus, and little interest in the joyful news of the kingdom of God." This invitation is not only open and far-flung; the invitation also goes out with a note attached: "the food will be tasty". In this kingdom there is concern for quality as well as for quantity. There is something satisfying to be had at this meal. We are not always fully awake to what is available within the tender web of human relations.

You remember that St. Matthew, the Evangelist, has a passion. It is evangelism. The point of the Gospel of Mathew the Evangelist is that he is an evangelist. This is his love. His first love. To seek the lost, gather the dispersed, church the unchurched. And it is a passionate love. I can see your passions in the red cheeks, changed breathing, throbbing temples, scowls and sighs, angers and fears and hopes and dreams that attend them. Music, architecture, history, homily, mission, symbol, country, group - these inspire passion. Mostly good. Matthew offers the gift, divinely wrapped, of another, different passion: sharing a first encounter with Christ with those who do not know a single verse, cannot recite a single psalm, cannot describe baptism and communion, do not have a favorite hymn, and have no experience of church committee meetings. This is the great joy of faith, to share it. We only have what we can give away.

The fun of teaching knots is to show the tenderfoot the square knot. Everything else is derivative. The joy of coaching swimming is to help someone learn to float. All the rest is a corallary. The excitement of instruction in a language is the alphabet and the first declension and the initial vocabulary. All the rest is subordinate.

Matthew's passion, offered to Asbury First as a new gift this autumn, is invitation. This is the gift that truly keeps on giving. Find the joy of a treasure in a field, a lost coin found, a prodigal fed, a seed planted, a mustard seed nurtured, and a wedding feast celebrated, and you have found St. Matthew's passion.

The capacity to offer a genuine invitation depends on the measure of verbal kindness, and so personal trust, within a community. Let me ask you to pause for a moment and think about the way we speak.

- What words are on our lips in worship?
- What goes into our conversation at the dinner table?
- What do we say to each other over morning coffee?
- What do we tell our children as we tuck them in at night?

- What news do we share during commercials?
- What is the quality of our discourse?

We are invited to feast with one another. We are invited somehow to communicate to one another that the joy of the Lord is our strength.

You know that Jan and I spend much of the summer on a lake in Central New York. I have overburdened you in the past with reminiscence about a lovely college town nearby. There are other towns too. One is the little hamlet of Morrisville, whose banners carry the slogan, 'One step ahead…' I mentally add, "..of the sheriff'. Visually Morrisville offers little. It is a town that never really found itself. Like many lives we can name. You will notice there the sagging roofs, old buildings, gas stations and pizza shops and bars, and a struggling two-year college. It is nothing to look at. But I must bear witness also to what I hear in this visually vacuous village.

In the course of one hot afternoon, I am addressed with kindness. In the car shop: "the tires need rotating". Neither greed nor pride, but honest concern. In the grocery, over bottles returned: "How are you doing without him?" Neither perseverating grasp nor idle curiosity, but genuine concern. In the hardware, "Did you hear about Bill's wife?" Neither gossip nor chit chat but heartfelt worry. In the Town Hall, "It's Rev. Hill". Neither flattery nor false humility but genuine concern. For all its visual vacuity, one hears there a verbal beauty that is cultural prelude to the gospel. Those who have cultural ears to hear, may yet hear.

How many of us, by contrast, live lives that are visually beautiful but verbally vacuous? Maybe that is why Luke, in his telling of this parable, has the invitation go out to the poor, the maimed, the blind and the lame. To begin to invite, let us begin by attending to the character of our conversation as a community.

Warning

But the master's call, as Matthew's darkening tale reveals, is not heeded. The invitation is "taken lightly", or as Matthew puts it, "they made light of it, and went off, one to his farm, another to his business, while the rest seized his servants and treated them shamefully." As they had, we are meant to interpret, the prophets of old.

The divine calling does not stop, but we now hear a second dimension of it. Here the call is not so much an invitation as it is a warning. One of the most startling points in the study of the parables is to notice the difference between Luke's account of the story in Luke 14, and today's reading. Matthew is angry. Here a man has become a king, those who refuse are not forgotten but violently killed, those who miss their chance are not worthy, and many are called but few are chosen. It is hard for me not to overhear some bitter church experience here, perhaps related to the persecution under the Emperor Domitian in the last decade of the first century.

While we may chafe at Matthew's intensity, we can readily appreciate this new voice, a voice of warning. Jesus exists for us at some points as a warning. A warning that there does come a time when it is too late. All the parables have this element in them. The mercy of God is eternal, never ending, all pervading. But the time to accept the invitation is passing; the time to accept is the eternal now. There comes a time when it is too late. When we are sensitive, we hear this same warning all around us.

Here is a business leader, Charles Willie, warning of emptiness: "Those who would master the institutions of our society-a company, a community, or any other collectivity-must decide here and now to give themselves over fully to that which they wish to fully control. By so doing they also will forfeit some of their freedom and flexibility. Is mastery worth the outcome of an imprisoned personality that is efficient, well-organized, but constrained and unspontaneous?"

Here is a scientist, Charles Darwin, of whom a new biography was published recently, naming him the greatest Englishman of his age: "My mind seems to have become a kind of machine for grinding general laws out of a large collection of facts…the loss…is a loss of happiness, and may possibly be injurious to the intellect and more probably to the moral character."

Here is a philosopher, Soren Kierkegaard, warning about motives: "The greatest evil comes not from selfishness but from selflessness in the service of a great cause".

Here is a Methodist Bishop, Sharon Christopher, writing for all our Bishops this week: "A preemptive war by the United States against a nation like Iraq goes against the very grain of our understanding of the gospel, our church's teaching, and our conscience. Preemptive strike does not reflect restraint and does not allow for the adequate pursuit of peaceful means for resolving conflict".

Here is our Bishop, Violet Fisher, warning us about our present peril: "I ask us to turn over to God for healing the anger and the fear and the desire for dominance that would lead us to harm another human being or to acquiesce in harm done to another".

Here are the sermons offered from this pulpit two years ago, along a village green, in which all the predicament of our present perils were forewarned.

There does come a time when it is too late. The parables shout this warning. We cannot play forever with life-threatening nuclear weapons. We cannot supply the world with arms and expect them never to be used. We cannot applaud forever a narrow nationalism ill suited to a global village. There does come a time when it is too late. The parables gracefully warn us of that time. Those of us laden with much property, much knowledge, much position may have a harder time hearing this than we would otherwise.

(The sad story which Matthew alone knows about the poor bloke who has no wedding robe apparently is a warning, either moral or spiritual. If moral, it is a warning that grace is free but not cheap. If spiritual, it is a warning that those invited to a daily feast should appreciate and celebrate.)

Summons

The call to the banquet is an invitation and warning, but in the end it is a summons. "Go therefore to the thoroughfares, and invite to the marriage feast as many as you find…and those servants went out into the streets and gathered all whom they found, both good and bad; so the wedding hall was filled with guests." Gather them all! Good and bad together! Such is the kingdom of heaven. For the corporate community lives by its ability to make distinctions, this blending of good and bad is anathema. For a community that lives on its ability to produce excellence, this common mixture is anathema. "We cook for the common people" said even Origen.

An open, general summons goes out.

Last week, during the sermon before communion, we were invited to think about meals from our time growing up. I recalled in one of our churches long ago the memory of an elderly man, thinking of the summons of a school bell. Every morning he would prepare to go off into the cold, at age 6. For the winter he would cover himself from head to toe in layers of clothing. Then his mother would take a huge pancake from the griddle and put one in each mitten to keep his hands warm. The summons came. The bell rang. He dressed, prepared, and went.

I sat at the traffic light the other day and wondered whether we have the space to receive such a voice. I watched a woman across the traffic light.

Perhaps she is on the run from dawn to dusk. While the coffee is brewing, she throws in a load of wash. While the wash runs, she pours the kids breakfast cereal. While they eat she combs her hair and puts on the day's war paint. Dressed for success, she drives to work, listening to the news and planning comments for the morning meetings. She remembers a football game 12 years earlier. While she types, she reviews the winter wardrobes (son needs boots, daughter a coat). Over lunch she writes a note to her mother: "thinking of you". While mailing the note she realizes her high school's 20-year reunion is next year. On the way home she stops to buy the groceries and gas. While fixing dinner, she calls a friend. A fleeting image of a happy day in the summer puts a catch in her throat. While on the phone, she mops up a spilled glass of milk. While serving dessert, she thinks about the evening meeting, remembering that she agreed to do the devotions. This produces a moment of terror. While the sitter bathes the kids, she heads for the meeting, realizing that the bottles need to be returned. Maybe tomorrow. While the meeting drones on, she plans tomorrow's dinner. At home, she drifts off to sleep, wondering if the kids have clothes for the next day.

For her, for me, for you, this summons is delivered: work is not meant to drive out love. No, nor are any other penultimate passions meant to take the place of God, the God of love in our lives.

I am convinced that in Jesus Christ, light came into a world of darkness. In him we are called - invited, warned, summoned---into the kingdom of heaven. This call is not an abstract, universal bellow. It is a whispering that touches and knocks at the door of every human heart. Jesus teaches of a pardoning God, who is quick to forgive. Jesus tells us of a gathering God, who gathers good and bad together. In him has the light shown in the darkness.

What voice do you hear?

How will you respond?

"Risk Management"
Text: Matthew 25: 14-30
Asbury First United Methodist Church
November 17, 2002
The Rev. Dr. Robert A. Hill

Divine Silence

If a sermon is about God and about 20 minutes, a parable, like this one on risk management, is a divine 2 minutes. What does this familiar autumn story tell us? Can we learn something here about divine silence, divine confidence, and divine generosity?

It may be that our ears turn particularly sensitive, today, at the mention of risk. How will we ever manage risk? We are swimming in a green pea soup of anxiety, certainly for the last couple of autumns, and theologically since the moment of another departure and another silence, during the walk out of the Garden of Eden. It is stunning, to some measure, that we have the energy to get here at all, Come Sunday. The church doors open, someone throws on the lights, and in troop young and old, naturally carrying heavy yokes. Perhaps our own job has not been removed, but a neighbor or coworker is on our minds in the invocation. Perhaps we have no illness trailing us, but there is a relative or friend whose face we imagine in the hymn. Perhaps today we do not attend weightily to Osama Bin Laden, but there are other days and other nights when worry takes the upper hand, and maybe, in the Scripture, we meditate on wailing and gnashing of teeth. Perhaps just this moment we are not anxious or fretful or fearful or worried. Perhaps not. The worship service has got the better of us for a moment. Good. Still, we know about fear. Silence and absence are the seedbeds of fear. And this season, at the opening of the 21st century is a season of fear.

Do you remember the autumn of 1999? Another autumn, and another range of worries. Eliot wrote that man is "fear in a handful of dust". Roosevelt asserted, " the only thing we have to fear is fear itself'. In 1999, we prepared for Y2K. A woman preparing to preach last week in a workshop in Buffalo recalled that season. She had been a bank teller in December of 1999. She remembered the anxiety of very normal people. "Not just the crazies", she remembered, but all of us, to some degree. Not to get to personal, but, think for a moment. Perhaps you didn't take out any extra money that week - $500 or $5000 "just in case". Perhaps you didn't put a little extra gasoline in the tanks "just in case". Perhaps you didn't fill some extra jugs with water "just in case". Or did you? I remember that at the last minute Jan and I decided not to take a quick trip to N.Y.C. on December 30th to see a play, "Wit", that meant a great deal to me. We decided to stay home, "just in case". A college student in Syracuse remembered that she was then 15, living with her grandmother, who had all her siblings sleep in the basement that night, surrounded, as she colorfully reported, by spam and canned corn. Number 10 cans. When the night passed, they went upstairs, until Dec 31st of the next year. Gramma thought maybe the traditional calendar was right and Y2K was really to start on 1/1/01. So they slept with spam and corn, one can of which had exploded in the cold sometime in the intervening 12 months. And in what exotic city did all this occur? Webster, NY. As Mark Twain said, "I have faced many dangers and troubles in life, most of which never happened".

Y2K is probably as emotionally close as we will ever get in our time to the religious setting of this parable in the life of Jesus and the preaching of the church. The story comes out of a time of apocalyptic expectation. One verse from this era may stand for volumes: "the pitcher is near to the well, the ship to the harbor, the caravan to the city, and life to its conclusion". As in all times, personal or collective, of all fear, so in Matthew's church as in our culture, people swam in a green pea soup of anxiety. They feared an unknown future and sensed divine silence, even divine absence. We are not the first generation to know daily, edgy, fear.

This parable, on the lips of Jesus and in the teaching of Matthew, begins with utter realism. It is as if a man were going on a journey. It is as if the Master were to go away. It is as if the Master has gone away, off to a far country. It is as if a divine, thunderous silence were ours to face. The parable faces divine silence, and encourages us to do the same. So we will begin to manage risk if we begin to risk management. The story emboldens us to name our fears, to admit our sense of ennui, to confess our apprehension. I believe there is a great and healthy good simply to naming, in prayer, morning by morning, what we fear. Otherwise, we may just allow our fears to overcome us. Going to worship, to be present in the divine silence of church, is one way weekly to overcome our fears. We can be honest about divine silence. No one has ever seen God. And would we have it otherwise? Would we truly want a God as plain as the nose on your face, a blasting search light of omnipresence, like a hovering mother unable to cut the umbilical cord, a shouting presence filling every space? In that there is no freedom, neither divine nor human. Thank goodness for the Biblical admission of divine silence.

Divine Confidence

The divine silence carries another gift. For fearful folks such as we, the measures of divine confidence narrated today should be truly encouraging. It is a tremendous vote of confidence in human capacity for good that lies at the heart of the mysterious universal Silence. Has this confidence been bruised and abused? The era of Dresden, Hiroshima, Auschwitz, Tet, Lockerbie, and 9/11 may seem to make such confidence seem ill-placed. Still, the confidence, conveyed in the wide range of human freedoms, remains. For all the possibilities for evil and ill that lie before men and women, nations and states, there are more possibilities for good. Einstein could look relativity and quantum mechanics and their shrouded interplay straight in the eye, and still affirm, "God does not play at dice". He may not fully have internalized the randomness of life. Maybe no one does. Yet his often-cited affirmation is a reflection of divine confidence in the human being, free to love and free for love. The Master of this story goes away. Before leaving, though, he commits Himself to the welfare of his servants. He leaves things in their hands, confident that they will manage risk by learning to risk management. He gives no instructions. He provides no direction. He includes no briefing, no game plan. There is no briefing from the heavenly White House. He takes his leave, confident. Those who will learn to manage risk will learn to risk management. There is only one way to live with freedom. Freely. As confident as a bridegroom leaving his chamber, ready to run his course with joy. This is the confidence of the sun coming up bright and golden on the morning horizon and saying, ray by ray, "Day is breaking. Light is shining. Life is good, and what is good is what lives." Maybe the silence of the divine in our time is the clearest speech possible to declaim the eternal confidence in what human beings can become. Maybe the divine absence of our time is the fullest presence possible to embody the eternal confidence in what human beings can become. I admit the audacious risk.

There is fear and risk aplenty today. I know the fear of a 401K becoming a 201K, and the risk of searching for peace in a nuclear jungle. But look east. Dawn is breaking. A great orange sun. Spectacular. The sun will rise upon whatever we do, just as God's creative power will continue. The rays of this orb will travel to us whatever we do, just as Christ's forgiving grace will continue. The sweet touch of this SON LIGHT upon our cheeks, winter and summer, will continue whatever we do, just as the Holy Spirit cannot stop loving you. Behold the divine confidence, entrusting this global village to human hands.

Colin Williams, an English Methodist, ran the Yale Divinity School a generation ago. Here is his view of Sunday morning: *"THE ESSENTIAL WORK OF PREACHING IS TO GIVE PEOPLE A BASIC SENSE OF SECURITY FROM WHICH THEY ARE FREE TO CREATE CHANGE AND TO WORK IN THE WORLD."*

We are burying a generation of saints who learned this and taught it and knew it in their bones. They have a confidence that has not curdled into certainty. This reflects the divine confidence acclaimed in the talents parable. One of our recently deceased Christian Gentlemen, Forrest Witmeyer, as a young man was a close friend of Norman Vincent Peale, while Norman preached in Syracuse, and just before he met Ruth Stapleton, a young co-ed at SU. Here is a lifetime, 95 years, of preaching summed up in Peale's 7 words: "You can if you think you can."

The divine confidence is meant to wash out all that prideful pseudo-humility we somewhere pick up, in moving to adulthood. Better, far better, especially in earshot of Matthew 25, better to hear the admonition attributed to Nelson Mandela: "Our deepest fear is not that we are inadequate. Our deepest fear is that we are powerful beyond measure. It is our light, not our darkness that most frightens us. We ask ourselves, Who am I to be brilliant, gorgeous, talented, fabulous? Actually, who are you not to be? You are a child of God. Your playing small does not serve the world. There is nothing enlightened about shrinking so that other people won't feel insecure around you. We are all meant to shine, as children do. We were born to make manifest the glory of God that is within us. It is not in just some of us; it is in everyone. And as we let our own light shine, we unconsciously give other people permission to do the same. As we are liberated from our own fear, our presence automatically liberates others."

Divine Generosity

To this moment the divine silence and divine confidence do not come empty handed. A talent, as you have often heard, is a year's salary. A talent is a lot of money. And five? And two? The point of tale is clear: there is no divine parsimony at work today, no heavenly harsh frugality. Grace is lavish, uncritical and personal, and generous to a fault. There is no counting out of coins or measured calculation of donations. All are given a windfall, a fantastic endowment, a greathearted present. Most of us, as our behaviors readily show, already are given far more than we know what to do with. And the gift is free of charge. To each is given according to his ability. "From each according to his ability, to each according to his need." Karl Marx took up the slogan about the time the church pawned it.

Sometimes children, like those receiving the strange world of the Bible today, live out ahead of us. You can see at Halloween. Here they come, up the path, ready to shine and receive. A nurse, a cowboy, a superhero, a monster. In our neighborhood this year we were cordially visited by Judas Maccabeus. (We live among Jews and Gentiles both). I also saw the best Halloween costume ever, a boy dressed as left over spaghetti: red suit, stringy attachments, meatball nose, and cullender for a hat. Into each bag free generosities are placed, and off they go into the future to invest the kindnesses received in youth in the use of talents in adulthood. The 2 year old nurse will manage Rochester General one day. The six year old cowboy will manage a Texas oil drill one day. The superhero will manage a communications company one day. The monster will manage to teach high school one day. Judas Maccabeus will manage to become a Rabbi. And Mr. Used Spaghetti? - definitely headed for the minstry. Gotta be. What do you say to the children who have a costume but cannot name it? And who are you? I cannot say. And what are you? I do not know. One day, we pray, they shall. They shall hear, on earth as it is in heaven, "Well done, though good and faithful servant. You have been faithful over a little. We will set you over much. Enter into the joy of the Master!"

And A Matthean Warning

What do you do with someone who will not receive what is given? Is that sin—the refusal to receive what is given? Is that sin - the mortal fear of using what is given? Is that sin the existential rejection of generosity?

It does not surprise us to find in Matthew a dark warning at the end of a great story. This is the Gospel of the wedding robe forgotten: "cast him into the outer darkness..." This is the Gospel of the sheep and goats: "you did it not to me - go away into eternal punishment". This is the Gospel of the Sermon on the Mount: "Not everyone who says to me Lord, Lord - but those who do the will of ..." This is the Gospel of houses built on sand and rock - 'and the rain fell, and the floods came..." This is the Gospel of maidens who trim not lamps - truly I do not know you; of a vineyard owner returning with vengeance - "put those wretches to a miserable death"; of a withering fig tree; of the miserly servant who is forgiven but does not forgive - delivered to jailers; and so on.

In these later parables, all of which end with a warning, as in the Gospel as a whole, Matthew has structured his teaching to carry this lifelong set of warnings. All 17 warnings (if I count them right) are the same. They are moral warnings: grace is free but not cheap. Straighten up and fly right. They are spiritual warnings: life is a tremendous gift! Dance don't droop, celebrate don't self-efface.

Perhaps, to finish today, we shall find faith and take courage from the divine silence, confidence and generosity proclaimed. If we do, we may be able to manage risk. The only way to manage risk, in this Gospel, is to risk management. The only way to manage our fearful risks is to risk management, in fear and trembling, of God's silent, confident, generous gifts to us. If you are going to manage risk this week, you will then risk a little management. You will manage to take responsibility.

> I'm a teacher. I couldn't possibly help manage the school.
> I'm a worker. I couldn't possibly run the place.
> I' m a preacher. I couldn't possibly manage a denomination.
> I'm an attorney. I couldn't possibly manage a corporation.
> I'm a mom. I couldn't possibly manage a nursery.
> I'm a doctor. I couldn't possibly manage a practice.
> I'm a busy taxpayer. I couldn't possibly manage a town.

But listen. The way the world gets better is when humble people manage the risk in life by risking their talents in management of a part of the world. Can't somebody else go to all those meetings? Sure. Who?

We can manage risk together if we all do our part. You can manage risk. Here is how: risk management.

“THE LAMP OF THE POOR”
Sermons on the Gospel of Luke by Rev. Dr. Robert A. Hill
Asbury First United Methodist Church
2001
Lectionary Cycle C

Asbury First United Methodist Church

1050 EAST AVENUE . . . ROCHESTER, NEW YORK 14607-2293

Tables of Contents

"Mountainview"
Text: Luke 9: 28-36
Asbury First United Methodist Church
Transfiguration Sunday
Rev. Robert A. Hill
March 5, 2000

Whence Saving Insight?

When and how does a moment of insight come? What are the steps up along the mountain trail that give a moment of clarity that can save us?

Peter must have heard our Lord's ageless command: "If anyone would come after me, let him deny himself, and take up his cross, and follow." (Mark 8: 32). Then Peter is led, step by step, up a high mountain, where something…unearthly…occurs. He sees what cannot be seen. And, from this mountainview, for a moment, there is insight and there is clarity.

When and how does such a moment arrive, a moment of clarity that can save us from an anger that leads to murder, or a heartache that leads to suicide, or a despair over a gun-totting nation drenched in violence, or a chagrin about a country that ever more closely approximates Fosdick's verse, "rich in things and poor in soul"?

Today's Gospel promises you a mountain view, clarity and insight, found step by step along the rocky trail of life, that can lift us up above sin and death and the threat of meaninglessness.

Walk along with me, if you will, for just a few minutes…up the mountain path we go…and take, Come Sunday, a divergent road, like our Poet said,

Two roads diverged in a yellow wood
And sorry I could not travel both and be one traveler
Long I stood and looked down one as far as I could
To where it bent in the undergrowth

Then took the other as just as fair
Though having perhaps the better claim
For it was grassy and wanted wear
Though as for that the parting there
Had worn them both about the same...
I shall be telling this with a sigh
Somewhere ages and ages hence
Two roads diverged in a wood and I
Took the One less traveled by
And that has made all the difference.

1. Insight Through the Thicket of Personal Need

One step toward insight lies through the thicket of personal need. Careful, step carefully here. Here you recognize your mortality. "It is a great life, but few of us get out alive." Here you admit that the acts of desperation in news reports come from conditions you also know. Fear, anger, jealousy, hatred, dread. Here, step lightly, you see the shadow, and your shadow in the greater shadow. One called this "the feeling of absolute dependence". Here we are confessional. We say, "Hello. My name is John Smith and I am an alcoholic." We say, "We have erred and strayed from thy ways like lost sheep." We say, "There but for the grace of God, go I."

Today's Baptism reminds me of the first time I was left alone with our first child, to give her mother a night out. She had been the most pleasant of children, happy and bright, sleeping through the night. She hardly cried. But that hot August night, at the very moment the door closed and the car drove off, she began to wail. Not to whimper or weep, but to wail and shriek and scream. Five, twenty five, fifty minutes. I was really shaken, terrified, angry and frustrated, at my wit's end, and probably at the edge of some irrational behavior. Over the din of the howling daughter, I heard the doorbell. In came our church's lay leader, Bernice Danks, a veteran nurse and teacher of nurses who wordlessly took the child and somehow the howling ceased. "Oh, I like to make a few house visits a week. It's a little routine of mine...You know I tell my nursing students that we call the things that are most important, 'routine'...and I came by the parsonage and for some reason I decided to stop. I hope you don't mind the intrusion...What a pleasant baby she is!"

When we are helpless, insight can come.

Wesley is still with us to ask, "will you visit from house to house?" From Brentwood to Brighton and beyond? Insight sees inside the closed door of personal need, and measures the distance between public appearance and private reality.

2. Insight Over the River of Others' Hurts

A second step toward insight lies over the river of another's hurt. Here, we'll jump the river at the portage path, where we bear each other's burdens like canoes carried in tandem. A moment of clarity can come when you truly see another's plight, and feel it in your heart. Some insight comes from serving others, some from sensing others' hurt. It is really a matter of understanding power, this insight about others. Think of the Prince and the Pauper, or of Lazarus and Dives. Insight happens in the chorus of the common life, when we sing out, "so that's what is like to be you..."

The progressive tradition, theological and political, which is Rochester's hallmark (Rauschenbusch, Douglass, Anthony, and others) may be criticized as a "johnny one note" presentation. But if you have to choose just one note to play, this is the one to pick. Jesus means freedom. To learn about the nature of power, and the effects of power, we listen to the powerless.

Men, listen to the women about whom you care, as they describe being pulled over on the thruway in a winter night. With red lights flashing...sirens wailing...car door thudding...a tall male figure in uniform and wide brimmed hat...a revolver in the belt... "May I see your license please?"...Men, listen to women.

Majority, listen to the minority describe the feeling of being stopped on the front porch step, at night, after a long day of menial work, again with the lights flashing and the uniforms and hats and.."Gun!" 41 bullets later a tragedy—unintended to be sure—

has occurred. Not a gun but a wallet. Such a tragedy for all. But maybe it can help us to gain insight, to feel what others feel. Majority, listen to the minority.

Insight comes through the common song that recognizes another's hurt.

You know, we recognize this chance for insight every Sunday as we sing hymns together, to recognize that we are all in this together.

3. Insight Scaling the Cliffs of Reason

A third step toward insight lies over the cliff of reason. "Come let us reason together" says the Psalmist. God has entrusted us with freedom, and with minds to think through our use of freedom. While reason has its limits, it is reason, finally, that will help us learn the arts of disagreement—at home, at work, in church, in the community. We say, "try to be reasonable". And reason often prevails. If you ever doubt the power of reason to bring insight, remember the words of the Psalmist, and the voices of great minds through the ages. Josiah Royce's *Sources of Religious Insight*, which provides the outline for this sermon, comes to mind. Come let us reason together…

You know, we recognize this chance for insight, this moment of clarity, every Sunday through a sermon, a word fitly spoken (we hope).

4. Insight Across the Gorge of the Will

A fourth step toward insight lies across the great gorge of the will. Look before you leap. We are here ever closer to the mountaintop. Real insight comes in a moment of decision. Some say we learn to choose. But our experience is that we learn *by choosing.* Viktor Frankl spent his whole life developing the "logotherapy" around this one conviction: we grow by deciding. Choose. You cannot lose, in the fullest sense, and in the long run. Choose. Either way, you have learned, you will grow, you have changed, you will improve, you have developed. Choose.

Faith is not a matter of emotion or feeling or soul or heart or intellect only. First, faith is a decision. "If anyone would come after me, let him deny himself and take up his cross and follow."

As Kierkegaard put it, "either\or"... Either God exists or not. Decide. Either you see God in Christ or not. Decide. Either Jesus Christ has a claim on your life or not. Decide. Either every day is a chance for love or not. Decide. Either the way of love means particular consequent acts regarding your time, your money, your body, your community...or not. Decide.

Faith is not as much thrill as it is will.

You know, we recognize this chance for insight every Sunday, in a moment of invitation—to devotion, to discipline, to dedication.

5. *Insight Upon the Summit of Loyalty*

A fifth step toward insight brings us to the summit. There. Take a breath. Up here, the air is rarified. Up here, you may have a moment of clarity. For the fifth step toward insight brings us to the altar of loyalty.

Forgive the use of archaic words—loyalty, duty, chivalry. Beware though the sense that loyalty is a matter of sullen obedience. On the contrary! Loyalty is the red flame lit in the heart's chancel, lit with the mixture of personal need and social concern, illumined by the reason and ignited by the will. Loyalty combines the conservative concern for morality with the liberal hunger for justice. Loyalty is life, but life with a purpose.

Insight, real clarity, can come with a brush up with loyalty. Tell me what you give to, and I will tell you who you are. Tell me what you sacrifice for, and I will tell you who you are. Tell me what altar you face, and I will tell you who you are.

And real loyalty is magnanimous. Real loyalty is bighearted enough to honor an opponent's loyalty. At the summit, there can be a reverent respect for another's loyalty, truly lived, even when it clashes with our own. Maybe especially then. US Grant felt this at Appomatox as he took the sword from RE Lee. It is chivalry, this honoring of loyal opposition. We were once known for this kind of chivalry, a reverent respect for divergent loyalties, as long as they did not eclipse the one great loyalty.

Such a memory could help our political conversations, reminding us that at depth loyalties converge out of difference. Surface difference can occlude deeper agreements. Look at our supposedly varied political leaders, for example. George W. Bush is a Methodist. Hillary Clinton is a Methodist. Bob Dole is a Methodist. Tipper Gore is a Methodist! Loyalty has a magnanimous depth that honors other's divergent loyalties.

One of the strangest turns in the New Testament is found in 1 Corinthians 15. After Paul has reached the very summit of our faith, and sings of the resurrection in such heavenly tones, then, immediately, he turns to—do you remember?—the collection! A matter of loyalty.

Where your treasure is, there will your heart be also.

You know, we recognize this chance for insight every Sunday, through the presentation of gifts, an expression of loyalty, at the altar of grace and freedom and love.

Mountainview

Several years ago, we worshipped in the tiniest church in our area. A little Adirondack chapel, at the end of the trail, high up in the northern mountains. Beyond Owl's Head, and Chasm Falls and Wolf Pond, there is the summit of Mountainview, with its chapel and pump organ and wooden pews and simple pulpit, and humble service, still though a service like this one or any --- *a chance for saving insight as we recognize personal need, others' hurts, the power of reason, the importance of will, the force of loyalty—in the prayer of confession, the music of community, the preaching of the Word, the invitation to decision, and the loyal offering of gifts.*

Let insight abound on the curvaceous slopes of personal need! Let insight abound on the majestic mountains of social holiness! Let insight abound on the prodigious cliffs of reason and will! Let insight abound on the purple mountain summit of loyalty—from every mountainview, let insight abound! So that, to paraphrase the spiritual, we might sing, *insight at last, insight at last, thank God Almighty, we have saving insight at last.*

"Trust"
Text: Luke 13:1-9
Lent 2001
Asbury First United Methodist Church
March 18, 2001
Rev. Dr.Robert A. Hill

1. A Pasture View

A friend told me a story last winter.

He has friends who live on a farm in Michigan. The country landscape there is apparently similar to that in our region. This is a multi-generational family farm. If you were to visit this week, you would find three generations working together. The grandfather died a few years ago, but his sons, grandsons and great-grandsons still plow and harvest, milk and feed.

The matriarch of the family is now older and weaker. She was a typical farm wife of her generation, working alongside her children and husband. When plowing time came in the spring she would fix lunches for all hands, and deliver them into the fields. She delivered the meal, and while they ate, she would take over and plow. The same kinds of routines held for other seasons. The rhythms of seed and harvest, birth and decay set the beat for her life.

Now she is alone much of the time, in the old farm house. Her kids feed her breakfast in the morning and dinner at night. But every day, after breakfast, they settle her into a comfortable easy chair that rocks in front of an open bay window, from which she can look out onto the fields and forests and pastures of her home. Every day she watches, breakfast to dinner.

Now this is not an active scene. The barn and equipment are not in view. Most winter days there are no people to observe. A car on the road every half-hour is a lot of traffic. And snow lying on corn stubble looks about as exciting as it did one hundred years ago. Yet, she watches and looks. She seems to be deeply contented, as the late winter snow falls. She is eased and settled and comforted, looking out on a frosty field. There is something in that utterly ordinary scene that seizes her.

She has a sense, I think, of presence. Maybe she is weak and maybe she even has some mild dementia and maybe she doses every now and then, rocking in front of the window. But this ordinary winter story captivates me, because I think she is enthralled by something not quite visible to the naked eye, yet present. *There is something there, something alive, something at work, just beyond our comprehension.* She rocks and stays alert to presence. She has a hard won trust in Presence, a kind of trust for which life is meant and for which with all our hearts we do passionately long and hunger.

2. A Vineyard View

The lesson for today tells of another view, not a pasture view but a vineyard view, not from Michigan but from Palestine, not of wheat but of grapes, not in winter but in harvest. This is one of the parables of the fig tree.

Ah the fig tree. From the fig tree learn its lesson. You know what it means to be a fig tree in the New Testament. It is like being a turkey in late November, like the captured journalist chained to the Khmer Rouge in "The Killing Fields", or like being a helicopter pilot in a shooting war, or like being a green beer on St. Patrick's day. You know you are going down. It's like the American Airlines baggage attendant with whom we spoke after four days with no luggage and a wedding coming in the afternoon. "You will have to talk to my wife", I cautioned. "I understand", he empathized. "*You do not understand*", she retorted, "*you do not. How would you like to go to a wedding dressed in your aunt's underwear?*" (I actually was interested in how he might respond to this, but I couldn't hear). No, like the fig tree, you know you are going down.

People step aside when they hear that the story is about a fig tree. They step back ten feet, because they know what is coming.

Sure enough, at least at the outset, doom descends. In stomps the owner. Stomp, stomp, stomp. Fee fie foe fum. Yes, we know what is coming. I have seen this lousy, lazy, no good, flee bitten moth eaten, barren, fruitless, faithless, heartless, ruthless fig tree for three years, and nothing. Where is the fruit? Where is the beef? Show me the money! Yes, we have a sinking feeling about the old fig tree, having heard a sermon or three. Is there not fruit? And here it comes… Cut it down, throw it in the fire, off with their heads.

And in the other Gospels, that is that. One dead fig tree, and let it be a warning to us. I came not to bring peace but a sword. Not a jot or a tittle will pass away. Woe to you…

Which is, of course, what makes today's lesson so interesting. Guess what? It's not over, at least according to Jesus in Luke 13. No, it's not over, yet. This is the Gospel according to Yogi Berra. "It ain't over 'til it's over". With a little bit of Irish blarney, a little Woody Allen, a little cunning and creativity, a little psalmist and saint in him, this lowly vinedresser says, "Well, hang on a minute…" *There is something there. He sees something. Something alive, something at work, just beyond our comprehension.*

3. A Pasture View

Meanwhile, down on the Michigan farm…

It is this same trust that keeps the woman at the farm house window, keeps her there and alive and attentive.

Picture her, this week, if you need and want reassurance. She has seen life from both sides. Hail and blizzard. Silo accident and depression. Birth and death. Happiness in youth and tragedy in age. She has seen her husband grow up and grow old and die, as most wives do. She has cleaned out the barn, stretched a budget to fit over many children, and kept the sabbath in the process. And now she just watches. Today there is a light snow falling to dust the corn stubble, and the wind is strong.

I mean this. Whether or not she knows about heaven, she certainly knows about hell. She knows about regret and anxiety. John Paul Sartre said that hell is other people, a continental dyspepsia that I have never understood (except during the sessions of Jurisdictional Conference). Two shorter, better definitions of hell are regret and anxiety. Our rocking farm wife has known them, too. How could she not? Regret when the son leaves the farm for dental school. Anxiety over the crop planted but not harvested. Regret at trips to Florida never taken when grandpa was well. Anxiety over aging and care and dependence. Regret over misdeeds in youth and mistakes in speech. Anxiety about all that is yet to be, on earth as it is in heaven. Regret is hell in the past tense. Anxiety is hell in the future tense.

Nevertheless (a sermon in a single word), Nevertheless, she rocks and watches and is comforted by what she sees. To you and me, what she sees is Andrew Wyeth on a bad day. But she sees something else. *There is something there. There is something alive, at work, just below the edge of our comprehension.* Maybe it helps the vision to have a mild dementia. What heals regret and what tempers anxiety is what we are given--in trust.

4. A Vineyard View

Meanwhile, back in Palestine…

Trust is what the vinedresser in our parable displays. He has a certain confidence, perhaps a confidence born of obedience to a great and loving Lord, yet still a confidence that where there is a will there is a way, no matter what the immediate cornstubble evidence suggests.

I struggle to intuit why this altered fig tree parable was so important for Luke and Luke's struggling church. As we saw last week, all these chapters 10 to 20 Luke has added to Mark's asperity. They must have had singular meaning for Luke's church fifty years after Jesus' death and resurrection. Perhaps, perhaps, the parable is meant to give trusting patience to those who are waiting out what scholars call the "delay of the parousia", or the expected but not actualized return of Christ on the clouds of heaven (1 Thess. 4-5). "Give me just a little more time…" sings the gardener.

Let it be, he says. Let it be.

His is not a naïve view. No, he recognizes that there comes a time when it is too late in every venture. He recognizes that the power to kill and give life is not his own. He recognizes that human labor and human investment is required for any progress. He recognizes the messiness of manure and dailyness of water. He recognizes that trust for the future is trust, not in human wisdom, but in divine grace. He recognizes the rigid limits of nature and history. He is a realist.

But he trusts that there is *something there, something alive, something not quite phenomenal, something just beyond our comprehension.*

I could compare his sense, his trust to a March day when it is still winter. Yet, there is a sense, a feeling. There are geese flying past, v by v. There is a blueish tint in the evergreens. There is more light and better light. There is wind, but not with quite the bite. One can fairly taste the maple syrup brewing miles away. Spring is coming.

Give me just a little more time, he asks. Do you have the feeling that he will ask the same a year from now, if things are no different? I do. He harbors an inexplicable but crucial sense of trust that things will work out.

As a Methodist Christian, I want that trust in my heart as I see the left and right fight. Some of us talk from the left, and yet live from the right. Others talk from the right and live from the left. We talk a good social liberal game, but support all manner of segregation and injustice in where we live, how we live, as we live. Pounding nails for Habitat we will do, but don't ask us to live in that neighborhood or have our children in those schools. We talk a good moral conservative game, but support all manner of waywardness when our own rights are at stake. Great leaders, too many to count, preach about righteousness and justice and civil rights, and go right ahead fathering children out of wedlock. If I read Amos right, social justice and personal morality go together, and where you lack one over time you lack the other. It looks like snow on cornstalks, an ugly sameness. I want to shout: "Give me just a little more time! Another generation, some manure and water, that is a few good preachers and a basket of money, and you just watch the figs fall, too many to count!" *I want that trust that there is something there, alive, incomprehensible, that may change the equation.*

As an eagle scout, I want that trust in my heart as I see a tragedy looming for boy scouting. Just at the time when our culture most needs the kind of mentoring between fathers and sons at which scouting excels--I am its witness-- the scouts are racing headlong toward a tragic collision, a collision of social justice and personal morality. Where have we heard this before? Before the shooting begins, perhaps today's vinedresser can help us to find a way through, with a sense of trust. Give it a little time, manure and water. (Personally, I think the scouts need to look at some optional local decisions and empowerments, and to listen to their leaders under age 40). Yes, today it looks like another case of snow on cornstubble, ugly and unchangeable. *I want that trust that there is something alive, incomprehensible, that may open up a different conversation, a new way that honestly respects both the plumb line of justice and the plumb line of righteousness, as well as the historical, organizational, relational and other peculiarities of the scouting program.*

As an American, I want that trust in my heart as I see the tragedy of family life across this great land. A baby conceived today runs the gauntlets of abortion, addiction, poverty, single parenting, neglect and abuse. The statistics are grim. Our bishops were so right to focus in our time on children and poverty. Snow on stubble. *I want that trust that there is something alive, incomprehensible, that may strangely bring fruit from a barren cultural fig tree.*

As a pastor, I want to be able to offer a sense of trust to you. Right now. Realistically, yes, but personally and truly. In place of your heartfelt regret, carried like a millstone for months or years. In place of your frightful and human anxiety, carried like a millstone for months and years. The anxieties of youth and the regrets of age. May they be gone, or at least placed in a "lock box" (!), tempered and tamed and tethered by trust. *I want that trust that there is something close to your heart, alive, maybe not quite comprehensible, that whispers...let it be...give it another year...maybe a little manure and water...let it be.*

And as a middle aged white guy, stuck somewhere between regret and anxiety *I want that trust, that simple trust like those who heard beside the Syrian sea, the gracious calling of the Lord, let us like them without a word rise up and follow thee.*

5. A Pasture View

Meanwhile, down on the farm…

Think about her this week, alone and content, looking out onto a gray pasture.

What keeps her going? What helps her see? What makes her happy? What brings her comfort and peace?

Is it that trust, that human response to the faith of Jesus Christ, that loving trust that "bears all things, believes all things, hopes all things and endures all things"? (1 Corinthians 13)

One early follower of Jesus said, “One thing I do, forgetting what lies behind and straining forward to what lies ahead, I press on toward the goal for the prize of the upward call of God in Christ Jesus?” (Paul of Tarsus).

An Irish man, Patrick, a killer of snakes and a lover of souls pronounced the same blessing, of “Christ before me Christ beneath?” (St. Patrick’s breastplate).

Listen to that medieval convent maiden’s prayer, “and all will be well and all will be well?” (Julian of Norwich).

As they sing at Taize, “ubi caritas, deus ibi est”?

There is something there. Alive and untamed. Creating trust, trust, trust, deep in the heart.

Paul Lehmann taught us, “God is at work in the world to make and keep human life human.”

Ralph Harper learned, “Presence suggests an alternate way of thinking about time and space”.

In an early pastoral visit, I heard a homebound octogenarian, eyes gleaming, affirm: “I know whom I can trust.”

David sang in the Psalms, “The Lord is my light and my salvation, whom shall I fear?”

The soul that on Jesus still leans for repose
I will not, I will not desert to its foes
That soul though all hell should endeavor to shake
I will never, no never, no never forsake.

"There's No Place Like Home"
Text: Luke 19: 28-40
Asbury First United Methodist Church
April 8, 2001
Rev. Dr. Robert A Hill

Not So Long Ago

It is not so long ago that we greeted Jesus at his nativity, singing carols and lighting candles of hope. It is not so long ago that we witnessed his growth in wisdom and stature, in the knowledge and love of God, while as a teenager he taught in the temple. It is not so long ago that this mighty young man Jesus stooped, fully human, for baptism in the surging river Jordan, the river of death and life. It is not so long ago that we saw him take up his ministry among us, preaching and teaching and healing. It is not so long ago that with Peter and James and John we saw him ascend the Mountain of the Transfiguration. With him, up through the mountains we have climbed this Lent, step by step.

First, forgiveness. Second, salvation. Third, trust. Fourth, fasting. And now the passion. And now it is time to come down from the mountain, to take the full measure of this Man, and to have the courage to let Him take our full measure, too. The crisp air and vistas of the mountain pass have fed our souls. But now it is time to head home, and turn our face to Jerusalem.

Coming Home

The road down the Mount of Olives, or down any mountain, can tax the traveler. It reminds us all of earlier homecomings.

Odysseus walking the last few miles to Thebes. Socrates walking to the center of Athens and the cup of hemlock. Richard the Lionhearted sailing the English Channel, heading home. A prodigal son, scuffling up the last mile of country road toward a dreaded homecoming. You, returning at last to whatever you have long avoided, wandering as you have in Galilee for the rest of life. At last, there is the Emerald City, and the road home.

Today, I raise just one question. What was Jesus' state of mind? What was on his mind and heart, as he entered the Holy City?

There's No Place Like Home (Loneliness)

It is perilous, even arrogant, at this late date and from this great distance, to try to imagine Jesus' state of mind as he descends the Mountain and enters the City.

Albert Schweitzer, before he went off to heal the jungle sick, showed convincingly how inevitably errant are all such attempts. More recent attempts, even the best like that of Marcus Borg, only confirm Schweitzer's thesis. We paint our own inner lives into the life of Jesus, when we try to see what cannot be seen in Scripture. That is, against some more popular work of recent years, I still fully agree with Schweitzer. And yet, particularly at this point in his journey, at the entrance into the Holy City, and on the threshold of his own death, we are haunted - are we not? - by the desire to see what Jesus saw, feel what he felt and sense what he did sense, coming home.

Now Jesus is walking down into the city, down off the mountain, and down into the heart of his destiny. He is going to his grave.

Some of the Gospel today, as Jesus heads home, is too true to be good. He is not at home, not at home, in a world of injustice, abuse, violence, and death. For him, in such a benighted world, there is no place like home.

As are we all, though it seems sometimes to be a conspiratorially well kept secret. We all are walking down the Lenten mountain and into our lasting, our last future. Every one of us is going to die. We are going home.

Here are two possible sentiments in Jesus' heart and mind as he descends the Mount of Olives.

One, he looks back upon his ministry and feels that *there is no place like home.* He has found no lasting nest on earth, no lasting crib, no lasting domicile. He has found opposition and rejection. He has encountered misunderstanding and criticism. To a harsh world he has brought a gentle manner. To a wolfish world he has brought the labor of love. To a selfish community he has brought the summons to service. To an inconsistent dozen disciples, he has brought the steady presence of peace. He has not found a home, not here. *There is no place like home*, for Jesus, descending the Mount of Olives. He has even said of himself, "foxes have their holes, and birds of the air their nests, but the Son of Man has no place to lay his head."

Some of greatest sentences ever written in English are devoted to a similar ennui, a similar existential vagrancy.

And those of us who have been shot out of the saddle, riding for a righteous cause, as we dust ourselves off and bind our wounds, we do so in the best of company, in the company of the crucified, for whom, on this green earth, as yet, there is no place like home. Yes, we have lost a hospital in Rochester. In 1992 Rochester was praised in the national debates as the model city for health care - cooperative, high quality, moderate cost, comprehensively universal. Something happened, over eight years. And some - doctors, nurses, workers, volunteers, donors - who worked hard to save the Genesee, feel shot out of the saddle. But let me ask you something. What other saddle would they have rather ridden? Some losing causes are worth support even in defeat. I would rather be shot out of the right saddle than to canter comfortably all the live, long day in the wrong saddle. So dust off, bind the wound, and get ready to ride again.

For this city, the question is now sharply put. Are we going to hang together, over time, as a community, or are we going to hang separately? The definition of community in Rochester is hanging in the balance. Are we going to shuffle off to 15 little suburban pods, and live apart, or are we going to enjoy the full village green which life can offer us, if we will live together. The death of the Genesee is a stern warning to all urban regional nonprofit historic hundred year old Rochester institutions. Like AFUMC. Just because we were alive last year is no guarantee that we will be next year. We have not a person, dollar, idea or dream to spare. Not one. And it is, let us confess it, an uphill pull. But there is no other saddle I would ride in, for all the risk. This is the place to be!

Only, for this church to have a future we will have to tithe, worship, and invite with disciplined regularity. We are not doing so, yet. The condition of AFUMC in 2020, even its existence, is being worked out hourly this year and next year and the next. Give! Pray! Welcome! Or die.

There's No Place Like Home (Longing)

But there is something else alive in this homeless homecoming. Frederik Beuchner compares the feeling of faith to the feeling homesickness, that longing for the feeling of home. Faith is a heartfelt longing for the comforts of home.

Two, Jesus looks forward to his passion and feels that *there is no place like home*. He has come and now he must go. He tarries for a while, but he is going home. Only the greatest of the Gospels, that of John, fully and resoundingly displays this sentiment. But it is present, muted, in Luke as well. Jesus must endure the cross, just as we inevitably must endure tragedy, accident, betrayal, injustice, failure and death. We have the finest of company, the Lord Jesus Christ himself, when we endure life's damaging darkness. Some have lost loved ones to death this week. Some have lost beloved institutions to death this week. Some have lost beloved dreams to death this week. And Jesus walks beside you. In fact, this is his peculiarly chosen path, his way, his way of the cross. All of the passion, all of the passion music from a week ago, all of it, the cross itself, acclaim, in passion, the compassion of God in Christ our Lord. God has passion for compassion. So Jesus looks forward - does he not? - to the completion of his mission, to the last word in the soliloquy, to the transition to glory. Again, only John has fully held this diamond. Only he sees the cross as glory, without remainder. Only he has Jesus say, on the cross, “it is completed”. But Luke too senses Jesus homesickness at his homeless homecoming. His longing for God. And we sense it too, because we feel it too: *there is no place like home.*

Some of the Gospel today, as Jesus heads home, is too good to be true. This greatest of passionate tragedies, the cross of Christ our Lord, is the passageway, strangely, wonderfully, to our heavenly home. He dies as we die. And we die with Him. We all die. We are not even temporarily immortal. Yet, attendant upon this road down the mountain and into the city, there resounds, softly at first, a carol of grace, a carol of love, a carol for all, like we, who are going home.

John sees it best. Only John places Jesus in Jerusalem thrice. Only in John does Jesus raise the dead at mid Gospel - “Lazarus, come out!” Only in John does Jesus preach for five chapters on the last evening, washing feet rather than celebrating mass. Only in John does Jesus make the Jerusalem road fully and only a road of glory, from Palm Sunday to Easter. Only in John does Jesus say, “In my Father’s House there are many rooms…” He is going home, home. And somehow, again strangely, we know the way where he is going. For it is our way, too. Only in John does Jesus walk serenely to Golgotha. Only in John does Jesus walk to death like God striding upon the earth. Only in John does Jesus pronounce GLORY from the jaws of death. Remember his dying word. Not “eli, eli” as in Mark. Not “Father forgive them” as in Luke. Simply, serenely, powerful, triumphantly, yes, gloriously, he says, in John, “It is finished.” It is done, completed, perfected - finished. He dies to rise, and go home, feeling and singing, “there’s no place like home.”

This homesickness, this spirited sense that home is over the next street, up the winding trail to the cross, this hunger for home, this is what Paul meant: *this slight momentary affliction is preparing for us an eternal weight of glory beyond all comparison* A Summons (5-6).

Conclusion

In Whittier's poem:

I know not what the future hath of marvel or surprise
Assured alone that life and death God's mercy underlies.

And so beside the silent sea
I wait the muffled oar
No harm from Him can come to me
On ocean or on shore.

I know not where His islands lift
Their fronded palms in air
I only know I cannot drift
Beyond His love and care.

"Surviving Survival"
Text: Luke 24:1-12
Easter Sunday 2001
Asbury First United Methodist Church
Rev. Dr. Robert A. Hill
April 15, 2001

Opening

Since it is Easter, we may as well go for broke.

Looking back at all of your life to this day, what is the single most traumatic experience that you have survived? You survivor, you.

Here you are, part of the Easter parade. You made it, you got through, you survived, you survivor you. Just what did you survive, though? Look back and be honest. You may never have spoken of this to anyone, and you may not need to. But for the next 17 minutes of a Gospel both too true to be good and too good to be true, pause before that one great frightening tomb of your life to date. What is the single most traumatic experience that you have survived to date? You survivor you.

Easter promises you resurrection power to survive your own survival, liberation from survivor's guilt - personal, generational and congenital. From the cross we learn to die. From the resurrection we learn to live! Why do you seek the living among the dead?

1. Peter and You: Personal Salvation

Our Scripture today, in the 12th verse, brings Peter to the tomb. Not a part of the original text, this later and highly appropriate addition reconnects the Easter Gospel with Peter. Peter comes and sees and wonders. He is waking up on Easter morning, a survivor.

Have you named your greatest trauma? Death of a brother. Loss of a son in law. Expiration of a mother. Pink slip. Bone cancer. Hospital closing. A phone call from the Bishop announcing your displacement. Moving after 25 years. Abuse at an earlier age. A child's suicide. An unexpected pregnancy. A plane crash. Divorce. A car accident. A run across an open field, with live ammunition coming at you.

Preaching without any sleep the one day the Bishop shows up.

In the first three Gospels, it is centrally Peter who faces trauma like this. He has left all. He has followed. He has stayed. He has loved. He has waited in the dark courtyard. But then - his singular existential trauma - he has denied his Lord thrice. And Jesus has died and Peter has survived, watching the death of his Beloved.

The Gospel accounts of Peter's denial, or betrayal, form the rich heart of the passion narrative. How powerfully Carol Trout read the passage on Thursday night. The pathos, the hurt with which the accounts are given reach to the depths of our hearts, even 2000 years later. Yet, through it all, Peter has survived. What remains for Peter, and for us, is to learn how to live as survivors, to survive our own survival.

I am not a psychologist, nor the son of a psychologist. But I know that "survivor's guilt" is real. Do you remember the film "Ordinary People" (based on Judith Guest's novel), about two brothers who capsize in a boat? One dies and one survives. Mary Tyler Moore oversees a spotless home where "everything is in its proper place - except the past." Berger, the counselor says at one point: "a little advice about feelings kiddo, don't expect it always to tickle." Conrad, the survivor, very nearly takes his own life, saved at the last by wise, loving, intervening words of his counselor, and friend, who asks repeatedly, "What is it that makes you feel so bad?" The answer, at last: "I survived."

Never doubt the saving power of personal presence and a word fitly spoken.

You too have survived. Something. Two years ago we were grieving the Columbine tragedy. The kids there testified, truly, that a strange guilt followed their grief. This is the tragic guilt of the innocent, survivor guilt. "Megan hid her tears behind sunglasses: 'I just feel so lucky to still be here." Greg Martinez said, "You almost feel guilty, about, you know, having your kid get out." Their counselor said those who feel guilty for making it out alive "need to be reassured that they can celebrate their survival." (AP, A Levinson, 4/99).

Here is a description of the effects of survivor's guilt: "general anxiety, depression, inability to sleep, poor memory, difficulty concentrating, difficulty completing tasks, an inexplicable sense of guilt." (Borgess).

That sounds a lot like human life in general!

In the light of Resurrection, Peter finds the power not only to survive but to prevail. He finds the power to enter a new life, to change, to risk. He finds courage that will take him beyond mere survival and will help him travel throughout the known world, and, if legend serves us, to die a martyr in the far off city of Rome. He survives his own survival.

Here is a promise for all of us. Whatever lingering survivor's guilt attends our survival through trauma, here is a power that frees us for a new life, beyond that great past tomb.

God had a purpose for Peter that went well beyond his late night denial. On this Rock, God built a church. God has a purpose for us that should lift us beyond whatever lingering connection still chains us to the past. Yes, you survived. Maybe another did not. But you did. This is the day of Resurrection. Are you ready to survive your own survival?

Even more. Something from that trauma you may fashion into a great gift for others, this side of Resurrection. Your loss will sensitize you to others. Your illness, to that of others. Your demotion, your failure, your dislocation - these now are gifts in your love for others.

For something happened, on Easter, that took a suffering survivor, bitterly weeping at the foot of the cross, and made him a fisherman for God, on whom the whole church has been built. What happened? Something happened. Something that saved Peter from his own survival.

Just as something has happened, that has taken a 175 year old church like ours, moved us through survival of location change, pastoral change, pastoral death, and given us the grace to survive our own survival.

2. Luke and Vietnam: Generational Salvation

What is true of individuals like you and Peter, is also promised today to generations, like yours and Luke's. What is the single greatest trauma your generation has survived?

For the people to whom Luke speaks, now toward the end of the first century, one great generational trauma overshadows their life. Thirty years earlier, in the year 66 AD, the Jews began a tragic, and losing, conflict with Rome. The war ended with the burning of Jerusalem and the destruction of the temple.

Did you ever wonder why Rome, not Jerusalem, is so central to Christianity? Jesus, Peter, John, James, Paul - all Jews, all focused on Jerusalem. The earliest church - that in Jerusalem. But by Luke's time, all that has been destroyed. And Luke's church is adrift. They have survived the destruction of Jerusalem. Others have died, including perhaps the brother of Jesus, James. But they have survived this central generational trauma. Now the question is whether they can survive their own survival.

Have you named your generation's greatest trauma?

For one generation today, located halfway between my father and me, that trauma is Vietnam. This conflict, in the rice paddies of the Mekong Delta, on the grassy lawns of Kent State, in the classrooms of Columbia University and the boardrooms of America, traumatized a whole generation. The trauma is not limited to one political perspective. All, all have been traumatized, to retranslate Romans 5: 12. All, the whole generation, all have been traumatized and stopped short of the glory of God. Tour the Eastman exhibit, and weep before the photographs of the fallen. Ask yourself, then, whether you doubt the venerable teaching about the "fall" of creation. Our Good Friday service spoke in eloquent image, music and silence of this generational trauma.

Still, as a generation, you have survived. You survivor, you. The Chevy 409 is gone. But here is the Chrysler Sebring. Arnold Palmer is retired. But here is Tiger Woods. You got through. Not all did. But you did. Do you come through with some generational survivor's guilt? Does it continue to carry the potential to hobble, maim and kill. For another generation, the trauma was that of *The Man in the Gray Flannel Suit.* (Still a great film). For you, it is *Coming Home, The Killing Fields, Apocalypse Now, Platoon.* Public trust, the place of authority, community commitments, and your relationships to other generations are overshadowed by trauma past. Yes, you survive. But the Easter gospel brings power to survive your own survival.

You remember *Apocalypse Now.* It is truly fascinating that Luke 21, three chapters before our reading, converts all of Mark's little apocalypse (we might call it *Apocalypse Then)*, into an interpretation of his generation's greatest trauma, the fall of Jerusalem. For Luke, Jerusalem. For you, Saigon. Here is power to survive survival.

Here is historical fact. Something happened on Easter that 60 years later still had the power to take a generation like Luke's, a church that had lost its Jewish moorings and was adrift in a punishing and forbidding culture, and make a movement that became an Empire wide community, full of men and women ready to die in public rather than call Caesar God.

What happened? Something happened. Something that saved Luke's generation from its own survival.

Even more. Something from that generational trauma you will be able to carry forward, from many perspectives, to make a new way, for a new day. God had a purpose for Luke and his generation. And God has a purpose for you and your generation.

Resurrection is cutting you free from generational survivor's guilt. This is unspeakably good news, like fine wine, 30 years in the making. And one day, a generation we have hardly seen in church since teenager years will come home, surviving their own survival. Coming home, this generation situated half-way between my father and me. Coming home out of survivor's guilt, to explore the use of a great wave of treasure, a huge transfer of wealth (and I would like to speak to some of you personally!). Coming home to a new rebirth of wonder, and a new global community, with one shepherding Lord.

> Der Herr ist mein Hirte!
> El Senor es mi pastor!
> The Lord is my Shepherd!
> Kyrios Christos!

How will this occur? In church. But, you say, the church is so.... Yes, the church is always both a representation and a distortion of the divine. But how can you love God and hate the things of God? How can you come near to God at a distance from the grace of God? How can you experience God without praying, singing, communing, hearing, giving, serving? No, you will have to find a church. Maybe not this church, but a church.

3. Christ and Humanity: Congenital Salvation

Could it be that the salvation promised to you and Peter, the power given to your generation and Luke's, is also conferred upon the human race?

For a third time I ask a question. What is the single greatest trauma shared by the human race? All of us together?

Peter runs to the tomb, sees the linen clothes, marvels and wonders. It is Paul who puts the unspeakable into words. It takes him all of the Epistle to the Romans. He reminds us that all have been traumatized and fallen short of God's glory. Individuals, generations, races - all for some unknowable reason - are tinged with survivor's guilt. It is an irrational, inaccurate, unfair, untrue sense of ennui, gonewrongness, fallenness, exile. It is what the Bible means by sin - not something we do, but the air we breathe. Paul understands that God has subjected the whole creation to futility, for the final purpose of saving the whole creation.

Just here, St. Luke has much to give us. Luke emphasizes the will and plan of God. Luke explores the nature of the Kingdom of God, on earth as it is in heaven. Luke proclaims as far back as Christmas Eve: "all flesh shall see it together." Luke repeatedly uses a little Greek verb, found also in verse 7 of today's reading, *dei* - it is necessary, it is purposefully required, it is providentially needed, it is necessary. Luke holds all life in three parts: the time of Israel, the time of Jesus, and the time of the Church. For Luke, this time - our time - is the greatest of times, the time of the Kingdom of God, on earth as it is in heaven. For Luke, there abides a twin craving, held at the heart of the universe: a craving for a faith that appeals to culture and a culture that is attractive to faith. When church and city, faith and culture dance together on the bandstand of brotherhood - that is the Kingdom of God! And Luke, with scholarly Paul (Gal 3) and wondering Peter (Acts 10), means this for all people. All.

What great trauma do all people share? What great trauma has every one in this room experienced?

Birth.

You by virtue of your lonesome journey through birth are an heroic survivor. You by virtue of your gestation for nine long months, are an heroic survivor. You by virtue of your sudden, violent and cataclysmic deliverance, through natal Red Sea waters, are an heroic survivor. You made it. You got through. Others may not have. But you did. You survivor, you. And there you are, crying and all messy, pink and little fisted and wrinkled and wailing to beat the band. You survived.

Not unscathed, but undefeated. Bloodied but unbowed. I have not read it anywhere, and have not time to write my own book, but I think that with birth survival must come a kind of congenital survivor's guilt, way down deeper than words, that we all, every human one of us, we all share. Not something we have done, but the air we breath. All, all have been traumatized and stopped short of the Glory of God.

This is our condition. "Like the beating of the heart, it is always present." (Tillich). It? Tragedy, estrangement, sin, unbelief, hubris, concupiscence, separation, guilt, meaninglessness, despair, anxiety. Existential survivor's guilt. "It is experienced as something for which one is responsible, in spite of its universal, tragic actuality." (Tillich).

As Jim Croce might have written, had he survived: *I've got those steadily depressing, low down, mind messing, existential post-partem blues.*

Easter is a promise of salvation from survivor's guilt. You just may survive your own survival. The resurrection saves us from the lingering effects of birth by giving us - second birth. "*Born to raise the sons of earth, born to give them second birth.*" Friends, on Easter we are set free to live in the Kingdom of God, a kingdom of love and light!

Look around the lake, and you will see what I mean. In Toronto there lives the great Jewish teacher, and Holocaust survivor, Emil Fackenheim. Once he was asked, "How can you practice faith in God after the horror of the Holocaust?" (That may be the single most important theological question of our time.) His reply: "I practice faith, in the face of Holocaust, "*in order not to permit Hitler any posthumous victories.*" He survived, and survived his survival.

Look around the lake. In Montreal there lives a great French Canadian teacher, Jean Vanier. He left the pastoral life to create a movement of caring ministries with developmentally challenged people. Working with survivors to help them survive survival. His organization, *L'Arche*, has attracted great acclaim, including the service at the end of life of Henri Nouwen.

Look around the lake. When our first two little survivors arrived, we lived in a little cottage in Ithaca, around 1980. In the 1930's, Pearl Buck and her husband had lived there as he served that church and studied at Cornell. I think of her celebration of Chinese survival, and her effort to save the survivors there, here evocation of birth in the rice paddies of Canton.

With her contemporary William Faulkner, she trusted that the human race would not merely survive, but would *prevail.*

God is cutting us free from congenital survivor's guilt. We are set loose to risk, to try, to change, to laugh, to weep, to become who we were meant to be. Irenaeus: *"The glory of God is a human being fully alive."*

For something happened in the raising of Christ Jesus from the dead. What happened? The resurrection is more real than our experience, and that finally it is not we who question the resurrection but the resurrection that questions us. You ask what happened: *Something happened!* Something happened that even 2000 years later has men and women saying prayers, giving money, offering time, swinging hammers, sorting clothes, attending meetings, singing hymns, loving neighbors and on every day in every way building the kingdom of God. Luke would love it. What happened? Something happened, something that opens life up wide and frees us from our original survival and saves us for a new life, a new way, a new creation, a new heaven and a new earth!

Closing

In the cross, we learn to die. In the resurrection, we learn to live.

Our spirit is that of Harriet Beecher Stowe:

In the beauty of the lilies Christ was born across the sea
With a glory in his bosom that transfigures you and me
As he died to make men holy let us live to make men free
Our God is marching on.

He has sounded forth the trumpet that shall never call retreat
He is sifting out the heart of men before his judgment seat
O be swift my soul to answer him, be jubilant my feet
Our God is marching on.

He is coming like the glory of the morning on the wave
He is wisdom to the mighty, He is honor to the brave
So the world shall be his footstool and the soul of wrong his slave
Our God is marching on.

"The Great Embankment"
Text: Luke 24: 44-55
Sermon by Rev. Dr. Robert A. Hill
May 20, 2001
Asbury First United Methodist Church

Beloved: we are on a path together. Together we are taking a journey! Confirmation is not a location but a direction. Confirmation is not a spot but a trajectory. We're walking the path prepared for us by God's Grace.

Preface

At age twenty, some of us had the golden opportunity to study together in old Castile in the center of Spain. You know some of their traditions, eating dinner, *la cena*, from 11:00 PM to 1:00 AM, and later the needed tradition of *la siesta* the next day from two to four in the afternoon. But when the shops closed at 7:00 PM in this and in most communities, the town would gather for what was called *el paseo*, the walk. Together they would walk and shop and talk and stop for a coffee or other refreshments or a pastry. It was a time of conviviality.

One evening my friend Ed, from an Irish family in Ashtabula, and I stopped with some in the town and they began to sing songs of Segovia. After they finished, they asked if we would each sing a song that told them something about our identity, about our background. Well, I didn't think Ed was a very good singer, and I *knew* I wasn't so we were a little scared. But do you know, Ed, after the quiet, began to sing surprisingly, beautifully, a song about Molly Malone in Dublin's fair city, where the girls are so pretty. And again the quiet came and I realized it was my turn. So I began to sing what came to mind, "Had a mule, her name was Sal, fifteen miles on the Erie Canal." We translated roughly and our hosts said, "Is this the difference between Ohio and New York? He sings about a woman and you sing about a mule?!!"

Our imagery today is canal imagery--our home turf. Walk with me three steps, if you will, along the towpath. We could imagine ourselves somewhere between Pittsford and Bushnel's Basin, with the canal on the right and the moorings on the left. We're following the towpath. Step one as you are confirmed:

I. Believe

Confirmation gives us the grace to believe. To become a Christian this and each day means to believe in a certain way, to believe in almighty God. Whose power is known in the created order. Whose personality is seen in the face and mostly in the voice of Jesus Christ. Whose presence is trusted as our helping, saving spirit, day by day. We believe in a certain, specific way in almighty God. The Bible says: "if you confess with your lips that Jesus is Lord, and believe in your heart that God raised him from the dead, then you will be saved"(Rom 10:9). We believe---as the creeds express in a variety of ways. You know there have been creeds from the beginning of the Church. We are not a creedal denomination, but we use them, the Apostles' Creed and the Nicene Creed. The one regularly we use here is taken from the United Church of Canada: "We believe in God, who has created and is creating, who has come in the true person Jesus to reconcile and to make new". Our Confirmands for this day, have written their own several creeds. You know baseball players, now and then, give off a little bit of wisdom. We remember Yogi Beara saying, it's a good word for confirmation, "If you come to a fork in the road, take it." Sachel Page saying, "How old would you be if you didn't know how old you are?" But today, perhaps we could remember from thirty-two years ago, Tug McGraw, the great Mets pitcher saying, "You gotta believe, you gotta believe." To become a Christian in confirmation means to believe.

II. Belong

Take another step with me will you along the canal path. On our left hand there are moorings where the canal boats once were tethered. In our life together, these can be images of sacramental rights, baptism and confirmation, communion, ordination, marriage, forgiveness, memorial--all very important means of grace. Not the center, the path, the journey is the center. But the moorings are still very important helps and provide security. To become a Christian means not only to believe but also to belong, to belong to the body of Christ, the church, The Bible says that "through the church the manifold wisdom of God might now be made known to the principalities and powers". There are no freelance Christians. We need one another! One person sharpens another like iron sharpens iron. And so in this great church we try week by week to summon the finest features of Christianity from every part of the globe and blend them together: Catholic tradition, Anglican sacraments, reformation faith, puritan discipline, pietist feelings. Yes, to be a Methodist (a Methodist is just like everybody else only more so) it's a blend.

III. Behave

To become a Christian means to belong to the community of faith and live among God's people, to be refreshed and restored. But take a third step along the path with me if you will, for to become a Christian also means to behave in a particular way. You know, along the canal path there are the moorings to the left and there is the canal itself to the right. And times of sheer delight come upon us in our life together, so savor them. That moment at summer camp in the evening, that quiet prayer hour when you heard a voice, that crusade in which you were converted for the first or second time, that moment at the communion rail when God's grace touched your heart deeply.

We are calling our young people, this and every generation, to behave in a certain way. Paul taught the Romans that they should love one another with "mutual affection" and so we say simply to our Confirmands, go to church, love your neighbor, tell the truth, keep your word, save your money, hug your father, kiss your mother, feed the poor, hear the hurt, learn to tithe, respect your body, and so live to the glory of Almighty God. To become a Christian means to behave in a certain set of ways.

Now if we go far enough out on the canal we'll come just toward Bushnel's Basin and there as we're arriving we'll find ourselves on "the great embankment." You know, in 1822 our forbears, these courageous pioneers, found a way to carry water, canal water, over water, the Irondequoit creek. Fearless they were, and so they put over a mile long and 70 feet in the air this great embankment upon whose path we are walking today (in the mind's eye).

Christ Jesus is our great embankment, carrying us in the water of faith across the river of life. Christ Jesus is our great embankment carrying us in the water of baptism, through the river of struggle, not only to the left and to the right but especially along that central path which we journey. Maybe this afternoon our young adults and their parents will go out to the Burgandy Basin and walk the canal and sense again the great embankment, but if we do today and every day let us do so especially listening for that one voice, that saving voice so equable, so pure and so serene: You know it well.

Blessed are the poor in spirit, blessed are the meek, blessed are the merciful, blessed are those who mourn, blessed are those who hunger and thirst for righteousness. You are the salt of the earth, you are the light of the world, let your light so shine before others that they may give glory to God in heaven. If someone asks you to go one mile, go two of them as well. If you're asked for a coat give a cloak as well. You have heard it said love your neighbor, hate your enemy, but I say to you love your enemy. So you will be children of the most high who is kind to the ungrateful and to the selfish.

Store ye not up treasure on earth, where moth and rust doth consume and thieves break in and steal; but store up treasure in heaven where neither moth or rust consume, nor do thieves break in and steal. Judge not, that ye be not judged, for the measure you give will be the measure you get. Ask and it shall be given, seek and ye shall find, knock and the door will be open. For enter in at the narrow gate, for broad is the gate and wide is the way that leads to perdition and many there be who go thereby; but narrow is the gate and straight is the way that leads to life and few there be who find it. To what shall we compare those who hear this word and heed it? They are like a wise man who built his house upon the rock and the rain fell and the flood came and the winds blew and beat upon that house but it did not fall because it was founded on the rock. To what shall we compare those who hear the word and do not heed it? They are like a man who built his house on the sand and the rain fell and the flood came and the wind blew and beat upon that house and it fell in and great was the fall of it.

Beloved, we are on a path, a journey together. Let us take three steps this and each day to believe, to belong and to behave as we become together in the body of Christ. Happy Confirmation Sunday! Amen.

"A Summer Thanksgiving"
Text: Luke 10: 38-42
Sermon preached by Rev. Dr. Robert A. Hill
July 22, 2001
Asbury First United Methodist Church

You all share with me in something inexpressible called grace, which is the spiritual equivalent of Wayne Gretsky on skates, graceful. God has loved us! And though there is still so much darkness, some of it doubly dark, I see flickering light in Christ's church.

We thank you lord for skillful, hard working, strong men and women who plow and seed, who fight with nature and who win from it our food. Grateful for farmers. Men who can raise and care for a herd of cattle. Who can help a cow through a difficult calving. Who can work with giant sums of money and not get too frightened, because they know, deep down, that money is something to use not be used by. Men who can be hurt-but never thank God defeated-by a turn in the weather. Men who like medieval knights on horseback can tractor the earth. People who can work by, for, and with themselves. I thank you Lord for what Thomas Jefferson called the backbone of the United States, the American farmer. (You have called them to force mother earth to give up her food wealth. She can be a stingy old goat. May rural America put her mind and heart in thee, and so make food...ungreedily. Mother nature is greedy. Must we be?).

We thank you Lord for gentle women and men. In this violent age and time...praise to the Lord there are still some gentle people. Gentle in speech. Awaiting the wish of another. Guessing what another wants or needs before the other has to cry out for it. Gently going about the work of parenting. Taking up collections for those hurt. Gently listening as someone else talks, trying with only a little success to find words that actually say something. Doing a little and doing that well. It is my wish that gentle people might abound, more and more, even as they keep a good head on their shoulders. Where are the gentle people? Quiet by the bedside...silent in the back pew...unnoticed doing the cleaning…teaching a child to read…listening in the back yard to hear the owl hoot…thinking a problem through…doing something for nothing…giving with no thought of getting.

We thank you Lord for people who have made tough choices and who live with their decision. People whom life has presented with difficult decisions. And they haven't turned tail and run. They've chosen. Now they live with their choice, knowing they might have done otherwise, but firm in the conviction that they've done the best they can. Not everyone agrees with their choice. It's threatening to have people disagree with you on something that really matters. Like salvation. Like love. Like family. Like politics. Like money. Like religion. Sometimes we have to make tough choices. Lord how happy we are to see people who make those decisions and live gracefully with them, without fretting, without dreaming that most perilous of dreams, presented in living technicolor under the title, "What might have been." These folks know that life is short and that we need not make excuses for spending our time on the wheat and kicking aside the chaff. They don't walk into life back end first. They don't get turned into a pillar of salt. We are grateful for people who live gracefully with past decisions.

Lord we thank you for tolerant people. People who aren't afraid even to be called wishy-washy if it means taking a chance on loving what is different. One Greek legend tells of a man who had only one guest bed. All his guests had to fit into that bed. If you were tall then late at night he'd come in hand saw off your legs just to make you fit his bed. If you were too short then late at night he'd come in and stretch you so that you made the right length for the guest bed. Intolerant of difference. Lord we thank you for people who are tolerant of difference. Who know that there is a wideness in God's mercy. Who can see life from more than one point of view. Who do not insist on the absolute right of their opinion. Who pray to have their eyes opened first and focused second. They can say, "He's different. I don't like him. But, then I don't have to like him. Christ has died for him. Only love will do." What variety there is in people, in places, in things, in insides, in thoughts, in sizes, in health, in taste, in color, in shade. Lord we can see that you love variety. I'm glad when others too are tolerant of difference.

I make this prayer with joy as I remember joyful people. People who could laugh from the belly up, twice a day. Did you laugh this morning? Laughing away crying is what makes us human. Who haven't lost the spirit of the Methodist camp tune, "I've got that joy down in my heart"...People for whom humor is natural, easy, smooth. People who can play a tambourine.

My God I thank Thee!
For industrious people.
For gentle people.
For decisive people.
For joyful people.
I see them in this church.

The Gifts of Summer
Text: Luke 11:1-13
July 29, 2001
Asbury First United Methodist Church
Rev. Dr. Robert A. Hill

Ant

The meaning of summer, *sub specie aeternitas,* and particularly in a climate, like yours, long in darkness and deep in cold, the meaning that is of the four score summers God gives you, at the largest extent of God's favor, is itself a matter for prayer, even if our Lord's Gospel today were not so fiercely invested in prayer. Let us pray together today for a few minutes by taking a homiletical walk, down a dusty summer road. In the mind's eye, and with the sun upon our backs, let us meander a moment, and see what we can see.

Start small. There in front of your left moccasin moves a lonely red ant, the lowliest of creatures, yet, like a Connecticut Yankee, bursting with the two revolutionary virtues, industry and frugality. Benjamin Franklin wrote, admiring such frugality and industry, and dubious of much dogmatic preaching, "none preaches better than the ant, and he says nothing." A good reminder.

While we step around the ant, the little insect recalls others: grasshoppers, flies, locusts. Simple creatures. Our current President, George W. Bush, prefers the locusts of Crawford, Texas to the blackflies of Kennebunkport, Maine. I remember driving past the Bush compound on the downeast coastline, and admiring its beauty. Why would our President prefer Central Texas? Its locusts, burning dry heat, flat arid landscape, and lack of water would seem to offer no competition. Yet, he flies to Crawford, and according to one recent NPR commentator, has a singularly good reason to do so. He loves the virtue of the simple people he has known there for most of his life. He likes the simple rhythm of town life. He enjoys the simple summer gatherings - reunions, little league, band concerts, parades. He must tire of the necessary urban emphasis on urbanity, the inevitable public relations concern for appearance and apparel. Or, as he said recently, "the people there - they are folks with good hearts." And as Jesus taught his students, "if people have some measure of goodness themselves, think how good their maker must be.

Maybe that is the meaning of summer, to pause and appreciate simple, good people, folks with good hearts.

Berry

We can stop up the path just a bit. Raspberries, blackberries, all kinds of wild fruit are plentiful now. Jesus taught us to ask, simply, for bread and a name. We daily need food and forgiveness. Give us each day our daily bread, and forgive us our sins, for we forgive all who are indebted to us. What bread does for the body, pardon does for the soul. One of the gifts of summer is the time and leisure to remember this. Church should be fullest in the summer, for this reason, this recognition of our ultimate needs.

Our neighbor has baked some of these wild berries into morning muffins. We stop to savor them, with butter and coffee. We listen to one another along the path. So we are nourished, by one another, and made ready for the next steps in the journey.

Maybe this is the meaning of summer, to pause and make space for real worship, for that which can feed our hungers, and set us free for the next adventure.

Fence

Up ahead there is an old fence. For a river to be a river, it needs riverbanks high enough to contain the flowing water. For a lake to hold its integrity it needs a shoreline that stands and lasts. For a field to retain any semblance of usefulness, it needs fences to mark its beginnings and endings. For an individual to have any identity one needs the limits of positive improvement, as Jesus taught about perseverance, and of protective caution, as Jesus taught about times of trial. For a life to have meaning and coherence, it needs those riverbanks, shorelines, fences, and limits that give life shape and substance.

We can spend some summer time mending fences. It is hard work, but utterly crucial. Keep your friendships in good repair, and mend the fences where they need it. Think, heal, write, love.

The other day I came by this same old fence. I was walking with my dad, as it happened. We had some coffee and a muffin. Then we started off together, down the old road, he to walk with a gnarled walking stick, and I to jog after my own eccentric fashion. But for a mile up to the same fence, to the place where the road parts, we walked together. We shuffled and talked a little, remembering the name of a former neighbor, spotting a new garden planted, making a plan or two for later on. We remembered an old friend, a old style doctor, long dead. He remembered that Dr. Thro came to visit him the day his mother died. "It's hard when your mother dies," he said, "it gets you right in the chest!" I remembered Dr. Thro swimming the length of the lake and, while he did so, barking various orders at the universe and some of his patients along the shoreline, riverbank, fence - along the virtuous limits that make a life. We came to fork, one taking the high road and one the low, and with that an embrace and a word and a glance and we were alone again.

Maybe this is the meaning of summer, to set limits and keep them, to mend our fences and protect them, to honor one another in faith and love.

Cloud

This is a clear day, in our reverie, but even so there are a few dancing clouds, white and bright. We try to make sense of the summer, and to make space for the summer, and to honor this season, so different in New York than in Texas, one that brings together meteorological splendor and theological insight. In our church, we put together a dozen summer experiences, like next week's Summerfest, to allow meteorology and theology to dance well together.

There is a dimension of possibility alive in the summer that is hard to approximate in the rest of the year. We alter our summer hours of worship, not at all to suggest that worship is less central now, for in some ways summer ought to be the most worshipful of the seasons, but rather to accommodate our life to the necessary rhythms of life around us.

It is astounding to hear again in the Gospel that seeking, knocking and asking themselves bring discovery, opening and reception. But they do. Summer is the season and worship is the focus of all such wonder and possibility.

Maybe this is the meaning of summer, to pause and allow a fuller consideration of all the possibilities around us.

Breeze

A summer wind accompanies us as we walk farther down the dirt road. A fawn - or was it a fox? - darts into the brush. The smell of apples, already ripening, greets us at the turn. More sun, bigger and higher and hotter, makes us sweat.

I guess every family has a family secret or two, that one subject that dominates every present moment by the sheer weight of its hidden silence, that one taboo topic that somehow screams through its apparent muteness. Daddy's drinking. Junior's juvenile record. Grampa's prison term. The so-called elephant in the room. True of nations, too, and businesses, and projects and even churches. You find it, finally, by asking gently about what is feared.

The human family has this same kind of family secret. Something we avoid discussing, if at all possible, something that makes us fearful, something that dominates us through our code of silence. It is our mortality. Our coming death is the one thing that most makes us who we are, mortal, mortals, creatures, sheep in another's pasture, not perfect because not perfectible, the image of God but not God, "fear in a handful of dust". Yet we are so busy with so many other things that this elemental feature of existence we avoid.

Maybe this is the meaning of summer, to number our days that we get hearts of wisdom, to measure the mystery about us and give over our imaginations to a consideration of our limits, to learn to pray.

You

May the Good and Gracious God make of all of us prayerful people, simple and true our virtues of the heart, nourishing and nourished in pardon, disciplined by hard even bitter fences of peace, inspired by gracious clouds billowing and high, and supported all the day long by a summer wind, a spirited faith in the face of death.

"Have a Good Summer"
Summerfest 2001
Asbury First UMC
Hos. 11, Psalm 107, Col. 3, Luke 18
August 5, 2001
Dr. Robert A. Hill

Introduction

"Have a good summer!" Has someone said this to you recently? Or, something similar? "Are you having a good summer?" "How's the summer?" "What a great summer!"

For soon to become obvious, selfish, homiletical reasons, I listened, yesterday, all day, through a beautiful Trustees' picnic meeting and luncheon on Keuka Lake, and through a wonderful Stewardship Committee dinner and pool party, for this question, or its variants. Nine hits. Listen and count, tomorrow: "Have a good summer."

It is such a simple phrase, but to the needy, reflective ear, it raises a mortal question, a singular and, perhaps shattering, perhaps justifying question: What is a good summer?

Before addressing this question, I digress to offer a story. You perhaps know it. Or perhaps you have told it. A farmer had an odd habit of feeding his only pig in a distinctive way. He would hold the pig in his arms, and carry him under an apple tree. There the pig would happily eat his fill as the farmer, arms aching, waited. At last a neighbor asked: "John, that is one way to feed a pig, but, in addition to straining your back and arms, it must take a whole lot of time. Aren't you worried about that lost time?" "Oh", said the farmer, "Of course you are right, it is a lot of time, but, then...*what's time to a pig?"*

It is a warning to those of us, like me, who raise such questions, and those of us, like you, who chew on them. A mortal question, to be understood, and a saving truth, to be told, depend on hearing. Faith, that is, comes by right hearing, and such hearing by the word of God.

Thus the simple sentence, "Have a good summer," is, like much in life, a very thin ordinary veneer covering a deep, existential interrogative: just what is a good summer?

What constitutes a good, a godly summer? Perhaps with your help, and under the shadow of the Holy Scripture, which towers over our experience like a steeple towers over our communion today, we can respond by raising other questions. One good question deserves another.

1. Interruption

Has your summer allowed an interruption? Of what? Of routine, of the usual of set patterns, of your own plotting and planning, of comfort, of discomfort, of what has been. Has summer provided a pause?

The parable of the Rich Fool, read today, is a warning word from Jesus for the followers of Jesus. "A man's life does not consist in the abundance of his possessions."

Wait, stop, think, heal write.

A Hindu proverb says: During its lifetime, the lordly goose looks down upon the humble mushroom. But in the end, they are both served up on the same platter.

Life is meant to become a rich offering toward God, not a laying up of treasure on earth where moth and rust consume, and thieves break in and steal. And speaking of thieves breaking in, please allow this brief digressive interruption. After all, it is summer…

It reminds us of the ostensibly humorous story of the burglar, speaking of greed and covetousness, who slipped with his flashlight into a dark suburban home. He took jewelry and cash. Then in the dark he heard a voice: "Jesus is watching. I'm warning you." The burglar trembled, wondering who had spoken. Turning on the light, he saw a parrot in a cage, who said, "My name is Moses, and I warn you, Jesus is watching." Relieved, for the moment, the burglar smiled and said, "What kind of silly suburban people name their parrot Moses?" The parrot replied, "The same kind of silly people who name their longtoothed, ferocious dog, Jesus. I warned you, Jesus is watching."

Life is more than security. The best things about life are free. Travel light.

2. *Inflammation*

Has your summer involved some inflammation? Has the season brought spirit to a fever pitch? Is there around now any love on fire? The mid-west is scorching hot. Mt. Aetna in Sicily is flowing with lava. And in your heart? Where is the fire? What is it that you love so much that it makes you…now nostalgic, now tender, now torrid, now angry, now remorseful, now hot, now vengeful, now envious, now determined, now happy?

The Bible readers among us are right to suspect that Hosea 11, another of today's readings, smolders here. Listen to this loveliest of passages again: "When Israel was a child I loved him…"

I am not talking about passion only, eros only, the body only, feeling only. Though I mean all that. I mean, rather, something beyond mere 'sloppy agape'. I mean the heart. Where your treasure is, there will your heart be also.

Julia Kristeva, French philosopher, who recently, and categorically and stridently rejected the 'political correctness' once labeled as her offspring, said this summer that there are "three great things in life: to think, to heal, and to write." A Schweitzer would have agreed, and said, "There are three great instruments—the Bible, the pipe organ, and the stethescope." I say: find a way, your way, every day, to preach and to sing and to love.

Somewhere in every life there is a hot, scorched, midwestern summer. Remember it. Somewhere in every life there is a potent lava flow, about to burst, bursting, having burst. Seek it. Somewhere in every life there is the love of Hosea 11, God like a mother holding an infant to the cheek. Recover it.

Has your summer involved some inflamation?

3. *Institution*

Has your summer included the care and feeding of an institution? Yes, I could have used another word like 'incarnation', more theological and perhaps more accurate. But then we all would have gone home unclear, unconflicted, unconfronted, and unhelped. Operational incarnation means insitution.

Life does not give ground before individuals apart from institutions. Transformation, lasting good change, in history, happens not through individuals only, nor through movements only. Real traction in history involves institutions. Like corporations, governments, businesses, schools, parties, associations, cities, and, yes, churches. In this, as in most things, the radicals have it wrong. A movement is not superior to an institution. A movement is an institution that has not grown up.

Today's Psalm the 107th, recites the tradition of deliverance, liberation, rescue, redemption, that is your birthright..."Until they reached a city in which to dwell." The Lord has redeemed us from trouble.

Marguerite Brown, whom we buried this week, knew this. Hers is a story of a woman who made space for a very worthy institution, Asbury First UMC.

Has your summer involved an institution?

4. Inspiration

Has this summer brought inspiration? Something? Something fine and true? Something sensual? Something grand and loving? I truly hope so. "A man's life does not consist in the abundance of his possessions." This very night one's soul may be required.

The last lesson, today's epistle, Colossians 3 (I commend to you this wonderful chapter) tells us to "set your affections on things above, not on things on the earth."" Rid your life of immorality and lying, so that Christ, your lips, Christ, your reward, Christ, your glory, Christ, your new person, Christ, your Lord may truly be revealed in and through you.

I saw an eagle soaring over our lake last Tuesday. Barth, I recalled, said that "the gospel is the freedom of a bird in flight". And I remembered the proverb: "Three things are too wonderful for me, and four I cannot understand. The way of an eagle in the sky, the way of a ship upon the high sea, the way of a serpent on a rock, and the way of a man with a woman."

Has the summer brought inspiration?

Coda

Have a good summer
A summer that allows interruption
A summer that involves inflammation
A summer that includes an institution
A summer that brings some inspiration

(And, as you probably suspect that the sermon more deeply intends, in the same ways, have a good life).

"Get Well Soon"
Text: Luke 13: 10-17
Asbury First United Methodist Church
August 26, 2001
Rev. Dr. Robert A. Hill

Preface

You are courageous people, you who have come today to hear the Word of God. You have braved the summer heat, and you have risen above the warm summer temptation to sit a little longer by the pool, or to browse a little longer through the paper. You have chosen again to place yourself within earshot, at least, of the Lord Jesus Christ, and so to give praise to Almighty God. To do so, you have sailed out between the Scyla of the sacrament alone and the Charybdis of the spirit alone. This is no small achievement. Most Christians in our region are Roman Catholic, and most new Christian churches are Anabaptist. Still, you have come here to worship in the broad tradition of the great church, fully catholic and fully reformed and fully ecumenical, and, perhaps, to wait for the Word of God, even from a mere Methodist pulpit.

Perhaps the breath of the Spirit will whisper to you this morning: "You count. You matter. You are real and really beloved. I love you. Get well soon."

Perhaps the Risen Christ this morning will whisper to you, if you are sick, and especially if you have suffered in ailment for 18 years: "Get well soon." Or maybe the voice will rise to much more of a whisper, and you will walk home, sensing, after two decades, "I am well. It is well." Get well soon.

Your courage is further to be acknowledged, because you come to listen with curiosity to the Scripture, and you reflect with respect upon the Church, and you judge honestly about life as you have experienced all of life. Curiosity about Scripture, respect for the Church, honesty about life - these are your own gifts of interpretation for the morning. You know that one requires the scholar's imagination, and the other requires the pastor's heart, and the third requires the preacher's guts. You have been given reason to trust, over generations, that somewhere the three will meet again before the noon hour strikes. So, as a loving and addressable assembly, you do not fear. You do not fear...not the strange world of the Scripture, with its spirits, angels, demons, and divinity.... Not the community of strangers that is the church, with its wheat, tares, heroes, villains, friends, opponents and its troubling capacity both to represent and to distort the divine, the church where we pretend, intend and contend to know one another, with a baseball slugger's level of success (30%)... Nor even the estrangement of your own daily life, with its betrayals, ambiguities, losses of meaning, inexplicable horrors, random hurts and just plain boredom. You fear neither God nor man. Upon the strange world of the Bible you radiate curiosity. Toward the community of strangers in church you radiate respect. Into the estrangement of experience you send a glimmer, a gleam, a glistening honesty that is to be prized far above much pious hooting. To church you dare to come. In this, I salute you. For your courageous curiosity, respect, and honesty are themselves, curiously enough, and quite honestly, to be fully respected. There is Good News awaiting behind all that is so very strange today.

For today we celebrate the mysterious presence of Christ, the Healer. He stands among us, this perennially young man, knowing our own ailments and like a feudal baron placing and unfurling his flag for battle, and announces: "Get well soon!"

Scripture

In the reading of his Word and the preaching of his Gospel, Jesus discloses himself to us today, though his person, it seems, is never quite devoid of that shrouding, that misty, mystical aplomb that is never fully to be had, to be captured, to be held. He stands above us, high as a lifted pulpit. He waits above us, high upon a raised altar. He moves before us, and whether or not we are worthy to touch the hem of his garment or to gather the crumbs from his table, neither motion holds him. He comes, he speaks, he heals, he judges, and he leaves, pushing us against the wall with a question - "ought not one so ill be set free?"

Strange is the world he inhabits. I picture Luke retelling this story in a house, perhaps in Antioch. There are thirty or forty in the room, gathering to pray, to commune, and to listen. "Now he was teaching..." Did Luke find it stunning, as we do, that the worship service into which Jesus had been invited, is toppled by the appearance (the apocalypse) of a sick woman? Years ago, Lily Tomlin, opening a one woman Broadway show, had her act disrupted by an unruly street woman, who had a spirit that had crippled her for at least 18 years. The ticket buying customers in the front row had had enough and were about to throw her out, bodily. Tomlin came on stage, halted the proceedings, ushered the vagabond to center stage, and addressed the house: "Let me introduce you to...a fellow human being." We learn so much from the dreams of drama, as my own daughter has taught me and as our new Christian Educator, Jennifer Martin, with a degree in ministry and theater, will further show us.

Jesus speaks among us from atop his Lukan stage, in a voice of command. I suppose you could call it a voice of compassionate command. He notices hurt. He cares about individual ailment. He cares enough about sickness to make its healing more important than organized religion. And most dramatically of all, in a word of exorcism, he eternally launches into our life the potential for healing. As striking, for century one, as is Luke's recollection of Jesus' notice of women - of this woman and countless others in the Lukan record - more striking still is the fundamental Good News of the reading, that Jesus Christ cares to heal. We celebrate the elusive presence, the mystery of a strange healer. Nature brings healing. Time brings healing. Medicine brings healing. Prayer brings healing. There is a conspiracy of healing at work in the universe.

I cannot answer at all to my own satisfaction why some and not others. In the air my breath touches I see a friend's brother, a colleague's sibling, a sister-in-law, a youth, a close friend, none of whom apparently are going to be healed. I am angry as well as frightened as well as sad. Yet Luke the Physician must have known as many or more. But he reminds us of the main thing:

there is healing, there is healing. And Jesus has shouted healing into the very core of being: "you are set free." The very tragedy of sickness, which we rightly hate and fight, takes its full outline and design as shadow from another truth: the Mysterious Lord desires healing. Its lack, its absence is the moon, but its presence the sun. How healthy it is to pause, once this week, to be greeted by the healing voice of Jesus Christ.

Sometimes, not often, in the languid long history of theology, one meets a paragraph full of courage. I remember reading St. Augustine on sickness and health. He was whistling past the graveyard, a little, it is true, but his defiance, his courage stay with me. "Why sickness wouldn't exist, if it weren't for health. In fact, sickness does not exist. It has no being. It is only a corruption of being."

He said what we feel. Sickness sickens us because we know that healing is primary, and we chafe at those unhealed hurts. No, we more than chafe. We howl, we moan, we lament, we shake our fists and curse.

More, let us say, we cannot say.

Church

Speaking of endless contention and intractable difference, we reflect now with respect on the community of faith. Do you find it humorous (and did Luke?), to notice that the immediate response to a miraculous, physical act of healing, performed by the way, in public, upon the aisle of the synagogue no less, is - doctrinal bickering? There is a conspiracy of healing moving through the universe, and the immediate response erupts as cultural disputation. It makes us wonder how best to proceed with our common life, including our life in the church. It is the kind of thing that gives religious wrangling a bad name.

As strange us the setting in Scripture seems for the Person of Christ, the collection of strangers in the church of every age seems stranger still. What good news, for us, for you who have given your time and money and prayer and good will and forgiveness to the church, to hear again the reminder that the church is the Body of Christ, the physical expression of his life in our world. Jesus reproves his opponents. Notice. Jesus has opponents. There is conflict. There is difference of view, culminating in a short term victory for one side but a resurrectional victory for the other. Jesus connects even this woman, even this cripple, even this ritual outsider, to the main project of the community. Healing. His fight this morning is to make space in the church for those who appear and hunt for healing. I still find it funny, though, that for the community the main gift of healing is immediately forgotten in the ensuing debate about Sabbath. There is a little humor here, like that which gently mocks the despondent prophet Jonah, gloomy under the fig tree.

The Gospel which is given into the hands of the stewards of the mysteries of Christ - the Church - celebrates healing on the grand scale. There is ever a corporate consequence to the intrusion of Jesus' voice. Eighteen years is a long time. So long that sometimes we forget to celebrate when the time has changed.

Think of AIDS. Twenty years ago, AIDS was an immediate death sentence. Today much healing is possible, and much prolonged life. Because the change has come incrementally, we have not paused to praise God. Of course the scourge and the plague continue, and of course our battle against it continues. But look. Bound for 18 years, this set of children of Abraham have partial freedom. This is good news.

Think of stem cell research. Twenty years ago, most of the debate now occurring did not exist. Yet today, potential further healing, with all the potential risks to the fundamental sanctity of life, is on the move. I for one think the President handled this issue quite well. But even if he did not, the rising sun of new potential healing is waxing, not waning, in this new area. Silent for 18 years, other daughters of Abraham may find health.

Luke the Physician has had spiritual siblings throughout the ages. Elizabeth Blackwell, Florence Nightengale, the Mayo Brothers, and many others. Our church today is supported by the kind and intelligent ministry and presence of many fine physicians, nurses, and other health care providers. What gifts they offer, on a daily basis, to many who have had crippled spirits for 18 years! In this community of strangers, as well as friends, the Lord Jesus Christ is present in the healing voices of the real community and order of St. Luke - the healing professions.

Life

You though may wonder whether any of this finally touches your eighteen years of pain. The Christ of Scripture, whose Body is the Church, meets us for healing in the prisons of estrangement we know in life, when we are honest. The Gospel, if nothing else, gives us the freedom to be honest about what we experience. For once, today, let the word go forth. Your life is now within earshot of the Master Healer.

It may not seem so after 18 years of addiction. Alcohol addiction can come on slowly, insidiously over a decade or two. One night a week becomes five and two beers become ten. Spirits cripple. I mean literally. We have four AA groups in this church which begin with a recognition that one is powerless, alone, to healed. One turns to a Higher Authority. You need not suffer, endlessly bound to drink. 18 years is plenty. There are ways and there are programs and there is every possibility for healing. Get well soon.

Nor may it seem that Jesus is close when one is fighting a culture of obesity. In fact, our culture is under daily attack from diets that come at us as if we had spent every day milking at 4 am, in the hay mow for 10 hours, and milking at 4 pm. Do so, and you do need 5000 calories a day. But how many of us do so? Our kitchens, our cooking, our cuisine come from 2 generations ago. We need a new way of eating, and the church is the place to start. Nobody likes food more than I do. I like only two kinds of pie (hot and cold) and only two kinds of ice cream (vanilla and non-vanilla). But as a people we are drowning in a sea of fat. High blood pressure, diabetes, hardened arteries, heart disease - all traceable back to the kitchens, cooking, cuisine of our culture. We eat like farmers. Once we were farmers. No longer. 18 years is a long time, but things can change even after decades. There are ways and there are programs and there is every possibility for healing. Get well soon.

Nor may it seem like Jesus knows the spirit that cripples you in the soul, the dark depression that takes life. We lost a boy in Brighton this week. How I wish we as a people were more versed and more sensitive regarding depression. Like the spirit that crippled for 18 years, it is a powerful enemy. It would not be Sunday, at least on this green earth, if someone were not wrestling again and mightily with depression. It is healthy just to name our ailment, our malady. Even if healing does not come immediately, naming and recognition and honesty help. It may seem that the church with all its celebration and hymnody and affirmation of faith does not get it. Today's Gospel does. 18 years is a long time, but things can change even after decades. Jesus sees you, crippled underneath an ailing spirit. He speaks. He speaks in order to free you, at the very least by announcing the irremediable presence of the potential for healing. There are ways and there are programs. Get well soon.

Endnote

Here is Good News, a reason for affirmation and celebration! The Lord Jesus Christ meets us mysteriously out the strange world of the Bible, in the midst of the community of strangers in the church, and right in the heart of our existential estrangement. Our Lord is a Healer, *the* Healer in whom we trust. And his healing has a further purpose, as Luke, the Physician, would want remembered. You are set free to set others free. You are healed to become a healer. You are blessed to a blessing. So get well soon. I mean: get well… Soon! We've got work to do.

"The Lamp of the Poor"
Text: Luke 14: 25-33
Together in Ministry Sunday
Asbury First United Methodist Church
September 9, 2001
Rev. Dr. Robert A. Hill

Opening

"The lamp of the poor", Canadian Hemingwayesque novelist Alistair Macleod has recently recalled, is the translation for the Gaelic term meaning "moon", *'lochran aigh namb boch'.* Christ Jesus is the lamp of the poor for this world. You, budding disciple, are becoming a lamp of the poor, in his name. This great congregation, Asbury First, dreams of itself as a 21st century lamp of the poor. And we are children of the dream, so let us dream away.

A dream lives at night, in moonlight, and walks in the dark (Luther's phrase for faith). Now a vision - a vision is a child of the day. Picture an aerial photograph. Imagine a carpet ride. A vision needs sight and daylight. But a dream, a dream is a nocturnal beast. (Who hopes for what he sees? We hope for what we do not see.) You enter a dream, not from the bird's eye, but from the mind's eye. You take up a lamp, let us say, and you begin to browse here a little, there a little. You enter a dream on foot. A dream is a human, a man-sized mystery. Now you pick up your torch, in the darkly dusk, and you meet the future. It's scary to walk in the dark. Poe caught it best.

And the silken, sad, uncertain rustling of each purple curtain
Filled me, thrilled me with fantastic terrors never felt before
So again to still the beating of my heart I stood repeating
'Tis some visitor entreating entrance at my chamber door
Only this - nothing more.

There is a visitor, the mysterious Lord Christ Jesus, who enters upon us, stealthily, in our dreams this day.

Perhaps the greatest, most internationally influential architect of the modern period, a Swiss known as 'le corbusier' (the raven, speaking of ravens), once remarked, "what makes our dreams so daring is that they can be realized." We have some dreams, you and I. What makes them so daring is that they can be realized.

Your courage is further to be acknowledged, because you come to listen with curiosity to the Scripture, and you reflect with respect upon the Church, and you judge honestly about life as you have experienced all of life. Curiosity about Scripture, respect for the Church, honesty about life, these are your own gifts of interpretation for the morning. You know that one requires the scholar's imagination, and the other requires the pastor's heart, and the third requires the preacher's guts. You have been given reason to trust, over generations, that somewhere the three will meet again before the noon hour strikes. So, as a loving and addressable assembly, you do not fear. You do not fear…lot the strange world of the Scripture, with its spirits, angels, demons, and divinity…. Not the community of strangers that is the church, with its wheat, tares, heroes, villains, friends, opponents and its troubling capacity both to represent and to distort the divine, the church where we pretend, intend and contend to know one another, with a baseball slugger's level of success (30%)…Nor even the estrangement of your own daily life, with its betrayals, ambiguities, losses of meaning, inexplicable horrors, random hurts and just plain boredom. You fear neither God nor man. Upon the strange world of the Bible you radiate curiousity. Toward the community of strangers in church you radiate respect. Into the estrangement of experience you send a glimmer, a gleam, a glistening honesty that is to be prized far above much pious hooting. To church you dare to come. In this, I salute you. For your courageous curiosity, respect, and honesty are themselves, curiously enough, and quite honestly, to be fully respected. There is Good News awaiting behind all that is so very strange today.

1. Christ Jesus: God's Lamp for the Poor

It will not surprise you that the first of three encounters for us, today, looms in the Scripture herself. Jesus has with him, for once, a great crowd. As he is heading toward Jerusalem, and as every step, word, and deed in this soft underbelly of St. Luke (chapters 9-19) falls underneath the shadow of Jesus' looming cross, and as the stark reality of that 'magnificent defeat' (Buechner), seems not to occur to the 'oi polloi' (vs. 25), Jesus speaks harshly.

This is not quite the passage one wants for a festive 'Together in Ministry' Sunday. We are following the lectionary (a series of ecumenically selected passages) this fall, however, so we must face it. I would not otherwise have chosen to do so. It is too tough a passage for the first fall Sunday. Having plighted my troth to the lectionary, however, I am bound. I am like the man who complained loudly in the lunchroom, year after year, about how much he disliked what he had in his brown bag. "Look what is packed here-just tunafish! Just peanut butter! Just cottage cheese!" Finally his lunchmates asked him who on earth was responsible for preparing those loathsome victuals. "Oh", he said, "I make my own lunch". To the lectionary, then, and without complaint.

Jesus wants to make sure that the crowd understands the cost, the literal cost, of a great dream. The dream is daringly great largely because-it can be achieved. They may become his disciples. But discipleship comes at a price. Salvation may be God's gift, free of charge, but discipleship, the way of salvation, costs. Grace, free to receive, is not cheap to live. In our time, as you well know, it was Dietrich Bonhoeffer who wrote so eloquently about costly grace.

Here Luke, in arranging a series of Jesus' sayings, advances the hyperbole of a dominical warning. The dream who is Christ is greater than family. Even life itself is a part, one part only, of this dream, which surpasses the limits of life. Luke, looking back 60 years to Calvary, places on Jesus' lips, "carry the cross". In sum: all our holdings, all our possessions are at risk, in the encounter with this dream.

Your many, quick questions about all this, scholars have also readily hurled into the path of this pronouncement ("you must give up all your possessions"). Did Jesus really say it? Did he really mean it? Does it hold true for us?...Yes, Yes, and Yes. Those who approach Dream Incarnate cannot proceed unless lightened they are and freed they are from being possessed by possessions. Unless they can let go, and *give up what does not last in order to lay hold of what does.*

Behold, lamp in hand, He stands in the doorway, well on into the night of longing. He knocks. To open, one must let go of all hand filling, soul trapping possessions which possess, things that master their masters. Behold Jesus Christ, the Lamp of the Poor!

2. You are His Disciple: One Lamp of the Poor

The Gospel of Luke is fascinating in its treatment of possessions, wealth, economics, because a great transition propels it. 1. The church is growing up in Luke's day. 2. The church is finding its place in the Roman world. 3. The church is finding its voice among educated gentiles. 4. The church is finding its way as it becomes an institution. 5. The church is finding its earthly footing, even as it anticipates a heavenly home. 6. Luke's Christ, as he remembers Christ, has things to say about money. We may hazard a summary: *DO NOT BE POSSESSED BY YOUR POSSESSIONS!*

Several odd features complete this Lukan portrait of the mysterious Christ. 1. The Greek for 'hate' bears a technical meaning, less emotional and more relational (Ringe). 2. It is clear that the Lukan Christ is speaking to men, "father and mother, wife and children" (Ringe), which tarnishes somewhat Luke's reputed affirmation of women. 3. The daily bearing, and bearing up under, a heavy cross (the regular, recurrent earthly defeat of things eternal) is assumed for the disciple, requiring only the briefest comment (vs. 23). 4. Prudence, economic realism, fiscal restraint, careful planning constitute the body of this teaching, found in the images of tower and battle. 5. They lead, logically, to a very practical teaching: at one point or another, all of your possessions will be 'given up', in the course of your discipleship. In the end, you lose them all.

For our time, a few pastoral suggestions about possessions may be in order. *One:* Get out of debt. Debt shackles, limits, hobbles. It is the very measure of how much your possessions possess you. Give up...your debt. All debt is bad, much is truly evil. *Two:* Participate in life by giving of your possessions. Give up...by giving away. *Three:* Grow in generosity, by percentage, in kind, through creativity. Give up...in increasing measure. *Four:* Maximize varieties and options in giving. *Five:* Tithe. Like marital fidelity is to relationship, it is the map, the compass of fiscal love. Give up...with discipline. So, therefore, give up your possessions: debt, self, sloth, doubt, ego. In this way, your life will radiate. You will become, yourself, a lamp of the poor.

3. Asbury First: A Lamp of the Poor

And what if all 2139 of us did so? What if we met Jesus, God's Lamp of the Poor, by living individual lives that did shine like lamps for the poor? Then we could live the dream. We would walk in peace and joy along the *Village Green* of life. Here, take a lantern. It is night time. We leave the sanctuary. We walk through the spacious, open welcome area. Then (for this is only a start), we tour the expanded grounds of our ministry. At every turn, in this dream, there is a lamp lit. Look: just here is a new United Methodist conference office, for a combined upstate conference. Look: just here is a pastoral counseling center which specializes in the needs of women, created and guided by a retired pastor. Look: just here you find a lamp lit on the porch of an Urban Retreat Center, spiritually led by a spirited minister committed to this cause. *(And each of these projects tithes from their own budget back to the mother church that created them, thus providing the possibility of further growth. They learned to do so, over time, from the Storehouse, Dining Center, Nursery School, Daycare and others, who were inspired to do so by this sermon! Hey, why not really dream?)* Look: just here there is the lamp of the porch of the county wide Wesley Foundation, a center for student ministry. Look: just here a lamp is lit over the door of a Hemispheric Hispanic ministry Center, from Emmanuel to Amor Fe y Vida. Our lamp leads us further: just here you find a religious drama center, K-12, and an elder care program, and.....Behold Asbury First United Methodist Church, The Lamp of the Poor!

Endnote

And what Emma Lazarus write? Perhaps she had Christ, she had you, she had this church in view:

Give me your tired, your poor
Your huddled masses yearning to breathe free
The wretched refuse of your teeming shore
Send these, the tempest tossed, to me
*I lift my **lamp** beside the golden door.*

On Meeting Sin Again for the First Time
Text: Luke 15:1-10
Asbury First United Methodist Church
September 16, 2001
The Rev. Dr. Robert A. Hill

Opening

Today our hearts are heavy. With our children, and with the world's human family, we have had to watch the sinful, terrorist destruction of a part of our one city, New York.

It recalls the night, July 1977, our first year of marriage, in which we stood atop the Union Seminary roof and looked out at a completely darkened New York, shut down by the blackout of that hot summer weekend. Not a light burning, save the cabs rocketing down Broadway. Like the darkness of sin, which is our natural condition, East of Eden.

It further recalls an evening in the Union Seminary quadrangle, June 1979. The President made an effort to mention something personal about each graduate. Of me, he said, I thought it odd at the time, "we shall miss Bob's love of New York". He was remembering, I guess, a poem I had written about walking from Battery Park, underneath where the World Trade Center once was, north, and gradually, to Spanish Harlem. Wall Street. The West Village. Soho. Times Square. Columbus Circle. Central Park West. Morningside Heights. A city of such lust, avarice, pride, like the sin which the Scripture describes, yet one that in the autumn is as dazzling in color and sound and life as any place on earth. (The stickers for our children last week, the Van Gogh prints, came from 54th street, the Museum of Modern Art.) In heaven it is always autumn, said John Donne. And in New York the autumn is just heavenly. Which has made this week's attack all the more hellish.

Perhaps it is fitting that this week's lesson presents Jesus, in his primary colors, not as teacher of righteousness, but as savior of sinners. Perhaps this is one week, maybe the best week in my 24 pension years of ministry, to think about sin. Maybe we are ready to meet sin again for the first time. For when, only when we have brought ample appreciation to the nature and power of sin, will we ever be able amply to appreciate the grace of God in Christ, who has come into the world to save us from our sin, both collective and personal. Once we have met sin again for the first time, we may be ready to meet Jesus again for the first time. For "where sin abounds, grace over abounds".

Truth to tell, we do not use well or regularly the verb "to sin", the noun "sin", or the related personification "sinner". Our use of these words, in general, lacks any significant confidence or regularity. As Gardner Taylor so memorably said 25 years ago, "sin may be out of our personal lexicons, but it is not out of our lives". In 24 years of ministry, I cannot recall a single week in which such a consideration of sin would have been more timely than this week terror and loss.

For the most part, the word resides outside of our regular vocabularies, at least our workday verbal wardrobe. The word does not seem to fit well, any longer. It droops in the midriff, and the collar, ever stiff, runs high and starchy. Thoreau said, "nature is right, but man is straight." Sin is neither, neither right nor straight, and so the word is ill-fitting. This puts us worlds apart from the author of the Third Gospel, for whom the word (verb, noun, all) carries a meaning so readily clear that it needs (much to our later misunderstanding and consternation) no definition or clarification. Luke says "sinner" with the same unselfconsciousness that we would use with words like felon, patient, criminal, or victim. What does it mean? What does this ancient word, propped for a moment on the lips of the Lord, tell us about the hidden, mysterious, strange Jesus of this far too familiar set of stories?

1. Scripture

a. It is curious that church-wide (for the most part), the other numinous oddities of language in Luke 15 we do understand and use. We hear you use these great words, and use them well. One says to his son, in the pew, as the Scripture is read, "I remember—a parable is a story with a message, and I remember that Jesus always taught using parables. He taught by telling stories. These parables were set in the countryside, and were about people and about justice. Jesus taught adults with simple stories." You understand 'parable'. Someone else, driving home today, interprets the word 'joy' for her rider: "Joy is God's delight, given us by God's spirit. You are one of the footprints, hallmarks, earmarks, landmarks, benchmarks of the Holy Spirit. What pleasure is to the body, joy is to the soul." I might have thought that 'repentance' would throw you, but no. In the choir, disrobing, an alto tells a bass, "Repentance means to turn around, to head home, to dust off and try again, like that story about the son and the pigs." And angel means messenger, and presence means joy, and heaven means the message of the presence of joy. You have passed, and more the Scriptural SAT, to this point.

b. But what is a sinner, and what does this tell us about the grand mystery of Christ? Our passage holds itself several clues, but finally the two fundamental meanings for 'sin' we shall have to intuit, congruent with Luke's usage, from the rest of the Bible. For Luke uses the word as if we all did know what he meant. And maybe after this week, we clearly do.

Here are some random clues, found in Luke 15:1-10. A sinner is somehow a cousin to a tax collector, one who represents, that is, an alien unjust power, who inflicts that power for ill upon the children of God, and who yet has a conscience with which to listen and draw near to God (vs. 1).

A sinner, next, is one whom Christ Jesus welcomes and with whom Jesus shares the intimacy of the common table (vs. 2).

Jesus comes for others, as Paul said, "the saying is sure and worthy of full acceptance, that Christ Jesus came into the world to save sinners—of whom I am the foremost". A sinner, primarily here and also in the later account of the Welcoming Father, is lost, dislocated, and alone. For this reason, then, a sinner found is the cause of inexpressible delight, joy. Including the lonely, discovering the dislocated, reconnecting with the disappeared—these moments provide a heavenly joy, a consequence of the discovery of the sinner (vs.7)

c. Luke trusts, as he recalls or recasts or casts these parables out of his own past, that there is a divine purpose coursing through history, building the church, propounding the Gospel, and saving the lost, and gradually and expensively and individually finding people who have been lost in the rubble of life, darkened and dislocated by sin. But what is sin?

2. Personal Sin

In the first place, sin is utterly personal. This we understand. The covenantal commands of the decalogue have a personal consequence (Exodus 20). For we confess, too a personal dimension to the apocalyptic sway of sin. The angels in heaven—and perhaps a few others—may "need no repentance". As grace touches ground in Jesus Christ, sin touches sand in personal confessions. We get lost. It is our nature, east of Eden. We get lost in sex without love: lust. We get lost in consumption without nourishment: gluttony. We get lost in accumulation without investment: avarice. We get lost in rest without weariness, in happiness without struggle: sloth. We get lost in righteousness without restraint: anger. We get lost in desire without ration or respect: envy. And most regularly, we get lost in integrity without humility: pride. If you have never known lust, gluttony, avarice, sloth, anger, envy or pride you are not a sinner, you are outside the cloud of sin, and you need no repentance. (You also may not be quite human).

3. Pervasive Sin

a. In the second place, sin is pervasive. (On this point, today's sermon bears down, because its sibling is so much better understood.) Sin has a corporate, expansive, even institutional reality. We mistake its power, if we see only, say, several dozen individuals acting to destroy property and life in lower Manhattan. That of course is real, and true. But sin is the power of death throughout life. Sin is the condition of life under which such treachery takes place. Sin is the absence of God. Sin is an orb of confusion in the world. Sin is the advance or retreat of a great thunderstorm, a frontal advance, though theological not meteorological. Sin is like a city blacked out, a power far beyond any individual lamp turned down, any individual light switch-hit. Sin is a shadow, the one great shadow. Whatever is not of faith, is sin. And that is quite a lot in this world. All have sinned and all have fallen short of the glory of God. All. Sin is the air we breathe. Sin is the architectural design for our natural state, east of Eden. Sin is the controlling legal authority of our being. Sin is the occupying army that has our beloved homeland, love, under siege. Hence, sin is the knock at the garret door, late at night, and the thud of the storm troopers' boots, and suicide bombing of the terrorist. Sin is a force, a wind, a phalanx, a competing entity. Sin is all that mutes the voice. Do we blame sheep for being lost—hardly by the way a comprehensively intelligent beast—for getting lost? It is his nature. Do we blame the coin—inanimate, hardly noticeable—for getting lost? It is Isaac Newton's gravity at work. But we only sin clearly when we are ready to see it, by revelation, and often only once we have left its borders behind. Like all lasting reality, we know it in retrospect. Read again the works of William Stringfellow.

b. That is, the power of sin vastly surpasses any individual, human attempt at cure. You might as well try to stop a reeling boat hoist wheel, holding 2000 lbs., with your bare arm. It is just that impossible, that foolish. Individuals may behave morally or immorally, usually some of both. But corporate sin marches on, R Neibuhr showed in 1932: "Man's capacity for justice makes democracy possible, but man's inclination to injustice makes democracy necessary". Sin is that 'inclination'. "If social cohesion is impossible without coercion, and coercion is impossible without the creation of social injustice, and the destruction of injustice is impossible without the use of further coercion, are we not in an endless cycle of social conflict?" Sin is that 'impossible'. As a rule, in American Protestant Christianity, we vastly underestimate this primary, pervasive form of sin. This is both our achievement and our defeat.

Perhaps the stock market symbolism may work again for us, 70 years later. The power of sin is as free before any single individual, as is the stock market before any lone investor. The market moves due largely to corporate, institutional, fiduciary choices, which themselves are not influence by individual courage, but first by the fiduciary responsibility of corporate officers, thinking of and for the collective. The same is tragically true of nation states, and alliances. They march to the beat of a different drum. The chief weakness of my beloved Methodism, so American and so optimistic, is its congenital naivete about pervasive sin. While it took individuals to knock down the twin towers and kill thousands, it took more than individuals, too. That 'more' is sin.

Getting rid of males or females will not destroy sin, or the exodus of Caucasians, or the ostracism of the wealthy, nor the browbeating of heterosexuals. Sin is a pervasive, brute, existential reality, which does not give ground before any merely ideological assault. As Wesley, "sin remains even when it does not reign."

Sin traps us in an endless cycle of social conflict. For this theological reason, some US response to Tuesday's heinous crime is probably inevitable. We may hope that as a nation we shall have the courage not to overreact, and, indeed not to react at all, but to respond. It is devilishly difficult not to overreact when you have been humiliated, even as an individual, and perhaps impossible for a collective. But let us hope not to react, but to respond, and to respond justly, mercifully, humbly, prudently, rightly, and effectively.

That is, if we are to use force to bring order and protect peace, then may it be force that does not create more disorder and less peace.

If we are tragically to find military action necessary to address a clear and present danger, then may it be action wisely chosen that makes danger less present rather than more.

Let us summon the faithful courage of collective patience, and take our time. We have all the time we need.

We recognize that there are times when force, alone, is the required and necessary response (December 1941), but that there are also times when force is wrongly used and unnecessary (August 1998), bringing only further retribution. Not to have responded to Hitler militarily in 1941 would have been as lasting a collective sin upon the conscience of this country as we could imagine. We may be entering such a time, both similar in tragedy and different in scope.

May we respond with courage, not react with vengeance, as, in Christ, we grapple with pervasive sin.

4. Christus Victor

Luke's little stories assume a recognition of sin, pervasive and personal. You know, it takes a while in life to know what you are up against. Once you begin to see, you begin to appreciate. Once you see the reality of sin, you can appreciate the awesome gospel, "Christ died for our sin." You come to yourself. But that is another, nearby, parable. Once we have fully met sin again for the first time, we may also meet Jesus again for the first time. Not the Jesus of Marcus Borg's self-portrait (wisdom teacher, religious mystic, social prophet), but the Jesus of Luke's Gospel. Jesus Christ is not a teacher, only, but a Savior, a Lord. And his grace, alone, carries enough power to grapple with sin, pervasive and personal. That is why, on this Lord's day, with heavy hearts, and nostrils still full of the stench of body parts in lower Manhattan, we may yet lift our heaviness to God. Sursum corda! Lift up your hearts.

We have much to do. Jane Addams said it of our nation, but her insight now fits our world: "The blessings which we associate with a life of refinement and cultivation must be made universal if they are to be permanent. The good we secure for ourselves is precarious and uncertain, is floating in midair, until it is secured for all of us and incorporated into our common life". How prophetic her words do sound this week.

Have faith, people of faith.

Terror may topple the World Trade Center, but no terror can topple the World Truth Center, Jesus the Christ.

The World Trade Center, hub of global economies may fall, the economy of grace still stands in the World Truth Center, Jesus the Christ.

The World Trade Center, communications nexus for many may fall, but the communication of the gospel stands, the World Truth Center, Jesus Christ.

The World Trade Center, legal library for the country may fall, but grace and truth, which stand, through the World Truth Center, Jesus the Christ.

The World Trade Center, symbol of national pride may fall, but divine humility stands, through the World Truth Center, Jesus the Christ.

The World Trade Center, material bulwark against loss may fall, but the possibility in your life of developing a spiritual discipline against resentment (Niehbuhr) still stands, through the World Truth Center, Jesus the Christ.

The soul that on Jesus still leans for repose,
I will not, I will not desert to his foes
That soul though all Hell should endeavor to shake
I will never, no never, no never forsake.

"Faith Handles Change"
Text: Luke 16: 1-13
Asbury First United Methodist Church
September 23, 2001
Rev. Dr. Robert A. Hill

Opening

Before us today stands Jesus Christ, robed in mystery and announced in a strange parable. There is no easy interpretation for this parable. Why is its hero, my favorite accountant, commended for dishonesty, which is a breach of the ninth commandment? We do not know. Why is his master happy to be cheated? We cannot say. Why is an accountant's swindle upheld, in this parable here attributed to Jesus, as a preparation, somehow, for heaven? No one can tell. What, please, does verse 9, as tangled in the Greek as it is in your bulletin, intend? We do not see. What possible connection is there between the story, and the four trailing proverbs? Little at all, except that they all deal with money. How did this mess make it into Luke's travel narrative? It is not clear. Is this dishonest manager our role model, in the church, as we try to "manage wealth in the direction of justice?" (Ringe) Perhaps! And, most of all, where is Jesus, The Divine Mystery Incarnate, to be found in our reading today?

For some weeks we have ridden hard for three points a sermon. We will rest the horse a minute, a little feed and little water. Easy big fella. Get well soon, we said: Healing in Christ, and healing in society, and healing in people. The lamp of the poor we cried: Christ, church, disciple. Meet sin again, we implored: Sin is personal, sin is pervasive, Christ saves us from sin. Three points, and a poem. But the horse is tired. And our fellow bandits, interpreters Craddock and Ringe and Tittle, are tired too, at least in reference to this passage. I continue to curse the lectionary. The parable of the dishonest steward has really just one meaning, and it is very good news.

1. L'Etranger

Let us recall the mystery of Christ, the Stranger in our midst. We can announce his presence today, again today. He is among us: dealing with issues we dismiss…speaking with people whom we dislike…considering options we disdain…selecting vocations that do not yet fully exist…expanding spaces that we constrict…accepting lifestyles that we reject…attending to possibilities that we ignore…approaching horizons that we avoid…healing wounds that we disguise…questioning assumptions that we enjoy...protecting persons whom we mistreat…making allowances that we distrust. So, strangely, is He among us.

For the mystery of Jesus Christ falls upon us, approaches us, and enchants us, when and where we least expect Him. In the strange world of the Bible. In the midst of the community of strangers that is the Church. Hidden in the brutal estrangement of our personal life. Here, behold, the Lord Christ Jesus, "L'Etranger".

Contrary to much preaching, televised and popular today, his presence is neither simple, nor surface, nor easy, nor fundamental, nor shallow, nor ideological, nor one dimensional, nor ahistorical, nor primarily political. He draws us, lures us, and enchants us. So he sets us free.

For St. Luke has captured a collage of portraits of Jesus, "On the Road". We are on a journey, as Luke reminds the church. We are making a trip to the promised land. We are headed in a certain direction. With our spiritual forebears, we are traveling, on a journey. Israel left Canaan to go to Egypt to find bread. There they became the slaves of Pharaoh. But Moses led them out, parted the Red Sea, and guided them through the wilderness. He brought them the ten commandments. At last, he sent them forth with Joshua, to inhabit the land flowing with milk and honey. In such a glorious land, they hunted and farmed. They even built a temple, and chose a King. Samuel, Saul, David, and Solomon reigned, but were followed by others less wise and less strong. Although the prophets did warn them, the children of Israel left their covenant and their covenant God, and at last suffered the greatest of defeats, the destruction of Jerusalem and the return to slavery in Babylon, 587bc. Cried Jeremiah, "O that my head were a spring of water, and my eyes a fountain of tears, so that I might weep, night and day, for the slain of my poor people." (9:1) Like Israel marching in chains to Babylon, and then trudging home again two generations later, we people of faith are on a journey, from slavery to freedom.

Luke's mysterious Christ meets us today, hidden in the calamity of unexpected change and economic crisis. On the road, the journey of faith, Luke has most to say, and Jesus most regularly addresses the issue of money. Remember how Luke traces the Gospel. Mary in the Magnificat honors the poor. John the Baptist preaches justice, in the great, unique tradition of the Hebrew prophets, from Amos forward. Isaiah's words and hopes are affirmed. Jesus blesses the poor, not just the poor in spirit, in his 'sermon on the plain'. Remember the parable of the 'rich fool', "tonight is your soul required of you, and these riches, whose shall they be?" Luke sets Christian discipleship at odds with, in contest with, anxiety about possessions. And in conclusion, meet Lazarus and Dives. Jesus Christ calls us to manage our possessions toward justice, both as a church and as individuals.

2. An Initial Personal Application

But you may wonder whether this parable speaks to you, especially if you are in financial calamity. Along Luke's Jerusalem road, Jesus has a healing word to say about possessions, money, wealth.

To me it is clear that the chief communal issue before Luke's (Antioch?) congregation was the management of wealth. This means that they had money. This also means that they did not immediately throw it away. This further means that they reasoned that the apocalypse of the end was not so very near that no financial planning was necessary. This additionally means, as Luke's writing shows, that they were trying to learn to become prudent, astute, imaginative, shrewd, clever, insightful, accountable, interpreneurial managers. So they are reminded, in argument from less to more: "Keep faith in the little things, to be ready for the big ones." An ounce of prevention is worth a pound of cure. "Be faithful with money, which belongs to God, so that you will become faithful in soul, which belongs to you." A stitch in time saves nine. "Do your pre-season training with possessions, so that you will be ready for the regular gridiron season of the spirit." Look before you leap. Be penny wise, not pound foolish.

In other words, "use possessions so as to gain, not to lose, your future" (Craddock). Be creative. "For all the dangers of possessions, it is possible to manage goods in ways appropriate to life in the Kingdom of God" (Ringe). Remember that you are a manager of someone else's accounts, an absentee landlord who has a claim. And go ahead, be clever. Be creative and loyal, but if you have to choose - be creative.

3. The Gospel of the Dishonest Manager

The deeper truth in this passage, though, is simply that faith handles change. Faith carries the power to master the vicissitudes of change. Ultimately, this parable cannot be interpreted along moral, or economic, or even political lines. So read, it makes no real sense. Luke has gone ahead to read the parable so, in part, by appending the four parables about fiduciary fidelity. We have honored his teaching. But the parable itself says something else. Like the mystery of Christ itself, the story is not moral but mystical, not theoretical but theological, not law but grace. It is *good news*.

The good news is that faith handles change. A man gets the pink slip, and leaves under suspicion, with the sheriff on the way. He is looking at doing time. He is on the lamb. He is headed for jail, prison, the lockup, the pokey, hoosegow, calaboose, the slammer, the joint, the tank, in stir, goin' up the river, doin' time, in the brig, the gray bar hotel, the big house, the can. (Isn't language wonderful? As the steel magnolias said, "accessorize - it's the only thing that separates us from the animal kingdom". I would add speech.) He is not a moral exemplar. But just as his ingenuity handles the sudden change in his circumstance, so the powerful grace of faith, the faith of Jesus Christ, handles the constant change of life. Faith manages change, masters change. So Paul can shout, "I have been crucified with Christ. It is no longer I who live, but Christ who lives in me and the life I live in the flesh I live by the faith of the Son of God who loved me and gave himself up for me." (Gal. 2:20). The faith of Jesus Christ, working heteronomously through life, handles change. Faith is nimble, not flatfooted; agile not stolid; creative not loyal; shrewd not complacent; quick not quiescent; fast not slow.

Notice what my favorite accountant does not do. He does not pray, go to temple, seek ministerial counsel, bellyache, celebrate his victimhood, join the choir, or leave it all up to Jesus. He does not say, 'let Go let God'. Unlike Jerry Falwell this week, he does not claim that God has done this to him. In fact, the faith here acclaimed has no religious clothing at all. No, he does none of that. Rather, he responds, shrewdly. He finds the faith to handle change, and lives the faith that handles change. Change is real hard, and real good. Like life, like love, like faith, like...any of the things of God.

Of course, this week, I cannot help think of the young father, RIT graduate, and others on the plane that crashed in Pennsylvania. Somehow, amid sudden and calamitous change, they found the courage to act in a way that, at least in part, handled change. They even had the presence of mind to call home first. Faith handles change. I cannot help think of the men who carried a person in a wheelchair down dozens of flights of stairs. Faith handles change. I cannot help think of the several firemen's boots you have put dollars into. Faith handles change (literally). I cannot help think of Mayor Giuliani, in his finest hour. Faith handles change. I cannot help mention our President, who found a grand phrase when he needed it, this young leader of such few words: "We shall meet violence with patient justice." Beautiful. Subject, verb, predicate. May our actions be as eloquent as that old Yankee sentence. Faith handles change. The faith of Jesus Christ, our salvation, does not fear to change, nor does faith fear change. Faith manages change. This is the grace and beauty of church meetings. You can see this ordinary grace at work in most church meetings, where faith is called upon to handle change.

It makes you wonder whether there is collectively an unforeseen, creative, shrewd response to our changed circumstance as a people. How to meet violence with patient justice…hmmm…in the trust that faith handles change. This is the faith of Jesus Christ, apart from which all else is sin.

Keep this portrait of the shrewd manager in your wallet, especially for the days your wallet is empty. He meets the report of his mismanagement, itself possibly false, with calm. He does not try to change the world, or this news. He raises the basic question with courage: "What shall I do?" He thinks creatively, acts enterpreneurially, communicates astutely, relates cleverly, strategizes shrewdly...and lands on his feet. When the cheese moves, he does too. And Jesus commends him, I guess. And Luke commends him, I guess. And even his old boss commends him, I guess. You can't help but love the guy.

And I have no idea what verse 9 means.

"For the Freedom We Have Received,
Lord Make Us Truly Thankful"
Text: 1 Corinthians 11: 23-26 and Luke 17: 1-11
World Communion Sunday
October 7, 2001
The Rev. Dr. Robert A. Hill
Asbury First United Methodist Church

"Affliction is a good man's shining hour".

"Suffering produces character, character endurance, endurance hope, and hope does not disappoint because of the Love God shed abroad in Jesus Christ our Lord."

"Count it all joy, siblings, when various trials beset you."

"As often as you eat this bread, and drink this cup, you do preach the Lord's death until he comes."

In this autumn, suddenly, we realize again how much we owe to those who won our freedom, both temporal and spiritual.

A. Temporal Freedom

Freedom from the Tyranny of Kings

We think of Washington's army, shivering along the Hudson River, in the first cold winter of Independence, 1776. Thomas Paine:

"These are the times that try men's souls. The summer soldier and the sunshine patriot will, in this crisis, shrink from the service of their country; but he that stands it now deserves the love and thanks of man and woman. Tyranny, like hell, is not easily conquered; yet we have this consolation with us, that the harder the conflict, the more glorious the triumph. What we obtain too cheap, we esteem too lightly; 'tis dearness only that gives everything its value. Heaven knows how to put a proper price

upon its goods; and it would be strange indeed, if so celestial an article as Freedom should not be highly rated."

Freedom from the Bondage of Slavery

We think of Lincoln, exhausted and soon to die, riddled with worry, conflict, risk, chance, decision and death for four years. Yet he lived out of this affliction to announce a great hope. Abraham Lincoln:

"With malice toward none, with charity for all, with firmness in the right as God gives us to see the right, let us strive on to finish the work that we are in...to do all that may achieve a just and a lasting peace for us and for all the nations."

Freedom from the Threat of Dictatorship

We think of Franklin Roosevelt, bound to his wheelchair, yet out of that bondage finding the rhetoric and courage to lead his people from fear to faith. Nothing to fear but fear itself. A day that will live in infamy. A world founded on four freedoms. Arsenal of democracy...FDR:

"We, too, born to freedom, and believing in freedom, are willing to fight to maintain freedom. We, and all others who believe as deeply as we do, would rather die on our feet than live on our knees (1941)...We have learned that we cannot live alone, at peace; that our own well-being is dependent on the well-being of other nations, far away. We have learned that we must live as men, and not as ostriches, nor as dogs in the manger. We have learned to be citizens of the world, members of the human community (1945).

Freedom from the Despotism of Ideology

We think of John Kennedy, wearing the anxiety of the cold war, and meeting that cold with warm words, warmly worded. A profile in courage. JFK:

"Let the word go forth from this time and place, to friend and foe alike, that the torch has been passed to a new generation of Americans, born in this century, tempered by war, disciplined by a hard and bitter peace, proud of our ancient heritage, and unwilling to witness or permit the slow undoing of those human rights to which this nation has always been committed, and to which we are committed today at home and around the world...Let every nation know, whether it wishes us well or ill, that we shall pay any price, bear any burden, meet any hardship, support any friend, oppose any foe to assure the survival and success of liberty."

Freedom from the Fear of Terrorism

There have been few if any such Presidential or national rhetorical flourishes, like those of Paine, Lincoln, Roosevelt, and Kennedy, since 1963. In fact, to this ear, there have been none. That alone should help us assess our recent past. There have truths told, words fitly spoken, rhetorical flashes, to be sure, but they have been from lesser voices, and from pulpits, and they have been largely ignored. I name only one national sentence, of high rhetorical value, since Kennedy. It was spoken this fall. G. W. Bush: *"We shall meet violence with patient justice."*

Yes, this fall, in our loss, we can more clearly see the high worth of the human freedom we have received. We can be thankful, at eucharist, for human freedom, humanly wrought.

B. Spiritual Freedom

But I must ask you: if the value of our temporal freedom is now so clearly and even starkly visible, *how much more*, then, is the higher value of our spiritual freedom even more clearly and more starkly visible, in this Sacrament of Holy Communion, through which we do preach the Lord's death until He come? If the ringing rhetoric of our national heritage can so move us, today, *how much more* are we transformed by the freedom we have received in Jesus Christ? For it is this freedom, wrought by Almighty God, upon which we depend for our salvation, for eternal life, for forgiveness, for heaven, and for heavenly peace on earth. This is God's own work, enacted in the death of Christ, whom we preach until He come. As God's act for us, for us men and women, and for our salvation, it is not susceptible, finally, to terrorist assault of any kind.

Freedom from the Tyranny of Religion

We think of Paul of Tarsus, who was seized by this same freedom, and who could fly free from the fetters of his inherited religion. Religion, untamed, can do so much harm. The death of Jesus set Paul free, to love and to serve. *"I have been crucified with Christ. It is no longer I who live, but Christ who lives in me. The life I now live in the flesh, I live by the faithfulness of the Son of God, who loved me, and gave himself up for me."* Take this sacrament to your comfort, as an altar call to freedom from the tyranny of religion.

Freedom from the Bondage of the Flesh

We think of Augustine of Hippo, who wrestled, grappled with the desires of the flesh for much of his life. A man of great learning, he nonetheless found himself unable to put away temptations that he was powerless to resist. Then, once in a garden, he heard a voice, like of a child, saying, "take and read". He picked up a copy of the letters of Paul that he had been reading, and he saw these words: *"Not in rioting and drunkenness, not in chambering and wantonness, not in strife and envying, but put ye on the Lord Jesus Christ, and make not provision for the flesh, to fulfil the lusts thereof."* From that moment he found peace of mind. Take this sacrament to your comfort, as an altar call to freedom from temptation.

Freedom from the Threat of Judgment

We think of John Wesley, who though he had as much or more formal religion than any of his contemporaries, was made to wait until middle age before he exchanged the form of religion for its power. Wesley on Aldersgate Street: *"About a quarter to nine, while he was describing the change which God works in the heart through faith in Christ, I felt my heart strangely warmed. I felt I did trust in Christ, Christ alone, for salvation; and an assurance was given me, that He had taken away my sins, even mine, and saved me from the law of sin and death."(5/24/1738)* Take this sacrament to your comfort, as an altar call to freedom from the threat of judgment.

Freedom from the Despotism of Defeat

We think of Weldon Crossland, one of the former pastors of this church, bringing a proposal for a new church to his doubtful Board of Trustees, and doing so amid depression and war. The year is 1939. He dedicated his idea to the glory of God and the service of Rochester. On the front page, as I have learned thanks to a friend's research, he placed this quotation, an inscription he had found on a country church in England: *"In the year 1643, when all things sacred were either demolished or profaned, this Church was built by one whose singular praise is to have done the best things in the worst times and to have hoped them in the most calamitous."* Take this sacrament to your comfort, as an altar call to freedom from the despotism of defeatism.

Freedom from the Fear of the Future

We think of Ernest Freemont Tittle, who more than most in his generation fifty years ago, saw the contours of the future. Tittle: *We of this generation are confronted with the revelation of divine purpose given in a human interrelatedness and interdependence that justifies the term "one world". We find ourselves in a situation where no one nation can prosper unless all prosper, no one people can dwell secure unless security is assured to all. This situation was brought about through human agents, through the activities of scientists, inventors, traders, imperialists; but it is not a result of human planning. Not even the most ardent imperialist will claim that empire was devised as a means of drawing the world together, nor will anyone claim that science or invention or international trade was carried on with a view to bringing about the interdependence of nations and peoples. The situation in which we now find ourselves, so far from being a result that we human creatures purposed and planned, has to a large extent been brought about despite our purposes, which for the most part were selfish and shortsighted enough. It has come to pass through the providence of God, who, through science and technology, through improved means of transportation and communication, through the extension of trade and credit, has brought it to pass that we have got to act with due consideration for the rest of mankind if we ourselves are to prosper and dwell secure. Something beyond us, a superhuman purpose and power, is working in history, bringing about the increasing interdependence of men and nations, so that our sheer survival becomes ever more contingent upon the establishment of justice and fair play in all our relations to one another."*

Takes this sacrament to your comfort, as an altar call to freedom from fear of the future.

"A Tale of Two Persistent Women"
Text: Luke 18:1-8
October 21, 2001
Asbury First United Methodist Church
Rev. Dr. Robert A. Hill

1. Persistence in Luke

We begin today in the town court of Nazareth, the honorable UnJ Judge presiding. Hear ye, hear ye. Hizzoner awaits. And Behold the Lord Jesus Christ dressed today in the apparel of a poor woman: He told them a parable about their need to pray always and not to lose heart.

In our autumn of anxiety, as we read the obituaries of the dead in the New York Times, we can readily appreciate the Scripture's utter realism. Luke too needed to remember that Jesus told them about "losing heart". This phrase communicates, in a season of anthrax, terrorism, uncertainty, economic pain. Greater souls in easier times have felt such ennui. So we are not surprised today to hear reports of increased therapy, medication and consumption of comfort food. We can feel the depression. Robert Pinsky, past poet laureate, at the U of R last week commented on the search dogs in lower Manhattan, unable to find any living beings, and increasingly depressed by their lack of success and their lack of reward. There is so much that we cannot influence or control. When we feel terrorized or hijacked, our animal reaction is to terrorize or hijack. Someone. Something. We are in danger of losing heart. The greatest threat is not that we will *succumb* to the terrorists, but that we will *become* terrorists, verbal and civic, ourselves.

We fear, and try to find our security in larger automobiles or drug supplies or stock collections or homes or layers of disconnection, gated communities of the mind and heart. But security comes not through possession, but through relationship. Do you want to be safe and secure? Invest your self in a lifetime of building and keeping healthy relationships. There is your security, where neither moth nor rust consumes.

Jesus pointed to the Town Court of Nazareth and therein to the simple figure of a persistent woman. See her at the bench. Watch her in the aisle. Listen to her steady voice. Feel her stolid forbearance. Says she: "Grant me justice." We leave her there for a moment.

2. *A Summer Run*

Instead, jog for a moment along a familiar village green. For there is a second persistent woman today, not of Scripture but of experience. It is largely in the interplay between these two women, Scripture and Experience, that we discover truth. You can see her in your own past, your own gallery of saints. Name the most persistent woman you ever met. Bella Abzug. Betty Bone Scheiss. Florence Nightengale. Elizabeth Cady Stanton. Eleanor Roosevelt. Esther. Barbara Streisand. That uppity Syropheonician woman. Harriet Tubman. Sojourner Truth. Susanna Wesley. Your grandmother. Whomever. I was thinking of one such persistent woman on a 90 degree day in the summer. For that summer day, hot and humid and happy, I took the car into Hamilton for repair. They needed much skill and two hours and some money to do the job. So in the great heat I was free to run through a familiar village, and across a village green, where long ago I was raised in a patchwork complex of relationships, durable and healthy.

Running along, with no deeds to do no promises to keep, I recalled an earlier age...There is a lanky Baptist preacher, heralding the promise of truth; and a musician on the bandstand, singing for justice; and a postmaster protecting communications; and a library, awaiting the emergence of justice; and a church and a store, and a graveyard with night falling. All in the mind's eye.

Through the familiar streets I ran thinking, steadily and especially, of my teacher, Marjorie Shafer. In the sixth grade she opened the world to us - by teaching us to read. As a teacher, she used the resources she had available, namely, her time and her voice. She persisted, through those years, prayerfully using the common resources of time and voice. You have time and you have a voice, too. You have need of persistent prayer, too. You have a desire not to lose heart, too. I was impressed, with the dogs barking in the summer heat, by the persistent memory of her persistence. It was good to remember the time given and the voice lifted, in 1966 in the 6th grade—SRA reading, sock hop, changes in classmates, baseball—Sandy Kofax and Orlando Cepeda, the Beatles, James Bond, memorizing the map of Africa, a mock debate about Vietnam, and the long great story of Bilbo Baggins. And, suddenly, girls.

Three things I do not understand
Four are too wonderful for me
The way of a ship on the high sea
The way of an eagle in the sky
The way of the serpent on the rock
And the way of a man with a woman

So continued this reverie, in a summer run, on a hot day, along a village green.

3. An Unexpected Christ

Meanwhile, back in Bethlehem town court, all rise, hear ye, hear ye, the honorable U J Judge presiding, another persistent woman employs time and voice. You have time and you have voice. Like Christ himself, she implores the implacable world to grant justice. Like Christ himself, she comes on a donkey of tongue and patience. Like Christ himself, she continues to plead, to intercede. Like Christ himself, she importunes the enduring injustice of this world. Like Christ himself she prays without ceasing. Like Christ himself she persists. She is an example to us of how we should use whatever time we have and whatever breath remains - to pray. It is prayer that is the most realistic and wisest repose of the anxious of this autumn of attack, and anthrax and exasperation. By prayer I mean formal prayer, yes. But by prayer I mean the persistent daily leaning toward justice, the continuous pressure in history from the voice of the voiceless and the time of the time bound.

What drove Luke, alone, to remember or construct this parable? The lengthening years, without ultimate victory, since the cross? The long decades of living without Jesus? The uncertainties of institution and culture and citizenship and multiple responsibilities? The daily stresses of managing a budget? It is the primitive church that can give an example to an America waiting to meet violence with patient justice. They waited for Jesus to return. And he delayed. And he delays, still. And there is rampant, hateful hurt, across God's village green earth. It is enough to make you lose heart.

Though with a scornful wonder we see her sore oppressed
By schism rent asunder by heresy distressed
Yet saints their watch are keeping their cry goes up 'howlong'?
And soon the night of weeping will be the morn of song.

It is a long wait. And that is just the point. Like the bridesmaids who waited with lamps trimmed, we feel the length of the wait.

Notice, waiting with us, is a poor widow. She lacks power, authority, status, position, wealth. She has her voice and all the time in the world. Like Jesus Christ, whose faith comes by hearing and hearing by the preaching of the word. We shut the courtroom door for a moment.

4. Persistence in Life

Meanwhile, back along the village green of experience, not the town court of Scripture, the heat hangs heavy on happy halcyon Hamilton. I run over to the Golf course, up the willow walk, past the artesian well, around the library, by the road to Chapel House, down Fraternity row, along the swan pond. I am carried by the wings of love and faith, and Al Childs now dead runs with me and Dale Winter now dead runs with me. Goodness and mercy - got my back.

This summer my friend said: "In my life I want to focus on relationships and flexibility". I said: "yes, on love and faith, relationships and flexibility."

I decided, with still more than an hour left of repairs, to run over to the school, down Kendrick Ave.

This one persistent woman, Marjorie Shafer, gave us a love of books - Tom Sawyer, Huckleberry Finn, the Hobbit, Harriet the Spy, the biographies of the Presidents, the Gospel of Luke. I suppose she looked out for the day when every voice would be lifted in praise. I perceive in hindsight that she, and your own favorite feckless female, persisted by faith. She was already old when she taught us. She was at least 40. I suppose she was one of those saints waiting with persistence. I guess maybe she rode down to Washington on a bus a few years earlier and heard a good sermon:

One day every valley shall be exalted...
With this faith we will be able to hew out of the mountain of despair a stone of hope...
With this faith we will be able to work together...
This will be the day when all God's children will be able to sing with new meaning...

And she taught for several more decades, persistent, tough, helpful, kind.

She found a corner of the world in which she could have some influence for good, and invested her time and her voice in another generation. She persisted.

5. Persistent Prayer and Justice

We enter again the Nazareth Town Court. The Honorable U J Judge presiding, and falling asleep. The Bishop fell asleep at Conference a few years ago. It was a memorable moment.

If we are not to lose heart, in the seemingly unending search for justice, we shall need to pray always, to "relax into the truth", and to give ourselves over to the divine presence in our midst.

Ernest Fremont Tittle was the greatest Methodist preacher of his mid twentieth century generation. Tougher than Sockman, truer than Peale, Tittle preached in Chicago until he died at his desk, writing about Luke. This is his book, only at best half written, and published after his death. It reads like someone cleaned off his desk into a printer. Yet I prize this volume.

There is special need for persistence in prayer when the object sought is the redressing of social wrongs. God will see justice done if the human instruments of his justice do not give way to weariness, impatience, or discouragement, but persevere in prayer and labor for the improvement of world conditions. Here we can learn from the scientist. Medical research is a prayer for the relief of suffering, the abolition of disease, the conservation of life - a prayer in which the scientist perseveres in the face of whatever odds, whatever darkness and delay. More especially we can learn from great religious leader like Luther, Wesley, Wilberforce, Shaftsbury, who year upon year prayed and fought for the causes to which they dedicated their lives. The need for persistence in prayer arises not only from the intransigence of the oppressor, but also from the immaturity and imperfection of the would-be reformer. We have a lot to learn and much in ourselves to overcome before we can be used of God as instruments of his justice. Recognizing this, Gandhi spent hours each day in prayer and meditation, and maintained a weekly day of silence.

The importunate widow continues, simply continues, and by her continuation comes to personify the divine. All this, behind the humble door of the Nazareth Town Court.

6. *Surprise!*

And meanwhile, jogging on the village green, the sun is getting higher as noon approaches. It is time to head back out toward the garage, and pay the piper. I have been running in such a sweet reverie, a happy retrospective, that the hour has come too fast. I have been thinking all morning of my old teacher. Now the school is a block away. I wonder if she is still active. I remember how it felt to walk to school at age 12, excited for the start of every day, arriving 20 minutes early, entering the school that marked the portal to the future. What a persistent presence in so many lives she was! Behind the school there is a large parking lot, and a long park. The park sometimes is used for family reunions. Almost choosing otherwise, I decide to run out to the back, to see the park. This has been a long run, and I am tired. It has been a long run in the ministry. It has been a long run in the church. It has been a long run in the conference. I am feeling the burning in the calves, some ache in breathing. It is hot.

Where do we find the persistence that keeps us going through adversity so that we do not lose heart? Do we not find it, given to us in prayer? Is this not our source of sustaining grace? How shall we have any lasting life without prayer, worship, study, tithing, service, song, fellowship, loving conversation?

Do you ever have a feeling that something is going to happen and then it does? A kind of premonition? I turned down into the back lot, empty for summer vacation, and saw just one lone car. It was hot and I was sweating, so I could not see too clearly for a time. And there was a kind of haze in the hot air. I saw the car move and stop, two women in the front seat. I slowed, the car paused. I paused, the car waited. I looked, and then I looked again. There in the rider's seat, to my utter astonished amazement, sat Mrs. Shafer, as old as ever, teaching, still teaching, using her voice and her time, teaching her granddaughter to drive. "Hello Mrs Shafer", I said. "Hello Bobby", she bemusedly replied, "it's nice to see you."

Sometimes, with a little persistence, just a little more running, just one more street, *keep going just one more block, don't stop for quitting, for suicide, for divorce, for giving up, for leaving*, you run headlong into Presence. "In thy presence there is fullness of joy."

And ran on to get my car, confident I had at least one sermon illustration for the fall.

7. Coda

Pray always
Labor Omnia Vincit
Do not lose heart
Work conquers all
Pray always
All of us are better when we are loved
Do not lose heart
Early to bed and early to bed and early to rise
Pray always
A stitch in time
Do not lose heart
Waste not want not
Pray always
Rome was not built in a day
Do not lose heart
Only the devil has no time
Pray always
God is time and voice
Do not lose heart

"Family Ties"
Text: Luke 17: 5-10
October 28, 2001
Rev. Dr. Robert A. Hill
Asbury First United Methodist Church

Chancing an encounter with the Divine, as you have by coming to worship, you also step toward the threshold of help for family trouble. Solutions start with reverence, prayer. It is my experience, observation, and personal confession that our troubles continue often out of our own desire to see them continue. Said one distraught husband, "I enjoy fighting with her". Said another angry daughter, "I'll teach him a lesson". Said a grandparent, reacting out of the deep pain of loneliness, "This needs to go on a little longer, if only to who is right". In other words, we aren't always genuinely seeking peace. Warfare breaks the monotony. Squabbling has its entertainment value. And, fortunately, we are always right. I know I am. You see, its one thing to seek peace if you recognize you might be wrong. But we're right, you and I. We would rather be right than happy. We would rather be right than happy.

Christian homes are not immune to this general disease of relational strife. Baptism and belief do not magically eliminate trouble on the home front. Nor does piety abroad discount our calling for love at home. In Luke 17 Jesus tells about a worker who has been 12 hours in the wheat fields, pouring out his life and sweat. The worker comes home. What word is given when he come home? Rest, thou weary and languid disciple? No. Come and eat, thou hungry and needy pilgrim? No. Take thine ease, thou faithful servant? No. Says the Lord, "Up, serve, work again, love, strive, your field work does not exempt you from your domestic duties." Our religious faith does not exempt us from domestic duty. Rather we are more intensely involved and concerned.

The Bible and our experience teach together three sturdy and reliable lessons about family ties.

1. The child has the opportunity to initiate peace and love.

2. The parent has the opportunity to humble himself.
3. The church has the opportunity to practice forgiveness.

One word for the child, and one for the parent, and one for the church.

1. First. The child has the opportunity to initiate peace and love. This is, you probably recognize, a modern paraphrase of the fifth commandment. "Honor your father and mother that your days may be long upon the earth" (Ex. 20:12). Notice as ever that humans do not break the commandments. We may be broken by them, over a lifetime. They are themselves, unbreakable. We may abide in them, be broken by them and so be open to real forgiveness, or try to live apart from them. They are, like the rest of the Bible, more real than anything else in life. More real than The Today Show, or chinese food, or Doug Flutie, or music. Here, the Bible indicates for us a path toward peace. The child, son or daughter, has the initiative. What an opportunity! The parent does not have the same freedom to initiate. Here is the wisdom of the Scripture, life down deep. The child has the chance to set things right! With the child, you as a child, lies the initiative. You can do it without losing face, without false pretense, without seeming disingenuous. The parent is caught in the parental role, bound by history and tradition and the approach of death. The child is free to dance and recover what is lost. The ball is in your court. You have power, opportunity that your seemingly omnipotent parent lacks. Make that phone call.

   For three years one daughter, call her Prudence, fought the necessary and good fight for family peace. This involved setting limits, telling the truth, rejecting past manipulation, becoming a child not of man but of God. This is unbearably hard work. Avoiding it though is even harder work. When the dust had settled, and they saw what had occurred, it became clear that any further relationship would need the child's initiative. This is the daughter's opportunity, to be at hand as God breathes new life into old relations. She hated to make that extra, gratuitous, phone call, because, she was in the right. And she was. But any peace would only come because right and wrong were displaced by love and forgiveness. This is not to deny the place of honesty. There is absolutely no reconciliation without confrontation. The child has the freedom to set a new course. Prudence made her call on a Sunday afternoon. A lunch date was set, the air was cleared, the future again lies open. Make that phone call. Honor your father and mother. You have the upper hand, the initiative, the opportunity.

A warning: It happens that some relationships die. The Bible recognizes this and enshrines this eternal truth in the wisdom saying in Matthew 10:14, "If any one will not receive you or listen to your words, shake the dust from your feet as you leave that house or town."

2. Second. The parent has the opportunity to humble himself. The radical freedom of the Christian faith falls here at the doorstep of father and mother. You may not have the initiative with the children, you may have to wait for them to come around, but throughout life you do have the initiative with the heavenly Father. You have the opportunity to live humbly with God. Authority in the father/son and mother/daughter relationships is not at the center. Not authority but authenticity is the key. A parent who reveres the Divine love is an authentically loving parent. You are free, dear parent, to humble yourself before God.

   This opportunity is taught in Ephesians 6. "Parents, do not provoke your children to anger, but bring them up in the discipline and instruction of the Lord." How does one teach discipline and instruction, especially to grown children who are now themselves parents? By humble example.

   Parents do a lot of waiting. Waiting for the school bus to arrive. Waiting for Jill to finish her lesson. Waiting for Jack to come home. Waiting for the car to come home with Jack in it. Waiting and hoping that Jack and said car are in one piece.

I didn't notice right off just how hard that waiting can be. I worked late nights in High School, flipping burgers at an old Red Barn in Syracuse. "You want fries with that?" is the vocabulary of that work, and I know it well. We would close by 1 A. M. and then clean up. I would head home, walking up hill toward Allen Street, and rest. One winter night, it must have been a Friday because it was payday, I took a shortcut over a wire fence. It was a beautiful cold night, about 3 A. M. I was in a dream world, walking along, flakes of snow dropping quiet like love. It's fun to be young, off of work, with a paycheck in your pocket. Paycheck. Crossing E. Genesee I checked my pocket. It was gone! $89.00! Gone! In the dark I retraced my steps back down hill and over that same fence and there, just against the wire fence was the check. I headed up home happy. The clock was striking 3:30 as I came in and padded down the hall. "Glad you're home" came a voice, not clearly male or female, but distinctly parental. "I'm never asleep until I hear you come in." Parents wait and watch.

In the waiting is the chance to display a humble walk with God. This is the power of example, the parent's opportunity.

3. Third. The church has the opportunity to practice forgiveness. The word of scripture which confirms this for us is found in Luke 6: 32ff. Just as parents and children have words of command for family troubles, so the church has a distinct role to play, an avuncular, serendipitous, creative role to play in bringing peace to families. It takes women and men of heart and courage to bring it off.

   Don is such a man. Deep in the heart of Texas, this Yankee turned Texan runs a school district in a medium size prairie town. He is a Christian hero in my book because he went out of his way to practice forgiveness. Two years ago Marie came to work for him. She is a graduate of a teacher's college in Upstate New York. She left the Empire State hoping to leave parts of her background behind. Marie is a stellar elementary school teacher. She loves kids. She hugs and laughs with and cries with her kids. She is a born teacher. Thank the Lord there are some left. Quickly she became a favorite in her little Texas town, where "damnyankee" is one word. She is a plump and happy young woman. In February she came to Don in tears, bearing with her her resignation effective immediately. Marie was with child. In this Texas town, she knew from her opening interview, this is grounds for immediate dismissal. She had no other intention and no other desire than to bear her child and place it for adoption. To do that she had to sacrifice her job and her dream of escaping her Empire State past. She quietly explained her situation and left.

Don saw a chance to save a vocation and a person by enacting a route to forgiveness. He intervened. He prayerfully telephoned and cajoled and politicked a solution to her problem. Don found a way to place Marie in another town and another job for four months until her delivery. He found a way to preserve her original position, even her original classroom. He found a way to keep her from panicking at the first sign of family trouble. He found a way to love, do good, and lend to someone who could give him nothing but some trouble in return. He restored her life and some of her soul. And all this from a back-sliding Episcopalian. Luke 6:32 says it all.

1. The child has the opportunity to initiate peace and love.
2. The parent has the opportunity to humble himself.
3. The church has the opportunity to practice forgiveness.

Let us live our faith this week.

"We cannot do more than we owe to God. Can we ever do as much? If we fail to see this, it is because of our inveterate habit of taking for granted things that might well serve to remind us what utterly dependent creatures we are.

We take for granted the cosmic setting of our lives, seldom or never stopping to reflect upon the fact that the sky does not cave in on us; or the fact that "seedtime and harvest, and cold and heat, and summer and winter, and day and night (do) not cease." (Gen. 8:22).

We take for granted our daily bread, especially those of us who live in cities, unmindful of the fact that we are dependent not only on the farmer, the miller, the baker, and the grocer but also on cosmic forces-soil and rain and sunshine, the whole order of nature.

We take for granted a beauty of earth and sea and sky whereby our spirits once and again are calmed and healed and uplifted. Natural beauty, so far as we can see, is not a necessary condition of bodily existence. Only our souls would be impoverished if it were denied to us, but how very great that impoverishment!

We take for granted the lighting and heating of our houses, the delivery of our mail, the working of our telephones, the policing of our cities, the teaching of our children-unmindful of our dependence on fidelities, devotions, and co-operative undertakings that are themselves dependent on a sense of duty whose source and secret is God

We take for granted a tradition of service that derives from the love of God made manifest in Christ, a tradition of mercy and compassion and unfailing ministry to others without which the world of today would seem hardly endurable and the future most dreadfully dark.

We may even take for granted a divine mercy that does not abandon us but gives us another chance when we have played the fool and brought disaster upon ourselves and others."

(E. F. Tittle)

"Come Down Zaccheus!"
Text: Luke 19: 1-10
Stewardship Sunday
Asbury First United Methodist Church
November 4, 2001
Rev. Dr. Robert A. Hill

It is hard for me to tell, from this angle, which tree you are in. Given the guns of this autumn, it is hard for me to tell which tree I am in myself, day to day. Has life chased you up the tree of doubt? Or are you treed in the branches of loyalty? Is that you in the religion tree? Or are we shaking or shaking in the money tree? Jesus Christ calls us today, to come down out of the tree forts of our own making, and accept a loving relationship with Him. May measure all with a measure of love.

Doubting Zaccheus

Perhaps the presence of unexplained wrong provokes you to doubt the benevolence or the power of God. No one can explain why terrible things happen, as they do. But if you will come down a limb or two from your philosophical tree of doubt, the tree of the knowledge of good and evil, you may hear faith. God can bring good out of evil, and make bad things work to good. This is not a theological declamation, but just something we can notice together.

We played golf the other day. On the last hole, I pulled out a three wood and hit a grounder, that nonetheless rolled right to the green. If I had connected, I would have smashed the clubhouse window, for it was way too much club. Sometimes a bad thing, a worm burner golf shot, interferes with a really bad thing, a $1000 broken window.

Two Sundays ago Chris and I drove late to church. I usually run early Sunday and finish memorizing the sermon along the way, as I did on October 21. I just forgot the time. We raced here, and in so doing I cut a corner, literally, and so popped a car tire. I was not happy to hear my son say, "haste makes waste". You know, though, both rear tires were thin. I had replaced the front in

August, and forgot about the rear ones. I have to admit, it was good that I had reason to replace them, before I had a blowout, in a convertible, on the highway. Sometimes it happens that a bad thing prevents a really terrible thing from happening.

Joseph was thrown into a pit, and sold into slavery. He had to find his way, as a Jew, in the service of the mighty Pharaoh. He did so with skill, and rose to a position of influence, even with Potiphar's wife chasing him around in his underwear. Then, a full generation later, a great famine came upon those brothers who had earlier sold Joseph down the river. They went to Pharaoh, looking for food. And who met them, as they came to plead? There was Joseph. He so memorably said, as written in Genesis 50: "You meant this for evil, but God meant it for good, that many might be saved." Sometimes it happens that a bad thing in one generation prevents starvation in the next.

In Jericho, as Jesus found the little man up in the tree, his fellows grumbled (vs. 8). Why would he take time with such a greedy, selfish person who makes his living off the sweat of others' brows? That hurts, to see divine attention given to those who have harmed you. Why would he have a meal with someone who takes no thought for the hurt of God's people? This is bad! And it is. We miss the power of the parable if we do not see this. This is Jesus taking up with those who have wished the church ill, who have used the church for their own very well intended but nonetheless self-centered reasons. This is Jesus consorting with sinners. But sometimes a bad thing in the little brings a good thing in the large. Zaccheus changes, and in so doing provides great wealth for others' benefit.

Come down from this one tree, doubting Zaccheus. I know that bad things happen to good people, and as a pastor hardly anything troubles me more. Sometimes, though, sometimes—not always, just sometimes, a bad thing early averts a really bad thing late. I have seen it, and you have too. It is enough to give someone up the doubting tree a reason to come down at least a branch. Think of it as existential vaccination.

It is the labor of faith to trust that where sin abounds, grace over-abounds. Even in this autumn of terror. September 11 is the quintessence of all things bad. I want to be very nimble, careful in what I say here, so that I am not misheard. This is a bad thing. But one of the redeeming possibilities in this disaster is the chance that as a result, enough of us, now, will become enough committed to the realization of global peace and justice, that these dead shall not have died in vain, and that their demise will be a warning to us that we do not have forever in the quest for peace on earth. Sometimes a bad thing in one part of history protects us from a worse thing in another part.

Let us not lose sight of the horizons of biblical hope, as improbable as they can seem. The lion and the lamb. No crying or thirst. The crooked straight. All flesh.

The divine delight comes still from saving the lost, including the forgotten, seeking the outcast, retrieving the wayward sons and daughters of Abraham. God wants your salvation. Your salvation "has personal, domestic, social, and economic consequences" (Craddock). Jesus Christ saves us from doubt.

So come down Zaccheus, come down from your perch in that comfortable sycamore tree, that comfortable pew, that skeptical reserve, that doubt. Come down Zaccheus! The Lord Jesus Christ has need of your household and your money, and He responds to your doubt.

Zealous Zaccheus

Come down Zaccheus, down from your zealous leanings, hanging out on the branch of life. Idolatry comes when we make one or more of the lesser, though significant, loyalties in life to become a shadow of the one great loyalty, that which the heart owes alone to God. Zaccheus had governmental responsibility, community status, a welcoming home, a fine family, and we can suspect he was loyal in these regards. Curious as he was, up on his branch, he had no relationship with the divine. Into this relationship, Jesus invites him. More precisely, Jesus invites himself into relationship with a man up a tree. He is invited into a whole new life, a new world of loving and faithful relationships, that stem from the one great loyalty.

We need to be careful about lesser loyalties this fall. Again, I want to speak nimbly and not be misunderstood. To me, it is clear that there are times when police work, force and even the violence of some warfare tragically must be used to prevent, as we just said, even greater horrors in the future.

Our priorities, ("God, family, the Packers" as Lomardi said) become clear in a time of loss. Read with me one of the many obituaries posted in the New York Times:

This year, Sheila Scandole carved the pumpkin for Halloween, a job that had always fallen to her husband, Robert Scandole. But he is not here anymore, so with a little help, she carefully etched a spider on a pumpkin.

And when she took their two daughters out trick-or-treating in their Pelham Manor neighborhood in Westchester County, she could not help but think about him. "He would have been right there with us," she said. "I felt horrible, but I tried to carve the pumpkin the best that I could. I wanted to make it real special."

Mr. Scandole, 35, a trader with Cantor Fitzgerald, doted on the girls, Emma, 4, and Katie, 2. He worked on Wall Street, but he always clung to his old neighborhood, in Breezy Point, Queens, even taking part in a basketball league with some of the guys he grew up with. He and Sheila met at Breezy Point, where their parents still live. "I lost the greatest love of my life," she said.

Yet all of this involves a lesser loyalty than the one owed to God. We can forget whose water we were baptized into, if we are not careful.

Do you see the danger? Come down Zaccheus, come down, before it is too late. Make sure your lesser loyalties - to government, family, home, all - do not cover over, do not shadow the one great loyalty.

Religious Zaccheus

Let's talk for a moment about religion, shall we? Come down Zaccheus, come down! No amount of religious apparatus can ever substitute for what Jesus is offering today, and that is loving relationship. No amount of theological astuteness can ever substitute for loving relationship. No amount of sturdy churchmanship can ever substitute for loving relationship. No amount of righteous indignation can ever substitute for loving relationship. No amount of church music, instrumental or vocal, can ever substitute for loving relationship. No amount of formal religion can ever substitute for the power of loving relationship. Jesus invites us into loving relationship with him, and so with each other. That is salvation. Are we lovers anymore?

Sometimes it is easier to see things in others. Let's talk about Islam, shall we? I love Huston Smith's happy review of the religion of Mohammed. We can certainly learn much from our Islamic neighbors. I commend our President for his tolerant care of our Moslem citizens, and, with some few exceptions thus far, our nation's civility. We can do no less.

You remember your high school review of Islam. The word means 'submission', and Moslem is one who submits to God. The five pillars of Islam, like the 'tulip' summary of Calvinism, have shorthand value. You remember them: 1. One God. 2. 5 times daily prayer. 3. Tithing (2.5%). 4. Fasting at Ramadan. 5. Pilgrimage to Mecca. It is a worthy religion.

Without being critical, can we though be honest? Islam is a religion, like our own. But Zaccheus had religion, and that a good one. He even had God, the real God. But religion alone, even our own, is God without Jesus, order without freedom, authority without personality, transcendence without immanence, heaven without heaven on earth, and much masculinity without much femininity. O come down Zaccheus! Come down from certainty, whether of five pillars or five points, and walk the daily dusty path of the cross. No amount of religion can take the place of loving relationship.

Wealthy Zaccheus

Come down Zaccheus, come down, at last. Impediments to faith come through doubt and idolatry and religion, but none of these holds a candle to the harm that wealth can bring. In global terms and in historical terms, every one of us in this room is wealthy. Luke's entire gospel, especially its central chapters, is aimed at this point. For Luke's community, the remembered teachings of Jesus about wealth were most important. That tells me that the Lukan church had money, and so do we. This is what makes the account of Zaccheus, "one who lined his own pockets at other people's expense", so dramatic for Luke, and so Luke concludes his travel narrative with this clarion call: come down. Be careful as you do not to trip over wealth, power or health. We lose them all, give them all away, over time. They are impermanences. They go. Better that we see so early.

Wouldn't you love to know what Jesus said to Zaccheus that caused him to give away half of what he had? I would. Especially on pledge Sunday.

It is in this light, three years later, that I still see my unsuccessful wrestling match with a boat hoist that resulted in a broken arm. Whatever else may have happened, at least, for once, I had the insight that comes with that kind of pain and ill health. I would wish it on no one, but there is no better way to see that this is a two handed world, than to lose one for a while. It is not only a two handed world. It is a western, white, male, educated, wealthy, healthy, heterosexual, middle class, two handed world. I need to be reminded of that. Come down Zaccheus, and feel the pain of others.

In our church, over 25 years, we have seen power pushed around from some to others, and taken by some from others, and given by some for others. Racism is not limited to whites, nor gender bias to men. It has been an important, and tragic time, both. I have seen some bitter things done, through the misuse of power. I am sure other institutions have the same troubles. The church, though, has a higher calling, and so our failings in this regard are worse. We should know better. I should have known better than to have said and done some of the things I have said and done over the years. Through the misery of black against white, north against south, male against female, clergy against laity, though, if nothing else, one insight inevitably emerges. Soon we will all be dead. Maybe we could find ways to use whatever power we have now to honor God, love our neighbor, reflect our mortality, and affirm the powerless. Come down Zaccheus, come down!

Before we left seminary, on the day after Thanksgiving in 1978, an odd event befell us. I worked nights as a security guard in those years (along with former President James Evans of CRDS, by the way), and would come home to sleep at 7am. Jan had the day off, and left to shop, but left the door to our little apartment ajar, by accident. About noon a street woman found her way into the building and up into our floor, and then into our room. I woke up to see a very poor, deranged woman, fingering rosary beads, and mumbling just over my head. Boy did I shout. She ran into the next room and I stumbled downstairs to call the police. By the time three of New York's finest and I returned to the apartment, the poor lady was in the bathtub, singing and washing. They took her away. Jan came back at 3 and asked how I had slept. The moment has stayed in the memory, though, as an omen. Our wealth is meant for the cleansing of the poor of the earth. I think the Lord wanted me to remember that in ministry, so I have tried to. Come down Zaccheus, and use your wealth for the poor.